mdv

D1695250

Lebenswege
Band 4

Herausgegeben von Friedrich Schorlemmer

mdv Mitteldeutscher Verlag

Inhalt

Vorwort ... 7

„Revolutionen verändern Machtverhältnisse, Einstellungen nicht"
Wolf-Dieter und Friederike Zimmermann, 9. November 1995 ... 9

„Die Bundeswehr kann nicht ein Reparaturbetrieb für
gesellschaftliche Fehlentwicklungen sein"
Hans Peter von Kirchbach, 16. Dezember 1998 ... 27

„Wanderer zwischen den Fronten"
Horst-Eberhard Richter, 22. September 2000 ... 45

„Theater ist ein Seismograph auch für die Gesellschaft"
Hilmar Thate, 28. September 2000 ... 65

„Eine Diktatur ist klasse für Satiriker"
Ernst Röhl, 27. Oktober 2000 ... 91

„Der höchste Augenblick bleibt immer unerfüllt und eben das ist das Glück"
Adolf Dresen, 14. November 2000 ... 111

„Satire legt sich mit den Starken an"
Klaus Staeck, 19. Januar 2001 ... 141

„Lebensoptimismus habe ich mir im Gefängnis angeeignet"
Jiří Stránský, 20. Februar 2001 ... 161

„Um die Dinge wirklich zu verstehen,
muß man bis auf ihren Grund hinabtauchen"
Yaacov Ben-Chanan, 12. März 2001 ... 175

„Lernen, von unserem Glauben zu erzählen"
Heino Falcke, 5. April 2001 ... 199

„Sein Leben in die Hand nehmen"
Angelica Domröse, 24. April 2001 ... 223

„Man muß jeden einzelnen Ton lieben"
Arvo und Nora Pärt, 7. Juni 2001   241

„Die Wahrheit wird lange vor dem Krieg gemeuchelt"
Heinz Loquai, 1. September 2001   251

„Man kann ja gar nicht genug Namen für Gott finden"
Dorothee Sölle, 22. September 2001   271

„Ich traue mir heute noch zu, einen Ostdeutschen,
der eine Funktionärsvergangenheit hat, an seiner Sprache zu erkennen"
Hans-Otto Bräutigam, 9. November 2001   289

„Nein, ich kannte keine Ulbricht-Witze"
Peter Florin, 9. November 2001   289

„Das Universum darstellen, als ob es Gott gibt – das ist Kino"
Lothar Warneke, 26. März 2002   311

„Wenn man behutsam mit der Sprache umgeht,
dann nimmt man wahr, was in ihr schon existiert"
Jürgen Rennert, 11. April 2002   333

„Die Liebe zum Leben ist die wichtigste Gegenkraft gegen die Gewalt"
Hans-Eckehard Bahr, 12. April 2002   359

*Nicht müde werden
sondern dem Wunder
leise
wie einem Vogel
die Hand hinhalten*

Erzähltes Leben

Die Geschichte eines Volkes bricht sich in der Lebensgeschichte von Einzelnen. Wie der Lebensweg Denken und Fühlen, das Glauben und Hoffen, das Befürworten und Verwerfen prägen, wird in jedem der Gespräche auf eine je eigene Weise eindrucksvoll anschaulich.

In düstere deutsche Zeit reichen die Gespräche mit Yaacov Ben-Chanan, mit den Bonhoeffer-Freunden Friederike und Wolf-Dieter Zimmermann sowie mit dem Friedensforscher Hans-Eckehard Bahr zurück.
Wie unterschiedlich deutsche Diplomaten aus Ost und West geprägt wurden, fällt bei dem Rückblick auf das Leben Hans-Otto Bräutigams und Peter Florins auf. Gegenwärtige (militär-)politische Auseinandersetzungen spiegeln sich in den Gesprächen mit Generalinspekteur a. D. Hans-Peter Kirchbach und General a. D. Heinz Loquai.
Jiři Stránský, jetzt Präsident des Tschechischen P.E.N., erzählt, wie man Freiheit in der Gefangenschaft lernen und leben kann. Arvo Pärts Beitrag verlangt geradezu danach, dass man seine wundervolle Musik hört („Fratres" und „Für Alina" beispielsweise).
Den Psychoanalytiker Horst-Eberhard Richter haben seine Analysen jahrzehntelang ins gesellschaftspolitische Engagement geführt.
Der Kabarettist Ernst Röhl lehrt lachend mit dem Schwierigen umzugehen. Zum Zyniker wurde er nicht.
Der Plakatkünstler Klaus Staeck, der Schriftsteller Jürgen Rennert, der theologische Vordenker Heino Falcke, die Schauspieler Angelica Domröse und Hilmar Thate, die Regisseure Adolf Dresen und Lothar Warneke, die Theo-Poetin Dorothee Sölle – sie alle wollten und wollen etwas mit einem Beruf, der für sie auch Berufung wurde. Davon erzählen sie – rückblickend und vorwärtsweisend.
Für den Leser wird es ein Vergnügen sein, zu erkennen, was aus Vergangenem für Künftiges bedeutsam bleibt und wie das, was er von anderen erfährt, für ihn selbst weiterführend ist. Es ist die Wahrhaftigkeit dieser Lebenszeugnisse, die sie bedenkenswert und spannend machen.

Vorwort

Diese Gespräche sind Protokolle aus der Reihe „LEBENSWEGE" der Evangelischen Akademie in Wittenberg. Monatlich können Sie dort einen Menschen selber erleben und befragen.

Für die umsichtige Hilfe bei der Dokumentation, Bearbeitung und Lektorierung sei Michael Burisch, Dr. Kurt Fricke, Monika Purwins, Susanne Rebscher, Silke Sauer besonders gedankt. Auch den Gesprächsteilnehmern gilt unser Dank, dass Sie sich die Mühe der Durchsicht der Gesprächsprotokolle unterzogen haben.

Ich möchte dieses Buch in Hochachtung und Freundschaft postum Adolf Dresen widmen.

Lutherstadt Wittenberg, 31. Oktober 2002

Friedrich Schorlemmer

„Revolutionen verändern Machtverhältnisse, Einstellungen nicht"

kulturforum
- Wittenberger Reihe -
Evangelische Akademie Sachsen-Anhalt

Lebenswege

Friederike und Wolf-Dieter Zimmermann

Donnerstag, den 9. November 1995, 19.30 Uhr
Predigerseminar, Collegienstr. 54

1932 lernte Wolf-Dieter Zimmermann Dietrich Bonhoeffer als Privatdozenten kennen, wurde sein Assistent und Freund. Das Ehepaar Zimmermann gibt Einblicke in die dramatischen dreißiger Jahre und den Neubeginn nach 1945.
Was bleibt uns vom Vermächtnis dieser Generation, der Bonhoeffer ins Stammbuch geschrieben hatte: „Wahres Menschsein besteht nicht darin, daß man seinem Schlaf-, Eß- und Geschlechtstrieb frönt, sondern darin, daß man seinen Kopf hinhält."
Im Anschluß an das Gespräch findet das Gedenken am Mahnmal für die ermordeten Juden, in der Nacht des Pogroms 1938, statt (21.30 Uhr in der Stadtkirche).

Friedrich Schorlemmer Eintritt: 5,- DM
Studienleiter ermäßigt: 3,- DM

Schorlemmer:
Heute ist der 9. November. Vor sechs Jahren waren wir alle in Sälen und Turnhallen Wittenbergs versammelt und feierten den ersten großen Schritt in Richtung Demokratie, die noch viele mitgestalten wollten. Abends zu Hause klingelte bei mir das Telefon, und ich sollte mich zum Mauerfall äußern. Da habe ich damals spontan gesagt: „Der interessiert mich im Moment gar nicht, weil mir der Mauerdurchbruch in unserer Stadt viel wichtiger ist." In der folgenden Zeit waren wir mit dem beschäftigt, was im Land anders werden sollte. Der 9. November blieb ein Tag deutscher Ambivalenzen.
Ich freue mich sehr, daß wir zwei Zeitzeugen zu Gast haben, die eine schwierige Zeit miterlebt haben, die wie Dietrich Bonhoeffer[1] in der Illegalität gelebt haben und uns heute Abend davon berichten werden.
Ich habe Wolf-Dieter und Friederike Zimmermann Anfang der siebziger Jahre kennengelernt, als ich „Nachtpastor" in Merseburg war, also auch zuständig für die Osternacht, die Heilige Nacht und die Silvesternacht. Zu einer dieser Nächte kamen zwei Westberliner, die in Großkorbetha Verwandte hatten. Sie sprachen uns nach der Feier an. Es war das Ehepaar Zimmermann.
Das nächste Mal haben wir uns zwischen den Jahren 1974/75 getroffen. Im Januar 1975 sendete RIAS Berlin[2], bei dem Wolf-Dieter Zimmermann tätig war, im Morgenprogramm eine kleine Geschichte über einen Pfarrer in einem Ort in der Nähe von Leipzig, wo die Luft nicht ganz so gut ist. Es wurde kein Name genannt, aber der Ort wurde beschrieben. Ich selbst hatte den Beitrag nicht gehört, sondern erst bei der Studentenpfarrer-Konferenz davon erfahren. Unser Generalsekretär nahm mich beiseite und sagte: „Da ist etwas Schlimmes passiert. Im RIAS ist etwas über Sie gekommen." Sie erinnern sich, CIA und RIAS wurden in der DDR-Propaganda gleichgesetzt. In diesem Beitrag wurde aus meinen Texten gelesen, die Wolf-Dieter Zimmermann mitgenommen hatte. Das war nicht zum Lachen, denn ein Student in Karl-Marx-Stadt (Chemnitz) hatte diesen Beitrag auf Tonband aufgenommen und verbreitet. Dafür ist er von der Universität geflogen. So waren die Zeiten. Es wurde befürchtet, daß ich Beziehungen zu RIAS Berlin hätte. Dabei hatte ich mich mit dem Ehepaar Zimmermann gar nicht über RIAS unterhalten, sondern über die Verhältnisse in Ost und West.
Es hat mir sehr viel bedeutet, die Zimmermanns kennengelernt zu haben, denn sie haben persönlich Menschen gekannt, die ich verehre: Dietrich Bonhoeffer, Martin Buber[3] und Ernst Barlach[4]. (In dieser Reihe fehlt eigentlich nur noch Bertolt Brecht!) Daß jemand zu diesen Menschen persönlichen Kontakt gehabt hatte! In den siebziger Jahren lebten wir in der DDR noch sehr abgeschottet; die Zimmermanns waren für mich wie ein Tor zur Welt.
Liebe Friederike, was ist dein familiärer Hintergrund, bis zu dem Zeitpunkt, da dieser Mann durch das prächtige Parktor hindurch zu euch kam?

Friederike Zimmermann:
Ich traue mich gar nicht so recht, darüber zu sprechen. Ich geniere mich etwas, weil ich die Tochter eines Privatbankiers bin, der eine sehr berühmte westdeutsche Berliner Großbank geleitet hat, die sein Vorfahre gegründet hatte. Ich bin alles, was man gemeinhin furchtbar findet, nämlich ein Kapitalistenkind aus wohlhabendem Hause und angesehener Familie. Mein Vater war Deutscher und meine Mutter war Engländerin. Wir waren fünf Geschwister und sind auf einem alten Rittergut in der Nähe des Spreewaldes im Kreise Luckau aufgewachsen. Mein Vater hatte genug von den Reisen des Bankiersberufs und wollte mit seiner Familie leben und seine Kinder selbst erziehen. Ich habe damit immer sehr zurückgehalten, weil ich wußte, daß das in diesen Kreisen hier mancher nicht so gut fand. Wir sind ja eigentlich die Hinterwäldler der Nation gewesen. Mein Mann, der nicht darunter leidet, daß er sich nicht deutlich ausdrücken kann, sagt, wenn wir uns krachen: „Na ja du, du bist ja sowieso nur im Park aufgewachsen. Du hast dich überhaupt nicht auf der Gasse geprügelt." Auf dem Rittergut in Waltersdorf führten wir ein glückliches Familienleben. Wir hatten deutsche und englische Großeltern, wuchsen zweisprachig und weltoffen auf. Durch die Reisen nach England sahen wir mehr von der Welt als andere Kinder und hatten sicherlich ein einfacheres Leben als viele Menschen. Wenn mein Vater uns ernsthaft an seinen Schreibtisch bestellte, dann pflegte er zu sagen: „Natürlich bist du ein Kind mit einem gewissen privilegierten Background, aber, mein liebes Kind, das heißt nicht, daß du dich so benehmen kannst. Sondern das heißt, daß du besonders freundlich auf andere Menschen zugehst, dich zu anderen Menschen hinzuwenden verstehst und dich sozusagen im Hintergrund hältst." Das war sehr nützlich für mich, daß er das gesagt hatte, denn es kam die Nazizeit, und da war es gut, über sich selbst, seinen Umkreis und seine Beziehungen schweigen zu können.
Meine Geschwister verkehrten in den Häusern befreundeter Familien in Berlin, wie das früher üblich war. Es gab sehr viele jüdische Familien im Freundeskreis meiner Eltern; das resultierte aus der Zeit, als mein Vater noch Privatbankier war. Meine Geschwister verkehrten und tanzten in diesen Häusern, und es endete damit, daß einer nach dem anderen sich mit deren Kindern befreundete und sie sich dann zu heiraten begehrten. Dann kam die Nazizeit, und solche Heiraten waren nach dem „Arierparagraphen" nicht mehr erlaubt. So mußten meine Geschwister einer nach dem anderen irgendwie über die Grenzen verschwinden. Ich glaube, daß das unser Leben sehr geprägt hat, denn es ist sehr schmerzlich, wenn ein Familienkreis, der so eng miteinander verwachsen ist, auseinandergerissen wird.

Schorlemmer:
Dein Vater war nicht bloß Bankier, sondern ein geistig interessierter Mensch.

Friederike Zimmermann:
Ich glaube, normale Bürger stellen sich unter einem Banker einen etwas dicklichen, das Geld genießenden und weiter Geld machenden Menschen vor, der eigentlich nur darauf aus ist, daß die Geschäfte gut gehen. So kenne ich meinen Vater nicht. Mein Vater hat von seinen Eltern her einen liberalen und protestantischen Hintergrund. Wir fanden ihn alle ein bißchen pietistisch. Irgendwie war er an Karl Barth[5] gekommen und hatte den „Römerbrief" gelesen. Ich war ein junges Mädchen, und ich erinnere mich deutlich, daß der Vater uns erzählt hat, was er aus dem „Römerbrief" gelernt und was ihn daran fasziniert hat. Das hat sicherlich auch dazu beigetragen, daß er sich sehr in der Bekennenden Kirche[6] engagiert hat. Ich bin ihm sicherlich ähnlich. Er war ein Mann, der sich begeistern konnte. Von der Bekennenden Kirche, die im Widerstand zu den Deutschen Christen[7] der Nazizeit stand, war er sehr angetan und hat sich theologisch genauer darüber informiert. Es war ihm wichtig, uns als Teil unserer Erziehung davon zu erzählen. Er hat uns aber genauso Artikel über die Dollar-Gold-Währung vorgelesen, die ich nicht so richtig verstanden habe.

Schorlemmer:
Wie kam Wolf-Dieter Zimmermann in diese Kreise?

Friederike Zimmermann:
Mein Vater war sehr aktiv in der Bekennenden Kirche, und daraus ergab sich einfach, daß, wer verfolgt wurde, egal ob Jude oder Christ, oder wer sich erholen mußte, in Waltersdorf immer eine offene Tür fand. Man konnte bleiben und wurde versorgt. So war es auch bei diesem jungen Mann. Ich war schon erwachsen und kam von Berlin mit meinem Auto. Da sagte meine Mutter: „Es ist wieder so ein junger Mann da. Jeden Abend sprechen sie über Theologie." Das paßte ihr irgendwie nicht. Ich traf ihn zur Teezeit, das war bei uns eine sehr englische und heimelige Stunde, wo man bei viel Silber und wunderbarem Kuchen zusammensaß. Da erschien dieser junge Mann. Ich fand ihn toll. Nach dem Tee gingen wir zusammen spazieren, und da fragte er mich als erstes, ob ich Kants Kategorischen Imperativ kennen würde. Natürlich hatte ich keine Ahnung davon, war aber fest entschlossen, ihm das nicht zu zeigen. So habe ich von vornherein bei ihm nicht gerade den besten Eindruck hinterlassen. Er blieb ein Vierteljahr bei uns und verliebte sich in meine jüngste Schwester. Davon waren meine Eltern nicht sehr begeistert, denn meine Schwester war erst 17. Aus der Heirat wurde nichts, und Lotta wurde auf eine Frauenschule geschickt.
Mein Vater stand immer auf dem Standpunkt: Lernen mußt du alles, aber es ist nicht richtig, daß du ins Berufsleben gehst und anderen Menschen die Arbeit stiehlst. Das ist nicht nötig. Ich wäre aber gern wie alle anderen Menschen morgens um neun Uhr irgendwohin gegangen und hätte etwas Segensreiches getan. Damals wurde Gene-

ralsuperintendent Otto Dibelius[8] zwangsweise vom Dienst beurlaubt. Als er sich in Lichterfelde ein kleines Büro eingerichtet hatte, beschloß mein Vater, ich könnte seinem Freund Dibelius helfen. Also ging ich jeden Morgen dahin. Er saß am Schreibtisch, steckte sich eine Zigarre an und blies mir eine Wolke Rauch ins Gesicht. Ich saß auf einem Stühlchen an der Ecke seines Schreibtisches und versuchte, alles fabelhaft aufzuschreiben. Nachher sollte ich das Aufgeschriebene wieder ablesen und das ging schief. Eines Tages sah Dibelius diesen Wolf-Dieter Zimmermann in meinem Elternhaus, kam zu mir und sagte: Das wäre doch eigentlich ein ordentlicher junger Mann, der könnte doch bei uns im Gustav-Adolf-Verein mitarbeiten. Ich war Feuer und Flamme. Aber dann piesackte mich Wolf-Dieter bei einer gemeinsamen Busfahrt in Berlin so sehr damit, daß ich ein widerliches und unausstehliches Kapitalistenweib wäre, daß ich heulend aus dem Bus sprang und weglief. Danach rief er, der bei Bonhoeffer Seelsorge gelernt hatte, mich an und fragte, warum ich denn weinte. Ich wollte aber meine Gefühle nicht aussprechen. Es endete damit, daß er sagte, ich könnte jetzt zu ihm herüberkommen, denn seine Eltern wohnten um die Ecke von diesem Studienhaus, wo ich wohnte. Ich pilgerte beglückt dahin, und er wollte unbedingt, daß diese Geschichte besprochen wurde. Am Ende teilte er mir mit, daß er meiner Schwester und nicht mir zugetan sei. Da war ich sehr geknickt. Ganz seelsorgerisch bot er mir dann aber an, daß ich jede Woche einmal nachmittags zu ihm kommen und irgend etwas Segensreiches für ihn tun könne.

Schorlemmer:
Später kam es auf Umwegen dann doch noch zu einer Verbindung. Eine tolle Partie. Ich möchte gerne wissen, wie das war, als eine Frau aus so „gutem Hause" einen armen Schlucker heiratete.

Friederike Zimmermann:
Darüber hat mein Vater sehr deutliche Worte mit mir gesprochen. Er sagte: „Also, weißt du, das ist ein honoriger Mann, ein ordentlicher und rechtschaffender, ein sehr schwieriger Mann, das mußt du dir sehr genau überlegen. Ich finde es richtig, was ihr tut, aber das ist für dich nicht leicht, denn du bist ein verwöhntes Kind. Ich gebe dir folgenden Rat: Lebt von dem, was er verdient. Er verdient Null-Komma-Nichts und er hat auch keine Zukunft. Solange die Nazis dran sind, wird er nichts haben. Damit mußt du leben. Es wird völlig anders sein, als das Leben, das du gewöhnt bist. Es wäre total verkehrt, wenn ich euch finanzierte und ihr weiter auf dem Niveau lebtet wie bisher. Also lebet von dem, was ihr erhaltet." Das waren Spendengelder von der Bekennenden Kirche. Dann sagte er, was ich noch viel besser fand: „Dein Mann hat Gedanken, die ihn immer in Widerspruch zum Staat und zur offiziellen Kirche bringen. Das halte ich für richtig. Wenn ich dir einen Rat geben darf: Bremse ihn nicht in seinen Absichten, lerne sie

verstehen. Sei ihm eine Stütze, damit er so weitermachen kann. Ich glaube, daß dein heiteres Naturell und seine höflich zurückgenommene Wesensart zueinander passen und ihr euch gut ergänzt. Deshalb bekommt ihr meinen Segen." Es ist tatsächlich ganz gut gelaufen, denn morgen sind wir 56 Jahre verheiratet.

Schorlemmer:
Lieber Wolf-Dieter Zimmermann, Ihr Vater war Superintendent geworden und hat noch 1939 dem deutschen Kaiser zum Geburtstag gratuliert. Sie sagen von sich selbst, Sie seien ein Konservativer. Für uns, die wir hier im Osten groß geworden sind, haben bestimmte Worte eine ganz andere Bedeutung. Für mich ist, wenn ich konservativ höre, das nur eine vornehmere Bezeichnung für rechts.

Wolf-Dieter Zimmermann:
Das war es unter anderem auch.

Schorlemmer:
Wieso ein Konservativer?

Wolf-Dieter Zimmermann:
Ich bin ein Wechselbalg. Ich komme aus dem Umfeld der Anhänger des Barmer Pietismus. Mein Vater war Pfarrer in Unterbarmen. Im Kindergottesdienst lernte ich, daß, wer Böses tut, in die Hölle kommt. Ergebnis: Ich hatte Angst vor der Hölle und der Ewigkeit. Dann bin ich als anständiger Sohn eines Pfarrers in den Bibelkreis gegangen und 1926 konfirmiert worden. Danach wurde mir das zu dumm, und ich ging in den Bismarck-Bund. Das war eine Art Konkurrenz zum Stahlhelm für die Jugend. Mein Vater war damals Leiter der Inneren Mission Berlin-Brandenburg und hatte Verbindung zu dem Gut Warnitz in der Neumark. Das gehörte Herrn von der Osten, einem Grundbesitzer, der arme und meistens adlige Kinder aus Berlin einlud. Er lud auch mich ein. Ich verbrachte den ganzen Sommer dort. Dann kam seine Tochter zu Besuch und sagte: „Was willst du bei meinem alten Vater, komm zu uns nach Hinterpommern, nach Schmenzin." Ihr Mann war Ewald von Kleist[9]. Dort bin ich praktisch groß geworden. In allen Ferien war ich auf diesem großen Gut mit dieser phantastischen Jagd. Ewald von Kleist war ein typisch preußischer Konservativer. Ich erinnere mich noch an eine Kutschfahrt. Er hatte seine Großmutter besucht. Ich fragte ihn: „Was ist konservativ?" Er erklärte mir, daß man als Konservativer verantwortlich sei für die Leute seines Ortes, daß man für sie zu sorgen habe und daß man darüber hinaus auch Verantwortung gegenüber Volk und Staat trüge. Konservativ sein heißt, zu seiner Verantwortung stehen. Ich habe es an ihm selbst gesehen. Er ist im Zusammenhang mit dem 20. Juli 1944 erschossen wurden. Anfang des Krieges hatte er noch einen Vermittlungsversuch unternommen und war zu Churchill nach England gereist.

Nachdem ich nach dem Abitur einen national-politischen Schulungskursus in der Nähe von Eisenach gemacht hatte, landete ich im deutschen Hochschulring. Das war eine Studentenorganisation, die im wesentlichen damals schon die „Ostverständigung" betrieben hatte. Von da aus absolvierte ich im Sommer 1930 zwei Wehrsportlager in Ostpreußen und kam danach in den kaiserlichen Yachtclub Potsdam. Nach der Segel- und Navigationsausbildung wurde ich ein Jahr später „Steuermann auf kleiner Fahrt". Ich habe mein Patent heute noch und darf theoretisch immer noch in Küstennähe auf der Ostsee und Nordsee ein Schiff führen. Das war die Vorgeschichte. In dieser Hinsicht bin ich also ein Konservativer gewesen.

Als ich 1932 Bonhoeffer in Berlin kennenlernte, habe ich gefragt: „Wie können Sie als Christ Pazifist sein?" Er war klug genug zu sagen: „Ach, das hat keinen Zweck darüber zu reden, eines Tages werden Sie das schon verstehen." Ich bin von Anfang an sein Assistent gewesen. Ich kam in die erste Vorlesung, sah knapp 20 Mann in einem Saal für 200 sitzen und wollte wieder gehen. Ich kannte seinen Namen überhaupt nicht. Dann kam er herein: mit einem wiegenden Schritt, einer athletischen Figur und einem leicht eckigem Gesicht mit randloser Brille. Er sprach mit einem merkwürdig krächzenden Tonfall. Er hat nie vorgelesen, sondern sein genau ausgearbeitetes Manuskript immer für uns „übersetzt", also verständlich zu uns interpretiert.

Bonhoeffer sagte in seiner Vorlesung: „Brauchen wir Gott noch? Brauchen wir die Kirche noch? Wir schaffen das doch alleine, das ist doch überflüssig." Dazu seine Antwort: „Diese Frage ist falsch gestellt. Gott ist da und bleibt da. Die Kirche ist da und bleibt. Ihr könnt es annehmen oder ablehnen, mehr bleibt nicht übrig." Das war frappierend, daß ein junger Mann, der intelligent war und alles kannte, alles gelesen hatte, an dieser Stelle auf einmal aufhörte zu fragen und akzeptierte: „Da ist eine Grenze. Da hört meine Klugheit auf. Das ist da und das ist nicht zu hinterfragen. Darauf kann man sich verlassen, es steht uns nicht zur Verfügung, auch nicht in der Debatte."

Das war eine ganz neue Perspektive. Ich hatte bereits vier Semester Theologie studiert, und wir hatten immer alles nach Quellen und Tradition zerpflückt. Da blieb nicht mehr viel übrig. Es war eigentlich eine Befreiung, zu hören, daß es irgend etwas gibt, an das die Menschen nicht heran können. Da ist etwas, was unabhängig von dir Stabilität hat und behält. Es ist für Bonhoeffer bis zum Schluß immer Tatsache geblieben, daß er bestimmte Dinge hinter einer Grenze sah, an die man auch mit Denken nicht herankommt, und daß man sich da fügen muß.

Bonhoeffer fing die ganze Dozentenzeit über mit der Fragestellung an: „Was trägt? Worauf kann ich mich verlassen?" Zunächst war es immer die Gemeinde, in Christus existierend, nach schöner Heideggscher oder Hegelscher Formulierung. Nach dem Kirchenkampf war diese Definition nicht mehr brauchbar, denn da war die Gemeinde mit einem Mal in fremden Händen. Da war es Christus alleine, der trägt. Dieser Christus war für Bonhoeffer ein unangreifbares Faktum. Auf den kannst du dich verlassen, wo immer du bist, auch wenn du dich verläufst. Gerade auf seinem Weg in den Widerstand war er ganz sicher: Christus läßt mich nicht im Stich auf diesem Weg. Dieses ist für mich die entscheidende theologische Erkenntnis gewesen, jenseits von jeglicher Fachdiskussion: Da ist einer *für* mich, wo immer ich auch bin. Es gibt etwas, das Gültigkeit hat, unabhängig von all diesen Aktionen der Kirche, Theologie und Kirchenpolitik.

Schorlemmer:
Es gibt unter den Bonhoeffer-Freunden ganz unterschiedliche Weisen, mit ihm umzugehen. Sie bewegen sich da auf einer ganz eigenen Linie. Bei Ihnen habe ich gelesen: „Bonhoeffer hatte uns gelehrt, jeden Tag als eine Frage Gottes an uns hinzunehmen." Was bedeutet das?

Wolf-Dieter Zimmermann:
Das heißt, nicht nach den Gründen für das hier und heute zu fragen, sondern sich die Frage zu stellen: Was bedeutet meine heutige Situation für mich? Bin ich in der Lage, in diesem Augenblick „Nachfolge zu praktizieren", um es mit Bonhoeffer zu sagen? Oder andersherum ausgedrückt: Wie sieht Gehorsam aus? Wie sieht in dieser Frage glauben lernen aus? Es geht letztlich zurück auf die Frage: Was ist unser Lebensziel? Bonhoeffer hat gesagt: „Ich will glauben lernen." Glauben ist nicht etwas, was ich heute praktiziere und dann weiß, wie es ist, sondern glauben lernen sieht jeden Tag neu aus. Die Frage Gottes an mich ist heute: Wie sieht mein Glaube aus? Wie praktiziere ich Glauben heute? Was ich gestern praktiziert habe, war für gestern richtig und braucht für heute nicht richtig zu sein.

Schorlemmer:
Nach dem siegreichen Frankreichfeldzug saßen Bonhoeffer und seine Begleiter in einem Lokal. Eine Sondermeldung verkündete den Sieg. Da sprangen alle auf und sangen die Hymne. Bonhoeffer stand auch auf. „Man liefert sich nicht freiwillig aus", sagte er dem verdutzten Freund Eberhard Bethge. Das ist situationsgerechtes Verhalten. Dies war nötig, wenn man den Kampf gegen Hitler wirklich führen und nicht gleich von der Gestapo abgeholt werden wollte. Wie aber stellt man sicher, daß man nicht zum Tagesopportunisten wird?

Wolf-Dieter Zimmermann:
Indem man die Frage jeden Tag für sich wieder neu stellt, d. h. daß man mit der Opportunität gestern nicht die Opportunität heute rechtfertigt.

Schorlemmer:
Also, sich jeden Tag die Frage wieder neu zu stellen: Was wird heute von mir gefordert? Sie haben in Ihrem Werk „Bruder Bonhoeffer – Einblicke in ein hoffnungsvolles Leben" Seiten Bonhoeffers aufgezeigt, die bisher nicht so bekannt waren. Ich nehme einen Satz heraus. Seinen Studenten hatte Bonhoeffer einmal gesagt: „Wahres Menschsein besteht nicht darin, daß man seinem Schlaf-, Eß- und Geschlechtstrieb frönt, sondern darin, daß man seinen Kopf hinhält." Ich verstehe dieses „sondern" nicht.

Wolf-Dieter Zimmermann:
Das ist für Bonhoeffer ein Gegensatz gewesen. Er war beispielsweise der Meinung, daß man sich während des Kirchenkampfes nicht verheiraten sollte, weil Ehe oder Familie einen dabei behindern würden. Innerhalb des Kirchenkampfes ist die Verpflichtung eine hundertprozentige, sie ist nicht teilbar. Daher kommt das „sondern". Er sah einen Gegensatz zwischen „genießen" und „seinen Kopf hinhalten". „Seinen Kopf hinhalten" bedeutet nicht unbedingt den Widerstandsweg, aber daß man jeden Tag aufs Neue bereit ist durchzuhalten, seine Aufgabe zu erfüllen und sich durch nichts hindern zu lassen.

Friederike Zimmermann:
Da kommen wir in die Richtung dessen, was mein Vater zu mir gesagt hatte: „Dein Mann muß von seinem Denken, von seinem christlichen Glauben her Dinge tun, die vielleicht stören, die ihm das Leben erschweren werden. Wenn ich dir einen Rat geben darf, dann störe ihn nicht. Laß ihn das machen."

Wolf-Dieter Zimmermann:
Bonhoeffers Leben, sein beruflicher Werdegang verlief parallel zur Nazizeit, und aus dieser Perspektive ist dieses „sondern" zu betrachten. Im Grunde genommen bewegten wir Jüngeren uns von Anfang an in der Illegalität. Das hatte es in der Kirchengeschichte so noch nie gegeben.
Ich hatte mich 1934 auf das erste theologische Examen vorbereitet, und im Oktober 1934 fand die 2. Synode der Bekennenden Kirche in Dahlem statt. Sie erklärte unmißverständlich: „Die offizielle Kirche ist häretisch. Wir sind die echte Kirche und übernehmen künftig folgendes selbst: theologische Ausbildung, theologische Prüfung, eigenen Bruderrat, eigene Kirchenverwaltung." Im November wurde ich gefragt, ob ich als einer der ersten mit in dieses erste illegale Examen der Bekennenden Kirche gehen wollte. Ich war etwas ratlos, weil keiner wußte, was das genau bedeutete. Drei Monate später bekam ich vom offiziellen Konsistorium einen Brief: „Sie haben ein Examen gemacht, das wir nicht anerkennen. Sie werden keine Stelle bekommen. Sie werden nicht ordiniert werden. Sie kriegen kein Gehalt, Sie existieren für uns nicht." Damit war

klar, daß wir weder unter kirchlichem noch staatlichem Rechtsschutz standen. Dies galt auch für Bonhoeffer, der vorher den offiziellen Weg gegangen war, bis er das Predigerseminar in Finkenwalde übernahm. Damit wurde auch er „Angestellter" der Bekennenden Kirche und lebte nur von ihren Spenden. Wir hatten nichts mehr mit der offiziellen Kirche und dem Staat zu tun. Einerseits fühlten wir uns ausgesprochen frei, denn wir waren nicht verantwortlich für das, was die Kirche tat, was der Staat tat. Auf der anderen Seite lebten wir außerhalb der Rechtssituation und waren immer in Gefahr. Wir wußten nie, wann wir verhaftet werden würden. Wir wußten nicht, welche Anklage gegen uns erhoben werden würde. Es gab immer irgendwelche politischen Gründe. In dieser Illegalität waren wir auf gut Neudeutsch gesagt „outcasts", also Ausgestoßene. Auch hier wiederum Bonhoeffers Entweder-Oder: Entweder man genießt das Leben oder man hält den Kopf hin.

Schorlemmer:
Ist es nicht merkwürdig, daß Theologie und Denken sich somit an einem Schema beteiligen, das einer der ideologischen Begründer des Nationalsozialismus, nämlich Carl Schmitt[10], in seiner Freund-Feind-Theorie begründet hat? Auch den Kommunismus haben wir als Entweder-Oder-Ideologie erlebt. Das Gegenbild ist die demokratische Gesellschaft, die Pluralismus für möglich und für fruchtbar hält. Diese Dichotomie – Entweder-Oder, Ja oder Nein, Freund oder Feind – ist sie theologisch tragbar?

Wolf-Dieter Zimmermann:
Das weiß ich nicht. Ich habe diese Dichotomie von meinem Vater übernommen. Carl Schmitt hat sie auch nicht erfunden, es hat sie schon viel früher gegeben. Für Bonhoeffer war sie genauso wie für meinen Vater und für alle, die ich gekannt habe, ein Faktum und kein Diskussionsgegenstand. Es gab national oder international, richtig oder falsch, aber nichts Pluralistisches. Ich habe nach 1945 Jahre gebraucht, um zu verstehen, was Pluralismus ist. Ich habe nie herauskriegen können, wie zwei Menschen recht haben können, wenn sie verschiedener Meinung sind. Unsere Zeit war wirklich im Entweder-Oder-Schema aufgebaut. Die Weimarer Republik war ja auch nicht pluralistisch, sondern – ich konstatiere – ebenfalls auf dem Entweder-Oder-Schema aufgebaut. Die wollten sich gegenseitig um die Ecke bringen und rausschmeißen. Es gab entweder eine Links- oder eine Rechts-Regierung. Ich bin mit diesem Gegensatz groß geworden, er war für uns selbstverständlich. Ob das theologisch gerechtfertigt ist oder nicht, kann ich nicht sagen. Es gab keinen neutralen Streit für Bonhoeffer. Es ist für uns eine unwidersprochene Grundstruktur gewesen, die wir von Anfang an als gegeben hingenommen und nie theologisch in Frage gestellt haben. Heute kann ich vieles andere dazu sagen. Ich rekapituliere aber, wie ich es erlebt habe.

Schorlemmer:
Ich denke, wir sollten das in dieser Schärfe stehenlassen. Sie sind Ernst Barlach begegnet. Wie kam es dazu?

Wolf-Dieter Zimmermann:
Am Gendarmenmarkt wurde das Stück „Der blaue Boll" von Ernst Barlach gespielt. Der blaue Boll wurde damals von Heinrich George[11] dargestellt, und der war nach meinem Empfinden die typische Verkörperung des Mannes, den Barlach gemeint hat, etwas dicklich mit einem runden Gesicht. Ich habe das Stück gesehen. Es war aufregend, weil ich da für mich gelernt habe, daß im Grunde genommen der Mensch sein Leben riskieren und in Frage stellen muß, daß man sich sozusagen erst verlaufen muß, um zu merken, wo der richtige Weg ist. Um den herauszufinden, kann man nicht nach einem Fahrplan leben, sondern muß aus Impulsen heraus handeln. Ich war mir sehr unsicher, was Barlach gemeint hatte, und schrieb einen Brief an ihn. „Ich bin Theologe. Was meinen Sie eigentlich mit Ihrem Gott? Wo kommen wir dahin, wo sind Sie und wo bin ich?" Ich bekam einen handgeschriebenen, achtseitigen Brief zurück, in dem er mir das erklärte. Ich war tief bewegt, daß ein Mann mir dummen Jungen acht Seiten zurückschrieb. Dann haben wir weiter korrespondiert, über Kunst und alle möglichen anderen Dinge. In der Nazizeit erklärte er in einem Brief: „Ich kann jetzt nicht mehr schreiben. Es ist sehr schwierig. Meine Lage wird katastrophal." Im Juli 1937 sah ich in Berlin die Ausstellung „Entartete Kunst". Dort waren auch Werke von Ernst Barlach ausgestellt. Ich war damals gerade illegaler Pfarrer geworden.
Da schrieb ich ihm zurück: „Lieber Herr Barlach, jetzt sind wir beide in derselben Ecke gelandet. Sie sind illegal und ich bin illegal, Sie sind entartet und ich auch. Ich möchte Ihnen meine Solidarität bezeugen und sagen, daß ich bei Ihnen bin." Daraufhin hat er den Brief zurückgeschrieben, den ich abgedruckt habe.[12]

Schorlemmer:
Ich will den Brief vorlesen. Am 10. September 1937 erhielten Sie ein letztes Schreiben von Barlach: „Ich muß leider auch dem kürzesten Besuch ausweichen. Darlegen und ausführen warum, der Versuch würde mich verpflichten, so weitläufig zu werden, wie es mir heute unmöglich geworden ist. Es geht eben nicht. Sie wünschen mir Gutes für meine Arbeit und ahnen nicht, daß alle Voraussetzungen für Arbeit, Sammlung, Vertrauen zum heutigen und nächsten Tage fehlen. Sie hätten mein jetziges Schaffen gern persönlich kennen gelernt? Es ist dafür gesorgt, daß da nichts kennenzulernen ist, und es wird weiter dafür gesorgt werden. Ich wünsche Ihnen gute Tage oder Wochen in dem guten Ahrenshoop. Ihr sehr ergebener Ernst Barlach."
Diese Sätze klingen nach einem Mann, der überhaupt keine Kraft mehr hat und weiß, daß man ihn zertreten wird.

Sie haben geschrieben, daß Sie sich mit dem jüdischen Gedankengut erst nach 1945 beschäftigt haben, insbesondere mit Martin Buber, dem Sie persönlich begegneten. In Ihrem Buch „Gerechtigkeit für die Väter" ist ein Text über die Versöhnung abgedruckt. Die Verfasser waren Juden, die offensichtlich den Quäkern nahestanden. Ich finde, das sollte man allen, die in der DDR gelebt haben, schicken als Ausdruck dafür, was Großherzigkeit ist.

Wolf-Dieter Zimmermann:
Buber war für uns der Mann, der die hebräische Bibel mit Franz Rosenzweig[13] zusammen übersetzt hatte. Er hatte einen Text verfaßt, der fast aus dem Deutschen „heraussprang". Er versuchte, Rhythmus und Akzent des Hebräischen ins Deutsche zu übertragen. Von 1947 bis 1954 haben wir ehemals Illegalen in Berlin eine Zeitschrift herausgegeben. Wir standen damals in Opposition zur Kirche, weil die viel zu hierarchisch und bürokratisch geworden war, und machten unsere eigene Zeitschrift, die „Unterwegs" hieß.
Wir haben sehr früh angefangen, die Judenfrage aufzuarbeiten. Anlaß war, daß schon 1947 in unserer Zeitschrift die Dahlemer Laienmitglieder der Bekennenden Kirche berichteten, wie sie Juden gerettet, wie sie Pässe und Lebensmittelkarten gefälscht hatten. Von da an haben wir bewußt berichtet, weil das ein Themengebiet war, das sehr schnell unterzugehen drohte. Es war fast ein Politikum geworden. Darüber, was in der Nazizeit in Berlin passiert war, ist nirgendwo vernünftig berichtet worden. Es ging immer gleich in eine dramatische Beschreibung der Konzentrationslager und anderer Greuel über. Der Alltag in Berlin war dabei völlig untergegangen. Das wollten wir ändern. Danach stieß ich auf den Namen von Schalom Ben-Chorin[14] und schrieb diesem nach Jerusalem. Daraufhin schickte Ben-Chorin mir seine Artikel, die wir auch im „Unterwegs" abdruckten. Ich habe viele Juden in Berlin gekannt, aber bis zur Kristallnacht 1938 waren für uns nur die christlichen Juden ein Problem. Die anderen Juden wurden bis 1938 von jüdischen Organisationen im Ausland, meist Amerika, unterstützt und mit deren Hilfe auch ausgeschleust. Ab 1936/37 wurde in der Bekennenden Kirche überlegt, wie man den christlichen Juden helfen könnte, nachdem sie 1935 aus der Kirche ausgeschlossen worden waren. Erschwerend kam hinzu, daß viele bedeutende Theologen der Meinung waren, man sollte jüdisch-christliche Gemeinden getrennt von den normalen deutschen christlichen Gemeinden gründen. Dann kam der Krieg und die Informationen flossen sehr spärlich. Erst nach dem Krieg haben wir die Geschichte der Judenverfolgung aufgearbeitet, als wir versuchten, mit den Juden in Berlin ins Gespräch zu kommen. Einige waren untergetaucht, wie beispielsweise Siegmund Weltlinger, der für eine der jüdischen Organisationen den Abtransport erst vorbereitete und dann selbst untertauchte. Wir fanden auch einige andere, die in Berlin durchgekommen waren.
Dann trat für uns dieses Problem der Judenverfolgung und der jüdischen Staatsgründung deutlicher hervor. Ich schrieb an Buber und fragte: „Was seid ihr denn nun? Seid

ihr ein normales Volk oder seid ihr das heilige Volk?" Wir haben einen langen Briefwechsel darüber geführt. Dann kam er nach Berlin, und ich traf ihn im Hotel. Später las er aus der Bibel seine Übersetzung; er sprach sehr langsam mit einer ganz merkwürdigen, etwas melodischen Stimme, als er die Psalmen las. Er war ein ganz kleiner, bärtiger Mann mit wachen, prüfenden Augen. Man merkte ihm sehr schnell an, ob er mit der gestellten Frage einverstanden war. Als ich ihn damals traf, sagte er zu seiner Frau: „Das ist ein Mann, der einen guten Brief an mich geschrieben hat. Den müssen wir jetzt besprechen." Wir haben uns stundenlang unterhalten. Ich habe ihn dann öfters in Jerusalem gesehen und lange Gespräche mit ihm geführt. Er hat mir etwas deutlich gemacht, als er sagte: „Für die Juden, für das Judentum, für unseren Glauben ist der einzelne gar nicht so wichtig, er ist Teil des Volkes. Ihr mit eurem protestantischen Individualismus, ihr verfälscht den Gott des Alten Testamentes, denn da gibt es keinen einzelnen, sondern wir leben in einer Gruppe. In dem Augenblick, wo einer sich als einzelner versteht, ist er schon auf dem Abwege." Das ist für mich deshalb wichtig geworden, weil ich im Grunde genommen von Bonhoeffer her ein typischer Individualist bin oder mich jedenfalls nur als Teil der Bruderschaft oder einer Kleinstgruppe verstehe. Aber Buber sagte: „Es geht nicht um euch, sondern es geht um die Weltgeschichte, um Gottes Reich auf Erden oder wie man es nennen will, aber nicht um euch alleine."

Schorlemmer:
Buber war sehr früh schon für eine Aussöhnung.

Wolf-Dieter Zimmermann:
Buber sagte 1947, als David Ben Gurion[15] Israel gründen wollte: „Bevor du anfängst, versöhne dich mit den Arabern." Aber Ben Gurion hat erst einmal den Staat gegründet. Buber war jahrelang verstimmt und wollte schon beinahe auswandern. Schließlich hat er aber wieder mitgewirkt. Natürlich hat Buber Recht gehabt. Er hat wahrscheinlich den Unterschied zwischen dem Individualismus der Israelis und dem Gruppen-Lebensverständnis der Araber gespürt. Das merkt man besonders deutlich, wenn man aus einem arabischen Staat nach Israel reist. Wir haben einmal eine Journalistenreise vom Libanon über Syrien und Jordanien nach Israel unternommen. In Jerusalem haben wir auf der palästinensischen Seite gewohnt und erlebt, wie dieses Gemeinschaftsdenken sich auswirkt. Wenn man als Freund zu Gast ist, muß man sich als Freund benehmen und wird dann auch als Freund behandelt. Wenn man weiß, wie sich der arabische Zusammenhalt als Gemeinschaftsgefühl und als gegenseitige Verantwortung für den anderen versteht, von dem man sich nicht separieren darf, um nicht Gott zu verlieren, dann versteht man Buber, der sagte: „Vertrage dich erst mit den Arabern, es geht sonst schief." Später hatte Rabin verstanden, daß er nur zum Frieden kommt, wenn er sich mit den Arabern verständigt.

Schorlemmer:
Im Zusammenhang mit dem 9. November möchte ich gerne, daß Friederike Zimmermann uns von ihrer Freundin Gisela Otto erzählt. Wie kompliziert, wie schwierig Bekanntschaft sein kann ...

Friederike Zimmermann:
Wir Kinder wurden alle zu Hause erzogen. Es gab zwei Kinderfräuleins, die hatten alles über moderne Kindererziehung gelernt. Aber irgendwann beschlossen meine Eltern, daß wir nach Luckau auf das Gymnasium gehen sollten. Wir wurden angemeldet und fuhren mit einem 9sitzigen Chrysler und Chauffeur in Livrée oder mit einem Pferdegespann und Kutscher vor und marschierten in unsere jeweilige Klasse. Ich war dort vollkommen überfordert, obwohl ich sonst nicht auf den Mund gefallen war. Die Jungen piesackten mich unentwegt. Ich war wie ein fremder Vogel. Gisela Otto war die einzige, die mich beschützte. Sie war ein überzeugtes BDM-Mädchen (Bund Deutscher Mädchen) aus der Hitler-Jugend. Das hatte ich zu Hause nun gar nicht kennengelernt, weil meine Eltern absolut dagegen waren. Ich habe ihr gesagt, daß „Mein Kampf" doch kein Buch sei, Sprache und Inhalt seien doch fürchterlich. Sie fand das alles ganz toll. Ich war ungefähr ein Jahr auf dieser Schule. Dann war die Sache ausgestanden. Ich wurde in eine Frauenschule für ausgewählte privilegierte Kinder geschickt, wo ich alles lernen sollte, was eine Hausfrau wissen muß, die später einmal einem großen Haushalt vorstehen wird. In den Ferien kam ich zurück und traf auf dem Bahnhof Gisela Otto. Ich hatte schon gelernt zu schweigen, so daß ich erst einmal ganz freundlich fragte: „Wie geht's dir denn?" Da erzählte sie, daß sie eine neue Arbeit hätte. Sie sei in einem Büro der Geheimen Staatspolizei. Dort würden Menschen verhört, die gegen „unseren Führer" sind. Sie säße an einem Kopfhörer und höre das mit und schreibe auf der Maschine diese Sachen auf.
Das hat mich sehr beschäftigt, ich habe oft darüber nachgedacht. Einerseits diese rührende Art, wie sie dieses etwas blöde kleine Mädchen, das hilflos zwischen den einfachen Jungen stand, zu schützen versuchte, weil sie deutlich spürte, die kapiert überhaupt nicht, wie das Volk so redet und wie es ist. Auf der anderen Seite erzählte sie mir, was die bösen Menschen dem „Führer" antäten. Zu meinem 75. Geburtstag habe ich Gisela Otto eingeladen. Jeder Zoll an ihr war eine rechtschaffene, sehr bürgerliche und christliche Frau. Das war für mich überraschend nach diesen gräßlichen Erinnerungen.

Schorlemmer:
Wie kann bloß jemand so begeistert, blind und auch ohne Gewissen aufschreiben, was in Verhören gesagt wird, und sich nicht fragen, was später damit gemacht wird?!

Friederike Zimmermann:
Es war meine Feigheit, daß ich nicht gesagt habe: „Sag mal Mädel, fällt dir da nicht irgend etwas auf? Wie kannst du das toll finden?" Ich war zu feige, das zu sagen.

Schorlemmer:
Herr Zimmermann, Sie haben ein Buch geschrieben, „Gerechtigkeit für die Väter", das 1983 erschienen ist. Es beschreibt den Versuch eines Vaters, der als Superintendent seiner Verantwortung für etwa 530.000 evangelische Christen gerecht werden wollte und der nach 1945 erleben muß, wie seine Kinder sein damaliges Verhalten nicht billigen können. In der Weimarer Republik trafen zwei Generationen mit ganz unterschiedlichen Denkweisen zusammen: junge Rebellen und die ältere Generation, die sich nie wirklich verstanden haben. In Ihrem Werk habe ich Aussagen gefunden, die für uns heute von Bedeutung sein können. Ein Kapitel beginnt mit folgendem Satz: „Geschichte bindet den, der sie erlebt." So viel Freiheit haben wir also gar nicht! Uns bindet die Geschichte, die wir erlebt haben. Ein anderer Satz: „Revolutionen verändern Machtverhältnisse, aber Einstellungen und Denkweisen nicht." Das wurde 1983 geschrieben. Wenn wir uns mit der Geschichte beschäftigen, verstehen wir die Gegenwart ein bißchen besser und müssen vielleicht nicht alles wiederholen.

Frage aus dem Publikum:
Sie haben einen guten Kontakt zu Ernst Barlach gehabt. Weshalb ist Barlach in der Ausweglosigkeit gelandet?

Wolf-Dieter Zimmermann:
Seine Kunst war verbotene, entartete Kunst.

Frage aus dem Publikum:
Es hätte sich ja jemand um ihn kümmern können.

Wolf-Dieter Zimmermann:
Der Geschäftsmann Reemtsma hat sich um ihn gekümmert. Er hat Barlachs sämtliche Skulpturen gekauft und ihn damit über Wasser gehalten. Den „Fries der Lauschenden" hat er bei sich in Hamburg im Haus gehabt und ihn so auch gerettet. Bloß funktionierte diese Rettungsaktion nicht im großen Stil, weil er nicht so viel Geld hatte und diese Kunst verboten war.

Frage aus dem Publikum:
Ich habe über die Vernichtung geistig behinderter Kinder in der Nazizeit eine Fernsehsendung gesehen. Da wurde unter anderem gesagt, daß der Vater von Dietrich Bonhoeffer Gutachten dazu erstellt hat. Hat Dietrich Bonhoeffer das gewußt?

Wolf-Dieter Zimmermann:
Das ist ein Problem. Man hat in alten Akten geforscht und Material gefunden. Inwieweit Bonhoeffer Gutachten erstellt hat, ist mir unklar. Er soll noch relativ lange an Vorträgen über diesen Komplex beteiligt gewesen sein. Ab 1938 war er meiner Meinung nach darin nicht mehr involviert. Es gibt ein sehr gründlich erarbeitetes DDR-Fernsehspiel über Bonhoeffer und den Mediziner Sauerbruch[16]. Da wird die Euthanasie in der Charité dargestellt. Ein Assistent von Sauerbruch und er selbst versuchen, behinderte Menschen, die dort behandelt werden, zu retten. Sauerbruch hat auch den Schwager von Bonhoeffer vor der Gestapo gerettet. In dieser Zeit war der Vater von Dietrich Bonhoeffer nicht mehr aktiv. Ob Dietrich Bonhoeffer davon gewußt hat, kann ich nicht beantworten. Ich habe den Eindruck, daß er davon kaum Kenntnisse hatte.
Als Bonhoeffer in Tegel ins Gefängnis kam, dachte er in den ersten Tagen an Selbstmord, weil er glaubte, er stehe die Vernehmung – seelisch und körperlich – nicht durch, er werde eventuell Menschen verraten. Für ihn war die Gefahr, etwas zu verraten, sehr groß. Wir alle haben in dieser Zeit möglichst wenig wissen wollen. Insofern ist ziemlich deutlich, daß da, wo der andere in Gefahr war, er andere nicht mit hineinziehen durfte. Er hatte seine Gefährdung allein zu tragen. Leider!

Schorlemmer:
Wir haben heute nur ein paar Schlaglichter aus dem Buch „Gerechtigkeit für die Väter" vorstellen können. Eine Frage, die ein intensives Nachdenken über Bonhoeffers Lebenshaltung erfordert, haben wir heute nicht diskutiert: Alice von Bismarck, die Schwester der Braut Bonhoeffers, Maria Wedemeier, hat die Brautbriefe herausgegeben, und vieles deutet darauf hin, daß Bonhoeffer der Veröffentlichung niemals zugestimmt hätte, weil er immer der Meinung war, daß es Dinge gibt, die nicht in die Öffentlichkeit gehören. Das ist eine Frage, die eine problematische Entwicklung in unserer Kultur betrifft, wo alles schonungslos offengelegt wird, weil man meint, so der Wahrheit näherzukommen. Bonhoeffer hingegen stellt den Respekt gegenüber dem Menschen und dem, was er für sich behalten will und was nur ihm gehört, in den Vordergrund. Bonhoeffer war ein Mensch, der von tiefem Respekt gegenüber dem anderen und seinem Geheimnis geprägt war und diesen Respekt auch gewahrt wissen wollte.

Friederike Zimmermann:
Ich gehe noch darüber hinaus. Ich meine, daß wir alle uns als Christen anstrengen müßten, dieses mit unserem eigenen Leben zu propagieren. Ich glaube, daß wir schlecht daran tun, wenn wir immer alles über uns ergehen lassen. Jeder Mensch hat sein „Geheimnis" (wie Bonhoeffer sagen würde). Und dieses Geheimnis muß bewahrt werden. Wir dürfen den Menschen nicht entblößen. Denn: Wer den Menschen „auseinandernimmt", der tötet ihn. Wir müssen wieder lernen, Grenzen zu akzeptieren, bei uns selbst und bei den anderen.

Anmerkungen

1 Dietrich Bonhoeffer (1906-1945), evangelischer Theologe, ab 1935 Direktor des Prediger-Seminars der Bekennenden Kirche, 1945 als Widerstandskämpfer hingerichtet.
2 Rundfunksender im amerikanischen Sektor (RIAS), 1946-1992 Sendeanstalt unter amerikanischer Leitung in Westberlin.
3 Martin Buber (1878-1965), jüdischer Religionsphilosoph, 1924-1933 Professor für jüdische Religionswissenschaft und Ethik in Frankfurt a. M., 1938-1951 Professor für Sozialphilosophie in Jerusalem.
4 Ernst Barlach (1870-1938), Bildhauer, Graphiker, Dichter, im Nationalsozialismus als Vertreter „entarteter Kunst" verfemt.
5 Karl Barth (1886-1968), Schweizer Theologe, als Gegner des Nationalsozialismus und Vater der Bekennenden Kirche im Kirchenkampf wurde er 1935 seines Amtes als Professor in Bonn enthoben, danach Professor in Basel bis 1962.
6 Bekennende Kirche; seit 1934 Bewegung innerhalb der deutschen evangelischen Kirche gegen Eingriffe der Nationalsozialisten und der Deutschen Christen.
7 Deutsche Christen; 1932 gegründete und von den Nationalsozialisten unterstützte Bewegung, 1945 aufgelöst.
8 Friedrich Karl Otto Dibelius (1880-1967), evangelischer Landesbischof, 1933 seines Amtes als Generalsuperintendent der Kurmark enthoben, dann führend in der Bekennenden Kirche.
9 Ewald von Kleist (1890-1945), bekämpfte aus altpreußisch Konservativer, christlicher Gesinnung den Nationalsozialismus, wurde nach dem 20.7.1944 verhaftet und 1945 hingerichtet.
10 Carl Schmitt, (1888-1985), Staatsrechtslehrer, 1933-1945 lehrte er an der Universität Berlin, umstrittenster Vertreter der deutschen Staatsrechtstheorie zwischen dem 1. und 2. Weltkrieg.
11 Heinrich George (1893-1946), Schauspieler, Regisseur, Intendant; Vater von Götz George.
12 Wolf-Dieter Zimmermann, „Gerechtigkeit für die Väter. Einsichten und Erfahrungen", Berlin 1983, S. 166 ff.; 235.
13 Franz Rosenzweig (1886-1929), jüdischer Philosoph, Theologe und Übersetzer.
14 Schalom Ben-Chorin, *1913, israelischer Schriftsteller, besonders jüdisch-christliche Themen.
15 David Ben Gurion (1886-1973), israelischer Politiker, als Ministerpräsident (1948-1953/1955-1963) und Verteidigungsminister rief er 1948 den Staat Israel aus und hatte entscheidenden Anteil an dessen Aufbau.
16 Ernst Ferdinand Sauerbruch (1875-1951), bedeutender deutscher Chirurg.

„Die Bundeswehr kann nicht ein Reparaturbetrieb für gesellschaftliche Fehlentwicklungen sein"

kulturforum

LEBENSWEGE

HANS-PETER VON KIRCHBACH
Generalmajor

Mittwoch, den 16. Dezember 1998, 19.30 Uhr
in der Evangelischen Akademie,
Schloßplatz 1 d, Wittenberg

Der Öffentlichkeit wurde dieser General nicht nur durch die beherzte Organisation des Schutzes der Oderdeiche 1997, sondern auch durch die Art seines Auftretens bei dieser sensationellen zivilen Aktion der Bundeswehr bekannt, die - zusammen mit den Landesbehörden - alles Menschenmögliche daransetzte, das zu verhindern, was kaum noch jemand für möglich hielt: die Überflutungskatastrophe. Sachverstand und menschliche Qualitäten kamen dabei zusammen und führten zu einem Akzeptanzgewinn und Sympathiezuwachs für die Bundeswehr. Und die Soldaten spürten, was sie Sinnvolles bei der „Verteidigung des Lebens" tun können.
Darüber hinaus hat Herr von Kirchbach die Bundeswehrarbeitsgruppe „Rechtsextremismus" geleitet. Er ist gegenwärtig Kommandierender General in Potsam und gilt als designierter Generalinspekteur der Bundeswehr.

Wir werden mit diesem bewussten evangelischen Christen über „Krieg und Frieden", über die „innere Lage" der Bundeswehr und über die künftige Rolle des Militärs ebenso sprechen wie über die Möglichkeiten ziviler Konfliktpräventionen.

Sie sind zu diesem Gespräch sehr herzlich eingeladen, und wir bitten Sie, auch jüngere Leute auf diesen Abend aufmerksam zu machen.

Friedrich Schorlemmer Eintritt: 5,00 DM
Studienleiter erm.: 3,00 DM

Schorlemmer:
Meine Damen und Herren, lieber Herr von Kirchbach, ich begrüße Sie sehr herzlich. Herr von Kirchbach und ich kennen uns bereits von einer früheren Diskussion. Es ging damals um die weitere militärische Nutzung der Colbitz-Letzlinger Heide im Land Sachsen-Anhalt. Ich war mit vielen anderen zusammen dagegen, daß nach der Befreiung von der Besatzungsarmee die Bundeswehr das Gelände übernimmt. Es ging und geht um den Schutz dieses Natur- und Wasserreservoirs. Herr von Kirchbach war sehr bemüht, einen Kompromiß zu finden. Wir alle sind, was das Militärische anbelangt, durch ein Wechselbad der Gefühle gegangen. Einer der Vikare, mit denen ich als Dozent im Predigerseminar zu tun hatte, war in Eggesin Pfarrer gewesen. Er war nicht sehr begeistert (und ziemlich überrascht!), als plötzlich jemand vom Militär an seiner Tür klingelte und freundlich guten Tag sagte. Das war zuvor ganz umgekehrt gewesen. Die „Wieder"-Annäherung ist ein langer und nicht leichter Prozeß, zumal „Kirche und Militärs" ein (historisch) schwer belastetes Thema ist.
Dieser Abend ist für uns und auch für mich in der Evangelischen Akademie in der Reihe „Lebenswege" eine Premiere: Daß ein hoher Militär in der Vorweihnachtszeit hier zu Gast ist, hätte ich mir vor zehn Jahren nicht vorstellen können. Ein Gast, der trotz Uniform am Heiligabend in der Kirche sein und die Weihnachtsgeschichte mit ihrer Friedensbotschaft hören wird.
Herr von Kirchbach, wir haben gelernt, „der Friede muß bewaffnet sein". Ist das ein Satz, den Sie unterschreiben könnten?

Kirchbach:
Kann man ein Schlagwort unterschreiben? Da steckt schon Wahrheit drin, aber in Wirklichkeit sind die Verhältnisse komplizierter, als sie sich in einem Satz zusammenfassen lassen. Ich bin aber überzeugt, daß in unserer Welt die Aufrechterhaltung des Friedens für unser Land mit der Notwendigkeit, es verteidigen zu können, also bewaffnet zu sein, in unauflösbarem Zusammenhang steht.

Schorlemmer:
Muß nicht eine Armee eine reale Bedrohung als ihre Existenzberechtigung vorweisen können?

Kirchbach:
Nein, das muß sie eigentlich nicht, jedenfalls nicht konkret. Eine Armee ist auch eine Versicherungspolice. In der jüngsten Geschichte wird deutlich, wie schnell sich Verhältnisse in der einen oder in der anderen Richtung ändern können. Wer mag heute vorhersagen, wie die Entwicklung in zehn Jahren sein wird? Wer mag vorhersagen, wie sich zum Beispiel die Lage in Rußland entwickelt, ob unser Konzept der Friedensord-

nung in Europa einerseits und der ausgestreckten Hand nach Rußland andererseits am Ende aufgeht? Die Bedingungen ändern sich. Deshalb haben wir auch nicht mehr die Armee des Kalten Krieges, deshalb haben wir eine kürzere Wehrpflicht, deshalb sind wir in der Truppenstärke heruntergegangen, aber die Grundbedingungen sind auf absehbare Zeit die gleichen.

Schorlemmer:
Sie vergleichen die Armee mit einer Versicherungspolice. Das heißt also, wie eine Versicherung sind Sie auch gar nicht daran interessiert, daß der Ernstfall eintritt?

Kirchbach:
Das ist richtig.

Schorlemmer:
Die Versicherung möchte Schadensfälle vermeiden. Ich versuche mir vorzustellen, einen Beruf zu haben, den ich gar nicht *ausüben*, sondern nur *üben* muß. Es geht um die Sinnfrage; oft ist es doch so gewesen, daß die Militärs ihren Sinn durch den herbeigeführten Ernstfall beweisen wollten.

Kirchbach:
Das ist spätestens seit der gegenseitigen atomaren Bedrohung überholt. Tausende von Atomwaffen sind ja noch da, obwohl abgerüstet wurde. Die Bundeswehr ist nun in eine ganz absurde Situation eingetreten. Solange es eine existentielle Bedrohung gegeben hat, gab es keinen Einsatz der Bundeswehr. Das Konzept ist aufgegangen. Jetzt, wo es die existentielle Bedrohung nicht mehr gibt, haben wir ständig 3.000 Soldaten in Bosnien, es gehen 500 nach Mazedonien, in das Feldlazarett nach Kambodscha oder nach Somalia, und plötzlich haben wir ständig mehrere tausend Soldaten im Einsatz. Glücklicherweise gab es erst einmal eine kurze Einsatzphase, in der Waffen gebraucht werden mußten. Das war im Zuge der Evakuierung aus Tirana. Deshalb kann man nicht sagen: Die Armee hat nichts zu tun, außer in einem imaginären Fall. Sie hat genug zu tun.

Schorlemmer:
Was hat Sie persönlich bewogen, diesen Beruf zu wählen? Mir fällt auf, daß viele Männer mit Adelstitel höhere Funktionen in der Bundeswehr haben. Bei Ihnen ist es nicht preußische Tradition; Sie sind aus einem sächsischen Geschlecht, in Weimar geboren. Einer Ihrer Vorfahren ist 1870 bekannt geworden. Ihr Vater war fast drei Jahrzehnte in der Bundeswehr. Es waren sehr viele Menschen mit Adelstitel in der Wehrmacht in höheren Rängen tätig gewesen; die vielen Widerständler stammten fast alle

aus dem preußischen Adel. Gibt es eine besondere Affinität zwischen Adel und der Wahl eines Berufes beim Militär?

Kirchbach:
Es gibt natürlich Traditionen in alten Familien, die einem einfach den Gedanken näherlegen als möglicherweise jemand anderem, so einen Beruf zu ergreifen. In meiner Familie ist es ganz spannend. Wenn man einmal 200 Jahre zurückschaut, haben wir wahrscheinlich zu gleichen Teilen Geistliche und Soldaten hervorgebracht.

Schorlemmer:
Sehr interessant, daß sich manche so entschieden haben. Einer meiner Kommilitonen hieß von Kracht. Da er nicht zum Militär gehen konnte, weil es ein kommunistisches war, wurde er Pfarrer.

Kirchbach:
Ein Bruder meines Großvaters war ein prominentes Mitglied der Bekennenden Kirche in Freiberg in Sachsen. Für mich war der Beruf des Geistlichen keine ernsthafte Alternative, obwohl ich in der evangelischen Jugend groß geworden bin und es bei uns immer ein Thema war. 1956, ich war 15 Jahre alt, habe ich über das Radio miterlebt, was in Ungarn vor sich ging. Da wurde mir klar, die Wehrpflicht machst du. Ich bin auch als Wehrpflichtiger in die Bundeswehr eingetreten, mit der Absicht, ein halbes Jahr länger zu bleiben und nach 18 Monaten Reserveoffizier zu werden. Dann habe ich mich entschlossen, Berufssoldat zu werden. In diese Zeit fiel auch der Mauerbau 1961. Schritt für Schritt bin ich zu der Überzeugung gekommen, daß das Militär eine wichtige Aufgabe hat und es auch eine Chance auf Erfolg bietet, den Frieden zu sichern, ohne die eigene Lebensordnung aufzugeben. Außerdem ist es verantwortungsvoll, aber auch schön, mit jungen Menschen zusammen eine Aufgabe zu erfüllen, die man für richtig hält.

Schorlemmer:
Als wir Fernsehzuschauer Sie kennengelernt haben, spielten Sie eine ganz andere Rolle. Mein Eindruck: Sie fallen ein bißchen aus der Rolle. Mein Bild davon, wie ein General sein müßte, erfüllen Sie nicht. Ich kann mir Sie sehr gut in Zivil vorstellen. Ich sehe in Ihnen nicht den, der am Schnittigen oder am Befehlsmäßigen Gefallen findet. Ist das richtig?

Kirchbach:
Es sind immer verschiedene Felder, auf denen man sich bewegt. Einmal gibt es den ganz normalen menschlichen Umgang. Das entspricht dem, was die Bundeswehr nicht

nur predigt, sondern auch zu verwirklichen versucht. Es gibt eine dienstliche Über- oder Unterordnung für einen bestimmten Auftrag. Das hat mit menschlichen Verhältnissen zunächst einmal wenig zu tun; es darf eigentlich auch nichts damit zu tun haben.

Schorlemmer:
Sie sehen das rein funktional und nicht hierarchisch.

Kirchbach:
Ja. Diese Auffassung versuche ich zu leben und zu verbreiten, was andererseits nicht ausschließt, in Situationen des Einsatzes oder einer Übung sehr kurze und scharfe Befehle zu geben und konsequentes Handeln durchzusetzen. Menschlicher Umgang ist wichtig und entspricht der Art, wie Erwachsene überhaupt miteinander umgehen sollten. Andererseits ist es wichtig, in bestimmten Situationen fähig zu sein, nach einer kurzen Überlegung tatsächlich entscheiden zu können, weil es unter Umständen auf Minuten ankommt, und diesen Entschluß konsequent durchzusetzen. Beides gehört dazu.

Schorlemmer:
Können Sie sich in Menschen wie mich und andere hier einfühlen, die gegenüber dem Militär als Legitimationsinstanz für den militärischen Einsatz eine große Skepsis hegen, zumal in der DDR, wo sich eine grundsätzliche Skepsis gegenüber dem Militär – im roten Militarismus, in stetiger „Friedenswacht" – ausbreitete?
Die große Mehrheit der Deutschen, auch Christen, sind „ihrem Führer" bis in größte, bis dahin unvorstellbare Verbrechen hinein gefolgt, weil es einen Gehorsamseid und eine Gehorsamsverpflichtung gab. Im Hinblick auf den Gehorsamseid der Nationalen Volksarmee (NVA) hatten besonders (evangelische) Christen arge Gewissensprobleme und fragten sich, wie Gewissensbindung und Gehorsamsverpflichtung je wieder angenähert werden können. Das ist eine sehr ernste, lebenseinschneidende Frage für uns gewesen. Können Sie verstehen, daß wir gegenüber Uniformierten und auch gegenüber feierlichen Eidesformeln, die Menschen im Innersten binden und zum äußersten Verbrechen verführen können, wenn sie Legalität und Legitimität verwechseln, diese Skepsis behalten haben, erst recht dann, wenn es auf Marktplätzen wieder feierliche Gelöbnisse geben soll – und schon gibt?

Kirchbach:
Ich kann dies nachvollziehen und denke, daß es einen beständigen Dialog geben muß. Ich kann den Dialog schwer mit jemandem führen, der mir sagt: „Du bist ein Mörder." Dann wird ein vernünftiges Gespräch wohl kaum zustande kommen. Aber diese Anfrage, die muß man sich schon gefallen lassen, allerdings auch die Rückfrage. Denn mit dem Statement „Ich bin für Gewaltlosigkeit" allein löst man noch keine Probleme.

Schorlemmer:
Aber mit Gewalt auch nicht.

Kirchbach:
Auf den Zweiten Weltkrieg bezogen, gibt es zwei Sichtweisen darüber. Sie haben zu Recht die Frage an die Wehrmacht, die Frage an Menschen, die einen Eid geschworen haben, aufgeworfen. Es gibt aber auch eine andere Seite. Die Konzentrationslager sind nicht durch eine Strategie der Gewaltlosigkeit befreit worden, sondern durch Soldaten, durch Alliierte. Ich meine, die Lehren, die zu ziehen sind und die unbedingt gezogen werden müssen, sind eigentlich völlig andere. Die eine Lehre betrifft die Politik und die Bevölkerung insgesamt. Da geht es tatsächlich um Strukturen, die ausschließen, daß eine Diktatur neu entstehen kann. Dabei geht es nicht nur um Organisation, sondern auch um die Frage der Erziehung, der Bildung, der Rolle der Kirche. Zweitens: Ein Eid bindet zweiseitig, muß zweiseitig binden und darf nicht ermöglichen, unter dem Blick auf Gehorsam für jeden beliebigen Zweck zur Verfügung zu stehen. Rein legalistisch ist das im Soldatengesetz so geregelt, daß die Befolgung eines Befehls, der nach dem Strafgesetzbuch ein Verbrechen beinhaltet, unter Strafe steht und auch durch Gehorsamspflicht nicht entschuldigt werden kann. Eine Gesamtanstrengung in dieser Frage muß Politik, Volksherrschaft, demokratische Spielregeln, Gewaltenteilung und Fragen der Erziehung und Bildung umfassen. Das ist für mich das Paket von Lehren, die zu ziehen sind.

Schorlemmer:
Wobei es im Konfliktfall einen Widerspruch geben kann, wenn die führenden Personen und deren Grundeinstellungen in einer Armee sich verändern, wenn die Politik nicht rechtzeitig eingreift oder wenn aus militärischer Logik schnell gehandelt werden muß.

Kirchbach:
Da bleibt ein Problem.

Schorlemmer:
Wie beim Krieg der Amerikaner in Vietnam. War das wirklich „für die Freiheit"?

Kirchbach:
Selbstverständlich bleibt da ein Problem. Das ist völlig unbestritten. Auch in einer Armee in der Demokratie bleibt ein Problem. Eine 100prozentige Sicherheit gibt es nicht.

Schorlemmer:
Sie sind im Mai 1990 vor einer NVA-Kaserne in Dresden aufgetaucht. Wie haben Sie die ersten Schritte des Zusammenkommens erlebt?

Kirchbach:

Dresden ist die Geburtsstadt meines Vaters, Herkunftsstadt des Teils der Familie von Kirchbach, dem ich angehöre. So war ich im Mai 1990 zu einem längerem Aufenthalt in Dresden. Ich habe mir das Militärmuseum angeschaut und mich gewundert, daß jenseits des Zweiten Weltkrieges, der übrigens dort in einer völlig anderen Beleuchtung als ich sie gewohnt war, dargestellt war, nichts zu finden war. Die NVA müßte ja auch irgendwo sein. Also habe ich mich durchgefragt bis zum stellvertretendem Museumsleiter und sagte: „Ich möchte den NVA-Teil sehen." „Da sind gerade Bauarbeiten", sagte er. Ich meinte, dieser sei wohl zu „honeckerlastig" und sie würden wohl gerade entrümpeln. Mit Hinblick auf die Bauarbeiten ist mir der Zugang verwehrt worden. Dabei ist die Idee entstanden, die Panzerdivision in Dresden zu besuchen, wobei ich nicht wußte, ob es erlaubt war. Ich bin zum „Kontrolldurchlaß" in Jeans und Lederjacke und habe zum Wachhabenden gesagt: „Ich bin der Oberst von Kirchbach". Da guckte der etwas erstaunt. Ich sagte: „Oberst der Bundeswehr und Kommandeur der Westerwald-Brigade. Ich bin hier im Urlaub und möchte gern bei Ihren Kommandeuren einen Höflichkeitsbesuch machen." Es herrschte erst einmal Ratlosigkeit. Dann sagte ich zu dem Unteroffizier: „Passen Sie auf, wenn in der Bundeswehr so etwas passiert, ruft man den Offizier vom Dienst an. Ihr habt sicher auch so was, rufen Sie da mal an." Er hat angerufen, aber ich wurde auf den nächsten Tag verwiesen. Ich bin mir sicher, daß mittlerweile in Strausberg nachgefragt wurde, ob man das denn tun darf. Es herrschte große Unsicherheit.

Am nächsten Tage traf ich auf den stellvertretenden Divisionskommandeur. Wir haben ein Gespräch geführt und uns auf einer Basis geeinigt: Was wir Alten voneinander denken, ist im Moment nicht so entscheidend. Das müssen wir irgendwann auch austragen. Aber bei der Entwicklung, wie sie sich jetzt abzeichnet, können wir nur eine Sache tun, nämlich unsere jungen Leute zusammenbringen. Dann passierte noch etwas. Als ich aus der Wache wieder herausging, hatte sich das herumgesprochen und plötzlich war ein Pulk von Menschen um mich herum. Es waren Unteroffiziersschüler. Das wurde aus der Kaserne beäugt und war nicht gern gesehen - das merkte man an den Reaktionen -, aber auch nicht zu verhindern, es war ja auf der Straße. Die jungen Männer meinten, sie würden die Bundeswehr gerne einmal kennenlernen. Ich sagte: „Schreibt mir einen Brief. Wenn ich zurück bin, dann lade ich euch nach Koblenz ein." Als ich nach 14 Tagen zu Hause war, kam der Brief von Unterfeldwebel Volker Hass, das werde ich nie vergessen. Nach zwei Monaten waren wirklich sechs von den Dresdner Jungen, die vor der Kaserne gestanden hatten, in Koblenz. Und von uns waren welche in Dresden. Das waren die ersten Begegnungen, so fing es an. Das war alles vor der Vereinigung.

Schorlemmer:

Sie haben versucht, zu vermenschlichen, was es an innerer Verunsicherung gab. Anfang Mai 1990 sollte ich in Bad Düben einen Vortrag vor Offizieren halten. Das The-

ma war „Die verteidigungspolitische Konzeption der SPD". Ich erlebte sehr verunsicherte und erstaunlich aufgeschlossene NVA-Offiziere.
Sie sind bald nach Eggesin gegangen. Wissen Sie eigentlich, was Eggesin für uns bedeutete? Nach Eggesin zu kommen, das war in der DDR-Zeit wie die Verschickung nach Sibirien. Sind Sie dahin geschickt worden oder sind Sie aus freiem Willen dorthin gegangen?

Kirchbach:
Beides war der Fall. Als sich die Vereinigung abzeichnete, habe ich zu unserer Personalführung gesagt: „Wenn es denn eine Aufgabe gibt, die mit Aufbau zu tun hat und nicht mit Abriß, dann stehe ich, wo auch immer, dafür zur Verfügung." Ich hatte eigentlich gedacht, es könnte Dresden werden. Dann würde sich ein schöner Kreis mit der Familie schließen, aber der Dienstherr wollte das anders. Ungefähr im August/September 1990 habe ich von Eggesin erfahren. Ich war mit Leutnanten der „Noch-NVA" zusammen. Wir waren eine Gruppe, jeweils zehn Leutnante der NVA und der Bundeswehr, und haben in Koblenz über Menschenführung geredet. Ich wurde ans Telefon gerufen und der Divisionskommandeur sagte mir, wo ich hinkäme und ich solle mir einen Stuhl nehmen. Dann habe ich mich hingesetzt und gesagt: „Herr General, jetzt habe ich einen Stuhl." Er sagte: „Eggesin." Darauf ich: „Es tut mir leid, ich habe einen Stuhl und sitze, aber das sagt mir nichts." Dann sagte er: „Nehmen Sie mal eine Karte. Nach rechts oben, bis es nicht mehr weitergeht." So habe ich Eggesin gefunden. Dann bin ich zu den Leutnanten zurück und sagte: „Ich gehe nach Eggesin, kennt das einer von euch?" Reaktion eines sicher nicht der Kirche angehörenden Menschen: „Oh Gott!" Dann habe ich mir etwas darüber erzählen lassen, habe dann auch die Chance gehabt, den amtierenden Divisionskommandeur und etliche Offiziere noch vor der Vereinigung im Westen zu treffen und mich mit denen zu unterhalten. Eggesin war sicherlich einer der schwierigsten Standorte, wo man hinkommen konnte, aber ich habe keinen Tag bereut und betrachte es im Nachhinein als Glücksfall, ausgerechnet an dieser Stelle die Chance gehabt zu haben, ein bißchen an der deutschen Einheit mitzuwirken.

Schorlemmer:
Können Sie das bitte näher ausführen? Wie haben Sie das gemacht? Da kommen zwei Armeen zusammen, die von Menschen aus dem gleichen Volk und Land 40 Jahre lang darauf getrimmt wurden, daß die andere Seite der Gegner ist. Jetzt wird das innerhalb weniger Monate herumgedreht, und nun kommen die, deren System ohne Krieg gesiegt hat, dahin und sollen sich gewissermaßen darauf einrichten, Soldaten und Offiziere der bis dahin feindlichen Armeen zu werden. Wie haben Sie das geistig begleitet und technisch organisiert?

Kirchbach:
Das ist schon schwierig gewesen. Ein paar Dinge helfen dabei. Es gibt eine militärische Disziplin, die in der Form überall ein bißchen anders ist, aber die Grundlagen sind die gleichen. Im Prinzip weiß jeder, es gibt die Regel: Was gesagt wird, wird gemacht. Dann gab es eine Unmenge von Aufgaben, die einen erst einmal in Anspruch genommen haben. Da waren riesige Mengen von Waffen und Munition, auch von den Stasi-Betriebskampfgruppen, die dort abgegeben worden waren. Die Hochspannungszäune, die die Munitionslager gesichert hatten, waren weg. Es gab verhältnismäßig wenig Soldaten, weil erst im Mai 1990 die erste Einberufung stattgefunden hatte, die wieder ein bißchen funktioniert hatte. Aber die NVA mit einer Sollstärke von 170.000 Mann hatte zur Zeit der Vereinigung weniger als 100.000 Soldaten gehabt, so daß überall die personelle Unterbesetzung zu spüren war. Man mußte also erst einmal ran und wurde auf die ganz naheliegenden Aufgaben eingeschworen.
Einen Dialog in Gang zu bringen, ist schwer gewesen, vor allem bezogen auf die Führung. Wir waren damals vom Fachmann für Logistik bis zum Oberst etwa 100 Mann aus dem Westen und die Soldaten der ehemaligen NVA zählten etwa 4.500 Mann. Wir haben alle versucht, einen Dialog zu institutionalisieren, das heißt, Gelegenheiten zum Gespräch auch bewußt herbeizuführen. Ich habe es bei mir zu Hause mit unterschiedlichen Personengruppen gemacht, mal eine Runde junger Offiziere, mal eine Runde von Stabsoffizieren, mal eine Runde von Hauptleuten. Ähnliches ist bei den Unteroffizieren passiert. Die Kommandeure, die mir folgten, haben es ähnlich gehandhabt.

Schorlemmer:
Und das lief ganz unverkrampft ab?

Kirchbach:
Nein. Das ging erst nach zwei Jahren halbwegs unverkrampft, es fing mit einem hohen Maß an Befangenheit an. Was schnell geholfen hat, war immer das gemeinsame Bestreben, Aufgaben zu lösen. Das hilft auch, persönlich in Kontakt zu kommen. Da mußte schon eine Menge Befangenheit überwunden werden. Manche haben die Befangenheit nie überwunden. Etwa die Hälfte der übernommenen Zeit- und Berufssoldaten sind im Dezember 1990 gegangen, nach dem Motto: „Nach den Möglichkeiten, die mir gegeben sind, verlasse ich die Bundeswehr. Ich habe den Übergang noch mitgemacht. In dieser Armee will ich nicht dienen." Das ist eine Haltung, mit der ich kein Problem habe. Viele haben sich auch durch die Erlebnisse des ersten Vierteljahres bewegen lassen, zu sagen: „Das ist schon eine Sache, wo ich mir auch meine Zukunft vorstellen kann." Dazu haben auch Erlebnisse, die sie im Westen hatten, geholfen. Von Anfang an haben wir versucht, fast jeden in eine Einheit nach dem Westen zu schicken, um zu sehen, wie dort der Betrieb funktioniert. Wie sieht eigentlich Bundeswehr aus,

wenn sie fertig ist? Dann haben wir auch Rekruten aus Lüneburg nach Eggesin geholt. Das war später nicht mehr notwendig, weil wir dann ohne Rücksicht auf alte Grenzen eingezogen haben. So ist das Stück für Stück entstanden. Das ist ein Prozeß, der heute noch nicht fertig ist. Heute ist es so, daß Sie in einem Stab, wo etwa die Hälfte der Offiziere aus der NVA gekommen ist, einen Lagevortrag hören, die Herkunft vielleicht noch am Dialekt erkennen, aber nicht mehr an Unterschieden in der Diktion und ähnlichem. Wir haben jetzt Bataillonskommandeure, die aus der ehemaligen NVA kommen.

Schorlemmer:
Aber die sagen nicht „Genosse General" zu Ihnen?

Kirchbach:
In der Übergangszeit ist das häufig passiert. Als wir damals versucht haben, diesen Prozeß einzuleiten und zu beeinflussen, hat die Kirche dabei eine Rolle gespielt, im Gegensatz zu mancher Kritik. Die Kritik teile ich zum Teil, aber ich habe Kirche auch ganz anders erlebt, nämlich ihre Rolle findend, im Gespräch sich öffnend, Pfarrer, die für die Soldaten Gottesdienste gehalten haben mit Beteiligung zwischen 2 und 200 Mann. Das war ganz unterschiedlich. Es gab Pfarrer, die gekommen sind, um mit den Soldaten zu diskutieren. Das Zusammenarbeiten haben wir gelernt, aber das Zusammenleben müssen wir noch ein bißchen üben. Es muß noch selbstverständlicher werden, daß man dorthin umzieht, wo man hinversetzt wird. Man ist vor Ort mit Haut und Haaren, egal ob man aus dem Westen der Republik in den östlichen Teil versetzt wird oder umgekehrt. Da krankt es noch in beiden Richtungen.

Schorlemmer:
Das große Oder-Hochwasser kam im vergangenen Jahr. Da hatte ich den Eindruck, daß die jungen Menschen, die bei der Bundeswehr sind, gezeigt haben, was in ihnen steckt und richtig glücklich waren, daß sie sich einer sehr sinnvollen Aufgabe stellen konnten. Müßte nicht die Bundeswehr überhaupt viel stärker auf solche Dinge vorbereitet sein, stärker eine dem Technischen Hilfswerk angenäherte Arbeit tun? Ich hatte den Eindruck, daß dieses Hochwasser im Ergebnis für die Bundeswehr in ganz Deutschland den höchsten Legitimationsschub gebracht hat, den die Bundeswehr je hatte.

Kirchbach:
Da kommen mehrere Dinge zusammen. Ich würde die SFOR (Stabilisation Force), die Hilfsflüge nach Bosnien, etwa auf dieselbe Ebene stellen. Das hat natürlich dem öffentlichen Ansehen einen Schub gegeben. Wenn es so eine Katastrophe gibt, dann braucht man sich dafür keine Armee neu zu machen. Man kann einfach die nehmen, die man hat. Die kann das, weil sie ihr Waffenhandwerk beherrscht. Die Spezialisten,

die Sie für solch einen Einsatz brauchen, machen nichts anderes, als sie in einem ernsten Einsatzfall auch machen müssen.
Bei einer Sache, wo der Sinn so greifbar auf der Hand liegt (die jungen Männer waren am Rande des Oderbruchs in den Dörfern in Turnhallen und Schulen untergebracht), wo man durch den direkten Kontakt auch erfährt, welche Hoffnungen die Bevölkerung in diesen Einsatz gesetzt hat, braucht man sich keine Gedanken um die Motivation zu machen. Die Kunst ist, die vielen Räder, die sich koordiniert bewegen müssen, zu einem geordneten Ganzen zusammenzufügen. Das ist Gefecht: Einsatz verbundener Waffen, Einsatz verbundener Mittel. Meine Arbeit war eine ganz ähnliche wie im Gefecht, nur spielten nicht Kanonenrohre eine Rolle, sondern Sandsäcke, Pioniere und Hubschrauber, aber nicht, um Panzer zu bekämpfen, sondern um Lasten dorthin zu bringen, wo sie gebraucht wurden. Ich denke, für eine Armee muß selbstverständlich sein, in Katastrophensituationen Hilfe zu leisten. Vor dem großen Hochwassereinsatz an der Oder gab es in den acht Jahren seit der Vereinigung etwa 20 bis 30 Waldbrandeinsätze und 10 Hochwassereinsätze kleineren Ausmaßes in den neuen Ländern.

Schorlemmer:

In diesem Fall haben sich zwei Dinge verbunden. Die Experten meinten, daß die Deiche mit 90prozentiger Wahrscheinlichkeit durchbrechen. Nun haben zivile Leute und die Bundeswehr gemeinsam und entschlossen einfach gegen diese Wahrscheinlichkeit angekämpft. Können Sie sich an den Moment erinnern, als alle sagten, es sei sinnlos? Sie haben trotzdem weitergemacht. Daß es gehalten hat, hatte mit Sandsäcken und „Wunder" zu tun.

Kirchbach:

Ich habe auch verschiedentlich in Vorträgen dazu „Geschenk" gesagt, denn Sie können alles tun, alles richtig machen, der Ausgang ist am Ende doch nicht in Ihrer Hand. Das war so eine typische Situation. Die Situation ist aber erst dann verloren, wenn sie verloren ist. Das ist ein ursoldatisches Prinzip. So lange gibt es eine Chance, die man zu ergreifen versucht, dann aber auch nicht zögerlich. Die Führungsentscheidungen in dieser Situation wurden konzentriert auf den Einsatz der Reserven gesetzt. Die Schlafzeiten der Piloten wurden außer Kraft gesetzt, um in kurzer Zeit möglichst viel Gewicht an diesen Deich zu bringen.

Schorlemmer:

Sie werden ab April 1999 als Generalinspekteur das höchste Amt in der Bundeswehr übernehmen. Dabei wird es auch sehr um die zukünftige Konzeption der Streitkräfte in Deutschland, aber auch in der NATO, gehen. Was sind für Sie die absehbaren Aufgaben einer Wehrpflichtarmee in Deutschland?

Kirchbach:
Es sind eigentlich drei Aufgaben. Erstens: Unter bestimmten formulierten oder noch zu formulierenden Konditionen Beiträge zur internationalen Kriegsbewältigung zu leisten. Zweitens: Fähig zu einer Landesverteidigung im Bündnis unter veränderten Sicherheitsbedingungen zu bleiben. Drittens: Nach wie vor auch in der Lage zu bleiben, bei Katastrophen und schweren Unglücksfällen die notwendige Hilfe zu leisten. Von daher kann man nicht über grundsätzlich andere Aufgaben reden.

Schorlemmer:
Sie erleben hier einen Menschen, dem man abnehmen kann, daß er nicht nur fähig ist, den Dialog *einseitig* zu führen, also einen Befehl zu geben und die Befolgung einzufordern, sondern wirklich ein gleichberechtigtes, erwägendes Gespräch zu führen. Hans-Peter von Kirchbach ist für mich ein Beispiel für einen Staatsbürger in Uniform, der etwas von dem gesamtgesellschaftlichen Auftrag, den man in der Bundesrepublik die „innere Führung" nennt, wahrnimmt.

Frage aus dem Publikum:
Eine Frage zur Hilfe bei Katastrophen durch die Bundeswehr. Das scheint mir nicht ganz unproblematisch im Hinblick auf die Gewaltenteilung.

Frage aus dem Publikum:
Halten Sie es für denkbar, daß es künftig noch zu einem stärkeren Verbund von militärischen friedenssichernden Maßnahmen und zivilen Hilfsaktionen kommen wird?

Frage aus dem Publikum:
Waren Sie auch an den Entscheidungen über die 20 Milliarden Mark, die die Bundesrepublik für Wohnungen der Soldaten der Sowjetarmee gegeben hat, beteiligt?

Kirchbach:
Zum Einsatz der Bundeswehr im Innern: Der muß abgedeckt sein. Das kann und darf in keinem Fall ein Entschluß der Bundeswehr selbst sein. Geregelt ist im Grundgesetz, Art. 87a, Absatz 3, unter welchen Voraussetzungen die Bundeswehr im Innern überhaupt eingesetzt werden kann. Da gibt es verschiedene Möglichkeiten, und ich will Ihnen sagen, welche in Brandenburg eine Rolle spielte. Eine zuständige zivile Stelle erklärt den Katastrophennotstand, in diesem Fall war das die Landesregierung Brandenburg, und die Hilfe der Bundeswehr wird angefordert. Dies kann auch ein Bürgermeister machen. Prinzipiell ist aber die Stelle, die den Katastrophenzustand feststellen kann, ein Landkreis. Der hat seinen Partner, sein Verteidigungsbezirkskommando. Normalerweise gibt es da Absprachen und Abkommen darüber, was passiert,

wenn so was eintritt. Innenminister Ziel und ich hatten ein halbes Jahr vorher ein Abkommen unterzeichnet über die zivil-militärische Zusammenarbeit und über Regeln, wie es denn, wenn die Landesregierung so eine Anforderung stellt, funktioniert.

Zum Zusammenwirken, zur militärischen Absicherung und zu zivilen Hilfsorganisationen: Ich halte das für eine conditio sine qua non. Der Soldat kann immer nur eine Hilfsrolle spielen, eine ganz wichtige zum Beispiel in Bosnien, solange Bärbel Bohley[1] mit einer Tausend-Dächer-Aktion in einer Zeit, in der geschossen wird, nichts machen kann und auch die Versorgung von Flüchtlingen unmöglich ist. Was die Armee tun kann und auch tun muß, ist, die Streithähne auseinanderhalten, dafür sorgen, daß die Waffen nicht gebraucht werden.

Dies ist in Bosnien so geschehen, so daß ein Abkommen zwischen den Kriegsparteien in Dayton zu Stande kam und die NATO, die SFOR die Einhaltung dieses Abkommens überwacht und durchsetzt. Dadurch können erst die zivilen Organisationen wirken. Dies muß man wissen. Und wenn man als Politiker einen Einsatz der Streitkräfte vorsieht, muß man überlegen zu welchem Zweck, wie kommt man wieder raus, wie löst man das Problem. Das Militär kann das Problem in der Regel nicht lösen, sondern nur Bedingungen dafür schaffen, daß im Zustand des Nichtschießens andere, die Politiker, dieses Problem bewältigen können. Die Trennung ist nicht so ganz lupenrein, wie sie scheint. Glücklicherweise tun unsere Soldaten noch ein bißchen mehr da unten, weil sie in der Umgebung leben, weil sie mit Kindern Kontakt haben und auf persönlicher Basis helfen. Im Zweifelsfall kann auch einmal die Einhaltung eines Abkommens erzwungen werden, aber den Frieden müssen am Ende andere schaffen. Ich weiß um die Bescheidenheit unserer Rolle, aber viele Hilfsorganisationen haben ihre Haltung zur Bundeswehr durch die Erfahrung in Bosnien auch geändert.

Zur NATO-Strategie und Erstschlagkapazität: Um die Erstschlagkapazität geht es nicht, sondern es geht um einen Teil der NATO-Strategie, die besagt: Die NATO wird niemals als erste Waffen einsetzen. Wird die NATO aber angegriffen, dann wird sie nicht vorher sagen, wie sie auf so einen Einsatz reagiert. Die zwei Dinge gehören zusammen. Jetzt kann man über die Rolle der Atomwaffen streiten. Ich will ein paar Probleme aufwerfen. Es gibt Waffen, die genauso gefährlich wie die Atomwaffen sind, die die NATO aber nicht besitzt. Biologische Waffen, chemische Waffen hat sie in den letzten Jahren abgebaut. Die Bundesrepublik hat auf solche Waffen schon immer verzichtet. Aber in manchen Ländern gibt es diese Waffen. Wenn jedem klar ist, daß die NATO nicht als erste Waffen einsetzt, warum soll man eigentlich einem möglichen Aggressor die Sicherheit geben, du kannst gegen NATO-Streitkräfte Massenvernichtungsmittel einsetzen, ohne selbst in Gefahr zu geraten, mit solchen ebenfalls getroffen zu werden? Ich will deutlich machen, daß das ein komplexes Gebiet ist, aber auch wir

Deutschen sicher in der Formulierung dieser Punkte der Strategie nicht die allererste Rolle spielen. Ich will außerdem zum Ausdruck bringen, daß die NATO mit diesen Elementen der Strategie insgesamt nicht schlecht gefahren ist, so daß vermutlich wenig Neigung besteht, im Moment daran herumzubasteln. Ich vertrete die Meinung meines Ministers, da bin ich auf ganz sicherem Boden. Es gehört noch dazu, daß wir bestrebt sind, im Zusammenhang mit der Abrüstung bei Atomwaffen weitere Schritte zu erreichen, was die Menge dieser atomaren Waffen angeht. Da fehlt im Moment die Ratifikation des START-3-Abkommens durch die Russische Föderation. Dann könnte ein nächster bedeutender Schritt, der wieder Tausende von Waffen wegnimmt, erfolgen.

Zu den Wohnungen für die sowjetischen Streitkräfte und die dafür ausgegebenen Milliarden: Viele Erkenntnisse deuten darauf hin, daß jedenfalls nur ein Teil dieser Wohnungen am Ende dazu genutzt wurde, wofür sie gedacht waren. Das haben Sie nicht in der Hand. Das Programm ist durchgeführt worden, die Milliarden sind gezahlt worden. Das waren die Verpflichtungen der Bundesrepublik Deutschland. Es war im Zusammenhang mit dem, was daraus erfolgt ist, nämlich ein Abzug der sowjetischen Streitkräfte in Würde – das ist ganz wichtig gewesen – gut angelegtes Geld.

Schorlemmer:
Eine Frage, die uns noch lange beschäftigen wird, ist der innere Zustand der jetzigen russischen Armee und die Zukunft Europas.
Ein Punkt ist ein bißchen offen geblieben: Diejenigen, die Zivildienst machen, hatten vorgeschlagen, daß es zivile Einsatzgruppen geben sollte, die das tun, was eben die IFOR (International Fellowship of Reconciliation) und SFOR und anderen Truppen *nicht* machen können: zivile Konfliktprävention und Konfliktbearbeitung zwischen Verfeindeten.

Kirchbach:
Mir fehlt die Vorstellung, wie das gehen soll. Die Möglichkeit, sich im Zivildienst in den verschiedensten Gruppierungen zu engagieren, die gibt es ja schon. Fast alle Hilfsorganisationen sind in der Lage, Zivildienstleistende aufzunehmen und zu beschäftigen. Mir fehlt die Vorstellung, was ein Hilfscorps dieser Art, mit Wehrpflichtigen oder Zivildienstleistenden bestückt, mit jungen Menschen voll Schwung und Idealismus und bar jeder Ahnung, in so einem schwierigen Konflikt wirklich machen könnte. Man könnte sicher die vielfältigen Initiativen ein bißchen besser koordinieren, im Nachdenken über Konzeptionen ein bißchen mehr Phantasie einbringen. Ich mache aber auch darauf aufmerksam, wie schwierig es ist, isolierte Entscheidungen auf diesem Gebiet zu treffen, weil Sie dort mit allen möglichen Staaten zusammenarbeiten, deren Armeen koordiniert und nach einem Einsatzplan und deren Hilfsorganisationen – vorsichtig ausgedrückt – notdürftig koordiniert tätig sind.

Frage aus dem Publikum:
Befürchten Sie nicht, die Rechtsextremen könnten die Bundeswehr als Mittel zum Zweck ansehen?

Kirchbach:
Ich will jetzt nicht mit Statistiken kommen, weil die immer den Eindruck erwecken, ich wollte ein Problem wegschieben. Das will ich nicht. Ich will es schon in die Relation bringen und sagen: In einer Wehrpflichtarmee dient ein Querschnitt der Bevölkerung. Etwa 50 Prozent der Wehrpflichtigen gehen zum Bund, 33 bis 35 Prozent gehen zum Zivildienst und der Rest ist untauglich. So können Sie es etwa einteilen. Das heißt, wir bekommen schon einen breiten Querschnitt. Wir wissen, daß die eine oder andere rechtsextreme Organisation ihre Leute auffordert, in die Bundeswehr zu gehen, aber da passen wir auf. Das schaffen wir zwar nicht in jedem Einzelfall, aber wir merken es dann im Dienst. Tatsache ist aber folgendes: In meinem Korps sind die jungen Menschen, die im geringeren Ausmaß extremistisch auffällig werden, wie mit dem Hakenkreuz an der Klotür zum Beispiel, Wehrpflichtige im Dienstmonat eins bis drei, die sicher 50 bis 60 Prozent all dessen stellen, was in der Bundeswehr insgesamt vorkommt. Da das so ist, würde ich es als Problem der Bundeswehr akzeptieren nach dem Motto: Die Herkunft dieser rechtsextremistischen Haltung ist nicht bei der Bundeswehr zu suchen, denn der Junge ist, bevor er im ersten Monat Soldat war, 10 bis 13 Jahre durch unser Schulsystem gelaufen – ich will das mal so glatt sagen – und allen möglichen erzieherischen Einflüssen sehr lange Zeit ausgesetzt gewesen, dem der Bundeswehr jedoch nur einen Monat. Mich stimmt hoffnungsvoll, daß mit Länge der Dienstzeit, ich rede hier nur von Wehrpflichtigen, die Vorfälle abnehmen. Je länger die jungen Leute bei uns sind, desto weniger kommen solche Vorfälle vor. Das alles beunruhigt mich so lange nicht, solange es klar ist und wir die Gewähr geben können, daß unser Führer- und Unterführerkorps extremistischen Tendenzen gegenüber unanfällig sind und bleiben. Das ist eigentlich die Hauptarbeit, die wir leisten müssen. Dann können wir die paar Jungen, die einmal aus dem Gleis hauen, ganz gut vertragen.
Wenn es eine gesellschaftliche Aufgabe gibt, gegen Extremismus tätig zu werden, beunruhigen mich die 30 Prozent der DVU-Jungwähler von Sachsen-Anhalt bei weitem mehr, als die 70 von 60.000 Soldaten meines Korps, die mit Hakenkreuzschmierereien im Jahre 1998 extremistisch auffällig geworden sind. Was ich anmahne und wozu die Bundeswehr ihren Beitrag leisten muß und jetzt auch – vielleicht ein bißchen spät – mehr Initiative zeigt, ist, daß es eine gemeinsame Aufgabe verschiedener Gesellschaftsgruppen ist. Im Moment sind wir dabei – ob das zum Erfolg führt, weiß ich noch nicht – in Brandenburg eine Initiative für ein tolerantes Brandenburg einzuführen, in der viele Organisationen zusammengeschlossen sind im Sinne einer Gesamtanstrengung. Das ist ein Ansatz, aber er schlägt bis jetzt nicht nach unten durch. Es ist eine Diskus-

sion in der Spitze, aber es dringt wenig nach unten durch. Da möchte ich die Bundeswehr gerne einbringen.

Schorlemmer:
Sie haben in der Reaktion auf 1997, als die Probleme sich zuspitzten, sinngemäß gesagt: „Wenn wir rechtsextremistische Tendenzen über den MAD[2] oder durch das eigene Verhalten einzelner herausbekommen, dann fliegen die Störenfriede konsequent raus aus der Bundeswehr." Das heißt aber doch: wieder zurück in die Gesellschaft. Macht es sich der General von Kirchbach nicht zu leicht, indem er sie entläßt? Wie gehen wir das Problem offensiv und perspektivisch an? Wenn nicht dort, dann wo? Ist es eine Lösung, zu sagen: die haben bei uns im Militär nichts zu suchen?

Kirchbach:
Es sind zwei Dinge zu beachten: Als erstes müssen wir im Bereich der Prävention etwas tun. Der Auftrag der Streitkräfte geht aber vor. Manchmal muß man sagen: Um der anderen jungen Soldaten willen hat dieser junge Mann bei uns nichts zu suchen. Er muß raus. Die Bundeswehr kann kein Reparaturbetrieb für gesellschaftliche Fehlentwicklungen sein, sondern sie ist eine Organisation für Landesverteidigung, aber mit der Verpflichtung, sich an der Reparatur gesellschaftlicher Fehlentwicklungen zu beteiligen, weil die Menschen in die Bundeswehr kommen. So weit akzeptiert. Wir haben eine Grenze, wo wir sagen: Gewalttäter. Wo wir sagen: Funktionär. Wenn wir das wissen, dann werden wir ihn nicht bei den Streitkräften lassen, sondern dann werden wir ihn entlassen. Wer mehr von uns verlangt, muß immer überlegen, daß sein eigener Sohn mit dem auf einer Stube liegen könnte. Das muß ja auch verantwortbar sein.
Ich denke, daß Umbruchsituationen immer verbunden sind mit Fragen nach Perspektive und Sinnfindung, verbunden mit ganz aktuellen persönlichen Problemen wie Arbeitslosigkeit. Ich glaube schon, daß das beim Entstehen des Rechtsextremismus eine Rolle spielt. Wenn ich auf unsere neue Regierung schaue, da gibt es ein „Programm gegen Jugendarbeitslosigkeit", das auch ein Ansatz gegen Extremismus ist. Es gibt Beispiele, daß Menschen „Rattenfängern" verfallen, die durchaus einen anständigen Beruf haben. Also, so ganz einfach ist es nicht. Der entscheidendste und wichtigste Beitrag neben der Frage der Perspektive ist die Frage nach der Sinngebung des Lebens, die mit Wurzeln oder Entwurzelung zu tun hat. Wenn man das erkennt und da ansetzt, bin ich optimistisch, weil ich mit jungen Menschen keine schlechten, sondern unglaublich positive Erfahrungen gemacht habe.

Schorlemmer:
Lieber Herr von Kirchbach, ich danke Ihnen für Ihre nachdenkliche Entschiedenheit, mit der Sie uns hier begegneten und mit der Sie Ihre Arbeit tun. Ich möchte Ihnen als künf-

tigem Generalinspekteur der Bundeswehr ein kleines „Wörterbuch des Friedens" mit auf den Weg geben. Ich habe ein Psalm-Wort hineingeschrieben: Suche den Frieden und jage ihm nach! Ein kleines Buch, in dem Schriftsteller, Philosophen und Politologen Texte zu verschiedenen Stichworten geschrieben haben, also E wie Einspruch und Erziehung, G wie Gefahr und Gift, H wie Horror und Heldentum, J wie Joch und Jurisprudenz, M wie Menschenfresser und Moloch, N wie Nachrüstung und Nichtkönnen, W wie Wagemut, Wahrheit und Wende.

Václav Havel[3] hat in seiner Rede vor dem Deutschen Bundestag im vorigen Jahr gesagt: „Heimat ist eigentlich ein universalistischer Begriff." Mit dem Begriff der Heimat hat man schon viel Schindluder getrieben. Havel meint *die Erde* als Heimat, in der jeder von uns seine Heimat findet und im Einzelnen des Ganzen ansichtig wird. Dazu hat Burghardt geschrieben: „Unsere innere Heimat können wir in Freiheit täglich erweitern und vertiefen. Immerzu können wir das Fremde und scheinbar Feindliche auflösen und uns mit seinem Wesen vertraut machen. Jeder wirklich große Gedanke, der innerhalb der Nation gedacht wird, je reiner und ungetrübter sein heimatlicher Ursprung ist, wird universal werden. Universal ist das philosophische Denken, die wahre Wissenschaft, die Musik und die große Kunst und das schöpferische Wirken des Geistes, das einzige dem Menschen gegebene Mittel, in alle Weiten vorzudringen. Diese Weiten mit unserer eigensten Art mit unserem heimatlichen Wesen zu durchdringen." Immerhin war der Mann, der seine Heimatstadt nie verlassen hat, einer der größten universalistischen Denker, Immanuel Kant in Königsberg. Wenn ich an Königsberg denke, fällt mir der ganze Jammer unserer Kriegsgeschichte ein und solcher Jammer sollte, wenn es geht, der Vergangenheit angehören.

Wenn die Bundeswehr sich in einer Weise zivilisiert, wie Sie das heute angedeutet haben, dann könnte es sein, daß wir damit ein Stück der Welt schaffen, wie sie einmal sein könnte, und ihr damit einen *Vorschuß* an Möglichkeiten geben und nicht nur *Reaktionen* auf die Wirklichkeit.

Anmerkungen

1 Bärbel Bohley, *1945, Malerin, seit 1981 in der Opposition gegen das DDR-Regime, 1982 Mitbegründerin der „Frauen für den Frieden", 1983 - 1984 in Haft wegen oppositioneller Tätigkeit, 1985 Mitinitiatorin der „Initiative für Frieden und Menschenrechte", 1988 Verhaftung und Abschiebung nach Großbritannien, nach sechs Monaten Rückkehr in die DDR, Mitbegründerin des Neuen Forum, nach der friedlichen Revolution MdA in Berlin, derzeit im Auftrag der EU-Administration in Bosnien aktiv.

2 Militärischer Abschirmdienst.

3 Václav Havel, *1936, tschechischer Dramatiker und Politiker, einer der Sprecher der Charta 77, 1979-1984 und 1989 im Gefängnis, erster Präsident (seit 1993) der Tschechischen Republik.

„Wanderer zwischen den Fronten"

kulturforum

LEBENSWEGE

Horst-Eberhard Richter
Psychoanalytiker

Freitag, 22. Sptember 2000 – 20.00 Uhr
Evangelische Akademie Sachsen-Anhalt, Schloßplatz 1 d

„Zwischen den Fronten" lautet der Titel seines neuen Buches. Wie ein Lebensmotto, eine Lebenserfahrung, bis heute.
Richters „Gedanken und Erinnerungen" enthalten nach seinen Worten „zwar auch Versuche des Autores, in der eigenen Lebensgeschichte den geistigen Wandel der Zeit zu erfassen, aber im Vordergrund steht die persönliche Erzählung einer schlichten, manchmal mühseligen, überwiegend jedoch zuversichtlichen Wanderung eines Engagierten zwischen gesellschaftlichen Fronten."
Unermüdlich hat Horst-Eberhard Richter (*1923) sich eingemischt und hat geradezu generationenprägend gewirkt. Seine Buchtitel waren und bleiben Lebensprogramm: Lernziel Solidarität, Flüchten oder Standhalten, Leben statt Machen, Bedenken gegen Anpassung. Die Chance des Gewissens ...
Was brandaktuell scheint, liegt schon länger zurück: die hohe Kunst der Korruption (1989). Oder das, was am Ende dieses Jahrhunderts neu zu bedenken ist: die Geburt und die Krise des Glaubens an die Allmacht des Menschen, die er im „Gotteskomplex" bearbeitet hat. Auch der Prophet der „Götzendämmerung" kommt zur Sprache.
Wir werden rückblicken auf ein Jahrhundert und Ausblick suchen auf das beginnende Jahrtausend.
Was Professor Richter zu sagen hat, hat sich nicht erledigt. Seine Erkenntnisse hatten und behalten etwas so Erleuchtendes wie Ermutigendes.

Sie sind herzlich eingeladen.

Friedrich Schorlemmer
Studienleiter

Eintritt: 7,00 DM
erm.: 5,00 DM

**Evangelische Akademie Sachsen-Anhalt e.V., 06886 Lutherstadt Wittenberg, Schloßplatz 1 d
Tel. 03491/49880, Fax 03491/400706, E-Mail: Ev-Akademie-Wittenberg@t-online.de**

Schorlemmer:
Wir beginnen mit diesem Gespräch eine Tagung der Evangelischen Akademie, die sich anläßlich des 100. Todestages mit Friedrich Nietzsche beschäftigt. Eine Grundthese Nietzsches ist: Gott ist tot. 1968 ist durch ein Graffiti dazu ein bekannter Kalauer entstanden: „Gott ist tot. (Nietzsche)" - „Nietzsche ist tot. (Gott)".
Horst-Eberhard Richter hat in seinem Buch „Der Gotteskomplex" (1979) zur Erklärung des Publikumserfolges von „Zarathustra" geschrieben: „An Nietzsches Übermenschenvision teilzuhaben, bot wenigstens eine gewisse phantasierte Entschädigung für den Bedeutungsschwund des Individuums im heraufdämmernden Zeitalter der Vermassung, der Bürokratisierung, der Verwertung des Menschen als Ware."
Seit 30 Jahren begleiten mich deine Bücher, die mir halfen, meine Welt und mich viel besser zu verstehen und die mir Mut machten zur Einmischung.
Damals wie heute verbindet uns die gemeinsame Sorge um den Frieden und darum, wie wir die „Bedingungen des Friedens" erkennen und Frieden ohne Waffen schaffen können. „Alle reden vom Frieden" heißt eines der Bücher, die in der Friedensbewegung eine große Rolle gespielt haben. In der Friedensbewegung bist du uns jahrzehntelang verbunden. Nach dem Mauerfall gab es kein Gefühl des Fremdseins. Wir sind uns sehr oft begegnet und pflegen einen intensiven Gedankenaustausch.
Horst-Eberhard Richter wird zunächst aus seiner Autobiographie „Ein Wanderer zwischen den Fronten" lesen.

Richter:
Der Titel „Wanderer zwischen den Fronten" trifft auf mich in mehrerer Hinsicht zu. Ich lese jetzt etwas aus der Zeit, als noch die Mauer stand und ich mehrfach die Gelegenheit hatte, in die DDR zu kommen. Friedrich, du bist ein sehr wackerer und unbeirrter Kämpfer und äußerst dich offen und mit großer Leidenschaft zu deinen Anliegen. Das wirkt im Westen beunruhigend, denn dort wird die intellektuelle Diskussion viel vorsichtiger geführt. Durch den aktuellen Parteispendenskandal wird aber entlarvt, mit welcher Tarnkunst auch geistige Korruption im Westen lange praktiziert wurde. Dazu eine kleine Anekdote: Anfang der achtziger Jahre gab es schon einmal solch eine Parteispendenaffäre. Die wurde aber nicht so ernst genommen. Das gab mir damals den Mut, darüber eine Satire zu schreiben. Es ist ein gar nicht so schmales Buch mit dem Titel „Die hohe Kunst der Korruption" geworden. Darin habe ich unsere westlichen Skandale beschrieben. Ich konnte es als Satire schreiben, weil die Öffentlichkeit nicht so aufgewühlt war wie jetzt. In dem Werk habe ich geschildert, wie ich als Berater in den höchsten Ebenen von Wirtschaft und Politik den Menschen vermittele, daß sie natürlich korrumpieren und auch selber korrupt sein müßten, aber daß das als Kunst und mit Vorsicht zu betreiben sei. Übelgenommen habe ich Barschel, Lambsdorff und den anderen nur, daß sie so ungeschickt vorgegangen sind. Die Bevölkerung braucht

Anstand und Ordnung, sonst kann man sie nicht von oben regieren. Ich habe mich dabei auf Niccolò Machiavelli gestützt, der ein ähnliches Buch über Korruption geschrieben hat. Meine Satire verkaufte sich im Westen glänzend. Ich kam damit bis auf Platz drei der „Spiegel"-Bestsellerliste. Das war kurz vor dem Fall der Mauer. Dann fiel die Mauer – und sofort war es vorbei. Das Buch lag plötzlich wie tot in den Buchhandlungen, weil die westdeutsche Leserschaft den Eindruck hatte: Wir müssen uns jetzt nicht mehr mit unserem eigenen Kram beschäftigen, wir haben doch jetzt die ganze Misere da drüben im Osten. Die sind korrupt, die haben die Stasi, und die haben ihre Wirtschaft kaputtgemacht. Kurzum: Das Bedürfnis, sich selbstkritisch mit den Konflikten, Skandalen und Korruptionsfällen der eigenen Gesellschaft zu befassen, war schlagartig erloschen. Mit dem Osten hatte man die Möglichkeit, dorthin zu delegieren, was man im eigenen Kreis nicht mehr selbstkritisch verarbeiten wollte. Das war eine auf gesellschaftliche Phänomene angewandte Psychoanalyse!

Schorlemmer:
Wie meinst du das?

Richter:
Ich meine damit, daß die Gesellschaft damals ihr Problem nach außen verschoben, also „projiziert" hat, wie es in der Psychoanalyse heißt. Damals wurde Graf Lambsdorff, FDP, wegen Steuerhinterziehung und Beihilfe zur Steuerhinterziehung rechtskräftig verurteilt. Vier Wochen später kandidierte er als Vorsitzender für die FDP und wurde gewählt. Das ist, wie wenn jetzt Herr Kanther auf dem CDU-Parteitag kandidieren und sich wählen lassen würde, nachdem er kurz zuvor betrügerischer Manipulationen überführt worden ist.
Der aktuelle Skandal allerdings ist so ernst und ärgerlich, so entsetzlich, daß ich darüber keine Satire schreiben könnte. So haben sich in zehn Jahren die Verhältnisse geändert.
Ich beginne jetzt, in meinem Buch zu lesen. Es ist keine Autobiographie der üblichen Art, es sind eher autobiographische Episoden, in die auch die Gegenwart mit hineinspielt.

„Ich glaube, mich in dem Soldaten James Ryan wiederzuerkennen, der in dem Film Steven Spielbergs inmitten eines endlosen Feldes von Soldatengräbern noch einmal die Schrecken eines einzigen Kriegstages aus dem Jahre 1944 nacherlebt. Ich bin etwa so alt wie dieser Ryan, vielleicht zwei Jahre älter. Aber ähnlich wie Ryan war es mir ergangen, als meine Truppe im Sommer 1942 auf dem Brückenkopf bei Woronesch am Don von den gut vorbereiteten Russen abgefangen worden war. Das gleiche Inferno vom Donnern der Abschüsse und Einschläge mit dem Surren und Pfeifen der Splitter in der verqualmten Luft, mit dem Schreien und Wimmern der Getroffenen, den zerfetzten Toten ringsum, die eigene Truppe und die Russen ineinander verkeilt, chaotisches Durcheinander, Riesenverluste. Teils war ich als Richtkanonier am Geschütz zum direkten Beschuß durchgebrochener russischer Panzer eingesetzt, teils zu vorgeschobener Beobachtung mit Spähtrupps unterwegs, um die verworrene Frontlage zu erkunden. Einmal waren wir in schwarzer Nacht zu zweit mitten unter russische Soldaten geraten, aber wie der Soldat Ryan war ich wunderbarerweise davongekommen. Gerade 19 war ich damals. Aber ich habe niemals diejenigen vergessen, die in jener Situation in meiner Nähe waren, etwa den älteren Oberwachtmeister, der mich ein paar Mal von Stellen weggeholt hatte, wo einige Minuten später Granaten oder MG-Garben einschlugen. Auch ich habe wie Ryan heute eine Familie hinter mir, Frau, Kinder, Enkel – bereit mich zu stützen. Ich habe ihnen davon erzählt, aber wie hätte ich ihnen vermitteln können, was davon damals in meinem Innern zurückgeblieben ist und was mich verändert hat. Der Soldat Ryan hatte seine drei Brüder im Krieg verloren. Ich hatte, als ich dann später aus Krieg und Gefangenschaft zurückkam, überhaupt keinen mehr aus meiner früheren Nähe. Geschwister gab es ohnehin nicht. Die Eltern waren Monate nach Kriegsende von betrunkenen russischen Soldaten auf einem Spaziergang überfallen und erstochen worden. Die Mutter hatte sich gewehrt, der Vater hatte ihr helfen wollen. Weit verstreut in der Welt wohnten ein paar entfernte Verwandte, die ich aber nie näher kennengelernt hatte. Doch da ist ein wesentlicher Unterschied zu Ryan. Der hatte auf der gerechten Seite gekämpft, ich hingegen auf der Seite der Schuldigen. Das Kriegsszenario war das gleiche. Aber ich war als Aggressor, eben nicht als Befreier in die Schlacht geworfen worden. Und ich hatte gewußt, daß es die falsche Sache war, so wie es auch schon falsch und schlimm gewesen war, was ich als Schüler an Schikanen gegen meine jüdischen Mitschüler und deren Familien mitbekommen hatte, die nach und nach ausgewandert waren.

Vor ein paar Tagen habe ich im Frankfurter Sigmund-Freud-Institut, das ich als 76jähriger immer noch leite, einen Vertrag mit der Feuerwehr unterschrieben. Es geht darum, Feuerwehrleute durch Fortbildung und Supervision zu unterstützen, so daß sie die bedrückenden Erfahrungen mit Opfern von Bränden oder schweren Verkehrsunfällen besser verarbeiten können. Endlich ist es nun ins öffentliche Bewußtsein gedrungen, daß die grauenhaften Bilder von Katastrophen psychische Schäden zurücklassen können – Ängste, depressive Reaktionen, psychosomatische Störungen – und daß zur Überwindung eine professionelle Unterstützung angebracht ist. Heute sieht das jeder ein. Aber wen hat es damals schon interessiert, was das massenhaft organisierte Morden in der Psyche der Soldaten angerichtet hat. Das waren damals keine Unfälle, sondern es war ein planmäßiges gegenseitiges Umbringen und Verstümmeln mit Hilfe extra zu diesem Zweck laufend modernisierter Vernichtungsmaschinen. Es war die Erniedrigung von zivilisierten jungen Männern zu Handlangern der puren Unmenschlichkeit. Hat jemand

damals etwa gefragt, was da in den Beteiligten passiert und zurückgeblieben ist? So wie der ehemalige Soldat Ryan sich mit Mühe und gebeugt zwischen den Kriegsgräbern bewegt, merkt man ihm die Last an, die ihn drückt, obwohl er gewiß manche Ehrung erlebt und zu hören bekommen hat, welche hohe patriotische Pflicht er erfüllt habe, nämlich daß er in heldenhafter Weise zur Niederschlagung eines Menschheitsfeindes beigetragen hat. Aber ob ihm das viel geholfen hat?
Auf dem Schlachtfeld selbst löst sich das moralische Gefälle auf. Da machen die Regeln des wechselseitigen Mordens Freund und Feind gleich. Da regiert die nackte Brutalität zwischen Menschen, die persönlich miteinander nicht verfeindet sind und vielleicht ein paar Jahre später als vereinte Waffenbrüder gegen einen neuen gemeinsamen Feind in Stellung gehen mögen. Im Moment ist es gut zu töten, um nicht getötet zu werden. Skrupel sind lebensgefährlich. Erst später kommt das Erwachen wie aus einem partiellen Koma. Man erkennt sich selbst nicht mehr in dem, was man mitgemacht hat. Mehrmals hatte ich später versucht, unseren drei Kindern etwas von meinen Rußlandkriegserlebnissen zu erzählen. Aber jedes Mal hatte ich bald gestockt. Was war davon erzählbar? Doch nichts von dem echten Grauen, wie es Spielbergs Antikriegsfilm einigermaßen getroffen hat. Und das Menschliche, das man Kameradschaftsgeist nennt, das Einstehen füreinander, manche verwegene Hilfeleistung, Augenblicke spontaner Humanität, kurze anrührende Begegnungen mit russischen Bauern, Frauen und Kindern – all das konnte doch nur täuschend nach spannenden Abenteuern klingen, so wie man meine Generation einst in der Schule betrogen hatte mit den Heldengeschichten des Ersten Weltkriegs. Und mit Ernst Jünger; ich zitiere: ‚Der Krieg ist unser Vater. Er hat uns gezeugt im glühenden Schoße der Kampfgräben als ein neues Geschlecht und wir erkennen mit Stolz unsere Herkunft an.'
Bei jedem Satz, den ich zu Hause beim Erzählen vom Krieg herausbrachte, war ich unsicher, ob man mich nicht mißverstehen würde. Dabei lag mir so viel davon auf der Seele. Selbst wenn ich einmal wiederzugeben versuchte, was ich gesehen, gehört und getan hatte, so war das ja immer nur die eine Seite. Die andere, die Angst, die Spannung hinter der Selbstbetäubung, der Ekel, der Zynismus als Abwehr von Verzweiflung – das ließ sich ohnehin nicht beschreiben. Eine ungefähre Ahnung davon, was da psychisch abläuft, kann ein Film wie ‚Der Soldat James Ryan' aufkommen lassen. Aber gerade deshalb haben sich viele aus der mittleren Generation den Film nicht zumuten wollen. Was sie über die ersten 20 Minuten von der Schlacht an der Normandieküste gehört oder gelesen hatten, erschien ihnen zu schrecklich. Verständlich, aber schade, denn so sieht militärisches Gemetzel tatsächlich aus. Und das sollte im Kopf haben, wem eingeredet wird, daß Krieg wieder zur Normalität gehöre und daß es gut sei, daß Deutschland schon wieder in die Spitzengruppe der Waffenexporteure aufgerückt ist.
Als ich mich nach dem Spielberg-Film schwerfällig aus dem Kinosessel erhebe, drückt Bergrun, meine Frau, mir die Hand. Mir fällt ein, daß ihr Vater mit einer entstellenden

Handverwundung und mehreren Granatsplittern im Körper aus dem Ersten Weltkrieg heimgekommen war. Er war Pazifist geworden; religiöser Sozialist. Insgesamt zwölf Jahre lang wurde er immer wieder von den Nazis schikaniert und von der Gestapo verhört. Als Pädagogikprofessor war er bereits 1932 entlassen worden, weil in Thüringen damals schon der spätere Reichsminister Frick[1] tätig war. Bergrun war der Liebling ihres Vaters gewesen. Jemand hat ihr einmal gesagt, sie habe wohl ein jüngeres Abbild ihres Vaters geheiratet. Mir hatte der Vergleich anfangs nicht behagt, weil ich mir den Schwiegervater nach dem Krieg kämpferischer gewünscht hatte. Er hatte aber resigniert, als er um sich herum die rasch erfolgte Anpassung vieler ihm bekannter Nazis sah. Und zudem hatten ihn wahnhafte Ideen befallen. Auf der Straße oder in der S-Bahn machte er plötzlich kehrt oder stieg an der nächsten Station aus, weil er sich immer noch von Gestapo-Leuten beobachtet und verfolgt glaubte.
Der Soldat Ryan hatte sich geweigert, als man ihn nach dem Kriegstod seiner drei Brüder nach Hause schicken wollte. Es ging ihm darum, seinen Kameraden gegen die anrückenden Deutschen weiter beizustehen. Auch ich hätte mich vielleicht, wenn ich es gewollt hätte, noch weigern können, als mich der Truppenarzt beim Vorrücken auf Stalingrad eines Tages unerwartet ins Lazarett schicken wollte. Ich hatte mich gar nicht besonders krank gefühlt. Nur hatte ich bemerkt, daß ich nicht mehr klar sehen konnte, und beim Trinken war mir der Kaffee oder der Tee wieder aus der Nase herausgelaufen. Und die Stimme war mir weggeblieben, so daß ich nur noch flüstern konnte. Ob ich vor kurzem eine Halsentzündung gehabt hätte, hatte mich der Arzt gefragt. Das hatte ich bestätigt. Dann hatten Sie eine Diphtherie. Jetzt haben Sie Lähmungserscheinungen an einigen Hirnnerven und bald wird das auch in die Arme und Beine gehen. Sie müssen zurück ins Lazarett. So viel hatte ich mir schon von der Medizin angelesen, daß ich die abgelaufene Infektion, bei der mir der Hals zugeschwollen war, als Diphtherie erkannt zu haben glaubte. Ich hatte einem kleinen russischen Jungen auf Wunsch der Eltern in den Hals geguckt, und da war mir der als Diphtherie beschriebene süßliche Geruch aufgefallen. Von den neurologischen Komplikationen der Diphtherie, die der Arzt nun offenbar bei mir diagnostizierte, wußte ich nichts. Aber ich vertraute ihm. Mein Hauptmann protestierte, aber der Arzt blieb fest. Und so wurde ich ahnungslos vor der Katastrophe bewahrt, die meinen Kameraden bevorstand, die direkt in den Todeskessel von Stalingrad hineinmarschierten. Mein Retter war der kleine russische Junge gewesen. Ob er überlebt hat? Wochen später verfolgte ich die Stalingrad-Tragödie am Radio und in der Zeitung, während ich mit den vorausgesagten Lähmungen an den Beinen in einem Reservelazarett lag.
Nie habe ich einen Kameraden aus meiner Feldtruppe wiedergesehen. In diesen Wochen der Kesselschlacht von Stalingrad begriff ich erstmalig das ganze Ausmaß der Verantwortungslosigkeit Hitlers, der seinem Größenwahn mehrere hunderttausend Menschen opferte, die sich durch einen rechtzeitigen Rückzug hätten retten können.

Um so mehr empfand ich die eigene Rettung als Gnade. Dennoch fühlte ich mich irgendwie beklommen, als hätte ich mich unberechtigt aus einem Schicksal davongestohlen, das ich mit den anderen hätte teilen müssen. Warum sollte ich etwas Besseres verdient haben? Die allermeisten, die ich an der Front näher kennengelernt hatte, waren genausowenig gesinnungstreue Hitler-Soldaten wie ich. Sie waren illusionslose, herumgestoßene Teile einer bis ins letzte durchprogrammierten Maschinerie. Der an uns verübte riesige Betrug war mir selbst auch erst hier in meinem inselartigen Lazarettdasein aufgefallen."

Drei Jahre später bin ich aus französischer Gefangenschaft zurückgekommen. Ich war zuletzt in Italien gewesen, bin dort kurz vor Kriegsende desertiert und hatte mich nach Österreich durchgeschlagen, wo ich von den Franzosen gefangengenommen worden bin. Im Buch schildere ich, wie es mir in der Gefangenschaft ergangen ist und wie ich zurückgekommen bin. Ich wußte nichts vom Schicksal meiner Eltern. Eines Tages im Januar 1946 stand ich in Berlin vor dem Mietshaus, wo wir im dritten Stock eine Wohnung hatten. Das Haus war durch eine Fliegerbombe geteilt worden. In den restlichen zwei Zimmern unserer alten Wohnung lebte ein ungarisches Ehepaar, daß mich anstarrte, weil ich als vermißt gemeldet worden war. Über Nacht bekam ich eine Lungenentzündung und mußte für ein paar Wochen ins Krankenhaus. Danach habe ich bald Bergrun kennengelernt. In den nächsten Jahren haben wir uns eine Familie aufgebaut. 1950 hatten wir schon drei Kinder und immer noch nicht das Geld, die Pappe vor den Fenstern durch Glas zu ersetzen, weil damals das Glas auf dem Schwarzmarkt zu teuer war. Wir haben in zweieinhalb Zimmern gelebt. In einem Zimmer schliefen die drei Kinder; in dem anderen Zimmer hat meine Frau als Lehrerin Hefte korrigiert, und ich habe meine ersten Analysen dort durchgeführt. Im gleichen Raum haben wir geschlafen, und tagsüber war es ein Mehrzweckzimmer. Wenn ich Analysen machte, mußte meine Frau im Kinderzimmer arbeiten. Wir konnten nur ein Zimmer mit Holz beheizen, das ich aus Ruinenhäusern geklaut hatte. Aber die Stimmung war so, daß junge Menschen wie wir das Gefühl hatten: Uns steht eine Zukunft bevor, eine Zukunft der Freiheit, der großen Chancen und der Möglichkeit, in der Gesellschaft offen zu reden und mitzubestimmen. Jedenfalls waren wir beide guten Mutes und hatten trotz unserer Armut und der Berlin-Blockade nie das Gefühl, in einer sehr unsicheren Zeit zu leben.
Ich habe dann mein schon begonnenes Medizinstudium fortgesetzt, nebenher Philosophie studiert und zwischen 1946 und 1948 meine Doktorarbeit über Schmerz und Leiden an der Humboldt-Universität in Berlin geschrieben. Ich hatte mir dieses Thema selbst ausgesucht. Wie ich nachträglich allmählich begriffen habe, war das ein Versuch mehr, mit meinem eigenen Schmerz fertig zu werden und mich irgendwie damit auseinanderzusetzen. Ich habe mir die verschiedenen philosophischen Auffassungen erarbeitet, mit Schmerz umzugehen. In der Nazizeit gab es nur ein heroisches Verhältnis

zu Leiden und Schmerz. Wenn Sie sich hier in den nächsten Tagen mit Nietzsche beschäftigen, dann werden Sie feststellen, daß Nietzsche Leiden und Mitleid lächerlich gemacht oder nur als Ressentiment gedeutet hat. Für die heroische Aggressivität eines höheren Übermenschentums ist das Mitleiden seiner Auffassung nach das Schlimmste, weil es nur eine Erfindung der Schwachen und der Kümmerlinge sei. Das Mitleid hätten die Schwachen erfunden, um die Starken durch ein schlechtes Gewissen zu schwächen. Dabei war er selbst lange chronisch krank und litt furchtbare Schmerzen. Aber er hat diese Schmerzen in sich niedergekämpft und – wie wir in der Psychoanalyse sagen würden – überkompensatorisch diese Herrenmoral erfunden. Damit habe ich mich in einem anderen Buch „Die Chance des Gewissens" (Hoffmann u. Campe, 1986) ausführlich auseinandergesetzt.

Nun eine andere Episode, die mit meiner Bekanntschaft mit Willy Brandt zu tun hat: Willy Brandt war damals für uns eine sehr wichtige Figur. Er war für uns der einzig vorzeigbare Politiker auf der westdeutschen Bühne, der in der Nazizeit eine beispiellose Haltung bewahrt hatte. Das konnte damals kein anderer Politiker vorweisen.

„Ich hatte Willy Brandts Interesse 1968 mit einer im ‚Spiegel' abgedruckten repräsentativen Testanalyse von NPD-Wählern gefunden. Anlaß war ein vorübergehender besorgniserregender Anstieg der NPD-Anhängerschaft gewesen, ähnlich wie jetzt. Damals kamen die NPD-Wähler mehr aus der bürgerlichen Mitte, während sich jetzt viele der ganz jungen Generation zu dieser Partei bekennen. Es war damals in Erwägung gezogen worden, diese Partei zu verbieten. Mein psychologischer Mitarbeiter Dieter Beckmann und ich hatten mit dem von uns entwickelten ‚Gießen-Test' erkundet, daß NPD-Anhänger es im Durchschnitt schwerer haben würden, kränkende Niederlagen zu ertragen. Das ließ erwarten, daß sie es nicht lange bei dieser Partei aushalten würden, sollte es mit dieser nicht alsbald siegreich aufwärts gehen. Wir plädierten deshalb dafür, diese Partei nicht zu verbieten. Unsere Analyse hatte anscheinend Eindruck gemacht, und die NPD wurde damals nicht verboten. Sie hat ganz schnell an Anhängerschaft verloren. Es war eben eine andere Situation als jetzt. Bereits in meiner Berliner Zeit hatte ich für Willy Brandt eine große Zuneigung entwickelt. Ein enger Mitarbeiter aus dessen Stab war mein Patient gewesen und hatte mir immer wieder von seinem Chef erzählt, von dessen Mischung aus politischer Weitsicht, Willenskraft und Sensibilität. So etwa von den Tränen, als Konrad Adenauer öffentlich von der unehelichen Geburt des Herrn Frahm gesprochen und im Wahlkampf geäußert hatte, daß ein unehelich Geborener doch nicht geeignet sei, in Deutschland ein politisches Spitzenamt zu bekleiden. Als Günter Grass eine Wählerinitiative für Willy Brandt gründete, war ich mit Begeisterung dabei. In diesem Rahmen lernte ich Brandt bald persönlich kennen und erfuhr überrascht, daß er gute Kenntnisse über Psychoanalyse besaß. In Oslo hatte der Emigrant Brandt den Emigranten Wilhelm Reich[2] getroffen, der dort gut besuchte psychoanalytische Seminare abhielt. Brandt war ein eifriger Besucher dieser Seminare geworden, besonders beeindruckt von Reichs sozialpsychologischer Faschismusanalyse, aber auch von dessen politisch-psychohygienischen Reformideen, die zur damaligen Zeit sensationell waren; so zum Beispiel von Reichs Engagement für die Einrichtung von Kindergärten und -krippen in den Fabriken, für eine Liberalisierung des Strafvollzuges oder für eine bessere Aufklärung über Empfängnisverhütung. Das war damals sensationell und revolutionär. Reich forderte die Aufhebung der Gesetze gegen Homosexualität und Abtreibung. Auf diese Weise verdankte ich Wilhelm Reich eine rasche Verbindung zu Willy Brandt. In der Folge ergaben sich immer wieder Gelegenheiten zu persönlichen Gesprächen. Einmal kam mir der Kanzler zu einer Verabredung strahlend mit einem Wahlplakat entgegen, auf dem Sigmund Freud neben anderen Intellektuellen für die Wiederwahl des roten ‚Wiener Magistrats' geworben hatte. Was bedeutete, daß es offenbar nicht anrüchig sein konnte, als Psychoanalytiker Wahlkampfhilfe zu leisten."

Ich hatte ein menschlich sehr tiefgehendes Verhältnis zu Willy Brandt, das mich stark beeinflußt hat. Es hat mich sehr geschmerzt, als er dann später „stürzte". Ich habe darüber einen langen Essay im „Spiegel" geschrieben, in dem ich eigentlich meine Wut darüber loswerden wollte, was ihm geschehen war.

„Willy Brandt hatte die Gabe zu demokratischer Gruppenarbeit im Blut. Er wurde von vornherein als einer mitten unter uns erlebt, der unmittelbar in viele Herzen fand, weil er mit seinen Visionen von Frieden, Demokratisierung und Compassion im Sinne von Mitfühlen auf genau diese verbreiteten Hoffnungen traf. Aber weil er persönlich so offen war, war er eben auch angreifbar, ausnutzbar in seinem Vertrauen, anfällig zugleich für passive Gefühle, für Depression und mancher Tröstung bedürftig. Er besaß große Stärke, Energie und Kühnheit, aber eben auch die andere Seite von Menschlichkeit, die vielen robuster gepanzerten Machtpolitikern weniger zu schaffen macht. So war er in seiner politischen Führungsgruppe mehr auf die Fairneß und Mithilfe seiner Gefährten angewiesen, als es kühlere Technokraten und Machtstrategen in seiner Rolle zu sein pflegen. Das klappte, solange seine Mitstreiter im Machtzentrum begriffen, daß keiner so überzeugen konnte wie er mit seiner besonderen persönlichen Glaubwürdigkeit. Wehner, Bahr und Ehmke beispielsweise standen fest mit ihm zusammen, deckten lange Zeit seine Schwächen ab und ernteten mit ihm auf diese Weise den einzigartigen triumphalen Wahlerfolg vom November 1972. Ich hatte Gelegenheit, mit Brandt im Wahlkampfzug durch die Bundesrepublik zu fahren und überall den warmherzigen Empfang mitzuerleben, der dem Kanzler, wo immer er auftrat, bereitet wurde. Hemdsärmelig, gelegentlich die Zugschaffnerin im Arm, verbreitete Brandt bereits bei seinen Mitfahrern die Zuversicht in seinen Erfolg, der in der Wahl dann voll bestätigt wurde. Nach dem Sieg aber schien es manchem in Brandts Nähe, als sei der unbedingte Zusammenhalt nicht mehr vonnöten. Die großen Erfolge der Ostpolitik des Gespanns Brandt-Bahr verloren ihre Strahlkraft. Steigende Inflation, Erdölkrise, Reibungen in der Koalition kamen hinzu. In der SPD-Führungsmannschaft bröckelte die Solidarität. Wehner stichelte in Moskau: Der Herr badet gern lau. So zerfiel der Zusammenhalt, den ein Mensch wie Willy Brandt unbedingt brauchte, um mit seinem offenen Charakter die ihm mögliche und gemäße Führungskraft zu entfalten. Seine eigene Verläßlichkeit verlangte die gleiche Verläßlichkeit ihm gegenüber in der Gruppe. Statt dessen schloß Herbert Wehner mit Erich Honecker hinter dem Rücken des Kanzlers eine Art geheimen persönlichen Grundlagenvertrag. So nennt es Egon Bahr, der als einer der engsten Vertrauten Brandts später diese Konspiration zwischen Wehner und Honecker aufgedeckt hat."

Das ist nachzulesen in Egon Bahrs wichtigem Werk „Zu meiner Zeit". Es grenzte, wie Bahr aus einem später veröffentlichten Dokument erkannte, an ein Komplott. Im Herbst 1973 war Brandt voller Wut nahe daran, sich mit Wehner auf eine entscheidende Kraftprobe einzulassen. Von Bahr beraten, zuckte er zurück. Bis heute fragt sich Bahr, ob sein Rat nicht falsch gewesen war. Aber schließlich hätte Brandt selbst die Gefahr erkennen und Wehners Intrige zum Anlaß nehmen müssen, sich gegen den Widersacher durchzusetzen. Ein halbes Jahr später flog der Spion Guillaume auf. Als sogar Freund Bahr zum Rücktritt riet, reichte Brandts Widerstandskraft nicht mehr aus, sich zu wehren.

„Ich betrauerte das Scheitern des Menschen Brandt, und in einem ‚Spiegel'-Essay drückte ich mein Mitempfinden und meine Dankbarkeit aus. Aber ich wollte darin auch sagen: Paßt auf, daß ihr mit der Person nicht auch die besondere Menschlichkeit der Politik aufgebt, die er für euch und mit euch fördern wollte. Paßt auf, Sozialdemokraten, daß ihr nicht mit ihm euer Gesicht verliert! Gescheitert ist die Person, weil ihr in der Führungsgruppe versagt habt. Ihr habt die Offenheit und die euch angebotene Kollegialität mißbraucht, mit der ihr da oben in eurer ‚Mikro-Gesellschaft' das gewagte Mehr an Demokratie hättet beispielhaft vorleben sollen. Schließlich wollte ich an dem besonders passenden Beispiel Brandt die eigene Überzeugung verdeutlichen, daß sich in der Politik stets in besonderem Maße die Psychologie dessen ausdrückt, der sie in höchster Verantwortung lenkt.
Ich habe mit Brandt noch manches erlebt und das Glück gehabt, seine Unterstützung für ein ganz persönliches Anliegen in einem kritischen Moment zu gewinnen. Es ging damals um die Psychiatriereform in Westdeutschland. Unsere Psychiatrie war immer noch tief geprägt vom Menschenbild des Nationalsozialismus, und fast alle leitenden Klinikdirektoren und Professoren hatten die Nazizeit überdauert. Mein eigener Chef in

der Berliner Universitätspsychiatrie plädierte zum Beispiel in der Vorlesung dafür, die Psychopathen doch besser von der Fortpflanzung auszuschließen. In diese Psychiatrie trat ich damals ein. Dann kam der Versuch, die Psychiatrie menschlicher zu gestalten, eine soziale Psychiatrie ins Leben zu rufen. Das war Gegenstand einer Enquete, die der deutsche Bundestag beschlossen hatte und in der ich maßgeblich mitwirken konnte. Es gab viele Reformvorschläge, zum Beispiel die stationäre Psychiatrie zu reduzieren, vor allem auf dem Land ein großes Netz von Beratungsdiensten aufzubauen und auch chronisch psychisch Kranken sowie gebrechlichen Alten und Behinderten zu helfen, damit diese nicht in Kliniken eingewiesen werden müßten, sondern an ihrem Wohnort in behüteten Wohngemeinschaften oder Werkstätten leben könnten.

Für dieses Reformprogramm waren 300 Millionen DM veranschlagt, die aber einem ‚Streichkonzert' im Haushaltsplan zum Opfer fallen sollten. Daraufhin habe ich Willy Brandt angerufen und gesagt: ‚Willy Brandt, das dürfen Sie nicht tun! Diese Psychiatriereform, das ist ein so zentrales Element Ihrer sozialen Politik, auch im Hinblick auf die Menschen, die in der Nazizeit wegen psychischer Krankheiten sterilisiert oder zum Teil hingerichtet worden sind. 100.000 sind im Euthanasieprogramm ermordet worden. Wenn Sie diese Reform aufgeben, dann ist das ein Rückschlag für Ihr politisches Lebenswerk. Das darf eigentlich nicht sein.' Ich war kühn, mit ihm so zu reden. Er schwieg erst und sagte dann: ‚Nun gut, vielleicht haben wir Glück. Heute Abend kommt Finanzminister Hans Hermann Matthöfer zu mir und dann gehen wir nochmals alles durch. Vielleicht kann ich ihm das abringen.' Tatsächlich hat er die 300 Millionen DM Budget gerettet, die Psychiatriereform konnte stattfinden."

Als ich Brandt wieder einmal besuchte, wurde ich im Vorzimmer gebeten: Wenn ich irgend könnte, sollte ich doch mit ihm mittrinken. Er würde, wenn er Besuch hätte, gerne etwas „Hartes" trinken. Es wäre ihm sehr angenehm, wenn er nicht allein trinken würde. Ich habe also tapfer mitgetrunken. Er war natürlich viel trinkfester als ich. Auf dem Heimweg beim Ausparken mußte ich erst ein bißchen rückwärts fahren und rums – da saß ich schon an einem Laternenpfahl fest. Irgendwie geriet ich aber doch auf die Straße. Da setzte sich gleich ein Zivilfahrzeug vor mich, hielt die Kelle heraus. Ich mußte anhalten und pusten. Das war natürlich eine Katastrophe. Die Polizisten guckten sich an und redeten mit mir nur noch im Infinitiv. Also: „Hinsetzen!" und „Sitzenbleiben!" Auf der Polizeiwache mußte ich eine Stunde auf den Gerichtsarzt warten, der eine Blutprobe nahm. Ich machte mir große Sorgen um den drohenden Führerscheinentzug und die Höhe der Geldstrafe. Als ich mich schon damit abgefunden hatte, haben irgendwelche Heinzelmännchen etwas ganz Erstaunliches fertiggebracht, was mir bis heute ein Rätsel geblieben ist. Jedenfalls wurde mir nach einigen Tagen mein Promille-Wert mitgeteilt: angeblich nur 0,27 Promille. Es müssen hilfreiche Heinzelmännchen am Werke gewesen sein.

Schorlemmer:
Das war aber nicht Gegenstand des Buches „Korruption"?

Richter:
Nein. Aber es hätte gepaßt.
Ich möchte noch etwas darüber vorlesen, was ich in der Zeit der Friedensbewegung zwischen Ost und West erlebt habe. Mein Buchtitel „Wanderer zwischen den Fronten" bezieht sich zum Teil darauf, daß in diesen Jahren im Westen immer geargwöhnt wurde, ob ich als Aktivist der Friedensbewegung nicht doch nur die Sache Moskaus im Westen betreiben würde. Hier in der damaligen DDR galt ich, wie Sie gleich hören werden, und wie ich meiner Stasi-Akte entnommen habe, auch als ein „Gefährlicher". So war ich einer „zwischen den Fronten".
1982 war ich Mitbegründer der westdeutschen Sektion der IPPNW (Internationale Ärzte für die Verhütung des Atomkriegs). Die Geschäftsstelle war zwei Jahre lang identisch mit meinem Sekretariat des Psychosomatischen Zentrums der Universität Gießen. Ich mußte ein Postfach einrichten. Natürlich war mir eine solche Aktivität als Professor, Beamter und Direktor dieser Klinik nicht erlaubt.

„Die Mitglieder kamen aus allen medizinischen Fachrichtungen. Ein Blick auf Hiroshima genügte, um die Unmenschlichkeit von Atomwaffen zu begreifen. Bereits die kleine Hiroshima-Bombe hatte auf einen Schlag 75.000 Menschen getötet, über 100.000 schwer verletzt. Bald hatten sich gehäuft schwere Erbschäden gezeigt. Mit chronischen Folgekrankheiten waren Anfang der achtziger Jahre noch mehr als 300.000 Japaner behaftet. Die Medizin mußte machtlos zusehen. „Wir werden euch nicht helfen können", lautete dementsprechend die Aufklärungsformel der internationalen Ärztebewegung. Der Generalsekretär der Vereinten Nationen, Pérez de Cuéllar, rief alle Regierungen auf, wörtlich „den Wahnsinn und die Immoralität des Rüstungswettlaufs zu beenden". Vergeblich. Beide Supermächte kämpften verstärkt um die Errichtung eines atomaren Vorsprungs. So sahen nun die Ärzte ihre Aufgabe darin, die Politiker über die öffentliche Meinung zur Abkehr ihrer offiziell zum Wahnsinn erklärten Strategie zu drängen. Auf dem internationalen Kongreß der Friedensärzte in Cambridge 1982 trafen sich Delegierte aus bereits 31 Ländern, die meisten davon NATO- und Warschauer-Pakt-Staaten. Ich hielt dort einen Vortrag über die psychologischen Aspekte der atomaren Bedrohung. Bedeutende internationale Forscher wie Edward Salk, der die Kinderlähmungsimpfung eingeführt hatte, und der vielfach ausgezeichnete Psychiater Robert G. Lifton entwarfen mit mir zusammen einen neuen ärztlichen Eid, der die Verweigerung der Beteiligung an kriegsmedizinischen Programmen einschloß. Ende 1982 zählte die westdeutsche Sektion der IPPNW-Ärzte bereits 3.000 Mitglieder. In den nächsten Jahren wurde die Zahl 10.000 überschritten. Ich beteiligte mich mit Vorträgen auf Veranstaltungen unter anderem in Washington und in Moskau. Mitten im Kalten Krieg in Moskau zu reden, 40 Jahre nach meinem Einsatz in Hitlers Angriffskrieg am Don und bis kurz vor Stalingrad, das ging mir nahe. Zu meinen Moskauer Zuhörern gehörte Georgij Arbatow, Direktor des Instituts für USA und Kanada in der Akademie der Wissenschaften, außenpolitischer Berater des Zentralkomitees. Er kam nach meiner Rede auf mich zu und umarmte mich. Beide hatten wir als 19jährige 1942 im gleichen Frontabschnitt gegeneinander gekämpft. Arbatow wurde später ein leidenschaftlicher Unterstützer Gorbatschows. Im Unterschied zu anderen IPPNW-Ärzten, die vor allem mit den Mitteln der medizinischen Aufklärung über die verheerende Wirkung der Nuklearwaffen gegen die Rüstungspolitik protestierten, widmete ich mich in meinen Reden mehr den psychologischen Aufgaben, also die Bedrohungs- durch eine Verständigungspolitik zu ersetzen."

Jetzt zur DDR: „Das DDR-Regime duldete sogenannte Friedenswerkstätten, die auf einem Ostberliner Kirchengelände einmal pro Jahr viele engagierte Leute aus allen Teilen der DDR zusammenführten. Man spielte mir eine Einladung zu. Und so konnte ich ein Tagesvisum, ausgestellt am Berliner Bahnhof Friedrichstraße, für die erste Teilnahme an einer solchen Veranstaltung 1982 nutzen. Noch heute geht mir das Herz auf, wenn ich mich an die bewegende Begegnung erinnere. Von einer trostlos grauen Ostberliner S-Bahn-Station durch eine trostlos graue Straße fand ich zu der Erlöser-Kirche und stand plötzlich in einer bunten, dicht gedrängten Menge, in der alle aneinander Anteil zu nehmen schienen und eine frohe Erwartung ausstrahlten. Neben mir fand ich eine 15jährige Schülerin – ein schmächtiges Mädchen –, das gerade in einer anderen Kirche zusammen mit einer Gruppe eine Woche lang gefastet, meditiert und mit Besuchern Gespräche über die UNO-Abrüstungskonferenz, über den Krieg im Libanon, über die Notwendigkeit von Friedenserziehung geführt hatte. Ein Jugendpfarrer, von Kindern umlagert, stimmte das erste Lied an:

,Ein jeder braucht sein Brot, sein Wein,
und Frieden ohne Furcht soll sein.
Pflugscharen schmelzt aus Gewehren, aus Kanonen,
daß wir im Frieden zusammen wohnen.'

15 Lieder folgten, einige traditionelle, einige neue, auf die Aktualität anspielend. Ein anderer Pfarrer lobte, daß man es beim diesjährigen Pressefest unterlassen habe, Schaufahrten für Kinder in einem Panzer anzubieten. Fröhlicher Beifall, der sich bei der Nachricht steigerte, daß Radio Moskau die Skulptur ,Schwerter zu Pflugscharen' vor dem UN-Gebäude in New York begrüßt habe.
So viel Offenheit, so viel Kraft, so viel von innen ausstrahlende Wärme, so reiche Phantasie im Ausdruck einer Haltung gegen den täglichen disziplinierenden Druck – das

nahm ich als eine ermutigende Botschaft mit zurück in den Westen. Es war der Beginn einer nunmehr nicht abreißenden Reihe von Besuchen bei einzelnen kleinen Kreisen, die unbeirrt manche Schikane oder massive Repressalie auf sich nahmen, wenn sie für ihre Überzeugung eintraten. Ich lernte eine Reihe von denen kennen, die später zu Frontleuten der Bürgerbewegung wurden, wie Rainer Eppelmann[3], Katja Havemann[4], Bärbel Bohley[5]. Aus der Bekanntschaft mit den Ehepaaren Heym und Falcke wurden später feste Freundschaften.

Die nachträgliche Protokollierung meiner sich häufenden Besuche bei kritischen DDR-Gruppen hätte ich mir allerdings sparen können, denn die Stasi nahm mir diese Arbeit ab. Aus der Akte, die der Staatssicherheitsdienst über mich anlegte, konnte ich später genau entnehmen, wo ich und wann ich in der DDR gewesen war, mit wem ich mich getroffen und welche Meinung ich vertreten hatte. In meiner Akte fand ich mich als einen ‚ganz bedeutenden und gefährlichen Anführer einer oppositionellen Bewegung' beschrieben. Da haben die Stasi-Leute ihr eigenes Geltungsbedürfnis befriedigt, indem sie mich so hochjubelten. Da kommen Sätze vor wie: ‚Richter versucht durch Zusammenführung negativ feindlicher Kräfte eine oppositionelle Bewegung in der medizinischen Intelligenz der DDR zu schaffen.' Ein anderes ‚Lob': ‚Richter unterhält Kontakte zu negativ feindlichen Kräften in der DDR und ist durch vielfältige Aktivitäten der Organisierung einer politisch oppositionellen Bewegung in der DDR aufgefallen.'

Ich habe in der Akte auch entdeckt, daß man sich von meiner Person ein genaues Bild zu machen bemüht hat. Dazu hatte sich der prominenteste DDR-Psychotherapeut angedient, der sich brüstete, mit allen Tricks Auftritte von Richter bei Tagungen und Veranstaltungen in der DDR zu verhindern. Das ist auch geglückt. Ich bin nie eingeladen worden.

‚Richter steht nicht ehrlich im Friedenskampf.' Daß Richter innerlich unsolide sei, ergebe sich schon daraus, daß er in Gießen einen kleinen VW, aber außerhalb einen großen Mercedes fahre. Ich besaß weder einen VW noch einen Mercedes.

Als Ärzte der IPPNW haben wir 1985 den Friedensnobelpreis bekommen. Unser Bundeskanzler Kohl hat sich damals beim Osloer Nobelpreiskomitee beschwert und diese Wahl als einen großen Mißgriff bezeichnet. Im Antwortbrief des Osloer Nobelpreiskomitees erinnerte dessen Vorsitzender Arvik den deutschen Kanzler Helmut Kohl daran, daß es schon einmal einen Kanzler gegeben habe, der gegen eine Entscheidung des Komitees protestiert habe, nämlich Adolf Hitler im Fall der Auszeichnung Carl von Ossietzkys, der an den Folgen der KZ-Haft geendet ist. Damit war dann Ruhe.

Ich gehörte zu einer kleinen Gruppe, die sich 1987 auf dem Friedensforum in Moskau bildete, nachdem wir diese großartige Rede von Michail Gorbatschow gehört hatten, in der er das Ende des Kalten Krieges verkündete. Dabei waren Amerikaner, Italiener, noch ein Deutscher, außerdem der Kanadier David McTaggart, der Boß und Gründer von Greenpeace.

Gorbatschow erklärte, daß die Russen den Abbau aller Atomwaffen bis zum Jahre 2000 wollten. Er hatte damals schon die Kernwaffentests offiziell beendet. Die Amerikaner hatten noch nicht mitgezogen. Er verkündete damals auch einen bedeutenden Abbau an konservativen Waffen. Dabei griff er auf Egon Bahr zurück, den er seit 1985 kannte, und sagte, daß wir nicht gegeneinander, sondern nur miteinander auf der Welt Sicherheit schaffen könnten und daß wir die internationalen Beziehungen humanisieren und loskommen müßten von der wechselseitigen Bedrohung. Dabei würden die Russen jetzt den Anfang machen. Das war 1987 so begeisternd, daß sich manche von uns vor der Tür gesagt haben, jetzt müssen wir selber eine Gruppe bilden, die daran weiterarbeitet. Mitgewirkt hat dort auch Sacharow, von Gorbatschow selbst in diese Gruppe entsandt. Auch Robert McNamara, der ehemalige amerikanische Verteidigungsminister, wurde ein Mitglied dieser Gruppe sowie der Chef des russischen Raumfahrtprogramms Sagejew, der übrigens später eine Enkelin von Eisenhower geheiratet hat. Am Ende waren wir 30 Leute."

Was ich Ihnen vorlesen möchte, ist eine bewegende Begegnung, die nicht veröffentlicht wurde, weil sie sich im privaten Kreis abspielte. Ich habe damals mitgeschrieben und den Augenblick festgehalten, in dem Gorbatschow eingestand, daß er die Zügel nicht mehr in der Hand hätte und scheitern könnte. Das war am Vorabend des Golfkrieges, am 15. Januar. Am nächsten Morgen wurde geschossen. Da ich Gorbatschow ähnlich wie Willy Brandt als einen ganz außergewöhnlichen politischen Menschen oder menschlichen Politiker empfand, hat mich diese Nacht bei ihm im Kreml sehr bewegt. Ich habe dazu notiert:

„15. Januar 1991. Wieder im Kreml mit McNamara und den anderen Stiftungsvorständen bei Gorbatschow. Der Kreis hatte durch den Tod Sacharows einen schlimmen Verlust erlitten. Er war ein großer Humanist, den ich sehr bewundert habe. Bei gemeinsamen Auftritten der Stiftung in Washington und New York hatte ich ihn sehr zu bewundern gelernt. Wie kein zweiter hatte dieser unerschrockene, unbestechliche Menschenrechtler Gorbatschow darin unterstützt, das antirussische Mißtrauen der Amerikaner zum Schmelzen zu bringen. Aber jetzt steckte Gorbatschow selbst in der Klemme. Im Westen als Erlöser vom Kalten Krieg und als entscheidender Wegbereiter für die deutsche Wiedervereinigung verehrt, ging die innenpolitische Neugestaltung nach dem Zerfall des sowjetischen Imperiums über seine Kräfte. Perestroika und Glasnost reichten nicht aus, um das zentralistische bürokratische System in eine funktionierende liberalere Gesellschaft zu überführen. Sehr offen sprach der Präsident an diesem Abend seine Sorgen aus. Sein kleines, halb privates Referat vor den Mitgliedern unserer Stiftung dürfte nirgends öffentlich bekannt geworden sein. Er sagte: ‚Die Lösung der Probleme in unserem Land ist nicht leichter, als die nukleare Abrüstung voranzubringen. Wir brauchen

die Hilfe der Weltgemeinschaft, um unsere Situation im Innern zu festigen. Demokratie ist nicht gesichert, wenn sie nicht durch Recht und Ordnung geschützt wird. Wahrscheinlich fehlt es uns an der nötigen Tradition einer politischen Kultur, um schnell den Weg zur Demokratie zu finden. Gott muß der Perestroika helfen! Überall wo wir Kontrolle aufgeben, wuchert ein hemmungsloser Egoismus. Die einzelnen Regionen in unserem Land verstehen die Liberalisierung als Einladung, sich vollständig souverän zu machen. Zum Beispiel fordern einige Moskauer Distrikte schon Geld für die Überflugsrechte der Flugzeuge. Ein Zeichen dafür, daß vielfach der soziale Verantwortungssinn fehlt, der einspringen müßte, wo Zwang und Überwachung gelockert werden. Wir suchen neue Wege, sind aber nicht erfolgreich damit. Aber es dürfe kein Zurück geben. Der Prozeß der Demokratisierung ist unumkehrbar. Vieles hängt davon ab, ob wir unser Finanzsystem stabilisieren können. Wirtschaftsreformen müssen vorangetrieben werden. Aber wir können nicht gleich zur reinen Marktwirtschaft übergehen. Wir haben das alte System verlassen, aber noch kein funktionierendes neues an seine Stelle setzen können. Sie als Wissenschaftler werden die enormen Schwierigkeiten dieser Umstellungsphase verstehen. Ein griechischer Philosoph hat gesagt: ‚Alles fließt.' Deshalb machen wir heute manches anders, als ich vor zwei, drei Jahren angekündigt habe.'
Er habe in seinem Studium die alten Veden gelesen und sich einen Satz gemerkt: Wer ein Ziel erreichen will, muß sich darauf zu bewegen. Er wolle bis zum Ende kämpfen, um eine Lösung zu finden. Linke wie Rechte sagen: Was ich mache, ist falsch. Sie verstehen nicht, wie ich vorgehe. Ich weise auch die Kritik von außerhalb zurück. Wir können nicht einfach die Modelle westlicher Länder übernehmen und den Sozialismus einfach über Bord werfen. Aber die zunehmende Integration unseres Landes in die Weltgemeinschaft wird sich hoffentlich auch positiv auf unsere innere Entwicklung auswirken. Er schließt mit wenigen Sätzen zur Außenpolitik. Bedauerlich, daß die USA noch weitere Atomtests planten. Er habe Präsident Bush mitgeteilt, daß der Oberste Sowjet gerade den Verteidigungsetat deutlich gekürzt habe. Bush habe das begrüßt und gesagt, daß er im Falle Irak immer noch auf eine politische Lösung hoffe. Das sei vorgestern gewesen. Kurze Diskussion. McNamara als entschiedener Gegner eines Krieges am Golf zweifelt an Bushs Auskunft.
Es ist die Gelegenheit für mich, Gorbatschow mein aus der Stiftung hervorgegangenes Buch „Russen und Deutsche" zu schenken. Darin habe ich die Auswertung einer Untersuchungen an je 1.000 russischen und deutschen Studenten zusammengefaßt. Ich konnte ihn fragen, ob er ernstlich glaube, daß ein Krieg gegen den Irak noch vermieden werden könne. Er antwortete, daß er noch darauf hoffe, daß die kommende Woche eine friedliche Lösung bringen werde. Es freue ihn, daß in dem geschenkten Buch eine freundliche wechselseitige Einstellung von Deutschen und Russen beschrieben werde. Das passe zu seinen eigenen Eindrücken. Das war am Vorabend des Golfkrieges. Am nächsten Morgen begann die Bombardierung Bagdads. Nach allem An-

schein war Gorbatschow an diesem 15. Januar tatsächlich noch uninformiert, symptomatisch für seinen Achtungsverlust bei den Amerikanern. Er war kein Partner mehr, um dessen Placet man bitten mußte. Der Mann, der die Welt eben noch aus einer ihrer gefährlichsten Krisen herausgeführt hatte, war nicht einmal mehr der Unterstützung im eigenen Hause sicher. Er war zu einer tragischen Figur geworden."

In den zehn Monaten, die ich mit diesen Notizen zugebracht habe, ist das politische Gesicht Deutschlands ein anderes geworden. Es sah so aus, als würde eine neue Regierung wieder stärkere soziale und friedenspolitische Akzente setzen. Aber das sah nur so aus. Ich hatte die eigene Biographie im wesentlichen als ein Leben gegen den Krieg beschreiben wollen und keinen Augenblick befürchtet, daß ich wieder bei einem von diesem Land geführten Krieg enden würde. Zugleich hatte ich mir mit vielen meiner Generation einen stärkeren Widerstand gegen eine internationale Entwicklung vorgestellt, die Konfliktlösungen nach der Dramaturgie des klassischen Schurkenstücks sucht: die Niederwerfung satanischer Verfolger durch die Repräsentanz moralischen Edelsinns, Geschichte als Kette der „humanitären Befreiung von Weltfeinden" mit der Gewalt moderner Vernichtungswaffen. Ich hatte meine Chancen zu aktiver Einmischung während der Phasen politischer Aufbruchsstimmung unter Willy Brandt und Michail Gorbatschow. Jeweils abgelöst von Perioden, in denen ich bestenfalls als blauäugiger Träumer, wenn nicht gar als lästiger Störenfried mit meinen sozialkritischen und pazifistischen Engagements dastand und dastehe.

Eben in dieser Rolle habe ich mich gerade wieder erfahren, als mich die täglichen Bombardierungen serbischer Industrie- und Versorgungsanlagen – vom NATO-Sprecher mit gefrorenem Grinsen vorgetragen – im zornigen Gegensatz zu der gelassenen Genugtuung der westdeutschen Mehrheit versetzten. Aber auch diesen Rückschlag werde ich wieder einmal überstehen. Werde in der Bewegung der Ärzte für Frieden und soziale Verantwortung weiter mitstreiten, solange meine Kräfte noch reichen. Werde mir demnächst wieder mit einer Satire Luft machen, im Gegenwind des paranoiden Klimas, in dem Versöhnung und Verständigung weniger angesagt sind als Verfolgung und Bestrafung des Bösen in der Welt – um mit der nötigen Lebensfreude weiterleben zu können. Der Vorteil des Alters ist ja, daß man als vermeintlich nur noch beschränkt zurechnungsfähig den vom modernen Zeitgeist geschützten Anführern des fragwürdigen ökonomischen und militärischen Machtdenkens ungeschminkt die Meinung sagen kann, so Verleger und Redakteure dazu noch die Hand leihen. Aber, oh Wunder, plötzlich kommen wieder allerhand Anfragen, ob ich denn nicht zum Millennium etwas über Solidarität, Friedensfähigkeit oder etwas Kritisches zum Gotteskomplex der modernen Gesellschaft sagen oder schreiben möchte. Ob solche Einladungen aus Alibisuche stammen oder ob sich nach dem martialischen „High-noon-Drama" im Kosovo auf leisen Sohlen Katerstimmung einschleicht, in der wieder auf soziale Erwärmung gehofft wird, wer weiß das schon. Wie auch immer, ich halte es persönlich unbeirrt mit dem 70jährigen Immanuel Kant, dem die Begeisterung der auswärtigen Zuschauer für die Ideen der Französischen Revolution als Beweis dafür ausreichte, daß den Menschen eine moralische Anlage innewohne, die trotz aller Wechselfälle der Geschichte einen Fortschritt zum Besseren verspreche. Kant sagte damals: Diese Revolution kann vielleicht in Blut und Gewalt untergehen, aber die Ideen dieser Revolution und vor allem die Resonanz dieser Ideen bei den Nachbarvölkern – das ist ein Beweis für mich, daß in den Menschen eine Anlage steckt, die die Chance enthält, daß doch bei allen Wechselfällen und Schwankungen eine allmähliche Wendung zum Besseren hin möglich erscheint. Für mich persönlich waren die von Willy Brandt und Gorbatschow entfachten weltweiten Hoffnungen vergleichbare Signale wie die der Französischen Revolution für Kant, ähnlich wie die von Martin Luther King, Nelson Mandela und Itzhak Rabin gesetzten Zeichen, die auch mich an jene unzerstörbare menschliche Anlage glauben lassen und mich trotz aller Gründe für einen theoretischen Pessimismus zur Fortsetzung meines praktischen optimistischen Engagements ermutigen.

Schorlemmer:
Lieber Horst-Eberhard Richter, ich habe immer bewundert, wie du Wissenschaft und politisches Engagement miteinander verbunden hast, was es in der deutschen Professorenschaft ja nicht so häufig gibt, vorsichtig gesagt. Ich möchte dem, was du am Schluß gesagt hast, nichts hinzufügen und leite unsere Diskussion jetzt mit drei Bemerkungen ein.
- Ich habe den Eindruck gehabt, daß das, was trennt, manchmal auf eine merkwürdige Weise verbinden kann.
- Wenn man dann vereint ist, merkt man erst, wie weit man getrennt ist. Das ist ja auch die Story der letzten zehn Jahre: Das wunderbare Gefühl, endlich vereint zu sein, und dann der Kater danach.
- Du hast den Gießen-Test auch auf die Ostdeutschen angewandt und bist zu merkwürdig positiven Ergebnissen über diese gekommen. War das der „liebende Blick" oder ist das Wissenschaft?

Richter:
Das ist in der westdeutschen Presse zum Teil als liebender Blick interpretiert worden. Übrigens habe ich den Test nicht allein, sondern zusammen mit meinem ehemaligen Gießener Mitarbeiter Elmar Brähler, der inzwischen Professor für Medizinische Psychologie und Soziologie in Leipzig ist, durchgeführt. Wir haben die westdeutsche Bevölkerung seit Ende der sechziger Jahre mit diesem Testinstrument immer wieder und seit der Vereinigung auch die ostdeutsche Bevölkerung befragt und vor allem 1994 und 1999 große repräsentative Vergleichsuntersuchungen gemacht. Da ist uns vorge-

worfen worden, daß bestimmte Ergebnisse doch wohl davon zeugten, daß wir eine besondere Sympathie für die Ostdeutschen hätten, anders sei das nicht zu erklären. Beispielsweise bestand in der Beurteilung von Kindheit und Elternhaus die Erwartung, daß die Ostdeutschen sehr negativ antworten würden, weil viele ihre Kindheit in Krippen erlebt hätten, während die westdeutschen Kinder in ihren Familien aufwachsen konnten. Die tatsächlichen Antworten haben aber genau das Gegenteil bewiesen. Auch in der Beurteilung ihrer Eltern, ob die sich ihnen intensiv zugewandt hätten, fürsorglich oder streng gewesen seien usw., antwortet die ostdeutsche Bevölkerung im Durchschnitt positiver. Das hat man uns fast übelgenommen und so getan, als hätten wir das hineininterpretiert. Dabei haben wir das Datenmaterial nur statistisch ausgewertet.

Außerdem waren bei unseren Vergleichsuntersuchungen die Ostdeutschen den Westdeutschen überlegen, was soziale Wärme, Nähe und Bindungsbereitschaft anbetrifft. Da scheint im Westen mehr Distanz, mehr Kühle zu herrschen. Jedenfalls äußerten sich die Ostdeutschen bei allen Fragen, die mitmenschliche Nähe betrafen, wie die Wertschätzung von Familie, Kindern oder Sexualität, positiver als die Westdeutschen. Sehr viel schlechter beurteilten sie Gesundheit, Wohnverhältnisse und finanzielle Verhältnisse - was bei dem wirtschaftlichen Gefälle ja auch kein Wunder ist.

Im Frühjahr 1999 kam zur Frage, ob die Entfremdung voneinander eher zurückgehen oder sich noch steigern werde, beiderseits eine eher negative Erwartung zutage. Es gab auf keiner Seite Hoffnung, daß Ost und West besser zusammenwachsen würden, und zudem die Befürchtung, daß die Gewaltbereitschaft eher steigen werde. Im April letzten Jahres haben wir eine Umfrage zum Jugoslawienkrieg gemacht. Im Osten war ganz deutlich eine sehr viel stärkere Ablehnung des Krieges zu spüren, aber auch im Westen waren immerhin 40 Prozent dagegen, was von den Medien völlig unterdrückt wurde. Nach Darstellung der Medien war eigentlich die ganze Bevölkerung einig mit diesem Krieg.

Wenn ich ein weiteres Fazit ziehe, kann ich sagen, daß die Erwartung, daß das Wohlbefinden in den nächsten fünf Jahren eher besser werden wird, im Westen sehr viel höher ist. Die Ostdeutschen befürchten eher einen Abwärtstrend. Interessant ist nun eines: In der Untersuchung vom Dezember 1999 zeigt sich etwas, was es seit 20 Jahren nicht mehr gegeben hat und was jetzt beide Bevölkerungsteile betrifft: Das Bedürfnis nach Nähe, dauerhaften Bindungen und Fürsorglichkeit scheint zu steigen. Im Westen ging es bislang immer nur um das eigene Ego, größere Distanz wurde angestrebt. Das scheint sich überraschend geändert zu haben. Auch in puncto Liebesfähigkeit und Liebesbedürfnis fallen die Antworten jetzt viel positiver aus. Brähler und ich haben den Eindruck, daß das eine Gegenströmung, ein Widerstand gegen das ist, was das Wirtschaftssystem uns aufzwingt. Es wird ja alles unverläßlicher, kurzfristiger, flexibler, so daß in den Menschen wieder ein größeres Bedürfnis aufkommt, zusammenzustehen und sich nicht durch Globalisierung oder andere ökonomische Wandlungsprozesse auseinanderdividieren zu lassen. Wir wollen als Menschen miteinander wieder verläßlicher werden. Werte wie Verläßlichkeit, Wahrhaftigkeit, Sich-Mühe-geben, Ordnung, das waren im Westen lächerlich gemachte Gut-Menschen-Werte. Diese sogenannten „Sekundärtugenden", die Oskar Lafontaine einmal so bespöttelt hat, werden wieder populär, auch bei der jungen Generation. Das ist noch nicht so sehr spürbar, aber von unten her regt sich etwas.

Schorlemmer:
Vielen Dank, lieber Horst-Eberhard Richter, liebenswürdiger Anwalt der Deutschen im Osten, der der Wahrheit hinter den Parolen nachspürt, unermüdlicher Streiter für den Frieden.

Anmerkungen

1 Wilhelm Frick (1877-1946), Politiker (NSDAP) und Jurist, 1933-1943 Reichsinnenminister; u. a. verantwortlich für die Durchführung der Rassengesetze, 1946 vom Internationalen Militärtribunal in Nürnberg zum Tode verurteilt.
2 Wilhelm Reich (1897-1957), Psychoanalytiker, entfernte sich durch Übernahme marxistischer Gedanken von den Hauptvertretern der Psychoanalyse, 1939 Emigration in die USA, entwickelte spekulative „Orgon"-Theorie, als Kurpfuscher angeklagt, starb in Haft.
3 Rainer Eppelmann, *1943, Theologe, 1962-1964 Maurerlehre, 1966 Verweigerung des Wehrdienstes mit der Waffe und des Fahneneids, 8 Monate Haft, dann Bausoldat, 1969-1975 Theologiestudium, 1974-1989 Hilfsprediger bzw. Pfarrer in der Berliner Samaritergemeinde im Bezirk Friedrichshain, 1982 Mitautor des Berliner Appells, Mitbegründer des Demokratischen Aufbruchs (DA), ab März 1990 Vorsitzender des DA, Abgeordneter der Volkskammer CDU/DA-Fraktion, ab April Minister für Abrüstung und Verteidigung in der Regierung de Maizière.
4 Katja Havemann, *1947, Bürgerrechtlerin, ab 1968 Studium und Arbeit als Heimerzieherin, 1976-1979 Hausarrest in Grünheide, 1982 Mitbegründerin der „Frauen für den Frieden - Ost", 1989 Mitbegründerin des Neuen Forums, verheiratet mit Robert Havemann.
5 Bärbel Bohley, *1945, Malerin und Bürgerrechtlerin, 1982 Mitbegründerin der „Frauen für den Frieden - Ost", 1983/84 Haft wegen oppositioneller Tätigkeit, Februar 1988 erneut Haft und Abschiebung nach Großbritannien, nach 6 Monaten zurück in die DDR, Mitbegründerin des Neuen Forums, als Administratorin in Bosnien aktiv.

„Theater ist auch ein Seismograph für die Gesellschaft"

kulturforum

LEBENSWEGE

Hilmar Thate
Schauspieler

Donnerstag, 28. September 2000, 19.30 Uhr
Evangelische Akademie, Schloßplatz 1 d

Wer kennt ihn nicht (mehr) - Hilmar Thate vom BE? - 1979 ging er mit seiner Frau Angelica Domröse nach Westberlin, Folge des Protestes gegen die Biermann-Ausbürgerung, spielte in Berlin, Wien, München, Salzburg, Stuttgart unter der Regie von Zadeck, Tabori, Bergmann, Peymann und führte selbst Regie. Für den Film „Wege in die Nacht" (1999) bekam er in Karlovy Vary den Darstellerpreis. Wir wollen mit ihm reden über sein „erstes" und sein „zweites" und über sein jetziges Leben, seine Rolle als Künstler in einem Theater, das weit mehr ist als gepflegte Unterhaltung oder bloßer Spiegel der Welt. Hilmar Thate wird Texte lesen und Auskunft geben, in seiner direkten, unmissverständlichen, engagierten Art.

Aus Anlass dieses Besuches zeigen wir im KTC
am Mittwoch, dem 27. September 2000, 20.00 Uhr, den Film
„Wege in die Nacht"

Regie: Andreas Kleinert

Die „Süddeutsche Zeitung" schrieb zu diesem Film: Ein „film noir" zur jüngsten deutschen Geschichte und einer der wichtigsten, spannendsten Filme des jungen deutschen Kinos. Er wird zu einem eindrucksvollen Psychogramm und Zeitbild: auf der Schattenseite der „Sonnenallee".
Im Mittelpunkt stehen die Irr-Wege eines Abgewickelten.

Sie sind herzlich eingeladen.
Friedrich Schorlemmer   Eintritt: 8,00 DM
Studienleiter   erm.:   6,00 DM

Evangelische Akademie Sachsen-Anhalt e.V., 06886 Lutherstadt Wittenberg, Schloßplatz 1 d
Tel. 03491/49880, Fax 03491/400706, E-Mail: Ev-Akademie-Wittenberg@t-online.de

Schorlemmer:
Es kommt nicht alle Tage vor, daß „Richard III." hier ist. Lieber Hilmar Thate, ich freue mich, Sie als ausdrucksstarken und wandlungsfähigen Charakterdarsteller hier begrüßen zu können. Bereits 1958 sind Sie zum Berliner Ensemble gekommen. Wie haben Sie es als so junger Mann dorthin geschafft?

Thate:
Eigentlich über einen Umweg. Ich bin nicht gleich zum Berliner Ensemble gekommen. 1949 hatte ich als junger Schauspieler gerade in Cottbus angefangen, als Brecht nach Ostberlin zurückkehrte. Ich wurde aufmerksam und fing an, mich mit seinen Theorien des epischen Theaters und der Verfremdung zu beschäftigen. Ich wollte sofort nach Berlin. Es ergab sich, daß ich 1950 Brecht in seinem Haus in Weißensee besuchen durfte. Ich konnte eine Dreiviertelstunde mit ihm reden und wurde zu einem Vorsprechen eingeladen. Er hat mich persönlich verabschiedet und ist so lange an der Tür seines Hauses stehen geblieben, bis sich die Straßenbahn in Bewegung setzte. Er war von einer bestechenden und unglaublichen Freundlichkeit. Abends besuchte ich eine Aufführung von „Mutter Courage" und sah zum ersten Mal die Helli[1], mit der ich später sehr viel gespielt habe. Ich war so beeindruckt und erschlagen von dieser Vorstellung, daß ich dachte, den falschen Beruf ergriffen zu haben und mich nicht mehr traute, zum Vorsprechen zu fahren. So bin ich den Umweg über das „Theater der Freundschaft", das Maxim-Gorki-Theater, gegangen. Der damalige Intendant von Cottbus hat immer gesagt: „Aus dir muß einmal etwas ganz Besonderes werden, du mußt nach Berlin. Du mußt zu diesem Brecht! Und wenn du Vorhänge ziehst oder Lampen anknipst. Dort mußt du hin!"

Schorlemmer:
Man braucht Menschen, die einen so ermutigen.

Thate:
Ja, man braucht Ermutigung, Anregung und Bestärkung.

Schorlemmer:
Als ich Student war, und wir nach Berlin fuhren, um dort westdeutsche Studenten zu treffen, brachten die uns Bücher und Bananen mit. Wir hatten ihnen aber auch etwas zu bieten, nämlich Theater. Abends sind wir immer ins Theater gegangen. Ich kann mich erinnern, daß ich alles, was es zu der Zeit an „Thate" gab, gesehen habe. Das war prägend für mich. Wenn ich etwas anderes gesehen hätte, wäre ich auch anders geworden. Ich nehme an, daß das Theater mich mehr geprägt hat als die Menschen auf den Kanzeln.

Thate:
Man hat schon öfters rühmen hören:
Ein Komödiant könnt' einen Pfarrer lehren,
wenn der Pfarrer denn ein Komödiant ist.
Wie das denn wohl zu Zeiten kommen mag,
sagt Meister Goethe.

Schorlemmer:
Jetzt weichen Sie aber meiner Frage aus.

Thate:
Ich weiche Ihrer Frage nicht aus. Wenn Theater funktioniert, hat es eine schöne Nebenwirkung, es beeindruckt nämlich. Beeindruckt sein wiederum beinhaltet eine gewisse Nachhaltigkeit und den Wunsch nach Auseinandersetzung. Das gibt es heute allerdings selten. Ich verlasse sehr oft ein Theater und weiß gar nicht, was und wen ich eigentlich gesehen habe. Das ist ein Problem. Aber damals, ohne jetzt nostalgisch werden zu wollen, gab es wirklich Größe in den Vorstellungen und insofern auch diese Nachhaltigkeit, die etwas mit einem „anstellt", wo man auf Gedanken gekommen ist, die man sonst nicht gehabt hätte.

Schorlemmer:
Was möchten Sie mit Ihrem Beruf erreichen?

Thate:
Zunächst ist es eine heilige Sache, die Menschen zu unterhalten. Das sollte möglichst mit Intelligenz, Phantasie und Eindrücklichkeit geschehen. Ich glaube, wenn man nicht beeindrucken kann, muß man es bleiben lassen. Brecht hat uns vermittelt, daß die Parabel dabei das Wichtigste ist. Was ist eine Parabel? Wie erzählt man ein Stück? Was ist Ästhetik und was ist Phantasie? Wie geht man mit Stoffen um? Gedichtete Texte brauchen sensible Zusammenführung mit dieser, unserer Wirklichkeit.

Schorlemmer:
Ich sehe Schauspieler als gut subventionierte Voyeure der Wirklichkeit. Sie leben die Wirklichkeit nicht, sie spielen sie durch. Wenn unsereins destruktiv gestimmt ist, ist vielleicht Holzhacken dran. Sie spielen jedoch einfach eine Shakespeare-Hauptrolle und befreien sich damit von Ihren negativen Gefühlen. Sie spielen sich sozusagen frei. Aber Sie tragen keine Verantwortung.

Thate:
Wie wahr. Wir haben nicht die Verantwortung, die Ärzte oder Politiker haben. Wir haben die große Verantwortung, möglichst wirkungsvoll zu spielen, zu unterhalten und neue Dimensionen aufzureißen. Aber das funktioniert nur, wenn man fähig ist, Wirklichkeit wahrzunehmen und aufzunehmen, wenn man sich mit der Welt, die ja die unsere ist, auseinandersetzt, über den Tellerrand hinaussieht, sich mit neuen Eindrücken versorgt, also wahrnehmungsfähig bleibt, sich nichts vormachen läßt und sinnlichen Spaß am Aufdecken von Zugedeckeltem hat – Sie wissen was ich meine.

Schorlemmer:
Mir ist es mit dieser Frage sehr ernst. Man kann die Menschen diesbezüglich in drei Kategorien einteilen: in Handelnde, Objekte des Handelns und Kommentatoren. Wo bringt man sich da ein? Theater kann Seelenzustände verändern, Gefühle zuspitzen und andererseits sublimieren, also tragen Sie gewissermaßen Verantwortung für den Seelenzustand und das Klima einer Gesellschaft. Ist das zuviel verlangt?

Thate:
Das ist überhaupt nicht zuviel verlangt. Das ist eigentlich der Anspruch, den auch ich habe. Nur ist natürlich Theater ein sehr sensibles Gebilde und gleichsam seismographisch für den Zustand einer Gesellschaft. Man kann am Zustand der Theater sehr viel ablesen über den Zustand einer Gesellschaft. Im Moment hat es Kultur in diesem unserem Lande nicht einfach. Gewinnorientierung dominiert: Wie rechnet es sich? Wie profitabel ist es? Im Grunde existiert ein hohes Maß an Selbstentfremdung, die immer der Feind von Kultur und Kunst ist.
In Berlin gibt es sicher begabte Aufführungen und bemerkenswerte Einzelfälle, aber nicht mehr das anspruchsvolle Grundklima.
Zitieren wir Brecht: „Gutes Theater kostet auch Geld." Das stimmt.
Wenn nur Kommerz und Profit dominieren, zieht die Kunst den kürzeren. Der Mensch lebt nicht vom Brot allein. Zitieren wir nicht nur Brecht, sondern „Hamlet": „Es gibt mehr Dinge zwischen Himmel und Erde als eure Schulweisheit sich erträumen läßt." Was bezahlt man vorzeitig entlassenen Aufsichtsräten? Was kostet Kriegsgerät? Und – was kostet Theater?
Kultur und Kunst sind wesentliche Indikatoren für den Zustand einer Gesellschaft.

Schorlemmer:
Ich habe Anfang der achtziger Jahre über einen Prophetentext zu predigen gehabt. Da habe ich in der Schloßkirche – das wird nicht allen frommen Gemütern gefallen – über eine Lautsprecheranlage in die Predigt hinein folgendes zu Gehör gebracht:

DAS LIED VON DER TÜNCHE

Ist wo etwas faul und rieselt's im Gemäuer,
Dann ist's nötig, daß man etwas tut
Und die Fäulnis wächst ganz ungeheuer.
Wenn das einer sieht, das ist nicht gut.
Da ist Tünche nötig, frische Tünche nötig!
Wenn der Saustall einfällt, ist's zu spät!
Gebt uns Tünche, dann sind wir erbötig
Alles so zu machen, daß es noch mal geht.
Da ist schon wieder ein neuer
Häßlicher Fleck am Gemäuer!
Das ist nicht gut. (Gar nicht gut.)
Da sind neue Risse!
Lauter Hindernisse!
Da ist's nötig, daß man noch mehr tut!
Wenn's doch endlich aufwärts ginge!
Diese fürchterlichen Sprünge
Sind nicht gut! (Gar nicht gut.)
Drum ist Tünche nötig! Viele Tünche nötig!
Wenn der Saustall einfällt, ist's zu spät!
Gebt uns Tünche, und wir sind erbötig
Alles so zu machen, daß es noch mal geht.
Hier ist Tünche! Macht doch kein Geschrei!
Hier steht Tünche Tag und Nacht bereit.
Hier ist Tünche, da wird alles neu
Und dann habt ihr eure neue Zeit!

Ein Brecht-Text von 1930. Jedes Mal möchte ich da mitsingen, weil das Singen manchmal die darin ausgesprochene Wahrheit befreit, auch wenn das Geschriebene an sich nichts Befreiendes ist.
Hilmar Thate, Sie haben einmal gesagt: Ich habe ein erstes, ein zweites und ein drittes Leben, das jetzige. In Ihrem „ersten Leben" waren Sie im Berliner Ensemble. Wie war der Alltag am Ensemble?

Thate:
Alltäglich und besonders: Wir waren ja wer! Kantinentratsch gibt es in jedem Theater, Intrigen auch. Aber das Ereignisfeld war die Bühne. Dort wurde intelligent und lustigphantasievoll gearbeitet. Das war zur Alltäglichkeit eben die Besonderheit. Außerdem

war es ein Theater in der DDR. Ich hatte oft die Möglichkeit wegzugehen und bin doch immer wieder zurückgekommen, weil ich sagte: „Das ist mein Land. Ich will hierbleiben und dieses Theater ist mein Theater. Hier will ich etwas verändern. Hier hoffe ich, daß sich etwas verändert und daß wir in der Lage sind, ein Leben zu gestalten, das nicht an die üblen Traditionen anknüpft."
Ich habe diese DDR über eine lange Strecke als ein großes gesellschaftliches Experiment begriffen und auch begreifen wollen.

Schorlemmer:
Haben Sie sich als Marxist verstanden?

Thate:
Die Denkleistung von Marx imponiert mir nach wie vor, ebenso die von Hegel, Kierkegaard und Engels, Goethe, Schiller und Lenz.
Die Entfremdung ist ja nichts anderes, als daß die Menschen auf dem Kopf stehen und das für die normale Haltung halten. Die Verfremdung von Brecht ist das Gegenmittel zur Entfremdung, also die Aufdeckung. Brecht: „Man muß verfremden, um bloßzustellen, aufzudecken, woran man sich gewöhnt hat, um wieder neu zu sehen."
Das war eine imponierende Theorie. Es hat uns Spaß gemacht, sie in die Praxis umzusetzen. Das waren unsere Ambitionen, unser Ehrgeiz. Auch unsere Arroganz, wenn man so will. Gewohnheit macht blind, tötet die Wurzeln des Daseins - klingt hoch, aber stimmt.

Schorlemmer:
Ist es denn möglich, eine gewisse Distanz zu seiner Rolle zu behalten, damit die „Zeigefunktion" erhalten bleibt, oder ist die völlige Identifikation nicht eine Voraussetzung dafür, daß auch der Zuschauer sich identifizieren kann?

Thate:
So ist das nicht gemeint. Ich lasse mich emotional und rational voll auf eine zu spielende Figur ein. Die „Zeigefunktion" hat das Stück selbst, die Gesamtinszenierung, die Art der Inszenierung. Natürlich kann ich eine Rolle nicht mit „Zeigehaltung" spielen. Ich nenne das „renaivisieren", Spuren verwischen. Es muß spielerisch und sinnlich werden. Theater ist ein sinnlicher, phantasievoller Vorgang. Sinnlichkeit ist ein Königsbegriff.

Schorlemmer:
Wie sind Sie mit dem Pathos zurechtgekommen, das Brecht häufig am Ende seiner Stücke bringt? Wo er uns noch einmal so richtig - wie am Predigtschluß - seine Sicht der Dinge einschärft.

Thate:
Aus „Der aufhaltsame Aufstieg des Arturo Ui" (Epilog):

> Ihr aber lernet, wie man sieht, statt stiert
> Und handelt, statt zu reden noch und noch.
> So was hätt einmal fast die Welt regiert!
> Die Völker wurden seiner Herr, jedoch
> Daß keiner uns zu früh da triumphiert –
> Der Schoß ist fruchtbar noch, aus dem das kroch.

Wo ist das pathetisch? Es ist doch sehr real, oder?

Schorlemmer:
Sie sprechen das so, daß man es anhören kann. Der arme Brecht kann ja nichts dafür, aber wie da donnerstags hin und wieder am Schluß jenes Literarischen Quartetts aus „Der gute Mensch von Sezuan" zitiert wird, das ist weniger schön.

Thate:
Der dicke S-Fehler des Interpreten hat den Satz total unpathetisch gemacht. Brecht ist oft von schlechten Nachmachern fehlinterpretiert worden. Er war viel gewitzter. Er war auch ein Träumer. Er hat wirklich von Sozialismus und einer anderen, erneuerten Menschheit geträumt. Und das nicht nur in der großartigen Lyrik, sondern natürlich auch in den nicht weniger großartigen Stücken. Selbst wenn das in schlechten Inszenierungen dann und wann nicht durchkommt.

Schorlemmer:
Sie meinen, seine Agitation hat doch einen doppelten Boden und ist nicht so vordergründig, wie sie benutzt werden kann?

Thate:
Vordergründig ist sie auf keinen Fall. Sie ist mehrdimensional und dialektisch. Nach wie vor unser Thema. Wir existieren durch Widersprüchlichkeit. Wir setzen uns aus Für und Wider zusammen. Das macht uns existent. Warum soll das nicht auf die Analyse einer Gesellschaft anwendbar sein?
Wenn Brecht über den Kommunismus sagt: „Er ist das Einfache, das schwer zu machen ist." Warum nicht? Er legt ja sofort nach. Er ist das Einfache, es ist einleuchtend. Nur haben wir es mit einer jahrtausendelangen Entwicklung zu tun, die man nicht abkürzen kann, wie es Lenin versucht hat, ohne daß es Abstürze, Umstürze und Verzweiflung gibt. Deshalb schwer zu machen.

Aber: Wir brauchen Visionen. Wenn Vision zerstört wird, ist die Immunkraft der Menschheit zerstört. Die Folgen sind fürchterlich; wir wissen das! Also, ändere die Welt, sie braucht es.

Schorlemmer:
Sie haben eine Zeitlang mit Helene Weigel gearbeitet. Wie war das für einen jungen Schauspieler?

Thate:
Die Weigel war eine großartige Theatermutter. Sie hat zwar versucht, das Werk zu verteidigen, sich gegen Veränderungen an Texten gewehrt, ließ sie aber dennoch zu. Wenn ich mir ansehe, wer heute die Theater leitet – diese Menschen sind nur mit sich beschäftigt. Die Weigel war genau das Gegenteil. Ihre Bürotür stand immer offen. Ging man die Treppe hinauf, wurde man entweder hereinzitiert, oder man konnte einfach hineingehen. Das sagt etwas über diese großartige Person aus.
Berliner Ensemble war durch Bert Brecht und Helene Weigel DDR – und hatte den Duft der großen weiten Welt. Außerdem war die Helli Weigel eine wirklich große Schauspielerin!

Schorlemmer:
Wie sagt man heutzutage? Brecht ist „out". Wie denken Sie darüber?

Thate:
Das ist großer Quatsch. Brecht ist ein Jahrhundertdichter. Er war wahrscheinlich der größte Theatermann unserer Zeit, und ich meine, sogar noch weit darüber hinaus. Man sagt heute „aller Zeiten"; so etwas liebe ich nicht. Aber er war in diesem Jahrhundert einer der großen, wenn nicht der größte Theaterregisseur. Und er hat ein großes lyrisches Werk hinterlassen. Es gibt große Stücke. Er wird gespielt. Deshalb ist es reiner Unsinn, zu sagen: Er ist out. Ich denke, er wird einige seiner Nachahmer überleben.

Schorlemmer:
Warum halten Sie Brecht für einen der großen Lyriker dieses Jahrhunderts?

Thate:
Das hat etwas mit seinem poetischen Genie zu tun. Warum ist Shakespeare groß, warum ist Goethe groß? Warum ist Goethe trotz Weimar groß, könnte man ja auch fragen. Brecht ist einfach ein genialer Dichter gewesen. Er hat sich um die Welt gekümmert und seine Figuren kümmern sich, ob das nun „Die Mutter", „Mutter Courage" oder „Mann ist Mann" ist. Das Wesentliche sind die großen Metaphern, die die Stücke aus-

machen. Brecht fordert auf, zu handeln. Wie Goethe auch: „Amboß oder Hammer sein".

AN DIE NACHGEBORENEN

Ihr, die ihr auftauchen werdet aus der Flut
In der wir untergegangen sind
Gedenkt
Wenn ihr von unseren Schwächen sprecht
Auch der finsteren Zeit
Der ihr entronnen seid.
Gingen wir doch, öfter als die Schuhe die Länder wechselnd,
Durch die Kriege der Klassen, verzweifelt
Wenn da nur Unrecht war und keine Empörung.

Das sind alles große politische und ethische Texte.

Schorlemmer:
Brecht werden heute zweierlei Vorwürfe gemacht. Der eine ist, daß er angeblich vieles durch seine Geliebten hat schreiben lassen. Zweitens sei er ein begabter Plagiator gewesen. Alles, was er gemacht hat, hätte er irgendwo gefunden, geklaut, adaptiert.

Thate:
Shakespeare war der schlimmste Klauer. Nun läßt sich natürlich mit der These, die Frauen um Brecht hätten die Stücke geschrieben, viel Geld machen. Ein irrsinniger Quatsch. Seine Mitarbeiter, die zum Teil Frauen waren, haben ihn geliebt, verehrt, waren produktiv mit ihm. Aber die Stücke hat schon er geschrieben. Ich war oft mit Elisabeth Hauptmann zusammen, die eine langjährige Mitarbeiterin von Brecht war und ihn in höchsten Tönen gelobt hat. Sie haben zusammen einige der frühen Stücke entwickelt. Die Frauen um ihn sind durch ihn berühmt und zu dem geworden, was sie waren, nämlich wunderbare Theaterleute.
Sie spielen auf diesen Film über Brecht an. Ich habe ihn gestern gesehen. Er heißt, glaube ich: „Letzter Tag" oder „Abschied". Der Film ist eine Frechheit. Die ihn gedreht haben, sind von keiner Sachkenntnis getrübt. Und das jetzt, wo es noch Menschen gibt, die eng mit Brecht, mit seinem Team zusammengearbeitet haben! Da spielen sich irgendwelche Menschen – aus dem Westen – auf und drehen diesen Film, der geprägt ist von einer Unsensibilität, die zum Himmel stinkt. Sie machen aus Brecht einen muffeligen alten Sack, der von zehn Weibern umgeben ist. Das hat es so nie gegeben. Ich finde so etwas schändlich. Jawohl, Mr. Pohl! Der war nämlich der Autor.

Betroffen macht mich besonders, daß Kollegen aus der Schauspielbranche sich für solch einen Unsinn hergeben. Indirekt ist dieser Film auch ein Politikum. Es soll etwas kleingemacht werden, damit das herrschende Mittelmaß sich groß finden kann.

Schorlemmer:
Gibt es in den Brecht-Stücken eine Rolle, von der Sie sagen, die ist mir am nächsten, da war ich am meisten dabei, die würde ich am liebsten noch einmal spielen?

Thate:
Es gibt viele Rollen, die ich noch nicht gespielt habe, aber gern spielen würde. Natürlich einige große Shakespeare-Figuren oder den Galilei. Ich habe viel zu viel nicht gespielt, das wurmt mich.

Schorlemmer:
Wie steht es mit Ihrer Nähe zu einer bestimmten Figur? Spielt der persönliche moralische Standpunkt eine Rolle? Wenn man zum Beispiel Stalin oder den Nathan spielt?

Thate:
Den Nathan würde ich nicht so gerne spielen. Ich mag Lessing als Dramatiker nicht so sehr. „Stalin" haben wir einmal gespielt, Angelica Domröse und ich. Das ist ein Stück von Gaston Salvatore[2], wir haben es in Wien mit George Tabori zusammen inszeniert und das hatte einen großen Reiz. Es ist merkwürdig, wenn Angelica Domröse Stalin spielt, aber sie hat es getan. Ich habe den Künstler gespielt, den Chef des Moskauer Künstlertheaters, der einen beachtlichen erfolgreichen Lear spielt. Stalin wittert einen konspirativen Impuls und holt den Künstler in den Nächten zu sich und läßt sich vorspielen, um das auf seine Art zu überprüfen. Eine wertvolle Arbeit, mir so wichtig wie Richard III.

Schorlemmer:
Das brechtsche Theater ist unter anderem auch eine Auseinandersetzung mit der Verführbarkeit von Menschen. Wir brauchen einen „Brecht", der die Verführungen der jetzigen Zeit durchschaubar macht. Es ist sehr viel schwieriger geworden. Die Lüge ist so viel besser verpackt als noch vor 30 Jahren.

Thate:
Das liegt aber an uns allen. Wir lassen uns in ein Tempo drücken, das nicht mehr gestattet nachzudenken. Dadurch entstehen keine schlüssigen Denkketten mehr. Ehe eine Sache benannt wird, ist man schon bei der nächsten. Die Dinge werden nicht mehr auf

den Punkt gebracht, um wirklich Pflöcke einzuschlagen. Das meine ich mit Entfremdung. Entfremdung ist – ich sage es noch einmal – der Zustand, daß die Menschen auf dem Kopf stehen und es für das Normale halten. Das ist eine gefährliche Entwicklung, die Kultur fast verhindert. Zur Kultur gehört auch unsere Art, wie wir zusammenleben. Wer hört noch zu? Wer geht noch auf das ein, was gesagt wird? Man rast aneinander vorbei. Die Menschen sind egomanisch und kommunizieren nicht mehr, selbst in den Theatern. Es wird gehastet, es gibt zu wenig Schlüssigkeit, man fragt zu wenig nach dem Warum.
„Können wir Shakespeare bearbeiten?", wurde Brecht gefragt. „Warum nicht?", antwortete er. „Wenn wir können, können wir es."

Schorlemmer:
Über die Menschen, die sich abführen lassen.

Thate:

[KÄLBERMARSCH]

Hinter der Trommel her
Trotten die Kälber
Das Fell für die Trommel
Liefern sie selber.
 Der Metzger ruft. Die Augen fest geschlossen
 Das Kalb marschiert mit ruhig festem Tritt.
 Die Kälber, deren Blut im Schlachthof schon geflossen
 Sie ziehn im Geist in seinen Reihen mit.

Sie heben die Hände hoch
Sie zeigen sie her
Sie sind schon blutbefleckt
Und sind noch leer.
 Der Metzger ruft. Die Augen fest geschlossen
 Das Kalb marschiert mit ruhig festem Tritt.
 Die Kälber, deren Blut im Schlachthof schon geflossen
 Sie ziehn im Geist in seinen Reihen mit.

Sie tragen ein Kreuz voran
Auf blutroten Flaggen

> Das hat für den armen Mann
> Einen großen Haken.
> Der Metzger ruft. Die Augen fest geschlossen
> Das Kalb marschiert mit ruhig festem Tritt.
> Die Kälber, deren Blut im Schlachthof schon geflossen
> Sie ziehn im Geist in seinen Reihen mit.

Schorlemmer:
Ich bin jedes Mal wieder fasziniert. Kunst zeichnet sich dadurch aus, daß man sie immer wieder sehen und hören kann. Ist es Ihre natürliche Art, wie Sie das als großartiger Ironiker vortragen?

Thate:
Das kann ich nicht sagen.

Schorlemmer:
Haben Sie das bei jemandem gelernt, oder haben Sie sich das selbst beigebracht?

Thate:
Nein. Es gibt ja so etwas wie Begabung. Entweder man hat sie oder man hat sie nicht. Man muß damit umgehen und sich einbringen können. Man muß lernen, wie man Wirkung erzielt, wie man hinter die Texte kommt. Man ist, wie man geboren wurde und wird, was man ist, durch das Dasein, durch das Leben.

Schorlemmer:
Wo ist die Grenze zum Zyniker?

Thate:
Zynismus hat in diesem Beruf und in der Kunst überhaupt nichts zu suchen. Doppelbödigkeit ist das Schlimmste, was es gibt. Zyniker sind für mich Kunstfeinde. Täuscher und Verderber der Sitten.

Schorlemmer:
Dann haben wir viele Feinde.

Thate:
Die haben wir. Manipulation und Demagogie befinden sich in der Nähe von Zynismus. Wir sind davon umgeben, schon immer. Aber was mich im Moment beunruhigt, ist die Dominanz von Zynismus, von Mittelmäßigkeit, Unfähigkeit, von defizitären Zu-

ständen. Es gibt zu wenig Ausnahmen, zu wenig Figuren mit Geschichte in der Politik, die mich hellhörig machen oder die Finger in Wunden legen und dranbleiben. Es ist alles gleich in einer merkwürdigen Art von Anpassung und Fügsamkeit, und das in einer Gesellschaft, die den Anspruch erhebt, eine freiheitliche sein zu wollen. Plötzlich entdecke ich Zwang, Terror, Ängste, Klinkenputzerei und Arschkriecherei in Dominanz. Das macht mich unruhig, beklommen. Die lachenden Erben umwimmeln uns wie Bienen, die nur Senf machen statt Honig. Aber sie stechen, wie wenn sie Honig machten.

Schorlemmer:
Jetzt springen wir einmal ins „zweite Leben". Sie sind der Deutschen Demokratischen Republik immer treu geblieben. Sie haben einen ganz bürgerlichen Ausreiseantrag gestellt, nehme ich an, und sind 1980 mit Angelica Domröse in den Westen gegangen. Hat man dort auf Sie gewartet?

Thate:
Unsere Bekanntheit hat uns die Ausreise erleichtert. Viele der wichtigen Theater- und Filmemacher hatten uns gesehen. Die kamen damals neugierig in den Osten.
Unser Publikum hier haben wir verlassen müssen, aber da wir an großen Theatern gespielt und Filme gemacht hatten, wußte man von uns.
Zu bleiben war schwierig. Wir wurden von einer gewissen „Sicherheit" betreut. Kein Arbeitsverbot, aber eine gewisse Lenkung nach der Ausbürgerung von Biermann[3]. Es ging schlicht und einfach darum, daß wir aufgefordert waren, unsere Unterschriften gegen seine Ausbürgerung zurückzunehmen. Angelica, ich und noch einige andere haben uns geweigert, das zurückzunehmen, und waren infolgedessen so etwas Ähnliches wie Staatsfeinde. Paul Verner[4] sagte damals: „Früher hätte man solche an die Wand gestellt."
Die Schauspielerei ist auf Unmittelbarkeit angewiesen. Wenn ich den „Hamlet" nicht gespielt habe, habe ich ihn eben nicht gespielt. Ich kann nicht erzählend vermitteln, wie ich ihn gespielt hätte. Das habe ich auch einer Frau gesagt, die auf der Straße weinend auf mich zu kam und sagte: „Jetzt gehen Sie auch noch. Das ist schlimm. Man braucht Sie, Sie sind doch wichtig hier. Sie gehören zu denjenigen, die den Mund aufmachen und es auch können." Da sagte ich: „Wissen Sie, jetzt kommen Sie noch zu mir. In sechs Jahren kennen Sie mich nicht mehr, weil ich am Deutschen Theater keine Rollen mehr kriege." Mir wurde vom Intendanten Gerhard Wolfram nach dieser Biermann-Geschichte gesagt: „Für dich haben wir keine Rollen mehr." Gott habe ihn selig. So war das. Da haben wir versucht, uns neu zu orientieren.

Schorlemmer:
Was war im Westen – in Wien, Bochum und Stuttgart – denn anders?

Thate:
Wir waren wieder in unserem Beruf tätig. Wir fingen 1980 mit Peter Zadek an in dem Stück „Jeder stirbt für sich allein", eine große Fallada-Geschichte. Es war ungewöhnlich, sie am Schiller-Theater zu machen. Ich habe mit dem großen Schweden Ingmar Bergmann „Don Juan" von Molière gemacht. Als Theaterstück in Salzburg und München und auch als Film. Fassbinder kam sofort.
Kurzum: Wir waren wieder in unserem Beruf tätig. In Bochum zum Beispiel, als der Regisseur Peymann[5] dort noch tüchtig war.

Schorlemmer:
Wenn Sie so etwas sagen, kriegen Sie nie eine Rolle bei ihm.

Thate:
Macht nichts. Ich sag's ganz einfach: Ich wüßte im Moment nicht, an welches Theater ich gehen sollte, wenn ich wählen dürfte. Ich sehe keine Ensembles mehr. Ich sehe keine Gemeinsamkeiten, keine Teams mehr, nur „Notgemeinschaften": Menschen, die zusammenrücken, möglichst nicht ertappt werden wollen, den Kopf einziehen.
Ich weiß wirklich kein Theater, wo es mich momentan hinziehen könnte. Ich war damals ganz versessen, ans Berliner Ensemble zu kommen. Ich wollte an dieses Haus. Ich wollte erfahren, wie dieser Brecht das gemeint hat mit dem epischen Theater, mit der Dialektik.

Schorlemmer:
Wie erklären Sie sich, daß wir zu einem Theater gekommen sind, das man heute „Regie-Theater" nennt? Ein Theater, wo der Regisseur das Stück als Material benutzt, um seine eigenen Gedanken auszudrücken. Wird es wieder ein Theater geben, das versucht, dem Autor gerecht zu werden und nicht dem Regisseur?

Thate:
Dazu gehören immer zwei, nämlich die Regisseure und die, die das mit sich machen lassen. In dem Fall die Schauspieler. Einen Film wie diesen Brecht-Film hätte ich nicht gemacht, aber ein wunderbarer Schauspieler wie Bierpichler, den ich sehr respektiere, hat es getan. Die Schauspieler lassen zu viel zu. Wenn sie mehr Standfestigkeit zeigten, käme so etwas Bescheuertes nicht vor. Aber Regisseure sind eben auch Arbeitgeber, sie besetzen die Rollen. Da besteht die Angst, bei Absagen oder Änderungsvorschlägen keine Rolle mehr zu bekommen. Man sollte schon den Mut aufbringen, sich Dingen zu verweigern, hinter denen man nicht steht. Ich habe oft genug das Gegenteil tun müssen und jedes Mal Federn gelassen. Wenn man jeden Mist mitmacht oder alles mit sich geschehen läßt, ist es schwierig, diesen Beruf zu verteidigen. Wer ist man dann? Ein Nichts. Dann ist es der Regisseur, der beschuldigt wird. Man nimmt

die Schauspieler auch nicht mehr wahr. Nur Unverwechselbarkeit kann Größe erzeugen. Busch[6], Giehse[7], Weigel, Langhoff[8], Kortner[9], Bergner[10]. Ich nenne jetzt bewußt einmal die Alten. Es gibt auch Zeitgenossen in meinem Alter und Jüngere, die ich großartig finde. Aber zu wenige!

Schorlemmer:
Spiegelt das Theater die Mittelmäßigkeit der gesamten Situation wider?

Thate:
Theater ist ein Seismograph auch für die Gesellschaft. Unsere Gesellschaft ist zerstückelt, uneins, und das ist erstaunlich, denn wir sind ein reiches Land. Es geht uns ja nicht schlecht. Ausgenommen die Arbeitslosigkeit, eine schlimme Sache.
Woher also diese schlechte Stimmung? Ich fahre durch die Dörfer hier und sehe überall neue Dächer und neue Türen. Ich bin ganz begeistert von Wittenberg. Trotzdem sind die Menschen in der Regel mißmutig gestimmt, drücken sich bei den Wahlen. Fühlen sie sich am Ende fremdbestimmt durch die Manipulationen des Großkapitals?

Schorlemmer:
Gab es denn auch große Regisseure, bei denen Sie als Schauspieler das Ihre in die gemeinsame Arbeit einbringen konnten? Von denen die gemeinsame Arbeit wirklich als Prozeß zwischen Schauspieler und Regisseur verstanden wurde und Sie nicht sozusagen das Spielobjekt des Regisseurs waren?

Thate:
Rainer Werner Fassbinder[11] war so. Er ließ volle Freiheit. Er war ein großartiger und ungeheuer produktiver Mensch. Er ist mir nicht einmal bei der Schauspielerarbeit in die Quere gekommen. Er war ein Genie!
Genauso Ingmar Bergman. Im „Don Juan" habe ich den Scanarell gespielt. Den Prolog über den Tabak und über das Rauchen wollte Bergman streichen. Da habe ich nur gesagt: „Ingmar, das ist ein schöner Text. Den möchte ich schon gerne sprechen. Außerdem ist so ein Prolog eine Art Einweisung in ein Stück, eine Präambel. Dazu ist es ein lustiger Text." Er sagte: „Ja, weißt du, wenn du das gerne machen willst, warum sollst du das nicht machen." So war das. Ich meine, begabte oder große Menschen kommen immer gut miteinander aus. Schwierigkeiten habe ich nur mit Mittelmaß.

Frage aus dem Publikum:
Haben Sie einmal mit Adolf Dresen zusammengearbeitet? Ich frage deshalb, weil er unter diesem Regie-Theater gelitten und sich dagegengestellt hat. Dresen sagte, man scheitert, wenn das Feuilleton einem die Deutungsmacht aus der Hand nimmt. Dann

spiele ich nicht mehr für die Stadt, für das Publikum, und der Autor ist nicht mehr wichtig, sondern nur das, was das überregionale Feuilleton über diese Aufführung berichtet. Damit wird alles kaputtgemacht.

Thate:
Ich habe nicht mit ihm gearbeitet, kannte ihn aber ganz gut. Seine Aufführungen schätze ich sehr und weiß um seine Haltung. Einerseits hat er recht mit seinem Vorwurf an das Feuilleton, andererseits wäre das nicht möglich, wenn es eine Solidarität der Theaterleute untereinander gäbe. In Deutschland existiert aber eine solche Solidarität nicht. Verweigert sich einer, sitzt der nächste schon im Startloch und übernimmt. Das ist die Chance des Mittelmaßes.
Das Feuilleton war beispielsweise sehr initiativ bei der Schließung des Berliner Schiller-Theaters. Ein vergleichbarer Vorgang wäre in Wien nicht denkbar. Selbst der Taxifahrer, der nie im Burgtheater war, redet von „seinem" Burgtheater. Ein Lob für Wien! Und gerade Dresen hat auch in letzter Zeit viel in Wien gearbeitet.

Frage aus dem Publikum:
Als Sie nicht mehr ans Theater wollten, weil es zu viel Regie-Theaterproduktionen gab, haben Sie dann mehr im Filmbereich gearbeitet? Welche Filme gab es außer „Wege in die Nacht" noch?

Thate:
In letzter Zeit habe ich mehr Filme gemacht, beispielsweise den „König von St. Pauli", einen „Tatort": „Tödliches Märchen", „Krieger und Liebhaber", eine Mafia-Komödie. Es stimmt optimistisch, daß es jetzt wieder junge Autoren und Regisseure wie Andreas Kleinert („Wege in die Nacht"), Manuel Siebenmann („Tödliches Märchen") oder Andreas Pflüger (Autor von dem 2teiligen Fernsehfilm „Rubikon") gibt.
Aber der deutsche Film hat große Schwierigkeiten. Die Gelder fließen größtenteils nach Hollywood. Hollywoodfilme werden mit deutschem Geld produziert. Die Autoren werden weggekauft. Die Filmfestspiele werden von Wim Wenders eröffnet, und er ist der einzige Deutsche dort. Die Schauspieler sind Amerikaner, und gedreht wurde auch in Amerika. Die Geschichte spielt in Amerika und wird als deutscher Film gezeigt, weil Wenders das Geld als Deutscher nach Amerika gegeben hat. Das ist ein Dilemma. Ein weiteres Dilemma ist, daß das Fernsehen den Film fördert. Fernsehen und Film müßten eigentlich Konkurrenten sein. Aber das Fernsehen diktiert die Filme und verändert sie. Die Redakteure pfuschen in die Drehbücher hinein. Es ist ein strukturelles Problem, und daran wird auch der gesamtdeutsche Kulturminister wahrscheinlich nichts ändern. Der Kinofilm müßte über Selbständigkeit zu einer eigenen Qualität kommen. Es gibt infolgedessen den großen deutschen Film, der möglich wäre, bis jetzt nicht.

Frage aus dem Publikum:
Ich finde, Politiker sind auch große Schauspieler. Wie steht es da mit der Verantwortung?

Thate:
Da muß ich doch ganz energisch widersprechen. Politiker sind Versteller und keine Schauspieler. Es gibt einen wunderbaren Aufsatz von Max Reinhardt[12], der, wie auch Brecht, die Schauspieler geliebt hat, im Gegensatz zu einigen anderen Herren. Aber inzwischen gibt es ja eine gute Zahl von Regisseurinnen, von denen viel zu erwarten ist. „Große Theaterkunst ist keine Maskierung, sondern Demaskierung." Das sagte Max Reinhardt.
Politiker sind keine Schauspieler oder sehr schlechte. Schauspielerei soll Hinwendung erzeugen und keine Abwendung.

Schorlemmer:
In einer Hinsicht sind Politiker aber doch Schauspieler. Sie spielen eine Rolle und sind sich manchmal auch bewußt, daß sie in vielem nicht das sein können, was sie sein wollen, weil sie bestimmten Rollenzwängen ausgeliefert sind.
Ich wollte nur sagen: Einer, der nicht auch schauspielerische Qualitäten hat, geht in der Mediengesellschaft unter. Außerdem habe ich manchmal den Eindruck, daß es eine politische Klasse gibt, die genauso ist wie das Volk. Wenn es um Fragen von Kultur und Theater geht, läuft es nach der Melodie: Dafür tun wir nicht viel, das machen wir selber. Das Problem ist nur, daß diese Menschen nicht die Dummen *spielen*, sondern sie *sind* es. Im Theater werden die Dummen nur gespielt, aber in der Wirklichkeit haben sie die Macht. Da wird es gefährlich. Insofern ist Theater nicht so gefährlich wie das Theaterspielen im Parlament.

Thate:
Theater bringt keine Menschen um, macht sie nicht arm oder reich. Das ist richtig. Menschen, die wie die Mehrheit der Politiker mit Macht zu tun haben, verändern sich durch die Macht, außer sie sind Genies oder große Charaktere. Politiker, die ich kennengelernt habe, sind vorwiegend Technokraten. Darin sind sich übrigens die alten DDR-Politiker und die heutigen sehr ähnlich. Mit Schauspielerei hat das aber alles nichts zu tun, weil Schauspielerei ohne Sensibilität für die Gegenwart und ohne Empfindsamkeit nicht denkbar ist. Es geht um Wahrhaftigkeit, Zauber und Kompetenz.

Schorlemmer:
Wie wäre es denn mit folgender Idee: Abgewählte Politiker müssen in der Zeit bis zur nächsten Wahl ins Theater, um ihre Sensibilität für die Wirklichkeit wiederzugewinnen,

und dürfen erst danach wieder in die Politik zurück. Es könnte doch sein, daß sie dann nicht mehr vom Theater als Sensibilisationsort lassen könnten. Oder wäre das der Untergang des Theaters?

Thate:
Nein. Ich merke jetzt eines: Sie sind ein echter Hegelianer. Es ist die Negation der Negation. Die Wiederherstellung eines alten Zustandes in neuer Qualität.

Schorlemmer:
Endlich versteht mich mal jemand!

Frage aus dem Publikum:
Sie haben vorhin gesagt, Theater sei ein Zeichen für den Zustand eines Landes und seiner Gesellschaft. Das ist doch eigentlich ein ganz großes Lob für die DDR. Wir hatten ein herausragendes Theater – und das nicht nur in Berlin. Auch die Leipziger Theater konnten sich sehen lassen. Überhaupt haben Kultur und Kunst eine große Rolle gespielt, nicht nur der Sport. Wir hatten in der DDR eine Fernsehkultur, die von dem, was uns heute beispielsweise in Form von „Big Brother" zugemutet wird, weit entfernt war, auch wenn sie tendenziös war. Fehlt Ihnen das heute? Ich finde, Brecht hat auch heute noch den Finger in der richtigen Wunde. Wir brauchen keinen anderen, sondern nur wieder Brecht.

Thate:
Oder einen wie Brecht. Sie haben natürlich recht. Es wird von bestimmter Seite her so getan, als wäre alles in der DDR miserabler Terror gewesen. Das wäre korrekt, wenn wir jetzt im Land der Gerechten lebten. Ist aber nicht so.
Erlauben Sie mir ein Goethe-Zitat: „Wenn zwei Geteilte ein Ganzes werden sollen, so trachte man, daß die beiden Geteilten auf ein gleiches Niveau kommen, um durch die Zusammenlegung ein neues Drittes zu ergeben." Genau das ist nicht passiert.
Dennoch: Wir haben uns auf die Gegenwart einzulassen, mit ihr umzugehen, ohne Mißvergnügen. Ich möchte mich nicht als Beiseitestehender, Resignierter, Verbitterter sehen.

Frage aus dem Publikum:
Ich bin keiner, der sich zutraut, die Talente unter den heutigen Schauspielern zu erkennen, aber einige von den jüngeren, die man oft in den Serien sieht, können einem wirklich leid tun. Sicher wäre der eine oder andere bestimmt sehr dankbar für einen besseren Stoff. Aber das ist ihr Dilemma, sie werden alt und bessere Rollen kommen nicht in Sicht. Aber Geld verdienen müssen sie auch.

Schorlemmer:
Die Prostitution hat viele Lebenslagen.

Thate:
Angelica Domröse hatte Gastprofessuren an der HdK (Hochschule der Künste). Daher weiß ich: Die Studenten sind neugierig und lernbegierig. Sie spüren, die Domröse konkretisiert die Szene und vernebelt nicht die zu spielenden Situationen. Das scheint den Studenten nicht allzuoft zu widerfahren.
Es gibt wohl Professoren an den Hochschulen, die sich vorspielen lassen und anschließend Selbstfindungsrunden bilden: „Was meint ihr, wie fandet ihr euch?" Es wird herumgetüftelt und geschwafelt, wo eigentlich Technik und praktisches Umgehen mit Text und Raum trainiert werden sollte. Eine Szene muß man „knacken" können. Elia Kazan, einer der großen amerikanischen Filmregisseure, sagte einen treffenden Satz: „In allem suche den fight" - also die Auseinandersetzung. Theater ist Auseinandersetzung und Spannung durch Gegensätzlichkeiten. Das herauszufinden, ist Denk- und Fühlarbeit. Auch das Publikum in Berlin geht mir manchmal auf die Nerven. Sie schlafen in der Vorstellung und am Schluß johlen sie. Ist das nicht furchtbar? Man fragt sich: Wozu spielst du überhaupt noch? Von Brecht stammt der Satz: „Es gilt, zwei Künste zu entwickeln: die Schauspielkunst und die Zuschaukunst." Beide Künste haben Schwierigkeiten. Gewinnsucht zieht alle Energien an sich. Gräfin Dönhoff, eine große Frau, spricht von der „Bändigung des Kapitalismus".

Schorlemmer:
Es ist ein hoffnungsvolles Zeichen, wenn Angelica Domröse die jungen Menschen so fordert und die sich auch gern fordern lassen. Vielleicht sind sie in der postmodernen Beliebigkeit doch nicht so zu Hause. Vielleicht brauchen sie auch die Auseinandersetzung mit einem Lehrer, um daran zu lernen: Da steht jemand zu dem, was er will. Und aus mir kann noch mehr herauskommen, als ich bisher weiß. Dazu muß ich aber auch gefordert werden.

Thate:
Natürlich gibt es diese Ansätze. Überhaupt ist nichts verloren. Natürlich haben Menschen generell die Sehnsucht, Wünsche und Visionen zu haben. Ohne Visionen kann man nicht leben. Der Mensch muß wissen, wo es hingehen könnte. Man braucht ein Bild.

Frage aus dem Publikum:
Herr Thate, für meine Generation verbindet sich mit Ihrem Namen nicht nur Ihre Vortragskunst. Im Berliner Ensemble war ich häufig zu Gast. Für mich war ein Schauspieler-Triumvirat wichtig, zu dem Sie vielleicht etwas sagen können. Es waren Helmut Sa-

kowski, Hilmar Thate und Manfred Krug. Ist von diesem Triumvirat noch etwas übriggeblieben?

Thate:
Davon ist nichts geblieben. Ich habe mit Sakowski nach dem Fall der Mauer Kontakt gehabt und ich weiß auch, daß er momentan sehr krank ist. Er hatte einen Infarkt. Mit Krug habe ich aus gutem Grund gar keinen Kontakt.

Schorlemmer:
Warum? Sie sind doch auch abgehauen.

Thate:
Mit sämtlichem Zeug ist man nicht abgehauen, und ich habe kein verlogenes Buch geschrieben und einen noch verlogeneren Film über den Vorgang gemacht.

Schorlemmer:
Das müssen Sie uns erläutern.

Thate:
Es gibt viele Bestseller, die inhaltlich nicht stimmen. Ich möchte nicht ins Detail gehen, es ist eben so.

[SIE HABEN GESETZBÜCHER UND VERORDNUNGEN]

Sie haben Gesetzbücher und Verordnungen
Sie haben Gefängnisse und Festungen
(Ihre Fürsorgeanstalten zählen wir nicht!)
Sie haben Gefängniswärter und Richter
Die viel Geld bekommen und zu allem bereit sind.
Ja, wozu denn?
Glauben sie denn, daß sie uns damit kleinkriegen?
    Eh sie verschwinden, und das wird bald sein
    Werden sie gemerkt haben, daß ihnen das alles nichts mehr nützt.

Sie haben Zeitungen und Druckereien
Um uns zu bekämpfen und mundtot zu machen
(Ihre Staatsmänner zählen wir nicht!)
Sie haben Pfaffen und Professoren
Die viel Geld bekommen und zu allem bereit sind.

Ja, wozu denn?
Müssen sie denn die Wahrheit so fürchten?
Eh sie verschwinden, und das wird bald sein
Werden sie gemerkt haben, daß ihnen das alles nichts mehr nützt.

Sie haben Tanks und Kanonen
Maschinengewehre und Handgranaten
(Die Gummiknüppel zählen wir nicht!)
Sie haben Polizisten und Soldaten
Die wenig Geld bekommen und zu allem bereit sind.
Ja, wozu denn?
Haben sie denn so mächtige Feinde?
Sie glauben, da muß doch ein Halt sein
Der sie, die Stürzenden, stützt.
Eines Tages, und das wird bald sein
werden sie sehen, daß ihnen alles nichts nützt.
Und da können sie noch so laut „Halt!" schrein
Weil sie weder Geld noch Kanone mehr schützt!

Frage aus dem Publikum:
Ich möchte noch einmal auf „Wege in die Nacht" zurückkommen. Wie war das Echo darauf in der alten Bundesrepublik? Ich kann mir schwer vorstellen, daß die Menschen dort das verstehen oder mitempfinden können. Es war alles so furchtbar grau. Ich rede von dem Gesamteindruck, den der Film bei mir hinterlassen hat. So wie zum Schluß diese Trümmerberge, als man die zerstörte Fabrik noch einmal gesehen hat. Es hat solch einen Pessimismus ausgestrahlt. Ein Schuttberg nach 1945 konnte Optimismus ausstrahlen, wenn dort Menschen dran gearbeitet haben. Hier hatte man nicht diesen Eindruck.

Thate:
Es ist ein Schwarzweißfilm und kein Farbfilm. Schwarzweiß ist bereits eine ästhetische Kategorie. Die Figuren sind nicht grau. Die Frau ist eine große Schönheit. Ich muß sagen, daß Sie nicht recht haben und daß ich anderer Meinung bin. Der Film hatte pressemäßig eine sehr positive Resonanz. In Cannes haben wir damit das Nebenfestival eröffnet. Wir waren auch in Karlovy Vary zum Festival. Dort habe ich den Darstellerpreis bekommen. Der Film ist in Kanada, in Israel, in Taiwan und so weiter gelaufen. Die Franzosen benennen es: Endlich einmal ein deutscher Film, in dem es um deutsche Belange geht und nicht um irgendwelches, nachgemachtes Zeug.
Das, was Sie als Trümmer sehen, das war der größte Schornstein Europas. Ich habe die Arbeiter, die ihn gebaut haben, dort am Drehort kennengelernt. Sie haben mir er-

zählt, wie sie ihn sprengen mußten und alle weinten. Diese Trümmer waren reale Trümmer. Diese Menschen arbeiteten als Vernichter des von ihnen gebauten Kombinats. Ich weiß ganz viele vergleichbare Figuren zu dieser, die ich da spiele. Ich kenne ein paar Menschen, die an dieser Einheit zerbrochen sind. Nicht alle haben gleich den neuen Schub nach oben gekriegt. Die Hauptfigur war Kombinatsdirektor, ist durch das Raster gefallen und kommt nicht mehr mit dem Leben zurecht. Diese tragischen Verläufe hat es gegeben. Meine Vorbildvorstellungen für diese Rolle waren Götz von Berlichingen und Michael Kohlhaas. Also zwei große tragische Gestalten der klassischen Literatur.

Frage aus dem Publikum:
Es war sehr offensichtlich in dem Film, daß rechte Gewalt mit Gewalt bekämpft wurde. Ist das eine Überspitzung gewesen oder ist darin ein Trend zu sehen?

Thate:
Gibt es eine rechte Barbarei oder nicht? Wie können Sie von Trend reden? Es ist grausame Wirklichkeit. Gegenstand des Films ist doch der tragische Versuch, barbarischen Radikalismus zu verhindern, indem man selbst Unrecht tut, also Lynchjustiz. Ich sage ja auch in dem Film: „Wenn wir es nicht machen, wer macht es denn sonst?"

Frage aus dem Publikum:
Zu Ihrer These, daß Theater Gesellschaft nicht verändern kann: Es ist doch aber so, daß jede Kunst- und Literaturepoche und viele geschichtliche Epochen zeigen, daß ein deutliches Theater etwas bewirken kann. 1989 haben Kirche und Theater die Tore zur Veränderung geöffnet. Wie sehen Sie als ein erfahrener Schauspieler, der sich auch dem Nachwuchs widmet, die Zukunft des deutschen Theaters?

Thate:
Theater ist nicht zu beseitigen. Theater gehört zur Grundkultur des menschlichen Daseins. Die Wandlung von verbrauchten Strukturen ist eine Notwendigkeit. So wie das Theater bis jetzt war, kann es nicht bleiben. Die großen Theaterzeiten dauerten selten länger als zehn Jahre. Die Schaubühne war zehn Jahre groß, das Berliner Ensemble zehn bis zwölf Jahre. Theater braucht Erneuerung und frischen Wind, aber keine Abschaffung.
Ich bin trotzdem der Meinung, daß Theater eine Gesellschaft nicht verändern kann. Es ist kein Verursacher von Veränderungen. Nie gewesen.

Schorlemmer:
Es kommt darauf an, wie man den Begriff „verändern" definiert. Hat nicht das Stück „Neue Leiden des jungen W." des Schriftstellers und Drehbuchautors Ulrich Plenzdorf

uns verändert und eine völlig andere Sicht auf die Wirklichkeit eröffnet? Theater hilft, Tabus zu brechen, Neues zu zeigen. Die Zuschauer, die sich davon anrühren lassen, tragen es in die Gesellschaft hinein. Ich denke, daß eine ganze Reihe der DDR-Filme ebenfalls so eine Wirkung hatten. Die Inszenierung von „Leonce und Lena" in der Volksbühne war ein unglaubliches Stück. Da konnte man das erste Mal öffentlich - mit anderen gemeinsam - über die Gerontokraten des Politbüros herzlich lachen und dachte: Die haben das nicht einmal gemerkt. Wenn es ein Stück gab, das sie hätten verbieten sollen, dann dieses. Da war die DDR schon am Ende. In diesem Sinne hat Theater etwas bewegt, ohne daß man sagen kann, es hätte *direkt* etwas verändert. Phantastisch war, daß die Menschen 1989/90 vor- und nachher zusammenkamen, um miteinander zu reden. Über das, was sie auf der Straße erlebt hatten und gleichzeitig über das, was sie im Theater erlebt hatten. So kam sogar der Heilige Geist in die Theater.

Thate:
Das DDR-Theater hatte eine unmittelbare Beziehung zum Publikum. Kunst muß sich einmischen. Theaterkunst sowieso. Beliebigkeit ist die Feindin der Besonderheit. Besonderheit aber ist ein Urzeichen für Kunst. Trotzdem: Gesellschaftliche Veränderungen sind auf umfangreichere Impulse angewiesen.

Schorlemmer:
Ich möchte meinen Gast noch einmal zitieren. Ich habe aus den neuesten „Dresdner Nachrichten" ein Interview mit der Überschrift: „Ich bin ein Dorfmensch, der sich nach Natur und Ruhe sehnt." Es geht in dem Interview um den Film „Krieger und Liebhaber". Da wird gesagt: „Cäsar liebte gutes Essen, Musik und schöne Frauen." Darauf Thate: „Da ähneln wir uns."
Schön und poetisch ist auch diese echte Männerfreundschaft zu seinem Koch: „Ich mag es auch, gute Freunde um mich herum zu haben, mit denen ich über Visionen und Träume reden kann. Der Mensch ist ein Rudeltier und zu seiner Sozialisation gehört, daß er sich um etwas bemüht." Ich finde das vom Sprachlichen her so schön. Einerseits sprechen Sie von Visionen und der Freundschaft, die man braucht, andererseits muß sich gerade ein Visionär darum bemühen, klar zu sehen, was ist. Camus hat einmal gesagt: „Klar sehen und doch hoffen!"

Zum Schluß etwas aus der Konserve:

BALLADE VON DER HANNA CASH

    Mit dem Rock von Kattun und dem gelben Tuch
    Und den Augen der Schwarzen Seen

Ohne Geld und Talent und doch mit genug
Vom Schwarzhaar, das sie offen trug
Bis zu den schwärzeren Zeh'n:
    Das war die Hanna Cash, mein Kind
    Die die „Gentlemen" eingeseift
    Die kam mit dem Wind und ging mit dem Wind
    Der in die Savannen läuft.

Und sie kam eines Nachts in die Seemannsbar
Mit den Augen der Schwarzen Seen
Und traf J. Kent mit dem Maulwurfshaar
Den Messerjack aus der Seemannsbar
Und der ließ sie mit sich gehen!
    Und wenn der wüste Kent den Grind
    Sich kratzte und blinzelte
    Dann spürt die Hanna Cash, mein Kind
    Den Blick bis in die Zeh.

Sie „kamen sich näher" zwischen Wild und Fisch
Und „gingen vereint durchs Leben"
Sie hatten kein Bett und sie hatten keinen Tisch
Und sie hatten selber nicht Wild noch Fisch
Und keinen Namen für die Kinder.
    Doch ob Schneewind pfeift, ob Regen rinnt
    Ersöff auch die Savann
    es bleibt die Hanna Cash, mein Kind
    Bei ihrem lieben Mann.

Kein Dach war da, wo die Wiege war
Und die Schläge schlugen die Eltern.
Die gingen zusammen Jahr für Jahr
Aus der Asphaltstadt in die Wälder gar
Und in die Savann aus den Wäldern.
    Solang man geht, in Schnee und Wind
    Bis daß man nicht mehr kann
    So lang ging die Hanna Cash, mein Kind
    Nun mal mit ihrem Mann.

Kein Kleid war arm, wie das ihre war
Und es gab keinen Sonntag für sie
Keinen Ausflug zu dritt in die Kirschtortenbar
Und keinen Weizenfladen im Kar
Und keine Mundharmonie.
> Und war jeder Tag, wie alle sind
> Und gab's kein Sonnenlicht:
> Es hatte die Hanna Cash, mein Kind
> Die Sonn stets im Gesicht.

Er stahl wohl die Fische, und Salz stahl sie.
So war's. „Das Leben ist schwer."
Und wenn sie die Fische kochte, sieh:
So sagten die Kinder auf seinem Knie
den Katechismus her.
> Durch fünfzig Jahr in Nacht und Wind
> Sie schliefen in einem Bett.
> das war die Hanna Cash, mein Kind
> Gott mach's ihr einmal wett.

Vorhin hat Hilmar Thate gesagt, daß Poesie auch etwas Sinnliches habe, daß visionäre Menschen etwas Sinnliches hätten und das Leben genießen würden. Schlimm sind die Visionäre, die das Leben nicht genießen, denn die werden für die anderen Menschen gefährlich. Deswegen war Willy Brandt nicht gefährlich.

Thate:
Ich bin Friedrich Schorlemmer sehr dankbar dafür, daß er mich eingeladen hat. Ich fand die Stadt Wittenberg sehr schön und das Gespräch heute Abend sehr angenehm. Es hat mir große Freude gemacht, hiersein zu können.

Anmerkungen

1 Helene Weigel (1900-1971), Schauspielerin, ab 1949 Leiterin des Berliner Ensembles, seit 1928 mit Bertolt Brecht verheiratet.
2 Gaston Salvatore, eigtl. G. S. Pascal, *1941, deutschschreibender chilenischer Schriftsteller, Neffe von Salvador Allende Gossens. Salvatore, der heute in Venedig lebt, kam 1965 nach Berlin (West); Weggefährte Rudi Dutschkes. Neben Prosa-

literatur v. a. Dramen: „Büchners Tod" (1972), „Stalin" (1987), „King Kongo" (1991); 1991 Kleist-Preis.
3 Wolf Biermann, *1936, Schriftsteller und Liedermacher, ging 1953 in die DDR, 1963 aus der SED ausgeschlossen, 1976 ausgebürgert.
4 Paul Verner (1911-1986), Politiker (KPD, SED), ging nach 1933 ins Exil und kam 1945 als Mitglied der Gruppe Ulbricht zurück, 1963 Mitglied des Politbüros, 1971 Sekretär des Zentralkomitees
5 Claus Peymann, *1937, Regisseur und Theaterdirektor, gründete 1971 die Schaubühne am Halleschen Ufer, Berlin, 1974-1979 Leiter des Württembergischen Staatstheaters in Stuttgart, 1980-1986 Leiter des Bochumer Schauspielhauses, 1986-1999 Direktor des Wiener Burgtheaters, seit 1999 Leiter des Berliner Ensembles.
6 Ernst Busch (1900-1980), Schauspieler, Sänger.
7 Therese Giehse (1898-1975), Schauspielerin.
8 Wolfgang Langhoff (1901-1966), Regisseur und Theaterleiter.
9 Fritz Kortner (1892-1970), österreichischer Schauspieler und Regisseur.
10 Elisabeth Bergner (1897-1986), Schauspielerin.
11 Rainer Werner Fassbinder (1946-1982), Schriftsteller, Theater-, Film- und Fernsehregisseur, Mitglied der Münchner Theaterkommune „antiteater".
12 Max Reinhardt (1873-1943), Schauspieler, Regisseur, später Direktor des Deutschen Theaters und der Kammerspiele Berlin, reformierte das Theater unter Einbezug der neuzeitlichen Bühnentechnik.

„Eine Diktatur ist Klasse für Satiriker"

kulturforum

Lebenswege

Ernst Röhl

Kabarettist

Freitag, 27. Oktober, 19.30 Uhr
Evangelische Akademie, Schloßplatz 1 d

Im Zusammenhang mit der Tagung „Haben wir uns richtig missverstanden?" werden wir mit dem Verfasser eines bedeutenden Wörterbuches sprechen, das unter dem Titel „Das große deutsche Blabla. Warum ich Freiheit und Demokratie voll cool finde, von Menschenrechten ganz zu schweigen." erschienen ist.
Ernst Röhl ist ein scharfsinniger Chronist der Wendeverwerfung, so wie er ein scharfzüngiger Kritiker der Fäulnis im Staat der Arbeiter- und Bauernmächtigen war. Er wird uns dabei einige Erfindungen vorstellen, wie z. B. den Sülzomat 2000®, oder uns darstellen, welchen Mindestwortschatz der politischen Willensbildung wir heute brauchen. Das reicht von Arbeitsplätzen, Aufarbeitung, Auslaufmodell über Beschäftigungsgipfel, Besserverdienende, Betonköpfe bis zu:
„wir telefonieren – zielzentriert – zweites Standbein – Zukunft – alles klar ..."
Erst Röhl wird lesen und sich den Fragen stellen - und wir werden spüren, dass ein guter politischer Kabarettist sich durch Geistes-Gegenwart im wörtlichen Sinne auszeichnet.

Sie sind sehr herzlich eingeladen.

Friedrich Schorlemmer　　　　　　　　　　　Eintritt:　8,00 DM
Studienleiter　　　　　　　　　　　　　　　　erm.:　　6,00 DM

Evangelische Akademie Sachsen-Anhalt e.V., 06886 Lutherstadt Wittenberg, Schloßplatz 1 d
Tel. 03491/49880, Fax 03491/400706, E-Mail: Ev-Akademie-Wittenberg@t-online.de

Volker Hörner:
In unseren Begegnungen zwischen der Akademie der Pfalz und Sachsen-Anhalts geht es immer um die unterschiedlichen Erfahrungen und Sichtweisen, die wir in die Einheit eingebracht haben. Nicht, um Gräben zu vertiefen oder innere Mauern wieder hochzuziehen, sondern um zu differenzieren.
Unter dem Titel „Haben wir uns richtig mißverstanden?" hat Friedrich Dieckmann 1996 hier an etwas erinnert, was im Westen gern vergessen wurde. Es gab nach der befreienden Niederlage zwischen 1945 und 1949 in Ostdeutschland demokratisch legitimierte Strukturen, die die Eigentumsverhältnisse an Grund und Boden revolutionär verändert haben. Manche haben in der Debatte über Entschädigung oder Rückgabe diesen Sachverhalt vergessen, zum Teil aber auch zum eigenen Vorteil betont, um ihre Interessen besser durchsetzen zu können. Ich bin mir sicher, wir werden bei dieser Tagung immer wieder auf solche Beispiele stoßen. Und das ist gut so. Wo wir merken, daß wir uns richtig falsch verstehen, da haben wir wenigstens die Chance zu Rückfragen und Korrekturen. Wir können die Differenzen markieren, an denen wir uns reiben und die uns verbinden. Es gibt sie eben nicht, die eine korrekte Lesart der Geschichte.
Das Datum, das vor 1989 als letztes uns Deutschen sozusagen ungeteilt gemeinsam ist, war die Machtübernahme 1933, und die darauffolgenden zwölf Jahre. Die anschließende Geschichte in Ost und West hätte unterschiedlicher nicht verlaufen können. Hier der Antifaschismus als Gründungsmythos, wo quasi per Dekret Geschichte und Vergangenheit entsorgt wurden, und dort der Antikommunismus als Legitimation für das, was die Republik im Westen hat wachsen lassen. Es gibt ein Diktum von Rose Ausländer[1], das sich auch hier bewahrheitet: „Was vorüber ist, ist nicht vorüber."
Manchmal kommt es mir so vor, daß wir uns fremder werden, je besser wir uns kennenlernen. Es sind nicht nur Gemeinsamkeiten, die sichtbar werden, sondern in der Tat auch Differenzen. Diese Differenzen verbinden und bilden Reibungspunkte für gemeinsame Auseinandersetzungen. In diesen Auseinandersetzungen muß keiner den anderen klein machen, keiner recht haben, und es tut sich ein Spielraum auf für Selbstironie, in dem wir zusammen über das, was war, lachen können.
Wir werden in dieser Tagung Sprachspiele analysieren, in denen sich ganze Lebenswelten spiegeln. Wir werden herausarbeiten, wie Akte der Umbenennung zugleich Akte der Verdrängung und der Entwertung von Geographien waren. Wenn wir ernst nehmen, daß das Bedrängte und Unterdrückte in anderer Verkleidung wiederkehrt, dann ist das Grund genug, diesen Prozessen nachzugehen und sie ans Licht zu bringen.

Schorlemmer:
Zwischen Volker Hörner und mir hat sich seit dem Mauerfall nichts geändert. Wir mußten uns danach nicht neu verständigen.

In der DDR gab es eine ganze Reihe primitiver Witze über Christen und deren Glauben. Ein Witz, mit dem ich mich als Jugendlicher auseinandersetzen mußte, war: Adam und Eva waren die ersten Menschen. Sie hatten zwei Kinder, Kain und Abel. Kain schlug Abel tot, ging in ein anderes Land, nahm sich eine Frau. Wo nahm er sie her? So konnte man die Bibel „erledigen". Als ich in die Schule kam, wurde mir folgende Frage gestellt: „Sag mal, wußtest du schon, daß Gott einen Vornamen hat?" Ich sagte: „Was soll denn das?" „Steht denn nicht in der Bibel: Wenn ihr mich anruft, dann sollt ihr mich mit Ernst anrufen?" Ich möchte damit andeuten, daß Ernst Röhl einen recht theologischen Namen hat ...

Es existiert übrigens eine Untersuchung über das Lachen Gottes. Das Lachen ist Gott oft vergangen, aber es gibt in der Bibel durchaus das Lachen Gottes. Das Lachen gehört zum Christsein, wenn es nicht auf Kosten anderer geht, sondern etwas mit uns selbst zu tun hat. Es muß befreiend wirken. Damit ist nicht das Ablachen gemeint, sondern befreiendes Lachen, mit dem man sich von etwas löst, das bedrückt. Das wird heute Abend bei Ernst Röhl als Sprachbeobachter, der Sprachwitz besitzt und Sprachbrüche deutlich macht, eine wichtige Rolle spielen.

Ich habe nach der Lektüre vieler wissenschaftlicher Beiträge über die Unterschiede der Ost-West-Sprache und Ernst Röhls Werk „Das große deutsche Blabla" festgestellt, daß keiner die Sachlage so treffend und prägnant darstellen konnte wie er als Kabarettist. Seine Beschreibungen sind lebensnah; es ist geerdete und gewitzte Wissenschaft, was wir in seinen Büchern finden.

Röhl:

Ich danke ganz herzlich für diese schmeichelhafte Einführung. Ich hoffe, Sie erwarten nun nicht zu viel von mir. Ich bin ja nur ein Journalist. Ein Journalist ist ein bescheidenes Wesen. Das bißchen, was er ißt, das trinkt er. Und das bißchen, was er liest, das schreibt er sich selbst. Ich habe einmal in den achtziger Jahren ein kleines Büchlein zusammengestellt, eine Art satirisches Wörterbuch über das, was damals so kurzschlüssig die Funktionärssprache genannt wurde. Damals habe ich sogar neue Wörter vorgeschlagen, zum Beispiel den „Bücherschreck" oder die „Zuvielcourage". Ich hatte auch vorgeschlagen, den Pförtner umzubenennen in „Wissenschaftlichen Mitarbeiter für Einlaßkontrolle". Weil damals im Osten die Verben „hinterfragen" und „tradieren" so beliebt waren, hatte ich angemerkt, man müßte auch die „Hinterfrage" schaffen und den „Tradiergummi". Alles war damals relevant, und ich hatte den „Relefant" ins Leben gerufen. Dazu ein Epigramm von vier Zeilen:

„Ein großes Wort geht um im Land,
so groß, so wichtig, nein so relevant,
jedoch besiehst du mit Verstand,
ist es die Mücke, nicht der Relefant."

In dieses Wörterbuch habe ich all die Verbal-Monstren aufgenommen: beispielsweise den „flexiblen transportablen Schüttgutbehälter", den guten alten deutschen Sack. Die größten Sprachschöpfer saßen im Landwirtschaftsministerium. Die benannten plötzlich in aller Öffentlichkeit die Kuh, das gute alte deutsche Rindvieh, um in „raufutterverzehrende Großvieheinheit". Das ist ein Terminus technicus bei den Rinderzüchtern. Ulkig wurde es nur dadurch, daß es auf die normale Umgangssprache übertragen wurde. 1989 habe ich gedacht, daß mein Thema nun erschöpft wäre, aber es wurde noch viel schöner. Plötzlich tauchte die „Nullstundenkurzarbeit" auf. Bis heute habe ich nicht recht verstanden, was das bedeutet. Auch das „Minuswachstum" hat mir sehr gefallen. Die grüne Bewegung wollte uns damals dazu bringen, nicht mehr „Unkraut" zu unschuldigen Pflanzen zu sagen, sondern besser „Spontanvegetation". Ich hätte das auch getan, aber die grüne Bewegung hat sich wie von so vielem auch von der Spontanvegetation verabschiedet. Ich habe mich dann mit großem Eifer wieder der Gegenwartssprache zugewandt, und das hat sich wirklich gelohnt Daraufhin entstand mein Büchlein „Das große deutsche Blabla". Der Untertitel lautet: „Warum ich Freiheit und Demokratie voll cool finde, von den Menschenrechten ganz zu schweigen". Das ist natürlich sehr polemisch, und Sie können sich denken, was ich meine.

Nun möchte ich ein paar Bemerkungen zu unserer Muttersprache machen. Vor allem soll dieser Abend ein bißchen Gebrauchswert bekommen, damit wir etwas mit nach Hause nehmen können. Im Auto höre ich immer Radio. Vor einem halben Jahr hörte ich ein Gespräch zwischen einem Moderator und einem Management-Trainer. Diese Berufsbezeichnung hat mir sehr gefallen. Was mag er wohl machen, der Management-Trainer? Der Moderator wollte es auch gerne wissen. Sagte: „Was machen Sie denn so den ganzen Tag als Management-Trainer?" Sagte der Trainer: „Unser Management-Training ist ganz wichtig. Es soll helfen, Arbeitnehmer besser zu verwerten." Das war ein wundervoller Satz, für den ich sehr gern auf den nächsten Parkplatz gefahren bin. Dort habe ich ihn mir in aller Ruhe notiert.

Ein anderes Mal hat das Düsseldorfer Landesarbeitsgericht ein Urteil gefällt, dessen Höhepunkt so lautet: „Der Tritt ins Gesäß einer unterstellten Mitarbeiterin gehört auch dann nicht zur betrieblichen Tätigkeit einer Vorgesetzten, wenn er mit der Absicht der Leistungsförderung geschieht."

Die deutsche Sprache, liebe Freunde, ist voller Rätsel und Unwägbarkeiten: Der treibende Teil einer Maschine, eines Flugzeugs etwa, heißt nicht Treibwerk, sondern Triebwerk. Das Gewächshaus des Gärtners dagegen, in dem die Triebe sich entfalten, heißt Treibhaus und nicht Triebhaus. Es gibt auch ein Triebhaus, das wiederum heißt aber nicht so. Die Null geht im Deutschen als Zahlwort durch, faulenzen ist ein Tätigkeitswort, Schlappschwanz ist sogar ein Kraftwort, schwanger aber, obwohl es sich geradezu aufdrängt, ist als Umstandswort immer noch nicht zugelassen.

Uneinprägsam für den Rest der Welt sind deutsche Zungenbrecher: Als die Paten um den Putenbraten baten, konnten wir den Paten Putenbraten bieten, weil wir grade, als die Paten baten, Putenbraten brieten.
Unentwirrbar festgeknüpft sind die Bande der deutschen Sprache: Das Band, die Bänder, der Band, also ein Buch, die Bände, die Bande, die Banden, die Band, die Bands. Wer möchte da Ausländer sein? Vor die Aufgabe gestellt, das Wort Angstschweiß perfekt auszusprechen, bricht dem Nichtmuttersprachler sofort der Angstschweiß aus. Ebenso bei Impfzwang, Sumpfpflanze oder Lokomotivführerüberwachungssignal, bei der Dorferneuerungsbedürftigkeitsuntersuchung, beim Registerverfahrensbeschleunigungsgesetz und bei der Verwaltungsverordnung über die Zusage einer Umzugskostenvergütung nach dem Landesumzugskostengesetz bei Abordnung unverheirateter Beamter ohne Hausstand. Ja, für die deutsche Sprache brauchen wir einen langen Atem.
Unsere Muttersprache ist aber auch in stürmische Bewegung geraten. In meiner Wohngegend hatten wir vor neun oder zehn Jahren eine Produktionsgenossenschaft des Tischlerhandwerks. Die Tischler dort stellten Särge her. Darum hieß der Betrieb jahrzehntelang völlig unbeanstandet PGH Sargtischlerei. So hießen solche Betriebe üblicherweise. In Rathenow an der Havel gab es damals sogar eine PGH Sargtischlerei „Neues Leben". Inzwischen ist die Bude mehrfach umbenannt worden. Zunächst in PGH Erdmöbel und dann bald in Erdmöbel GmbH. Wir können nur hoffen, daß sie sich am Markt behauptet. So muß man ja neuerdings sagen: Am Markt behaupten, aber im Markt positionieren, an Weihnachten, an Ostern, an Pfingsten, aber in 2000, aber nicht in der Woche, sondern unter der Woche.
Dies, liebe Freunde, ist der elegante süddeutsche Gebrauch der Präpositionen: Er weht wie die Brotzeit und der Samstag aus Know-how-Country herüber in den Osten und klingt halt ausgesprochen lecker, gell. Dennoch kann von zwei deutschen Sprachen auch nicht ansatzweise die Rede sein, denn die Differenzen sind gering. Immerhin hieß der Führerschein einst Fahrerlaubnis, der Personalchef hieß Kaderleiter, der Werbechef von einst hieß Sekretär für Agitation und Propaganda, der Arbeitslose hieß Werktätiger, und der Workaholic von einst nannte sich sogar Held der Arbeit.
Ich selbst habe mir das neue Deutsch im Schweinsgalopp beigebracht: zuallererst diese Life-style-Vokabeln: the briefing – die Postzustellung oder: the patchwork – die Fliegenklatsche oder the laptop: – der Topplappen und: the striptease table – der Ausziehtisch. Nun kann es ja verschiedenen sprachsensiblen Menschen gar nicht schnell genug gehen mit der sprachlichen Angleichung in Deutschland. Mir haben Freunde aus Dresden die Kopie eines Briefes der Messelektronik Dresden GmbH geschickt. Das ist schwach verhüllt, da guckt natürlich der VEB Messelektronik Dresden heraus. Dort gibt es jetzt natürlich keinen Betriebsleiter mehr, sondern einen Geschäftsführer, den Herrn Dr. Meyer. Das ist einer von den ganz sprachsensiblen Zeitgenossen. Er

schreibt einen sehr kurzen, aber heftigen Brief an seine wichtigsten Mitarbeiter: „Aus gegebenem Anlaß darf ich Sie noch einmal bitten, die folgenden Formulierungen nicht mehr zu verwenden: Kader, Brigade, Kollektiv, Ökonomie, Werktätiger und andere, ähnliche spezifische Begriffe, die aus der Vergangenheit stammen. Diese Begriffe sind für ein westliches Ohr stark vorbelastet und führen zu negativen Assoziationen. Wir machen uns im Umgang mit den westlichen Firmen das Leben unnötig schwer. Mit kollegialem Gruß, Dr. Meyer, Geschäftsführer."
Und darum denke ich, wir sollten vielleicht das Studium der Fremdsprachen doch noch ein bißchen zurückstellen und zunächst einmal unsere neue deutsche Sprache studieren, eine Sprache der verschärften Bildhaftigkeit, in der „rote Socken", „alte Seilschaften" und bräsig vor sich hin dumpfende Betonköpfe die deutsche Einheit zur Erbsenzählerei verzwergen. Seiteneinsteiger, Querdenker, Senkrechtstarter und Überflieger stehen auf dem Prüfstand und sehen sich bei Grabenkämpfen mit Minenhunden, Baulöwen und Immobilienhaien in einen Schlagabtausch um Filetstücke verwickelt. Nur der hautnahe Schulterschluß kann sie herausführen aus der Talsohle der Grauzone, und in der Wirtschaft kann Gewinne nur einfahren, wer die Produktion verschlankt, die Löhne einfriert, das soziale Netz flächendeckend und kostendämpfend gesundschrumpft sowie auf dem Wege der Personalentsorgung ausdünnt, auskämmt und schließlich hermetisch deckelt, um nicht finanziell draufsatteln zu müssen.

Schorlemmer:
Waren Sie Genosse?

Röhl:
Nein.

Schorlemmer:
Warum sind Sie dann hiergeblieben?

Röhl:
Ich hatte schon vor dem Mauerbau eine kleine Familie gegründet. Unser Junge kam im April 1962 zur Welt. Da saß ich gerade im Gefängnis.

Schorlemmer:
Warum?

Röhl:
Wegen konterrevolutionärem Kabarettspiel.

Schorlemmer:
Also die Ideologie.

Röhl:
Ja, die Ideologie. Wir hatten in Leipzig an der Universität ein Studentenkabarett namens „Rat der Spötter". Ich war gerade mit dem Studium fertig geworden und wäre dann von Leipzig weggegangen, denn ich hatte schon eine Stelle bei einer Zeitung. Ich dachte: „Wenn das nichts ist, dann gehst du in den Westen." Das war aber eine Fehlplanung.

Schorlemmer:
Das ging nicht mehr, weil die Mauer gebaut wurde.

Röhl:
Genau. Unser Kabarettprogramm trug den Titel: „Wo der Hund begraben liegt". Das hatten wir vor dem Mauerbau geschrieben und wollten es Anfang September zur Leipziger Herbstmesse aufführen. Wir hatten uns sogar ein kleines Theater gebaut am Nikolai-Kirchhof. Das Programm ist aber verboten worden. Alle Texte waren eingereicht worden, bei den Behörden der Universität, FDJ, Partei. Die haben es sich angeguckt und dieses Kabarett dann meiner Meinung nach benutzt, um die Universität zu befrieden. Wir waren an der Universität ganz gut gelitten. Wir hatten im Juni sogar noch an der Universität in Marburg gespielt.

Schorlemmer:
Was heißt „befrieden"?

Röhl:
Leipzig hatte die größte Universität der DDR. Wußte man denn beim Mauerbau, ob die Studenten sich ruhig verhalten würden? Es war jedoch eine relativ geringe Anzahl von Studenten, die in dieser Zeit auffällig geworden sind. Wir waren zu sechst in dem Untersuchungsgefängnis. Dort mußten wir ein Dreivierteljahr auf unseren Prozeß warten. Es war sehr schwer für die Staatssicherheit, eine Anklage zu konstruieren. Die haben so lange die Untersuchungen fortgeführt und immer wieder einen neuen Witz in die Debatte geworfen: „Sie kennen diesen Witz?" Ich sagte: „Nein. Ich kenne den nicht." Ich hätte gerne Bücher gelesen, denn wir hatten sehr viel Zeit. Wir mußten früh um fünf Uhr aufstehen. Und um neun Uhr abends wurde erst das Licht ausgemacht. Man hätte dicke Bücher lesen können, aber wir bekamen erst nach fünf Monaten aus der Gefängnisbibliothek Bücher. Darunter waren so manche „Treffer". Ein Werk hieß „Die Morgenröte" von dem sowjetischen Schriftsteller Viktor Nekrassow. Diese 220 Seiten sollten für 14 Ta-

ge reichen. Aber es war so schlimm, daß ich nur bis Seite 80 gekommen bin. Das Buch war so verlogen, man konnte es nicht lesen. In dieser Zeit habe ich viel nachgedacht. Zuerst dachte ich: Das dauert nicht lange, und ich komme schnell wieder heraus. Das war aber nicht so. So erfuhr ich am eigenen Leib die Bedeutung von Metaphern wie zum Beispiel „auf freiem Fuß sein". Wenn man bloß zwei Meter hin und zwei Meter zurück zur Verfügung hat, wird einem die Bedeutung erst richtig klar.

Die Vernehmungen waren manchmal regelrechte linguistische Veranstaltungen. Wir haben uns zum Beispiel der Verhöhnung der Arbeiter-und-Bauern-Macht schuldig gemacht, indem wir die Reden bewerteten. Die erste Hälfte der Zeitung bestand immer aus einer furchtbar langen Rede. Der Chef in Moskau war damals Nikita Chruschtschow. Bei uns hieß das: Oh, das war wieder eine Rede von zehn „Chruschtsch". Dann kam zum selben Thema eine Rede von Walter Ulbricht in Berlin. Da haben wir gesagt: Ah, das ist eine Rede von 30 „Ulb". Wenn man ins Gefängnis kommt, dann werden draußen andere zu einem befragt. Die sind dann ein bißchen ängstlich. Damit sie nicht ins Gefängnis kommen, sagen sie irgend etwas, das der Untersuchungsführer später aus der Schublade zaubern und einem vorhalten kann. Mir ist vorgehalten worden, daß wir immer „Ulb" und „Chruschtsch" als Maßeinheiten genannt hätten. Heute staune ich, daß wir damals dafür nicht erschossen worden sind.

Bei so einer Vernehmung saß man übrigens auf einem angeschraubten Schemel. Angeschraubt, damit man ihn nicht als Waffe verwenden konnte. Am Schreibtisch saß einer in Uniform. Bei mir war das meistens ein Oberleutnant. Dieser Text stammt übrigens von Mitarbeitern der Staatssicherheit, nicht von mir. Nur damit Sie wissen, warum das so merkwürdig klingt. Der Vernehmer fragt: „In welcher Form wurde die Person Walter Ulbrichts im Kabarett verleumdet?" Antwort: „Es hat im Kabarett niemals Situationen gegeben, wo Walter Ulbricht verleumdet wurde." Frage: „Warum wurde dann die Stimme Walter Ulbrichts nachgeahmt?" Antwort: „Das ist niemals geschehen, daß die Stimme Walter Ulbrichts nachgeahmt wurde. Jedoch wurde wiederholt von mir und anderen Kabarettmitgliedern die sogenannte Funktionärssprache nachgeahmt, was der Sprache Walter Ulbrichts ähnlich klang."

Was heute die „Lindenstraße" für Gesamtdeutschland ist, waren damals die Ulbricht-Witze für die DDR. Ulbricht kommt beispielsweise aufs genossenschaftliche Feld und sagt: „Nun, liebe Genossenschaftsbauern, der Salat steht ausgezeichnet." Sagt einer: „Genosse Ulbricht, es ist kein Salat, das sind Kartoffeln." – „Nun, wie ich schon sagte, der Kartoffelsalat steht ausgezeichnet." Solche Witze waren das. Walter Ulbricht war nicht nur ein bedeutender Staatsmann, sondern auch ein großer Mundartsprecher. Das Sächsische wurde damals nur ganz vorsichtig im DDR-Kabarett eingesetzt. Es gab eine Sendung beim Leipziger Rundfunk, die „Sächsisch im Funk" hieß. Die lief aber erst nachts um halb zwei.

Schorlemmer:
Hatte Ihnen vorher irgend jemand gesagt, wie Sie beim Verhör antworten sollten?

Röhl:
Erfahrungsgemäß muß man erst einmal sagen: Nein, das habe ich nicht gemacht. Ich bin einmal reingefallen, weil ich das nicht kapiert hatte. Es war beim Thema der von Ulbricht so genannten Vervollgenossenschaftlichung – die war unter Druck entstanden. Da wurde ich gefragt: „Meinen Sie, das war ein Fehler?" „So könnte man sagen", antworte ich. Sagt der: „Das ist ja Fehlerdiskussion." Ich sagte: „Na klar, das ist eine Art Fehlerdiskussion." Ich hatte nicht daran gedacht, was das Wort Fehlerdiskussion in der DDR-Geschichte bedeutete. Nach dem 17. Juni gab es den neuen Kurs und sehr schnell die Maxime: Keine Fehlerdiskussion. Nach vorn blicken, nicht zurück auf den 17. Juni. Damit hatte er das Wort Fehlerdiskussion „eingefahren" fürs Protokoll, weil ich nicht wußte, was er damit gemeint hatte.
Nächste Frage: „Was ist unter Funktionärssprache zu verstehen?" Antwort: „Damit meinten wir die Sprache, die von verschiedenen Funktionären beim Vortrag von Referaten verwendet wird und durch die sich die Zuhörer nicht angesprochen fühlen, weil in einer Vielzahl Worte wiederholt werden, die sie im persönlichen Gespräch nicht so oft verwenden." Frage: „Wieso gleicht dies der Sprache Walter Ulbrichts?" Antwort: „In dieser Beziehung gleicht es der Sprache Walter Ulbrichts nicht, jedoch wurde dies im Tonfall seiner Sprache getan, was den Anschein erweckte, daß wir diese nachahmten." Frage: „Was wird mit den Bezeichnungen ‚Ulb' und ‚Chruschtsch' gesagt?" Antwort: „Was damit gesagt wird, weiß ich nicht, weil mir die Bedeutung dieser Bezeichnungen unbekannt ist." Neu formulierte Frage: „Weshalb wurde unter Anwendung dieser Bezeichnung der Wert von Reden des Vorsitzenden des Staatsrates der DDR und des Vorsitzenden des Ministerrates der UdSSR ausgedrückt?" Antwort: „Dies geschah, wie ich mich auf Grund des Hinweises zu diesem Verhältnis zwischen der Bewertung von Reden dieser Staatsmänner erinnere, um zu sagen, inwieweit wir deren Reden für bedeutsam halten. Aus diesem Grund habe ich wie auch die anderen Kabarettmitglieder mit einem Vergleich von mehreren Ulb zu einem Chruschtsch gesagt, daß diese Reden einen unterschiedlichen Wert haben und die von Walter Ulbricht von geringerer Bedeutung sind als die vom Vorsitzenden des Ministerrates der UdSSR. Zum anderen wurde durch eine solche Bewertung, daß eine Rede Walter Ulbrichts drei oder fünf Ulb beinhaltet, ausgedrückt, daß ich es nicht für notwendig halte, dieselbe zu lesen."
Das hat mich dazu gebracht, künftig immer genau hinzuhören, was mir die Führer so zu sagen haben, wenn sie beispielsweise nicht Mauer sagten, sondern „antifaschistischer Schutzwall".

Schorlemmer:
Ich staune. Damals waren Sie doch noch recht jung.

Röhl:
Ich war 23 Jahre alt, gerade mit dem Studium fertig. Wir waren alle noch recht jung. Wenn sie uns alle in eine Zelle gesperrt hätten, dann hätten wir ein schönes Programm erarbeiten können.

Schorlemmer:
Was hat Sie getrieben, nach dem Gefängnis weiter Kabarett zu machen?

Röhl:
Zunächst war ich in einem Sägewerk, danach in einer kleinen Druckerei in Leipzig-Stötteritz und danach im Leipziger Eisen- und Stahlwerk. Dann durfte ich wieder bei einer kleinen Kreiszeitung anfangen, in Zerbst. Die Zeitung hieß damals „Zerbster Neueste Nachrichten" und erschien einmal in der Woche. Ich war der stellvertretende Chefredakteur von zwei Mitarbeitern. Nebenbei habe ich immer kleine Geschichten geschrieben und an den „Eulenspiegel" geschickt. Der „Eulenspiegel" war eine journalistische Nische. Wenn man ein bißchen witzig war, ein bißchen formulieren konnte, eignete man sich für diese Arbeit. Der Chefredakteur hatte den Auftrag, eine stimmungsvolle, launige, satirisch-humoristische Zeitschrift herzustellen. Das waren 16 Seiten jede Woche nach einem festgefügten Schema: Vier Seiten waren immer Satire gegen den Feind, und der Rest war „maßvolle Satire im Rahmen der Gesetze", wie ich es genannt habe.

Schorlemmer:
Dann sind Sie richtig zum „Eulenspiegel" gekommen?

Röhl:
Irgendwann gab es eine Vakanz. Da habe ich dahin gewechselt. Die Zeitung war sehr beliebt damals, Abonnements sind sogar vererbt worden. Das hat uns natürlich gefallen, aber wir haben uns darauf nie etwas eingebildet, weil wir immer wußten, wie wir sie hätten interessanter machen können. Wir hatten immer Ideen und Pläne. Wir wollten zum Beispiel einmal eine Zeichnung veröffentlichen, die natürlich abgelehnt worden ist: Man sieht eine Fabrik, aus der die DDR-Fahne heraushängt, allerdings ohne Hammer und Zirkel. Sagt einer: „Also Kinder, jetzt ist aber Schluß mit dem Klauen hier im Betrieb!" Ich glaube, das hätte den Lesern ganz gut gefallen, aber das war damals absolut tabu.

Schorlemmer:
Sie haben in der DDR auch schon einen Namen gehabt. Röhl-Texte las man.

Röhl:
Wir sind als Wanderprediger herumgezogen und haben irgendwelche Geschichten vorgelesen. Die Menschen wollten gerne eine subversive Zeitschrift.

Schorlemmer:
Die Menschen haben mehr hineingelesen, als drinstand.

Röhl:
Viel mehr. Manchmal haben wir auch etwas hineingemogelt. Mißlungen ist mir das leider bei dem Aphorismus: „Für jedes Problem gibt es eine Losung!" Mein Chef wollte das nicht genehmigen. Deshalb habe ich um diesen Satz herum einen Dialog geschrieben, und in diesem Dialog fällt dann der Satz. Es wurde dadurch abgeschwächt. Das war einer dieser täglichen kleinen Spaßkämpfe.

Schorlemmer:
Es gibt ein neues Buch aus dem Eulenspiegel-Verlag: „Wenn's mal wieder anders kommt". Das ist schon schwarzer Humor?

Röhl:
Das kann man so sagen. Das beinhaltet all meine gesammelten real-komischen Sachen, wie: „Keine Brötchen, kein Brot wegen Trunkenheit des Bäckers."

Schorlemmer:
Sie waren irgendwie ein „Kabarettist in der Produktion"?

Röhl:
In welcher Produktion?

Schorlemmer:
Es wurde doch immer als der „Bitterfelder Weg" bezeichnet, wenn man in der Produktion, bei den Menschen tätig war. Sie können auch heute nur Kabarett machen, indem Sie ganz nahe an den Menschen sind. Wie haben Sie es in der DDR angestellt, zu wissen, was wirklich los war?

Röhl:
Das war das Positive beim „Eulenspiegel". Angenommen, ich hätte bei der „Freiheit" in Halle gearbeitet, dann wäre ein wirklich gewaltiger Realitätsverlust unvermeidlich gewesen. Beim „Eulenspiegel" hatte man eine gewisse Chance, den Überblick zu behalten, weil man viel recherchiert hat. Man hat sich vor Ort mit verschiedenen Men-

schen im Betrieb, auch mit den Direktoren, unterhalten. Die haben manchmal viel erzählt. So haben wir auch ihre Sorgen erfahren. Das Beste war allerdings, daß wir sehr viel Leserpost erhielten. Die Leser haben fast alles für uns ausgeschnitten: Stilblüten, Druckfehler, Blödsinn. Und es gab auch Sachen, obwohl schon einmal veröffentlicht, die der Chefredakteur nicht wagte, noch einmal im „Eulenspiegel" zu veröffentlichen. Irgendwann ist mir eingefallen, daß ich diese Sachen als Zeitzeugnisse aufheben sollte. Durch diese Leserpost waren wir bestens informiert, und ich denke, daß sich deshalb bei uns der Realitätsverlust in Grenzen gehalten hat.

Schorlemmer:
Welche Funktion hatte für die Gesellschaft die Satire, auch das Kabarett, im Unterschied zur Situation heute?

Röhl:
Der „Eulenspiegel" und auch die Kabaretts gehörten mit zum System. Eine Zeitschrift wie der „Eulenspiegel" gehörte nach dem Verständnis von damals zum Pressesystem, nicht nur in der DDR, sondern genauso in Moskau, in jeder kleinen Sowjetrepublik, in Warschau, in Prag, in Budapest, Sofia, überall gab es irgendeine Witzzeitung. Das war auch ein Ausdruck dafür, daß es so schlimm mit der Diktatur nicht ist, weil es ja satirische Zeitungen gibt. Das war schon ganz lustig. Ohne die Zeitschrift wäre es recht traurig gewesen. Die Zeitungen waren doch sehr „steifleinen", einfach furchtbar. Wir verdanken der langweiligen Tagespresse, daß die Menschen zu unserer Zeitschrift gegriffen haben. So war das auch mit den Kabaretts. Es gab in den siebziger Jahren einen Politbürobeschluß: Jede Bezirksstadt sollte ein Kabarett haben. Es war nicht vorgesehen, daß damit die Erosion der Verhältnisse angestachelt wird, sondern die Menschen sollten bei Laune gehalten werden, wir waren quasi die „Bordkapelle der Titanic". Im Gegensatz zu den Kollegen im Westen, die mit Artikel 5, Grundgesetz im Rücken wunderbar Satire machen konnten, mußten wir DDR-Autoren immer nach subtilen Pointen suchen. Alle Leser wußten, daß wir vieles nicht drucken durften. Die haben dann zwischen den Zeilen irgend etwas herausgelesen. Wir waren damals zu subtilen Pointen gezwungen, sonst hätten wir überhaupt keine gehabt. Karl Kraus hat gesagt: „Satire, die der Zensor versteht, wird mit Recht verboten."
Heute ist der „Eulenspiegel" eine Randgruppenpostille, genau wie die „Titanic". Mittlerweile stehen jeder Tageszeitung alle ironischen und satirischen Stilmittel zur Verfügung, während der „Eulenspiegel" damals sozusagen ein Monopol auf Ironie und Sarkasmus hatte. Insofern hat sich viel geändert. Denn wenn wie heute alles veröffentlicht werden kann, muß man das auch gar nicht lesen. Es ist nicht mehr nötig, nicht mehr wichtig. Damals war es so eine Art „geistiges Lebensmittel". Und es war eine Schicksalsgemeinschaft, die das gelesen hat.

Schorlemmer:
Ich habe den Eindruck, lieber Ernst Röhl, Sie sind ein richtiger Nostalgiker, der sich nach den alten Verhältnissen zurücksehnt.

Röhl:
Eine Diktatur ist klasse für Satiriker!

Schorlemmer:
Sie zeichnen sich unter den Sprachakrobaten, die ich bisher kennengelernt habe, durch ganz intensives Beobachten von Sprache und Sprachentwicklung aus. Niemand beobachtet wie Sie, wie skurril und absurd in beiden Systemen Sprache gebraucht wird. Was hat Sie dazu gebracht, sich besonders darauf zu konzentrieren?

Röhl:
Die Mauer hat mein Leben strukturiert. Wenn man einmal ins Gefängnis gesteckt worden ist, muß man das irgendwie verarbeiten. Da habe ich erst richtig angefangen, in die Zeitung zu gucken und diese Phrasen zu sammeln, um zu sehen, was davon eigentlich Kommunikation und was Repression sprachlicher Art ist.
Die Texte aus meinem kleinen Büchlein hätte ich in der Zeitung überhaupt nicht veröffentlichen können. Aber es gab damals dieses merkwürdige feudale System: Jeder Genosse aus dem Politbüro hatte einen Bereich für sich. Hager war beispielsweise für die Bücher, Herrmann für die Zeitungen zuständig. Bei Büchern war man großherziger, nicht so engstirnig wie bei den Zeitungen. Darum konnte man sich in Buchtexten zu wichtigen Themen ungeschoren politisch artikulieren, wenn man das Glück hatte, daß der Zensor dieses Thema als nicht brisant einstufte. Solche Texte mußten alle der sogenannten Hauptverwaltung Verlage beim Kulturministerium zur Zensur eingereicht werden. Bei der Zeitung haben wir uns immer eine richtige Zensur gewünscht. Es gab zum Beispiel im Nachkriegs-Polen eine richtige Zensur wie in Deutschland im 19. Jahrhundert. Wir fanden das gar nicht schlecht: Du hast einen Artikel geschrieben. Der Zensor liest es und sagt: Jawohl, das drucken wir, oder: wir drucken es nicht. Damit ist der Fall erledigt. Wir hingegen mußten immer überlegen, wie man einen Text schreibt, der veröffentlicht werden kann, damit die Zeitung auch voll wird.

Schorlemmer:
Würden Sie starke Unterschiede zwischen Ihrer Arbeit bis 1989 und danach sehen?

Röhl:
Heute kann ich alles schreiben, ich kann Helmut Kohl beleidigen oder auch Gerhard Schröder, das ist ganz egal. In einem gewissen Geschmacksrahmen bin ich frei. Wir

sehen das bei Harald Schmidt. Das ging natürlich früher nicht. Insofern ist es anders. Aber dadurch, daß ich das tun kann, ist noch nicht viel gewonnen. Wo jeder das Recht hat, alles zu schreiben, hat auch jeder das Recht, nicht hinzuhören.

Schorlemmer:
Gibt es für Sie ein Ethos des Satirikers im Unterschied zu den Comedy-Machern? Gibt es etwas, das Sie „Ethos" Ihrer Arbeit nennen würden?

Röhl:
Natürlich verdient man mit Comedy auch Geld, aber mir gefällt es nicht, wenn es nur noch ums Amüsieren geht. Die Grenzen sind fließend. Komiker wie Jürgen von Manger – das ist eine wunderbare Sache. Alles, was jetzt als Comedy läuft, sagt mir nicht zu. Wenn es daneben wie früher auch eine schlagkräftige politische Satire wie „Schimpf vor 12" oder die „Lach- und Schießgesellschaft" gäbe, dann hätte ich gar nichts gegen Comedy.
Ich selbst verehre den Kabarettisten Gerhard Polt – er ist für mich ein Überzeugungstäter und macht Kabarett, weil er das gut kann und weil ihm viel einfällt. Natürlich nimmt er auch Geld dafür. Aber zunächst einmal möchte er das, was er zu sagen hat, an den Mann bringen. Etwas anderes kann ich mir gar nicht vorstellen. Ich weiß aber auch, daß man dann leicht als ostdeutscher Sinnsucher verspottet wird.

Schorlemmer:
Sie sind als Kabarettist zu ernst für das Comedy-Publikum?

Röhl:
Ich gehe eigentlich nicht groß auf Bühnen. Ich schreibe lieber und komme gerne zu solchen Veranstaltungen wie dieser hier. Vor 1989 gab es fast keine einzeln auftretenden Kabarettisten, immer nur kleine Ensembles. Nach 1989 war ich ein bißchen zu alt. Ich habe mir gedacht, du schreibst das mal auf, was du schon seit Jahren in deinem Herzen bewegt hast und dann trägst du es den Leuten vor. Das haben wir zu DDR-Zeiten schon viel gemacht. Wir haben auch im Palast der Republik solche Veranstaltungen gehabt. Die nannten sich „Lachen und Lachen lassen". Da waren auch Autoren dabei, die etwas vorlasen. Das Vorlesen ist immer noch etwas anderes als der gedruckte Text. Darin bestand ja auch der große Charme der Theater damals. Der Schauspieler brauchte bloß die Augenbrauen hochzuziehen und auf eine bestimmte Weise zu gucken, schon war es subversiv. Mir hat mal einer erzählt: Im Theater in Neustrelitz sollte „Don Carlos" gespielt werden. Da hat die Kreisleitung gesagt: „Das Stück ist prima, aber der eine Satz kommt raus."[2] Darum habe ich mir nie ein Programm zusammengestellt wie all die Kabarettisten, die auf die Bühnen gehen.

Schorlemmer:
Ich bitte Sie, Texte aus der „Neusprache" besonders bei der Einwanderung der Ostdeutschen in die Sprachwelt des vereinigten Deutschland zu lesen.

Röhl:
DIE QUADRATUR DES KREISES
(Eigentlich habe ich es „Big Brother" gewidmet.)

Frau Minzenberg, meine Nachbarin, war kurz nach Ostern in der Sendung „Nachgefragt". Stolz lächelte sie in die Kamera, vergaß aber nicht, ihre Nachbarn daheim an den Bildschirmen herzlich zu grüßen. Die Jungs vom Fernsehen hatten sie engagiert, weil sie oben rum ein bißchen arg flach ist, wenn Sie verstehen, was ich meine. Ausschweifend befaßten sie sich mit Frau Minzenbergs schwach entwickelter Oberweite. Die Kamera lugte ihr frech, wenngleich erfolglos ins Dekolleté, und der Moderator fragte nach 1.000 Einzelheiten. Ob sie mit dem Schicksal hadere, daß sie in der bewußten Hinsicht so stiefmütterlich behandelt hätte, ob sie mangels Masse auf einen BH verzichte oder eher nicht, ob sie sich mit dem Gedanken trage, eventuell Silikonkissen einarbeiten zu lassen, um mit der Steigerung ihres Sexappeals zugleich ihr Selbstbewußtsein zu steigern. Nach der Sendung erzählte Frau Minzenberg noch lange davon, wie gediegen die Beleuchter das Studio ausgeleuchtet hätten, wie liebevoll sie von studierten Maskenbildnerinnen geschminkt und frisiert worden wäre, wie der Regisseur ihr das Lampenfieber vertrieben habe mit dem Satz: „Wird schon schief gehen, Frau Minzenberg." Unsere Straße sprach noch lange davon, daß Frau Minzenberg im Fernsehen gewesen war. „Sie war im Fernsehen, haste das mitgekriegt?" Ihre Feinde allerdings, allen voran Herr Streubel, fanden, Frau Minzenberg mit ihrer Hühnerbrust hätte sich blamiert bis auf die Knochen. Ich hielt die Aufregung für das bißchen Fernsehen für reichlich überdreht. Früher gab es gar kein Fernsehen und die Menschen haben auch geguckt. Ich frage mich allerdings, wohin. Mir war soeben nach jahrzehntelanger Vorarbeit die Quadratur des Kreises gelungen. Mir war es endlich geglückt, die harte Nuß zu knacken, an der sich ganze Heerscharen von Mathematikern in den Jahrtausenden seit Euklid die Zähne ausgebissen hatten. Mit meiner neu entdeckten Formel war es nun ein Kinderspiel, jeden beliebigen Kreis in ein Quadrat haargenau gleichen Flächeninhalts zu verwandeln. Ich meldete meine Entdeckung beim Patentamt an. Das kostete 500 Mark. Und die Herren vom Patentamt versprachen mir, diese Jahrtausendsensation allen Wissenschaftsredaktionen aller deutschen Fernsehstationen unverzüglich mitzuteilen. Dann war Ruhe. Mehr kam nicht. Mal abgesehen davon, daß ich in Stockholm den Nobelpreis einsackte. Kurz vor Weihnachten gab Herr Streubel ein Gastspiel in der Sendung „Deine Gesundheit". Er winkte uns aus dem Studio verstohlen zu und jedermann konnte sehen, wie nervös und glücklich er war. Die Jungs vom Fernsehen hatten auf ihn zurückgegriffen, weil er weit über die Pubertät hinaus mit einer unbesiegbaren Akne gestraft war. Die rotglühenden Pickel und Pusteln, die seine Züge illuminierten, schmückten den Bildschirm ungemein. In der Zeit des Schwarzweißfernsehens wäre davon so gut wie gar nichts rübergekommen, in Farbe aber war Streubel einfach eine Wucht. Aus dem Bildschirm heraus erzählte er uns, was alles das deutsche Gesundheitswesen unternommen hätte, um ihn von der Geißel der Menschheit, der Akne, zu befreien. Doch leider hätten weder Höhensonne noch die Spezialseife Sesam-Mandelkleie, weder Antibiotika noch Vitamin-A-Derivate, weder Gels noch Cremes noch Lotions irgendeine nachhaltige heilende Wirkung hervorgerufen.

Unsere Straße sprach noch lange davon, daß Herr Streubel im Fernsehen gewesen war. Von seinem Leiden war dabei weniger die Rede. Alle schwärmten nur davon, daß er es geschafft hatte, sich so erstaunlich locker auszudrücken, daß er sich so blendend verkaufen würde, hätten selbst seine besten Freunde nicht gedacht. Frau Minzenberg dagegen, die ja auch Ahnung hatte vom Fernsehen, fand den Auftritt in höchstem Maße unappetitlich, ja peinlich. Kein Zweifel, sie ärgerte sich insgeheim über Streubels frischen Ruhm. Auch ich war, ehrlich gesagt, sauer auf Streubel. In aller Bescheidenheit sei kurz erwähnt, daß ich damals gerade das Perpetuum mobile zur Produktionsreife entwickelt hatte. Der Chef des Patentamtes stellte mich seinen in Ehrfurcht erstarrten Mitarbeitern vor. Er selbst war zu Tränen gerührt. Für ihn war ein Menschheitstraum in Erfüllung gegangen. „Heiliger Siemens", rief er, „daß ich das noch erleben darf, einen Apparat, der Energie aus dem Nichts erzeugt." Er sagte mir den zweiten Nobelpreis voraus, vielleicht sogar, wer weiß, einen Auftritt im Fernsehen. Die Fachwelt war des Lobes voll. Das Nobelpreiskomitee meldete sich unverzüglich, bloß vom Fernsehen rief keiner an. Daraufhin griff ich meinerseits zum Hörer und fragte an bei „Pro Acht", ob dort nicht vielleicht doch ein gewisses, wenn auch nur laienhaftes Interesse, am Perpetuum mobile bestünde. Im Augenblick, sagte eine schnöselige Frauenstimme, interessieren uns neue Gruppen nicht so sehr. Sie hätten bei „Pro Acht" alle Hände voll zu tun, die Puhdys, die Scorpions und den Maschendrahtzaun zu promoten. Diese Auskunft hatte für mich böse Folgen. Ich wurde depressiv, menschenscheu, nahm in zwei Wochen 30 Kilo ab und begann mich zu fragen, warum gerade ich als doppelter Nobelpreisträger fürs Fernsehen so uninteressant sein möchte. Schön, ich hatte keine Mitesser wie Herr Streubel. Aber so wenig Busen wie Frau Minzenberg hatte ich allemal. Es gab, fand ich, überhaupt keinen Grund, mich auszugrenzen. Mich befiel eine innere Unruhe, der Drang auszuflippen und irgendwas Wertvolles kaputtzumachen, wurde übermächtig. Voller Wut raste ich zum Sender. Am Eingang versuchten Sicherheitskräfte mit roher Gewalt, mich zu stoppen. Doch mit überhöhter Geschwindigkeit stürmte ich über endlos lange Flure unaufhaltsam durch, bis ins Allerheiligste. Sie sendeten gerade den Kriminalschwank „Dr. Penis hat gestanden". „Wer", brüllte ich, „ist hier der gottverdammte Regisseur?" Alle machten: „Psst" und deuteten auf einen Typen mit Vollbart.

Wortlos stürzte ich mich auf ihn. Er versuchte zu fliehen, doch ich war schneller. Im gleißenden Licht der Scheinwerfer erwürgte ich ihn. Dann erschlug ich ihn. Um ganz sicher zu gehen, versetzte ich ihm darüber hinaus vor laufenden Kameras fünf Messerstiche, von denen ein halbes Dutzend tödlich war. Keine halben Sachen, sagte ich mir. Darum zog ich meine Magnum 765 und pumpte ihn, als Zugabe sozusagen, mit Blei voll bis zum Stehkragen.

Diese Sendung hatte eine historische Einschaltquote von 150 Prozent. Mit anderen Worten: Mehr als 120 Millionen Deutsche hatten meine Sendung gesehen. Sie waren klasse, sagte Frau Minzenberg. Hut ab, sagte Herr Streubel. Die ganze Straße ist von mir begeistert. In den Zeitungen nur erstklassige Kritiken. Der Regisseur hieß übrigens Petersen. Auch seine Witwe beglückwünschte mich. Der deutsche Staatsminister für Kultur würdigte in einem zu Herzen gehenden Nachruf Leben und Werk des bestialisch Ermordeten. Bei der Beerdigung stand der Staatsanwalt neben mir. Er war sehr nett und flüsterte: „Ich hab' Sie im Fernsehen gesehen." „Wir alle", rief die Trauergesellschaft im Chor, „wir alle haben Sie im Fernsehen gesehen." Sie waren total aus dem Häuschen und brüllten mit einer ungeheuren Lautstärke, die den Wert von 100 Dezibel weit überschritt. Mit vereinten Kräften warfen sie mich hoch in die Luft und riefen: „Hurra!" Natürlich ist Popularität nicht direkt unangenehm, aber das hatte ich nicht gewollt. Das hatte mit Pietät nichts mehr zu tun. Mir war der Rummel furchtbar peinlich, zumal es in der Todesanzeige noch geheißen hatte: Die Beisetzung findet in aller Stille statt.

Schorlemmer:
Wir haben im „ewigen, unverbrüchlichen Bündnis mit der Sowjetunion" gelebt. Das Wort Bündnis hat eine wunderbare Auferstehung erlebt, auf vielfältigste Art und Weise. Es ist alles nur noch Bündnis. Ernst Röhl hat das in seinem Lexikon der neudeutschen Sprache aufgezählt. Wer sich unter uns Neudeutschen hier nicht zurechtfinden mag, der muß das lesen. Und auswendig lernen; dann kommt er besser zurecht.

Röhl:
Vielen Leuten ist bewußt, daß die politische Sprache häufig sinnentleert ist. Ich gehe in dem Buch der Frage nach, ob es vielleicht einen Zusammenhang geben könnte zwischen Sprache und Denken, auch im politischen Bereich. Das ist ja nicht völlig auszuschließen. Neulich habe ich etwas Wunderbares von dem Vizepräsidenten des Deutschen Bundestages, Hans-Ulrich Klose, gehört: Er hat über die parlamentarische Kultur in Berlin mitdiskutiert und bei dieser Gelegenheit angeboten, für die nächste Bundestagssitzung eigenhändig alle Redebeiträge vorher zu schreiben, für die SPD, für die Grünen, für die CDU und auch für die PDS. An seinem Schädel, sagt er, seien schon so viele Sprechblasen zerplatzt und im Plenarsaal einfach so herumzusitzen sei unendlich langweilig, so daß man bloß noch aus Freundlichkeit hingeht. Er hat das Problem schon erkannt.

Neulich habe ich wieder von einem schönen Bündnis gehört. Es heißt: Bündnis für Toleranz und gegen Gewalt.
Immer wenn man weiß, es kommt nichts raus, macht man schnell ein Bündnis draus.
Das Bündnis für Arbeit
Das Bündnis für Arbeit und Umwelt
Das Bündnis für Arbeit und Wachstum
Das Bündnis für Ausbildung
Bündnis für Bildung und Ausbildung
Bündnis für die Rettung von Demokratie und Sozialstaat
Bündnis für Familien
Bündnis für Forschung
Bündnis für Kinderbetreuung
Bündnis für Soziales
Bündnis für Sport
Bündnis für Standortsicherung und Beschäftigung
Bündnis für Wachstum und Beschäftigung
Bündnis für mehr Wachstum und Beschäftigung (das ist authentisch)
Bündnis für noch mehr Wachstum und Beschäftigung (das habe ich selbst erfunden).

GESCHMINKTE WAHRHEIT
1492 entdeckte Kolumbus die neue Welt. Er landete auf Inseln, die von überraschend vielen Menschen bewohnt waren. Von ihnen allen notierte Kolumbus in sein Tagebuch: Habe durch Proklamation und mit entfaltetem königlichem Banner Besitz ergriffen, und mir wurde nicht widersprochen.

HEIRATEN WEIBLICH:
Tapfere, alleinstehende, kinderreiche, wohnungsuchende Mutter, Sozialfall, sucht Milliardär mit Sinn für alles Schöne.

HEIRATEN MÄNNLICH:
Skrupelloser, habgieriger Heiratsschwindler sucht steinreiche, leichtgläubige Witwe. Anzeigen dieser Güte kommen bis heute im sogenannten Blätterwald nicht vor. Auch künftig wird es sie wohl nicht geben. Warum nicht? Weil mit solchen Wahrheiten kein Geschäft zu machen ist. Dieser Logik folgend verstand sich der nazistische „Stürmer" als deutsches Wochenblatt zum Kampfe um die Wahrheit. Und ein nazistisches Wochenblatt zum Kampfe um die Wahrheit beschrieb die Besetzung Norwegens selbstverständlich als militärische In-Schutz-Nahme.

Die Nazis praktizierten zwar Völkermord, redeten öffentlich jedoch nicht von Massenvernichtung, sondern von Entfernung, Ausschaltung oder Sonderbehandlung.

In Chile ließ General Pinochet, wie Isabel Allende berichtet, nach dem Militärputsch 1973 die Wörter Freiheit und Genosse verbieten.

Die Agitatoren des großen Kondukators Ceausescu umschrieben die strenge Lebensmittelrationierung in der rumänischen Volksdemokratie mit der Formel „Programm der wissenschaftlich begründeten Ernährung".

In der DDR mußte eine Ärztin auf die ultimative Bitte eines Hauptmanns der Staatssicherheit hin den Totenschein eines Mannes ändern, der an der Mauer erfolgreich erschossen worden war: Todesursache nicht Herzdurchschuß, sondern Herzzerreißung. Statistisch strebte im Lande der Herzzerreißungen die Kriminalität gegen Null. Einem Staatsanwalt gelang es, dieser Sprachregelung zu gehorchen und doch bei der Wahrheit zu bleiben. Man muß feststellen, schrieb dieser Staatsanwalt, daß die ständige Senkung der Kriminalität zur Zeit eine gegenläufige Tendenz hat. Ein unangenehmer Trend, der auch dadurch nicht zu stoppen war, daß die Staatsanwälte die Fahrraddiebstähle zu Fahrradverlusten entschärften.

Sagten wir die Wahrheit ungeschminkt, würde sie von den sympathischen Herren, die uns Gehälter, Honorare oder sonstige Alimente zahlen, als Frechheit und Unverbrämtheit empfunden. Da trifft es sich gut, daß wir auf den Euphemismus zurückgreifen können, auf den finalen Rettungsstuß. Der Euphemismus, die Schönrednerei, das kreative Aufhübschen ist von der allgemeinen Krise der „Ismen" nicht betroffen. Ich wage sogar die Prognose, daß er niemals in eine Krise kommen wird. Seiner bedürfen wir, damit „Des Kaisers neue Kleider" zur wahren Wirklichkeit werde, auch wenn diese nur ein sprachliches Konstrukt sein sollten. Aber was heißt das in diesem staatsnahen Zusammenhang schon: Nur die berühmte Glienicker Brücke zwischen Potsdam und Berlin, die bis 1989 Berlin-West von Potsdam sowie das Weltfriedenslager vom nichtsozialistischen Währungsgebiet trennte, hieß Brücke der Einheit.

Trotz alledem, was gestern noch eine Sauferei war, kann heute schon ein Arbeitsessen sein. Opportunismus nennen wir besser Lernprozeß.

Und früher, in der damals noch künftigen Ex-DDR, wurden kurioserweise jene wegen Staatsverleumdung angeklagt, die so phantasielos waren, die Wahrheit zu sagen.

Wenn ich ein Wort benutze, sagt Humpty-Dumpty bei „Alice im Spiegelland", dann hat es die Bedeutung, die ich ihm zu geben beliebe, nicht mehr und nicht weniger. Die Frage ist bloß, wendet Alice ein, ob man imstande ist, die Wörter so viele verschiedene Dinge bedeuten zu lassen. Es geht nur darum, so Humpty-Dumpty, wer in diesem Fall der Herr und Meister ist.
Der Herr und Meister also. Er hat die Machtvollkommenheit, eine Parteidiktatur mit dem Begriff sozialistische Demokratie zu etikettieren, eine Wirtschaft in Staatsbesitz als Volkseigentum zu bezeichnen, eine von blauen Bohnen umschwirrte Mauer als antifaschistischen Schutzwall, die Demontage von nicht weniger als fünf Bundesländern als Aufschwung Ost.
Er kann seinen Kondomladen Fachgeschäft für Erektionsbekleidung nennen.
Er kann, wenn er Nazi ist, seine Freunde Anti-Antifa nennen und seine Feinde Demokröten.
Er kann seine Soldaten Friedensdurchsetzungsstreitkräfte nennen.
Er kann eine Wirtschaftsdiktatur zur sozialen Marktwirtschaft verklären.

Es ist ein Unterschied, ob man sich damit begnügen muß, eine Sprache nur zu beherrschen, oder ob man auf dem Weg nach oben so weit empor kommt, daß man über eine Sprache herrscht.

Schorlemmer:
Sie haben heute Ernst Röhl als ein Beispiel dafür erlebt, wie man ungeschminkt die Wahrheit sagen und dabei an keiner Stelle auf Kosten irgendeines anderen Menschen seine Witze machen kann. Er sieht genau hin, was in unserer Gesellschaft mit uns und unserer Sprache passiert. Seine sorgfältigen Beobachtungen setzt er erkenntnisfördernd ein, und das sogar so, daß es etwas Entlastendes hat. Manche Dinge sind eben so ernst, daß man darüber nur lachen kann. Ich danke Ihnen.

Anmerkungen

1 Rose Ausländer (1907-1988), Schriftstellerin, studierte in Wien, 1946-1964 in den USA, danach in Düsseldorf.
2 In Friedrich Schillers „Don Carlos" spricht der Marquis von Posa zum spanischen König Phillip II.: „Ein Federzug von dieser Hand, und neu erschaffen wird die Erde. Geben Sie Gedankenfreiheit –" (3. Akt, 10. Auftritt).

„Der höchste Augenblick bleibt immer unerfüllt
und eben das ist das Glück"

kulturforum

LEBENSWEGE

Adolf Dresen
Regisseur

Dienstag, 14. November 2000, 19.30 Uhr
Evangelische Akademie, Schloßplatz 1 d

„Wir Deutschen sind sehr konsenssüchtig. Es ist wenig Spielraum und wenig Toleranz. Wer anders ist, ist unmöglich, Schwarz oder Weiß, Ja oder Nein, Opfer oder Täter, nichts dazwischen. Diese Kontinuität aber ist der Grund für die Diskontinuität unserer Geschichte, für unsere historischen Brüche. Erst sind in Regime A alle konform, dann kommt Regime B, das Gegenteil, und wieder sind alle konform. Alles kippt immer wie geschmiert um ins Gegenteil, und daher bewegt unsere Geschichte sich in solchen Extremen. Die alten Regime verschwinden sang- und klanglos, als hätte sie nie existiert, und die neuen haben nirgends Wurzeln." Das sagte der 1935 in Eggsin geborene Adolf Dresen bei einem Schultreffen seiner Klosterschule in Roßleben 1999. Dresen ist ein Regisseur, der sich mit seinem Stoff auf hinter- und tiefgründige Weise auseinandersetzt, die historischen, politischen und philosophischen Fragen genauso einbezieht, wie die gestalterischen, ob es sich um Schiller oder Brecht handelt oder um den Theaterstreit um Faust-Inszenierungen. Dresen studierte bei Hans Mayer in Leipzig, arbeitete in Greifswald, Berlin, Frankfurt, Wien, Brüssel, London, Paris. 1977 verließ er die DDR. Aber „der gesellschaftliche Ort" des Theaters war und blieb ihm wichtig. Über Friedrich Schiller schrieb er: „Im Kampf um äußere Freiheit wurde ihm die eigene innere nicht fraglich. Mit dem Zweifel aber, ob gewaltsame Befreiung wirklich zur Freiheit führte, kam auch der Zweifel an sich selbst."
Sie sind zum Gespräch mit diesem engagierten Theater-Mann eingeladen.

Friedrich Schorlemmer
Studienleiter

Schorlemmer:
Herr Dresen, was halten Sie von Bertolt Brecht?

Dresen:
Sie fallen ja gleich mit der Tür ins Haus. Eigentlich komme ich von seinem Theater. Ich habe ihn sehr verehrt, dann eine Zeitlang tief verachtet, wie das bei Jüngeren eben so ist. Inzwischen hat sich das relativiert und unser Verhältnis ist normal.

Schorlemmer:
Wieso kommen Sie von ihm nicht los? Was er sich in puncto Gesellschaft vorgestellt hat, hat nicht funktioniert, und sein Theater ist noch moralischer als das schillersche Theater.

Dresen:
Die moralische Aussage ist bei Brecht sicherlich von zentraler Bedeutung. Wenn man einige seiner Stücke ohne seine Gebrauchsanweisung liest, dann kann man sie anders lesen. Ich habe in dieser Art ein Konzept für „Die heilige Johanna der Schlachthöfe" als Interpretation anläßlich der Hundertjahrfeier seines Geburtstags im Berliner Ensemble vorgeschlagen. Ich habe es aber leider nicht inszeniert. Es wäre von der Aussage Brechts über sein Stück abgewichen. Aber vielleicht hätte er der Inszenierung zugestimmt. Ich glaube, daß die Werke eines Schriftstellers über ihn hinausreichen müssen und das auch immer tun. Sie wissen mehr als er selbst, so daß der Schriftsteller nicht der einzig gültige Interpret ist. Das eröffnet uns Schauspielern Möglichkeiten.

Schorlemmer:
Sie sagten, die Stücke wissen mehr als der Autor. Wie kann das sein? Der Autor muß doch mehr wissen, als er schreibt, sonst wäre er weniger, als er geschrieben hat.

Dresen:
Brecht glaubte, alles zu wissen, was er schrieb, und hielt sich selbst für einen Rationalisten, aber auch da hat er wohl geirrt. Schon Sokrates wußte es besser. Sie kennen die Apologie, als er sich vor einem Athener Gericht verteidigen mußte, weil er gesagt hatte: Er weiß mehr als alle anderen, weil er wenigstens weiß, daß er nichts weiß, und daß die anderen nicht einmal das wissen. Da führt er unter anderem das Beispiel mit den Schriftstellern an: Er habe auf dem Markt Schriftsteller in die Diskussion verwickelt und dabei festgestellt, daß die über ihre eigenen Werke weniger wüßten und weniger sagen könnten als jeder beliebige Umstehende. Daraus habe er schließen müssen, daß sie genauso redeten wie die Wahrsager, die von einem Geist befeuert und nicht verantwortlich für das seien, was sie sagten, und es selbst auch nicht wüßten.

Aber Sie wissen ja, daß das die Auffassung der Romantiker ist, die Auffassung von Kant, Hegel, Goethe und Schiller. In seinem großen Aufsatz „Über naive und sentimentalische Dichtung" feiert Schiller das geradezu mit tiefem Neid auf Goethe, der seiner Meinung nach dieses Feuer im Gegensatz zu ihm hatte. Ich glaube, das ist eine bis heute unüberholte Ansicht und ich war sehr gerührt, genau diese Ansicht auch bei Brecht, und zwar am Ende seines Lebens, zu finden.

Schorlemmer:
Brecht und Naivität?

Dresen:
Er feiert die Naivität, die er sein ganzes Leben bekämpft hat. Brecht war auch nicht immer Brecht.

Schorlemmer:
Sie haben bei Hans Mayer[1] und Ernst Bloch[2] in Leipzig gelernt. Sie haben in dem Band „Wie viel Freiheit braucht die Kunst?" unter anderem einen Brief an Hans Mayer aus dem Jahr 1987 veröffentlicht (damals waren Sie schon zehn Jahre „republikflüchtig"), in dem Sie schrieben, daß das Theater der Bundesrepublik nach dem Verebben der 68er Welle ziemlich nachgelassen hat. Warum?

Dresen:
Ich war damals Intendant in Frankfurt am Main. Das war das linke Nest, wenn Sie so wollen. In Frankfurt fanden jeden zweiten Tag Demonstrationen statt, etwa gegen die Startbahn West oder die Pershing-Raketen. Das ging von der 68er Bewegung aus, aber auch Doktoren und Professoren aus der Wissenschaft solidarisierten sich mit ihnen. Man brauchte schon ein wenig Zivilcourage für diese Aktionen, denn die Polizei setzte Knüppel und Wasserwerfer ein. Auch im Theater gab es Unruhen, dort bekam man den linken Konformismus zu spüren. Man mußte unbedingt links sein, es war nichts gefährlicher, als im Theater zu sagen: Ich finde Kohl ganz gut. Aber es war eigentlich auch keiner dieser Meinung. Manchmal drangen die Demonstranten sogar in das Theater ein, um eine zusätzliche Öffentlichkeit zu gewinnen und erschienen mitten in der Vorstellung auf der Bühne.

Schorlemmer:
Das haben nicht Sie inszeniert?

Dresen:
Da war ich noch nicht Intendant. Das Merkwürdige war nur im damaligen Theater: Keiner wußte, ob das nun inszeniert – ein Regieeinfall – oder tatsächlich zufällig war. Die

Demonstranten sprachen immer sehr leise, weil sie keine Ahnung hatten, wie man auf einer Bühne redet, und wurden deshalb kaum akustisch verstanden. Das Publikum nahm solche Vorfälle meistens nicht sehr positiv auf. Nicht, weil es gegen die Demonstrationen war, sondern weil es nichts verstehen konnte und es einfach als Störung empfand. Ich wurde in Frankfurt eigentlich nur Intendant, weil das Theater ganz links war. Es galt als die „linke Festung der Bundesrepublik". Sie hatten selbstverständlich etwas, was man Mitbestimmung nannte. Es gab drei Direktoren, eine Frau und zwei Männer. Die Frau hatte einen ihrer Kollegen mit einem wüsten Schimpfwort bedacht. Da die anderen beiden Direktoren sich nicht einig wurden, wie sie den Vorfall regeln sollten, mußte der Magistrat notgedrungen die Leitung übernehmen. Die ganze Bundesrepublik regte sich damals furchtbar über diese Entmündigung der linken Direktion auf. Der Magistrat hat dann eine sehr weise Entscheidung getroffen: Wir müssen den Druck in diesem Theater „links überholen". Das konnte man nur mit einem DDR-Bürger, und das war dann ich.

Schorlemmer:
Wollte der Magistrat aus dem Frankfurter Theater ein Deutsches Theater, ein Nationaltheater oder so etwas Ähnliches machen?

Dresen:
Es kommt nicht darauf an, was man macht, es kommt darauf an, was man sagt. Schon vor dieser Geschichte war der Hamburger Senat auf mich zugekommen, ob ich dort Intendant werden wolle. Ich war eingeladen und bin dort gewesen. Dann kannte ich natürlich meinen Lessing. Dieser wollte in Hamburg ein Nationaltheater gründen, allerdings zwei- bis dreihundert Jahre (1766) früher. Aber er hat das schließlich aufgegeben und gesagt: „Man kann vielleicht in Deutschland ein Nationaltheater gründen, aber in Hamburg nicht."

Schorlemmer:
Was ist unter dem Begriff „Nationaltheater" zu verstehen? Wir haben doch eins in Weimar. Wieso mußte noch eins sein?

Dresen:
Damals ging es in beiden deutschen Ländern immer um den deutschen Nationalstaat. Ursprünglich wollten sie im Osten, daß wir den Sozialismus überall, möglichst mit einer Weltrevolution, hintragen. Der Westen wollte seine Ansichten ebenso streuen. Es endete damit, daß sich beide gegenseitig befreien wollten, und das führte dann zur Mauer. Ich wollte mich auf diesen Streit von vornherein nicht einlassen und habe gesagt: Ich bin für die Nation, *aber* für die deutsche Nationalkultur. Dann habe ich aufgesagt:

„Franzosen und Russen gehört das Land,
das Meer gehört den Briten.
Wir aber besitzen im Luftreich des Traums
die Herrschaft unbestritten."

Das ist von Heinrich Heine und natürlich ironisch gemeint, aber man kann es ähnlich bei Goethe oder Schiller finden. Dort heißt es sinngemäß: Entweder wir haben ein politisches Deutschland oder wir haben ein kulturelles. Wo das Politische beginnt, hört das Gelehrte auf. Das heißt also, beides vereinigt sich nicht. Ich glaube, ich habe die Dummheit gehabt, das damals den Pressevertretern so mitzuteilen, und das war verkehrt, wie es überhaupt verkehrt ist, Pressevertretern irgend etwas mitzuteilen.

Schorlemmer:
Sie sind sehr geschickt meiner Frage ausgewichen. Also, Sie haben Ihrem verehrten Lehrer Hans Mayer 1987 einen Brief geschrieben. Das Theater ist mit der 68er Welle verebbt und damit kam das Theater in der Bundesrepublik in eine Krise. Hat das Theater diese Krise inzwischen überwunden?

Dresen:
Das politische Theater verebbte mit der 68er Welle und verschwand mehr oder weniger.

Schorlemmer:
Peter Weiss[3] ist doch bis heute nicht verebbt.

Dresen:
Als Autor auf gar keinen Fall. Er wird ja hin und wieder gespielt. Aber im allgemeinen kann man sagen: In Deutschland hat sich das Theater in einer erschreckenden Weise entpolitisiert. Dabei gäbe es politische Probleme genug.

Schorlemmer:
Damit sind wir wieder beim Thema. Sie sind ein Kind der DDR. Sie müssen immer *etwas wollen* mit dem Theater. Kann nicht Theater einfach unterhalten?

Dresen:
Ich kann mich noch an den Spruch meines väterlichen Freundes Wolfgang Heinz erinnern, der sagte: „Theater kommt von Können. Darum heißt es Kunst. Nicht von Wollen, denn dann hieße es Wulst." Mit dem Wollen ist es in der Kunst ein bißchen ein Problem. Aber als Mensch sollte man immer etwas wollen. Ob man das als Künstler sollte, ist eine andere Frage.

Schorlemmer:
Aber dieses Wollen hat Ihnen immer einige Probleme beschert. Ich finde auch, daß das Theater als Institution gegenwärtig in einer Krise ist. Ich glaube, es hängt zusammen mit einem Gedanken, den Sie in einer Vorlesung mit dem Titel „Überschreitungen – Norm, Normbruch und Normensetzung" entwickeln. Sie fordern: Wenn die Bühne abgeräumt ist, wenn alles in Frage gestellt worden ist, kann man nur noch das Infragestellen in Frage stellen. Wenn wir nichts mehr haben, woran wir uns reiben, wenn keiner mehr etwas ernst nimmt, also wenn es keine Normen mehr gibt, die man durchbrechen kann, was bleibt dann? Bleibt dann Optimismus oder Comedy übrig? Bei Ihnen heißt es: „Wenn der Geschmack als Norm entthront ist, läuft die Revolution der Genies ins Leere. Der Normbruch setzt die Norm, der Tabubruch das Tabu voraus." Nach Octavio Paz[4] beginnt heute „die moderne Kunst, ihre Negationskraft zu verlieren. Seit einigen Jahren sind ihre Ablehnungen nur noch rituelle Wiederholungen. Rebellion ist zur Prozedur geworden, Kritik zur Rhetorik, Überschreitung zur Zeremonie. Die Negation ist nicht mehr schöpferisch."
Ist das der Grund, warum das Theater am Ende ist, weil die Negation nicht mehr schöpferisch ist?

Dresen:
Ich fürchte, das betrifft nicht nur das Theater, sondern alle Künste und vielleicht noch mehr. „Die Negation ist nicht schöpferisch" ist das, was Hegel die abstrakte Negation nennt. Aber es ist nicht das, was er Negation der Negation nennt, was Neues sein oder bringen soll. Auf jeden Fall ist das die Negation des reinen Verschwindens. Da kommt nichts Neues dabei heraus, das muß woanders herkommen. Ich denke, daß Kunst sich nicht nur auf Kunst beziehen darf, sondern auch auf die Wirklichkeit. Solch eine Auffassung wird natürlich furchtbar angegriffen. Jeder Rezensent würde sofort schreien: Dieser miese Realist!

Schorlemmer:
Aber Sie sind eigentlich ein Idealist. Sie haben versucht, in einem Schiller-Aufsatz klar zu machen, wie man Schiller anders lesen kann.

Dresen:
Das muß man als Regisseur wenigstens versuchen.

Schorlemmer:
Sie machen deutlich, daß Schiller, der als Idealist gilt, doch auch ein großartiger Realist war. Nach unserem Vorurteil ist er geradezu das Symbol für einen Idealisten.

Dresen:
Das ist bestimmt richtig, aber da hat er Goethe sehr viel zu verdanken. Er hat die Nähe Goethes gesucht und sie zum Glück gefunden. Das hat beiden sehr genützt. Goethe hat durch Schiller ein bißchen abstrakter und analytischer denken gelernt, was für den „Faust" wichtig war. Schiller ist durch Goethe sein rhetorisches Pathos losgeworden. Das hat er später selbst so gesehen und hat alle Stücke bis einschließlich „Don Carlos" nicht mehr gelten lassen wollen. Alles, was er danach geschaffen hat, versuchte er, anders zu bearbeiten. Am besten ist ihm das wohl bei „Wallenstein" gelungen. Ich habe beim Schreiben dieses Aufsatzes mit tiefer Scham festgestellt, daß ich Schiller nie inszeniert habe. Es hat mich selber gewundert. Es lag genau an diesem Punkt, nämlich daß ich mich immer mit den frühen Stücken Schillers, wie „Die Räuber", „Don Carlos" und „Kabale und Liebe" beschäftigt hatte. Meines Erachtens beruhen diese Stücke nicht auf etwas Wirklichem. Als ich auf den „Wallenstein" stieß, ging es mir völlig anders. Aber leider war ich dann nie mehr in der Lage, Schiller inszenieren zu können. Mit Tschechow erging es mir ähnlich. Ich liebe Tschechow und habe ihn nie inszeniert.

Schorlemmer:
Sie hatten einen ganz großen Theatererfolg: Über 400mal ist eine Ihrer Inszenierungen gespielt worden.

Dresen:
Das war nicht meine beste Inszenierung, dafür muß ich mich leider schämen. Das war noch in der DDR, am Deutschen Theater. Es war „Maß für Maß" von Shakespeare. Im Deutschen Theater gab es sehr oft Aufführungen, die hundertmal oder noch öfter gespielt wurden.

Schorlemmer:
Mit Publikum?

Dresen:
Mit Publikum, meistens sogar voll besetzt. „Maß für Maß" inszenierte ich als Reaktion auf das 11. Plenum der Volkskammer, das gegen die Kultur gerichtet war. Fünf DEFA-Filme wurden verboten und der Chefdramaturg der DEFA wurde hinausgeworfen. Wolf Biermann[5] bekam Auftrittsverbot. Wir haben versucht, das Stück so zu machen, daß es gegen diese Kulturpolitik ging. Ich habe beim Inszenieren schon gemerkt, daß dafür Shakespeare eigentlich zu schade ist. Die DDR ist unter Shakespeares Niveau, den sollte man dafür nicht benutzen. Ich konnte aber nicht mehr zurück. Nach der 100. Auf-

führung durfte ich das Stück uminszenieren. Ich bekam eine Woche Probenzeit und durfte ein neues Bühnenbild machen. Dann war die Aufführung gut. Das war mit furchtbaren Krisen verbunden, und alle haben mich noch zur Generalprobe verflucht: Jetzt hat er die schöne Aufführung ruiniert! Es stellte sich aber anders heraus, und die Aufführung hat in dieser geänderten Version noch 350mal „gelebt". Aber dieser politische Zahn war ihr gezogen, es war nicht mehr der Versuch, auf dieses 11. Plenum zu reagieren.

Schorlemmer:
Sie haben Shakespeare gerettet, aber auf politische Aktualität verzichtet. Da fällt mir etwas ein: Ihre Sprache hat Sie eben verraten. Ein Regisseur ist so ein bißchen der „liebe Gott". Stimmt das?

Dresen:
Zumindest bis an die Theatergrenzen. Wenn man wirklich groß ist, dann weiß man, daß man noch einen oben drüber hat. Gott sei Dank.

Schorlemmer:
Im Theater spielen Menschen Rollen, einmal die „Schufte", ein anderes Mal die „Helden". Man könnte ja auch sagen: Sie haben die Rollen getauscht. Aber Sie nennen das „umgedreht". Hat Theater etwas Diabolisches? Ist es nicht problematisch, wenn Menschen „umgedreht", mal so und mal so eingesetzt werden?

Dresen:
Im heutigen Verkaufstheater wird jeder in eine Schublade gesteckt und die muß er dann verkaufen. Wenn er etwas anderes verkauft, wird er nicht akzeptiert. Das ist schlimm. Damals war es anders. Wir haben im Deutschen Theater damals ein Ensemble-Theater gehabt. „Umgedreht" hieß: Wir haben in den Schauspielern eine andere Saite angeschlagen. Das ist notwendig, dann sieht man nämlich, wie viele Saiten so ein Mensch hat. Da steckt der „Böse" drin, da steckt der „Gute" drin, da steckt alles Mögliche drin, was die selbst vorher gar nicht wußten. Beim Schauspieler Klaus Piontek[6] wurde beispielsweise die Übernahme einer Rolle, die er gar nicht wollte, im sowjetischen Stück „Der Mann von draußen" als „unverbrauchter Zug" dargestellt. Es war für alle neu. Das ist wie eine Geburt.

Schorlemmer:
Sie haben damit eine anthropologisch-psychologische Erkenntnis ausgesprochen, nämlich daß Menschen entdecken, daß sie viele Facetten in sich haben. (Meine vorige Frage nehme ich wieder zurück.) Sie ermöglichen den Menschen, sich nicht festzulegen

und nicht von anderen festgelegt zu werden. Man kann sich übrigens auch nach sich selbst „umdrehen".

Dresen:
Man lernt sich in dieser Weise überhaupt erst kennen. Die Schauspieler haben mit irgend etwas Erfolg und auf dem Erfolg wird dann herumgeritten. Das Schreckliche ist: Irgendwann haben sie den Erfolg nicht mehr, aber keiner merkt es und sie selbst auch nicht. Die Presse und Theaterinteressierten haben den Schauspieler einmal als „gut" eingestuft, und dann bleibt dieser das auch, ob es stimmt oder nicht. Wenn man so festgelegt wird, dann ist es wirklich höchste Zeit, daß man genau das Gegenteil tut oder etwas ganz anderes. Aber das zu erkennen, ist nicht einfach.

Schorlemmer:
Wenn ich mir das so anhöre, kommt ein leiser Verdacht auf, die SED könnte Sie in den Westen geschickt haben. Sie sind rübergegangen und links geblieben. Da hätten Sie auch hier bleiben können.

Dresen:
Ich weiß nicht, ob ich noch links war, als ich aus der DDR wegging. Ich war ziemlich wütend, weil ich seit der Prager Intervention der Warschauer-Pakt-Staaten eigentlich mit der DDR fertig war. Ich war sogar der Meinung, daß dieses Land nicht mehr zu retten ist. Bis zu diesem Zeitpunkt etwa war ich ein überzeugter Kommunist gewesen. Ich war vorher schon ein bißchen unsicher geworden, aber nach 1968 war mit mir in dieser Richtung nichts mehr anzufangen. Im Theater habe ich aus Überzeugung Opposition gemacht. Ich habe mich versteckt. Vorher habe ich alles offen ausgetragen. Am Theater, das Wolfgang Heinz geleitet hat, war das möglich. Ich konnte ihm alles sagen, auch in den öffentlichen Versammlungen. Als wir den „Faust" gemacht haben - er war mein Co-Regisseur -, hat er mich arbeiten lassen, und ich habe ihn manchmal betrogen. Ich hatte mit Düren, dem damaligen Faust-Darsteller, eine Sondersprache. Düren war damals überzeugter Lutheraner und kannte viele von Luthers Schriften. Das hat mir die Möglichkeit gegeben, mit ihm auf der Probe eine Sondersprache zu sprechen, die niemand außer uns beiden verstand, und zwar haben wir uns in lutherischen Wendungen unterhalten. Keiner wußte, was gemeint war. Das war die Freiheit eines Christenmenschen. Es wirkte überhaupt nicht oppositionell, war es aber. Nicht einmal mein Co-Regisseur wußte, wovon ich da sprach. Der dachte, der Dresen spinnt hin und wieder.

Schorlemmer:
Wer hat Sie dazu gebracht, Martin Luther zu lesen?

Dresen:
Ich glaube, daß Sie Luther besser kennen als ich, aber ich kenne ihn auch recht gut. Die Bibel sowieso, aber auch vieles von ihm sonst. Eine meiner Lieblingsschriften philosophischer Art ist die „Freiheit eines Christenmenschen". Ich war in der DDR-Zeit zeitweilig Organist in Roßleben, einer Klosterschule. Ich kam 1946 als junger Kerl dorthin. Wir hatten einen Oberpfarrer namens Luther, der sich in jeder dritten Predigt von Martin Luther ableitete. 1999 habe ich in dieser Klosterschule auf Bitten des Rektors vor alten und neuen Schülern eine Rede in der Kirche gehalten. Da habe ich zum ersten Mal auf einer Kanzel stehen dürfen.

LEBEN IN DER GESCHICHTE
„Wir alle leben in der Geschichte und die Geschichte hat ihre Wirkung auf unser Leben. Hat unser Leben auch eine Wirkung auf die Geschichte? Im Leben meiner Generation gab es zwei große politische Brüche, den von 1945 und den von 1989. Sind sie als Schicksal vom Himmel gefallen, oder haben wir sie auch irgendwie gemacht? Geschichte schreiben ist schwer. Im Moment mißlingt es anscheinend oft. Die Ausstellung über deutsche Geschichte in Bonn, die einen gesamtdeutschen Anspruch erhebt, die Ausstellung über deutsche Kunst, östliche und westliche, im Berliner Gropius-Bau, die Ausstellung in der Berliner Akademie der Künste über ost-westliches Theater, die Weimarer Ausstellung über Aufstieg und Fall der Moderne – alle umstritten oder mißlungen. Gespaltene Geschichte aber heißt gespaltene Identität. Erfolgreicher scheint mir zu sein, was Friedrich Schorlemmer in Wittenberg macht, Geschichte in Biographien. Das ist Beginn an der Basis und hat den Vorteil, daß Geschichte da als etwas Menschliches erscheint, als von Menschen gemacht und von Menschen verantwortet. Der Mensch, sogar der einzelne Mensch, zeigt sich als das Subjekt der Geschichte ..."
Ich möchte versuchen, mein Leben in dieser Weise zu erzählen:
Ich war 1945 zehn Jahre alt und habe vom ersten dieser Brüche so viel verstanden, wie ein Kind davon eben versteht. Das ist aber doch mehr, als man üblicherweise glaubt. Kinder verstehen wohl das Abstrakte nicht, haben sonst aber eine feine Nase. Ich stamme aus Vorpommern. Der Krieg aber hat mich mit meiner Mutter und meinen Schwestern nach Mitteldeutschland verschlagen, nach Hornburg, einem kleinen Dorf bei Eisleben. Dort waren die Schüler aller Jahrgänge in eine Klasse gepfercht, was den Unterricht natürlich nicht besonders effektiv machte. Wir hatten damals aber einige Lehrer, die ohne den Zusammenbruch in einem solchen Kaff sicher nicht unterrichtet hätten. Einer hieß Hasse. Er war Rektor auf dem Eisleber Gymnasium gewesen. Daß er jetzt in Hornburg saß, war vermutlich eine Entnazifizierungsmaßnahme. Nach meiner Erinnerung war er ein guter Lehrer. Zumindest habe ich wohl auch ihm zu verdanken, daß ich nach Roßleben kam. Er redete meiner Mutter zu, mich auf eine bessere Schule zu geben und empfahl wohl auch schon Roßleben. So kam ich 1946 mitten im Winter und

mitten im Schuljahr an die Klosterschule. Wir haben damals ziemlich gehungert. Ab und zu wurde die Zuckerfabrik etwas oberhalb der Unstrut besichtigt. Da konnte man am Abend vorher die Schüler beobachten, wie sie lange Strümpfe an ihre Hosentaschen nähten. Das erweiterte deren Fassungsvermögen. Sie kamen dann doppelt so schwer von der Besichtigung zurück. Der Zucker wurde in der Küche abgeliefert. Im Speisesaal hing damals an der Frontseite ein großes goldgerahmtes Bild des ehemaligen Reichspräsidenten Ebert. Ganz früher hing da ein Kruzifix. Aber wir waren nun säkularisiert. Das war wohl ein Tribut an die neue Zeit. Linker konnte man auf der Klosterschule wohl damals gar nicht denken. Es war ein Glück, denn hätte dort Marx oder Lenin gehangen, hätte es wohl Schwierigkeiten gegeben, weil das Bild ab und zu von Klößen getroffen wurde, die man nicht essen konnte, weil sie statt Mehl vermutlich Sägespäne enthielten. Ich weiß nicht mehr, wann das Ebert-Bild verschwand, sicher wohl zur selben Zeit als die Klosterschule in „Goethe-Schule" umbenannt wurde. Da wurde im Treppenhaus an der Wand eine Goethe-Büste eingegipst und eine Goethe-Inschrift angemalt: „Was ist deine Pflicht? Die Forderung des Tages." Das war damals natürlich politisch gemeint. Ich verstand es noch nicht. Der Goethe-Kopf aber trug eines Tages einen Schal, Ohrenschützer und einen alten Hut. Wir lachten uns tot. Aber wir lachten nur leise, denn so etwas war damals nicht ein Dummejungenstreich, sondern ein Staatsverbrechen.

Auch an ein anderes solches Verbrechen erinnere ich mich. Es war Winter und gerade Kohlenferien. Die Kohlen waren alle. Es konnte nicht mehr geheizt werden. Die Schüler fuhren nach Hause, bis auf die, die zu weit weg wohnten. Dazu gehörte auch ich, denn meine Mutter war inzwischen nach Vorpommern zurückgekehrt. Der Zugverkehr war damals chaotisch, man konnte oft nur auf dem Puffer oder dem Dach mitfahren. Eine Fahrkarte über Berlin hinaus kriegte man nicht. Die paar Jungen, die noch auf der Schule waren, zogen in einen Raum zusammen. Und für die fand sich ein Kanonenofen. Woher aber Heizmaterial nehmen? Um diese Zeit war in Roßleben der Bürgermeister gestorben. Er war natürlich ein Mann der neuen Zeit, und die Trauerfeier sollte daher nicht in der Kirche stattfinden müssen. Es gab keinen anderen großen Raum im Ort als unsere Turnhalle. Darin standen zwei große Öfen und für die wurde Koks herangekarrt. Man konnte am Tag der Beerdigung alle verbliebenen Klosterschüler in der Trauergemeinde sehen. Wir trauerten mit einem Koffer in der Hand. Während der großen Reden war genug Zeit, Koks in die Koffer zu raffen. Damit konnten wir wieder eine Weile durchhalten. Auch das war natürlich kein einfacher Diebstahl und wäre nicht nur als Mundraub bestraft worden.

Ich glaube, daß in solchen Fällen immer einige unter den Oberen die Augen zudrückten. Die Lehrer gaben sich überhaupt mehr oder weniger fortschrittlich. Nazis waren sie immerhin nicht, denn die Klosterschule war von der Nazizeit her einigermaßen unbelastet geblieben. Sie firmierte unter dem Namen „Witzleben", und die Russen respektierten, daß die Nazis einen prominenten Witzleben hingerichtet hatten. Die Nachbarschule „Schulpforta" war „Napola"[8] gewesen. Da wehte ein schärferer Wind, der historische Bruch war dort stärker spürbar. Dem einen Extrem folgt in der deutschen Geschichte ja gern immer das entgegengesetzte. Wir Kinder konnten natürlich nicht entscheiden, was für eine Weltanschauung da nun richtig war. Die Argumente verstanden wir noch nicht. Wir „rochen" aber, ob ein Lehrer die Argumente, die er vorbrachte, selbst glaubte. Wir hatten einen Klassenlehrer Bruno Braun, der sehr beliebt war. Doch hatten wir ihn in Verdacht, daß er uns zwar nichts vorlog, aber in politischen Fragen nicht ganz ehrlich war. Und so begann ich, ihn zu provozieren. Es begann harmlos mit einem Aufsatz, den er uns wegen unserer allgemeinen Flegelhaftigkeit aufgebrummt hatte. „Mit dem Hute in der Hand kommt man durch das ganze Land." Ich schrieb, daß man vom ständigen Hutabnehmen Haarausfall bekomme und bewies es am Beispiel der Halbglatze von Herrn Braun. Er hatte Humor. Mit einem anderem Aufsatz erging es mir schlechter. Wir sollten über ein sowjetisches Buch schreiben von Iljin[9], das damals jeder kannte: „Wie der Mensch zum Riesen wurde". Es ging darin um die Großbauten des Kommunismus, um die Bewässerung der Steppen von Kasachstan, um die Veränderung der Welt durch den Menschen. Ich schrieb, daß auch die Dinosaurier Riesen gewesen seien und daß sie wegen des Mißverhältnisses ihres Gehirns zu ihrem Körper untergegangen seien. Das war natürlich eine politische Provokation. Die konnte ein Lehrer bei allem Verständnis nicht durchgehen lassen. Ich kriegte eine „Fünf". Das aber hatte keine abschreckende Wirkung. Ich wurde immer bockiger und disziplinloser. Schließlich flogen ich und ein anderer Schüler ein Jahr vor unserem Abschluß von der Schule.

Ich habe dann in Leipzig studiert, an der damaligen Karl-Marx-Universität. Daß es Germanistik war, war eher Zufall. Es gab in Leipzig hervorragende Lehrer, was ich keineswegs zu würdigen wußte: Ernst Bloch, Hans Mayer, Emil Fuchs[10], Werner Krauss[11], Gustav Hertz[12]. Und es gab großartige Musiker: Franz Konwitschny und Günther Ramin. Nach dem zweiten Jahr wurde ich für ein Jahr relegiert und arbeitete im VEB BBG, einer Landmaschinenfabrik, vormals Sack, in Leipzig. Die Arbeit im Betrieb hat mir sicher nicht geschadet. Ich habe solche Ausflüge gewollt oder ungewollt später noch öfter gemacht. Weil ich sonst nichts gelernt hatte, wurde ich Transportarbeiter. Von der sozialistischen Produktion bekam ich einen sonderbaren Eindruck. Einmal sollten wir einen Waggon abladen. Er stand draußen auf den Schienen. Es regnete, aber die Arbeit mußte sofort erledigt werden, weil es sonst bei der Reichsbahn Standgeld kostete. Es war lauter kleinteiliges Eisenzeug, was beim Ausladen in verschiedene Hubkästen sortiert werden mußte. Unsere Truppe brauchte dafür zwei oder drei Tage. Dann fegten wir den Waggon. Wir hatten wegen des Regens Gummizeug gekriegt und heißen Tee. Dann arbeiteten wir wieder in der Halle und sahen durch die Scheiben nach draußen. Das Wetter wurde wieder schön, der leere Waggon war aber immer noch da. Und ebenso standen da noch die Hubkästen mit den sortierten Teilen. Wir beschwerten uns beim Meister. Der kratzte sich am Kopf und sagte, das Zeug müßte alles wieder auf den Waggon rauf, es gehöre nach Werk 2. Wir schlugen vor, daß man mit einem Kran die Hubkästen auf den Wagen hieven solle, damit sie es dort nicht noch einmal sortieren müßten. Nein, das käme nicht in Frage, denn wenn die Hubkästen nach Werk 2 gingen, kriegten wir sie nie wieder zurück. Wir schmissen alles wieder auf den Wagen rauf. Ich habe den Unfug später auf einer Gewerkschaftsversammlung kritisiert. Ein Kapitalist im Westen würde sich so was nicht leisten können. Eben, hieß es damals. So was sei nur im Sozialismus möglich, nur der Sozialismus hielte das aus. Die Schlosser lachten, ihnen war das egal. Unsere Schlosserbrigade bekam das Wettbewerbsbanner. Die Schlosser stritten sich darum, weil es keiner am 1. Mai tragen wollte. Schließlich blieb es in der Halle hängen.

Ich war ein schlechter Student und beschäftigte mich mehr mit Segelfliegen und der Studentenbühne. Ursprünglich war ich dort eingetreten, weil man irgendeine gesellschaftliche Arbeit leisten mußte und weil ich dachte, ich wäre dort unbrauchbar und hätte daher einen schönen Lenz. Als ich dann aber eine Aufführung im Brecht-Theater sah, begann mich Theater doch zu interessieren. Ich wurde Leiter der Studentenbühne, und wir führten 1956 den „Frieden" von Aristophanes auf, bzw. wir wollten es aufführen. Das war einige Jahre vor der Saisonaufführung am Deutschen Theater in Berlin. Wir hatten das Stück selbst bearbeitet. Es herrschte eine gewisse politische Liberalisierung, die politische Eiszeit war einer Art Tauwetter gewichen, und das merkte man unserer Aufführung auch an. Sie spielte in Athen (gleich DDR), wo lauter Sykophanten, also Spitzel, herumliefen, mit langen Nasen- und großen Ohrenmasken. Aus dem verfeindeten Sparta (gleich BRD) kamen die Menschen mit Handwagen voller Bananen und Ananas. Wir arbeiteten fast ein Jahr an der Aufführung. Als wir dann endlich fertig waren, war der neue Kurs vorbei und die Eiszeit schlimmer als zuvor. Hans Mayer kam zur Generalprobe auf der Freilichtbühne im Clara-Zetkin-Park. Nach der Probe nahm er mich beiseite. Wir sollten um Gottes Willen das unter irgendeinem Vorwand absetzen. Ich fiel aus allen Wolken. Es gab eine lange Diskussion und alle waren deprimiert, wir hatten schließlich ein Jahr daran gearbeitet. Dann schrieben wir auf eine Tafel: „Aus technischen Gründen muß die Vorstellung ausfallen". Es war Sonntag, schönes Wetter. Wir lagen im Park hinter einem Rhododendronbusch, den es heute noch gibt, und guckten, wer alles kommt. Es kamen ziemlich viele. Sie standen vor der Tafel und lachten. Damals wußte jeder, was von so einer Inschrift zu halten war. Mayers Rat aber habe ich damals vielleicht zu verdanken, daß ich überhaupt mein Examen machen durfte.

Mayer war ein gefürchteter Prüfer. Was halten Sie vom „Prinzen von Homburg", fragte er mich zur Eröffnung. Er meinte das Stück von Kleist. Es war vor allem wegen seines fatalen Schlusses im Staub mit allen Feinden Brandenburgs in der DDR mißliebig und wurde nicht gespielt. Mayer teilte solche Verurteilungen nicht. Ich kannte das Stück gut, wußte aber auch, daß Mayer, wenn er das merkte, sofort zu einem anderen Thema überspringen würde. Er sprang dann in den Bauernkrieg oder irgendwohin. Deswegen antwortete ich auf seine Frage, was ich von dem Stück hielte: Nichts. Das war für ein germanistisches Staatsexamen eine etwas ungewöhnliche Antwort. Mayer zog die Stirn in bedrohliche Falten, auch seine zehn Beisitzer runzelten die Stirn. Er sagte dann schlechtgelaunt, er hoffe, daß ich das begründen könne. Ich fing dann ganz auf der dogmatischen DDR-Linie an, den preußisch blinden Gehorsam zu brandmarken. Mayer fühlte sich unbehaglich. Er konnte ja direkt nichts dagegen sagen, merkte aber nur an: Dieses Niveau sei ihm zu niedrig. Gut. Es ging auch anders. Es gibt ein Brecht-Sonett über das Stück: „Rückgrat zerbrochen mit dem Lorbeerstock, Ausbund von Kriegerstolz ..." Das schnurrte ich nun auswendig herunter und rezitierte dann ganze Textpassagen aus Kleists Stück. Das wirkte sicher seltsam, daß einer ein Stück, das er angeblich nicht mochte, halb auswendig konnte. Mayer kämpfte eine ganze Prüfungsstunde lang mit mir hart um die Anerkennung des Stückes, und als die Stunde um war, ließ ich mich widerwillig überzeugen. Er war befriedigt. Es ist meinem verehrten Lehrer sicher nicht oft passiert, daß er so geleimt wurde. Zu seinem 75. Geburtstag im Wiener Akademie-Theater habe ich die Geschichte öffentlich erzählt. Er saß zu meinen Füßen, und plötzlich sah ich, daß er weinte.

Das war eine Geschichte aus dem Umkreis des berühmten Hörsaals 40 in Leipzig. Dort hatte Mayer, wie er selbst oft sagte, seine beste Zeit gehabt.
Ich wurde dann Regisseur am Berufstheater. Das war nicht so einfach, denn ich hatte nicht an der Theater-Hochschule studiert, was damals in der DDR nötig war. Ich schrieb Bewerbungen an sämtliche Theater der DDR auf einer klapprigen Schreibmaschine, immer sechs Durchschläge, der letzte unleserlich. Meist bekam ich überhaupt keine Antwort. Ein Theater schrieb zurück: Man bestätige mir den Erhalt meines unleserlichen Rundschreibens. Engagiert wurde ich dann an einem Theater, das sich Kreistheater Werdau, Sitz Crimmitschau nannte. Der Intendant saß hinter einem pompösen Schreibtisch mit Löwenfüßen und sagte: „Ich brauche einen guten Inspizienten." Ich wußte nicht, was das ist. Weil er mir aber das Fahrgeld bezahlte, von Leipzig nach Crimmitschau etwa 10 Mark, dachte ich, ich müßte den Vertrag unterschreiben. Es war ein Klasse-Vier-Theater, die unterste Stufe, aber selbst dort flog ich wegen Unfähigkeit nach wenigen Monaten raus. Danach hatte ich mehr Glück. Ich wurde Regisseur in der kleinen norddeutschen Universitätsstadt Greifswald. Es war eine gute Zeit. Doch auch sie endete mit einem Knall. Damals stieß ich zum ersten Mal ziemlich heftig mit der Staatsmacht zusammen. Ich mußte einen Shakespeare inszenieren, im Shakespeare-Jahr 1964. Schon damals liebte man diese dekadischen Ehrungen. Die Inszenierung war allerdings alles andere als repräsentativ und wurde verboten. Das geschah damals

meist etwas anders, als man es sich heute vorstellt. Es hing nämlich sehr stark von der Zivilcourage des jeweiligen Intendanten ab. Zuerst wurde vor der Premiere das Programmheft verboten. Vor Geschriebenem hatten sie immer besonders viel Angst. Darunter hatten besonders die Schriftsteller zu leiden.

Unser Dramaturg Otto-Fritz Hayner wurde krank. Seine Frau erzählte mir später, er sei jeden Tag zum Intendanten bestellt worden und hätte jeden Morgen eine halbe Stunde auf dem Klo zugebracht. Er hat mir von seinen Leiden damals nichts erzählt, weil er mich in Ruhe arbeiten lassen wollte. Aus dem Material des verbotenen Programmhefts machte er dann im Foyer eine Wandzeitung, die viel rabiater war. Er war ein ziemlich zarter Mann, hatte aber großen Mut. Die Premiere fand statt. Sie war amüsant. Was das Publikum betrifft – Studenten und Werftarbeiter –, war sie ein Riesenerfolg. Benno Besson[13] und Heiner Müller[14] waren mit Bessons Auto aus Berlin gekommen und lobten uns sehr. Das alles half uns nichts.

Zunächst gab es keine Pressekritiken, dann schien man sich in der Bezirkshauptstadt Rostock mit uns zu befassen. Plötzlich wurden alle noch geplanten Aufführungen von unserem Intendanten abgesetzt. Begründung: Linksradikalismus, Zerstörung des sozialistischen Menschenbildes, Zerstörung des klassischen Erbes, Einflüsse des absurden Theaters. Als ich fragte, was man unter absurdem Theater verstünde, erfuhr ich: Dürrenmatts „Physiker". Es nützte nichts, darüber zu lachen. Auch die großen Berliner Kollegen, die die Aufführung gesehen hatten, darunter auch Wolfgang Heinz, konnten nicht helfen. „Hamlet" verschwand. Besonders gerührt hat mich damals, daß die Greifswalder Technik die Dekoration noch ein ganzes Jahr versteckt hielt, weil sie dachten, die Aufführung käme wieder.

Nach diesem Drama mit dem Drama landete ich dann in der Mecklenburger Einöde und bohrte Erdöl. Das war eine chaotische Truppe, die mit ihren Motorrädern die Gegend und die Damen dort unsicher machte. Ihren Betrieb nannten sie „Zirkus Knallgas", weil angeblich ab und zu ein Bohrturm in die Luft flog und weil sie immer eine kleine Menagerie von Tieren mit sich herumschleppten, die sich auf den umgebenden Feldern der LPG selbst ihr Futter suchten und in den Pausen zu Kunststücken abgerichtet wurden. Da konnte man Kaninchen sehen, die Bier tranken und dann vom Tisch fielen, und eine Ziege, die sich sogar an Bergmannsschnaps versuchte, der eigentlich auch für Menschen ungeeignet war. Die Arbeit war schwer, drei Schichten, Sommer wie Winter im Freien. Daß ich vom Theater kam, hatte man den Bohrarbeitern gesagt. Ich behauptete, ich sei Beleuchter gewesen, das kam mir weniger anstößig vor. Ich war für sie trotzdem ein Intellektueller und wurde mißtrauisch beobachtet. Die erste Prüfung war 100 Schippen Schwerspat in die Spülung. Ich dachte, na 100 Schippen, das wird wohl zu schaffen sein. Schwerspat aber ist schwer wie Blei. Man kriegt die Schippe nicht in den Haufen, und wenn man sie drin hat, kriegt man sie nicht wieder raus. Nach 20 Schippen bluteten meine Hände. Ich erntete tiefe Verachtung. Besser wurde es erst, als man mich hochschickte, das Rollenlager ölen. Das war oben auf dem Turm in etwa 70 Meter Höhe. Er schwankte unter der Wucht der Dieselmotoren. Es war streng verboten, ohne Sicherungsgurt hochzugehen. Ich hatte aber bei den anderen gesehen, daß keiner sich sicherte. Ich sicherte mich also auch nicht und ging dann außerdem oben noch freihändig übers Rollenlager. Das war eine Art Durchbruch. Ich wurde nun mit Spitznamen angeredet und sogar nach Stahlbrode am Bodden ins Bad der Werktätigen mitgenommen, wo dann eine Art wilde Liebe stattfand, mit denen, die aus der Umgebung auf so etwas Lust hatten. Ich denke aber sonst gerne an diese mecklenburgische Zeit, denn die Bohrarbeiter waren gute Kumpels."

Schorlemmer:
Sie sind also mehrfach damit gestraft worden, mit der „führenden Klasse" zusammenleben zu müssen.

Dresen:
Ja, mehrmals. Ich war ja vorher schon Transportarbeiter gewesen. Jetzt war ich Bohrarbeiter, das war wesentlich härter. Später war ich dann noch in Eisenhüttenstadt am Hochofen und in der Wische.
Hier ein Erlebnis aus der Wische:
Es wurde eine Drainage gelegt. Das war eine ziemlich harte Arbeit mit dem Spaten, denn unten in zwei Meter Tiefe kommt Lehm. Wenn das Gefälle stimmt, kommt Hochofenschlacke hinein. Darauf kommen die Drainagerohre, noch einmal Hochofenschlacke, und danach wird das Loch wieder zugeschippt. Aber wie sah das nun in der DDR aus? Wir haben geschippt, dann gelotet, ausgemessen. Doch es waren weder Schlacke und noch Rohre da, und langsam schwamm der Graben wieder zu, weil es regnete. Nach einer Weile kam dann vom Brigadier die Mitteilung: Also, Graben wieder zu. Der Graben wurde wieder zugeschippt und abgerechnet, ohne Drainage. Das merkte keiner. Das merkte man erst ein Jahr später, wenn alles sumpfig blieb. Insofern haben wir die Wische nicht verändert.

Schorlemmer:
Ich kenne das ein bißchen näher. Heute würden wir sagen, Ökosysteme sind vernichtet worden. Ich habe die ersten Fällaktionen von großen Linden an den Straßen erlebt, was sich jetzt fortsetzt.

Dresen:
Die Arbeit, die ich dort gemacht habe, ist genau so, als hätte sie niemand gemacht. Das Land ist unverändert geblieben.

Schorlemmer:
Zurück zum Theater: Sie haben mit Wolfgang Heinz zusammen den „Faust" inszeniert, mitten in einem dramatischen politischen Umfeld - 1968! Was hat man Ihnen zum Vorwurf gemacht? Es hat doch Debatten gegeben. Die Älteren werden sich erinnern, wie voll damals die Zeitungen waren mit Diskussionen um den „Faust".

Dresen:
Das war damals politisch eine etwas angespannte Zeit, vor dem Einmarsch in Prag. Der Einmarsch in Prag kam während der Arbeit. Das war für mich ein böser Schlag. Die ganze Situation wurde dadurch sehr verschärft, aber sie hatte sich vorher schon zugespitzt. Das Stück war ein Klassiker, und mit Klassikern waren sie sehr empfindlich. Es hatte schon vorher Aufführungen in der DDR und auch am Deutschen Theater gegeben, und man war der Meinung, Klassiker seien immer gut, da kann nichts passieren. Die waren quasi noch vorsozialistisch. Ulbricht hatte gesagt, daß wir in der DDR den dritten Teil des „Faust" schreiben, und man erwartete von der Aufführung, daß das auch irgendwie angedeutet wurde. Das haben wir nicht gemacht. Faust wurde von Fred Düren[15] gespielt, das war schon der erste Schlag ins Kontor, da Düren überhaupt kein Heldendarsteller ist. Er war immer eher ein Komiker. Als der als Faust am Deutschen Theater auf dem Besetzungszettel stand und Dieter Franke[16] dann auch noch als Mephisto - allenfalls hätte man es umgekehrt erwartet -, war das alles fast gar nicht denkbar. Wolfgang Heinz hatte das mitverantwortet.
Das Stück beginnt mit einem Selbstmord, das darf man nicht vergessen. Faust begeht Selbstmord, weil er keine Möglichkeiten mehr sieht. Dann wird er durch die Osterchöre aus dem Himmel wieder ins Leben zurückgezogen, weil der Herr dieses weggeworfene Leben zwecks Wette nun für seine Zwecke verwendet. So haben wir die Fabel gelesen. Vorher waren die Osterchöre aus der Nachbarkirche gewesen, jetzt mußte man das säkular deuten. Das haben wir alles nicht gemacht. Wir haben den Himmel auch ohne jede Ironie gespielt. Der Teufel, das wurde uns von den ganzen Atheisten, mit denen wir zu tun hatten, vorgeworfen, stieg mit Horn, Huf, Schwanz und schwarz wie ein Heizer aus dem Theaterkeller, hinter sich Qualm. Franke war dick und hatte keinerlei Ähnlichkeit mit Gustaf Gründgens. Gründgens war zwar Westschauspieler, aber in der DDR sehr angesehen.
Die Auffassung, die Gründgens hatte, war Goethe. Davon war jeder Bonze überzeugt. Wenn man es nun anders machte, wie wir, ging das nicht. Düren ging schon gar nicht. Das war zu wenig positiv. Faust war ein positiver Held, und dieser Faust war überhaupt nicht positiv, sondern ein Zweifler, sogar ein Verzweifelter. Das ging nicht. Das war aber nicht das, was sie uns eigentlich vorgeworfen haben. Es gefiel ihnen einfach nicht. Sie haben dann irgendwelche Argumente für das Verbot erfunden. Das Schlimm-

ste war der Walpurgisnachtstraum, der normalerweise nicht gespielt wird. Es gibt die Walpurgisnacht und danach noch eine Szene, den Walpurgisnachtstraum in Versen. Wir haben diese Szene gespielt, konnten das aber nicht so machen wie bei Goethe. Bei Goethe kommen in der Szene lauter Gäste und bringen als Geschenk einen Vers mit; weil wir nach der Walpurgisnacht keine Schauspieler mehr frei hatten, brachten bei uns Puck und Ariel aus dem Off mittels solcher Verse lauter Absagen. Einige der Verse zitiere ich Ihnen – bedenken Sie, wir schreiben das Jahr 1968. Auf der Höhe des Blocksbergs war ein „Theater" angekündigt:

Oberon begann mit den Worten:
„In ein Theater soll ich gehen,
das find ich gut, das find ich schön,
na, bißchen staubig, bißchen klein,
das wird wohl das Deutsche Theater sein."

Dann antwortete Titania:
„Das Deutsche Theater ist so nett,
ich geh so gern hin wie ins Bett,
jedoch ist die Enttäuschung groß,
so wie im Bett, ist nichts mehr los."

Das war ein kleiner Schlag gegen unser eigenes Geschäft. Dann kamen die Absagen von Puck und Ariel:

„Herr Heiner Müller läßt bestellen,
daß er heut kränklich wäre,
er hatte gestern Abend erst
mit einem Stück Premiere.

Ein Stück von Müller, wo denn das?
Wann gehen wir mal hin denn?
Zu spät, es ist schon abgesetzt,
und zwar aus technischen Gründen."

Das war damals ziemlich starker Tobak, denn das war ja alles schon in Wirklichkeit passiert, die Verbote von Müller-Stücken.

Dann Titania:
„Was ist denn mit meinem lieben Hacks,
daß der nicht kommt, der Kühne?
Der brachte eine Walpurgisnacht
doch auch mal auf die Bühne."

Antwort:
„Ja, eben, daran krankt er noch.
Die Sache ging nicht gut ja.
Es kamen Marx und Moritz doch
nicht unter einen Hut da.

Ach Gott, wer meinen Dichter kennt,
das ist bei ihnen chronisch.
Wann schreiben Hacks und Müller
endlich einmal salomonisch?"

Horst Salomon[17] war damals ein Autor, dessen Stück „Der Lorbaß" im Deutschen Theater gespielt wurde. Das war ein Hieb gegen diese Aufführung.

Ein anderes:

„Auch im Metropol-Palast
entsagt man der Klamotte.
Heute gibt man Kiss me Kast
Und morgen My fair Lotte."

Kast war damals Aktivist. Lotte ist Lotte Ulbricht, das ist klar. Da gab es eine Situation mit Wolfgang Heinz. Wir haben ihm die Sachen nicht mehr schriftlich vorgelegt. Schriftlich war immer gefährlich. Wir haben es ihm vorgesungen, vierstimmig, das wirkt weniger gefährlich. Nach dieser Strophe saß er da und meinte: „Na, gut. Der Herr Kast, da kann man nur hoffen, daß der Humor hat, aber Lotte?" Ich dachte: Was kommt jetzt? Da sagte er: „Wer kennt heute schon noch den Roman ‚Lotte in Weimar'?" In dem Glauben haben wir ihn gelassen. Insofern haben wir ihn ein wenig betrogen. Eine Strophe haben wir durch Selbstzensur herausgenommen. Das war 1968. Die Strophe hieß:

„Leer ist auch der Staatsverschlag,
wo sind sie denn, die Alten?
Ab nach Peking und nach Prag
und die Chose halten."

Das haben wir nicht gesungen. Es ging aber noch viel schlimmer aus. Heinz sagte sofort: „Leute, das ist doch nicht euer Ernst. Das können wir doch nun wirklich nicht tun. Was machen wir denn da? Dann macht ihr eine neue Strophe". Ich schlug vor: Wir summen diese Strophe und Aust tritt vor und sagt: Der Text dieser Strophe ist von der Direktion gestrichen worden. Da sagte Heinz, daß er das auch nicht immer auf sich nehmen möchte, daß er immer diese Sachen streicht. Dann werden wir sagen: Der Text ist gestrichen worden. In der DDR war das noch schlimmer, weil dann jeder wußte, was eigentlich passiert war. Das Gelächter war riesig.

„Wenn wir noch fertig spielen wollen,
dann keine lange Leitung,
soeben ging ein finstrer Herr
von einer wichtigen Zeitung."

Das war leider auch alles wahr. Dann passierte etwas ziemlich Furchtbares. Nach dieser Szene kommt sofort Gretchens Gefängnis. Das ging im Deutschen Theater alles übergangslos. Wir haben nie den Vorhang gezogen, es ging alles sofort weiter. Das war ein riesiger Kontrast. Jetzt plötzlich Gretchen. Man sah eine ganz kleine Kiste, die auf der leeren Bühne stand, mit einer Eisenklappe davor. Da war Gretchen drin, Bärbel Bolle[18] damals. Ich stand oben im zweiten Rang. Ich kann bei meinen Premieren nicht sitzen und lief da oben hin und her. Ich sah plötzlich, Düren spielt nicht weiter. Er hatte den Deckel der Kiste abgenommen und warf den in die Bühne mit großem Getöse, wie es ausgemacht war. Dann hörte er auf, gleich am Anfang der Szene. Es ging nicht weiter. Ich bin zur Bühne runtergelaufen. Das dauerte eine Minute und auf der Bühne war immer noch Stille. Eine Pause von einer Minute auf der Bühne – das ist endlos. Der Inspizient war kreidebleich und zeigte auf die Bühne. Da war eine große Blutlache. Düren hatte sich an dieser Eisenplatte die ganze Hand aufgeschnitten. Das Blut lief nur so. Er und die Bolle guckten auf das Blut wie in Hypnose. Niemand tat etwas. Ich rief: „Macht den Vorhang zu!" Dann bin ich raus, vor den Vorhang, um anzusagen, daß Herr Düren sich verletzt habe. Wir müssen ihn verbinden und dann spielen wir weiter. Und sehe, durch die Scheinwerfer geblendet, wie die Leute aufstehen und nach Hause gehen, kurz vor dem Schluß. Es war dann nicht ganz so. Gegangen sind an dieser Stelle die ganze Regierung, das Politbüro und das ZK. Das ist zum ersten Mal im DDR-Theater passiert, daß die Offiziellen noch während der Aufführung, noch dazu während einer Staatsaufführung, gegangen sind. Das war ja der Klassiker schlechthin. Düren war inzwischen verbunden und das Blut war aufgewischt. Ich habe die Szene von vorn angeordnet und der Bolle noch zugerufen: „Den Satz ‚Wische sie ab, denn es ist Blut daran', bitte streichen", weil ich fürchtete, daß das ein Lacher wird. Dann haben wir die Szene von vorne gespielt, und die Bolle hatte den Satz nicht gestrichen. Es hat kein Mensch gelacht, die Zuschauer waren wie hypnotisiert. Es war ein Riesenerfolg. Ich glaube, das war der größte, den ich im Theater überhaupt erlebt habe. Zum Teil war er darin begründet, daß die Regierung gegangen war. Was die nicht gut fanden, das mußte gut sein!

Schorlemmer:
Ist Ihre Arbeit, die jetzt im wesentlichen an der Oper stattfindet, eine Flucht aus dem Schauspiel, eine Flucht wegen eines bestimmten Anspruchs an das Theater, den Sie haben?

Dresen:
Ja. Ich mache nur Oper im Ausland. Das ist eine Flucht vor dem Schauspiel und auch eine Flucht vor Deutschland. Vom Theater deswegen, weil die Arbeit am Theater inzwischen sehr schwer ist. Die Ensembles sind zerstört. Ich würde Theaterarbeit nur mit einem Ensembletheater machen. Bei der Oper spielt so etwas keine Rolle. Da kann man das machen, auch im Ausland, weil man die Landessprache nicht perfekt können muß. Es genügt, wenn ich mich verständigen kann. Im Sprechtheater muß ich die Landessprache perfekt beherrschen. Das würde ich nicht wagen, in keiner Region der Welt, außer halt in Österreich. Mit Deutschland hat es auch seine Schwierigkeiten. Ich bin schon aus Deutschland weggelaufen, als es noch gar nicht wiedervereinigt war, al-

so aus Westdeutschland weggelaufen. Ich war am Theater ziemlich verzweifelt und sah keine Möglichkeiten mehr, ein Ensembletheater aufrechtzuerhalten. Es hat sich ja auch bestätigt, es gibt keines mehr. Was das heißt, weiß ich als Regisseur. Dann bin ich in die Oper emigriert. Ich hatte Glück, weil Gerard Mortier[19] gerade in Brüssel Operndirektor wurde. Brüssel hatte einen sehr guten Ruf. Meine Aufführungen gingen dort sehr gut, so daß ich dann nach Paris, nach London, nach Wien ging und in wirklich großen Häusern arbeiten konnte. Es hat auch etwas Gutes, wenn man sein Vaterland einmal von außen sieht. Man lernt es gleichzeitig hassen und lieben, und zwar unter ganz anderen Gesichtspunkten als vorher.

Schorlemmer:
Die Grundsatzfrage „Wie viel Freiheit braucht die Kunst?" haben wir bisher kaum berühren können.

Dresen:
Die Frage „Wie viel Freiheit braucht die Kunst?" habe ich in beiden Staaten völlig anders beantworten müssen. In der DDR war sie einfach zu beantworten. Da konnte man darauf sagen: Mehr als ihr gebt. In der Bundesrepublik war das so nicht zu beantworten. Da habe ich oft dazu geneigt, zu sagen: Weniger oder jedenfalls nicht die, die ihr gebt. Das ist eine lange und nicht ganz einfache Auseinandersetzung, die leicht mißdeutet werden kann. Ich habe auch juristische Auseinandersetzungen mit Richtern in der Bundesrepublik geführt, wo es um Zensurfragen, Urheberrechtsfragen und ähnliches ging. Ich habe die Richter der Bundesrepublik als außerordentlich angenehme Menschen in Erinnerung. Zwei Prozesse konnte ich gegen Institutionen gewinnen.
1. Sie wissen, daß ich nur bereit war, die Leitung in Frankfurt zu übernehmen, wenn die Mitbestimmung - wir einigten uns auf die Formulierung - „ausgesetzt" würde. Mein Argument war, daß der, der die Verantwortung trüge, auch die letzte Entscheidung haben müsse; ein Modell bewerte sich immer nach dem Krisenfall, das hiesige aber habe gerade darin - siehe den Fall Schaaf-Minks - versagt. Mit der Stadt war ich mir in dieser Frage einig, und auch Hilmar Hoffmann fand, daß die Mitbestimmung in der neuen Situation nicht mehr zu halten war. Als meine Meinung zur Mitbestimmung publik wurde, ging ein Wutschrei durch die bundesdeutsche Szene. Von Peymann, mit dem ich ja immerhin gearbeitet hatte, bekam ich einen Brief mit deutlich drohendem Ton. Das Ensemble prozessierte dann zwei Jahre gegen mich - und hat diesen Prozeß verloren. Der Richter entschied, daß die Mitbestimmung juristisch „nie existiert" habe - aus ähnlichen Gründen, wie sie auch für mich ausschlaggebend waren. In Frankfurts Linker hatte ich mir mit meinem Votum gegen die Mitbestimmung dauerhaft geschadet. In ihrem Verständnis war ich nun ein „Konservativer" - etwa das Schlimmste, was einem Künstler passieren kann.
2. Urheberrechtsprozeß über Spielfassung der Oper „Der Wald" von Rolf Liebermann.

Schorlemmer:
Als Sie in Frankfurt waren, ging es einmal um ein Stück von Fassbinder, das Sie nicht inszenieren wollten, weil es Ihrer Meinung nach ein schlechtes Stück war, und nicht, weil man ihm Antisemitismus vorwerfen kann.
In diesem Streit ging es gar nicht mehr um das Theater, sondern nur noch um die Provokation, die einen ins Gespräch bringen sollte. Da hat einer, der in der DDR Theater erlebt und Einschränkungen erlitten hat, natürlich ein gesundes Mißtrauen gegenüber einem solchen Spiel.

Dresen:
Ich war Direktor an dem Theater, also für alles verantwortlich. Es wurde regelrecht Druck auf mich ausgeübt, dieses Stück zu spielen, und zwar von der Frankfurter Linken, von meinem ganzen Theater. Ich habe das Stück gelesen und gesagt: „Ich möchte das nicht. Erstens, weil das Stück nicht gut ist, und zweitens, weil ihr es nicht macht, weil ihr das Stück für gut haltet, sondern weil ihr eine Presse haben wollt."
Es gab dann zwei Auseinandersetzungen, die vielleicht interessant sind. Als in der Luft lag, daß ich das machen muß, weil einfach der Druck groß war, da brauchte man Zivilcourage, es nicht zu machen. Ich wurde auf den Römerberg bestellt, zu dem Oberbürgermeister Walter Wallmann (CDU) und dem Kulturdezernenten Hilmar Hoffmann (SPD). Beide waren ganz ernst und sagten: „Wir mischen uns in Ihre Amtsgeschäfte nicht ein und wollen keine Zensur ausüben. Wir wollen Ihnen nur sagen, daß wir uns Sorgen machen und daß wir dieses Stück nicht an unserem Theater wollen. Aber, ob Sie es machen oder nicht machen, das ist allein Ihre Entscheidung." Es ist wirklich so gewesen. „Wir werden Ihre Entscheidung immer decken. Wir fallen Ihnen niemals in den Rücken." Ich habe es mehrmals erlebt, sie sind mir nie in den Rücken gefallen. Dann wurde ich auch zur jüdischen Gemeinde bestellt, die in Frankfurt ja sehr klein geworden ist. Damals war Ignaz Bubis der Vorsitzende der Frankfurter Jüdischen Gemeinde. Ich bin mit mehreren Dramaturgen hingegangen. Die jüdischen Gemeindevertreter waren solche Diskussionen überhaupt nicht gewöhnt. Sie fingen sehr ungeschickt an, mich unter Druck zu setzen. Sie sagten, das Stück sei antisemitisch. Ich sagte, daß ich das Stück überhaupt nicht antisemitisch fände und daß Fassbinder kein Antisemit sei. Ich fände das Stück lediglich schlecht und würde es aus diesem Grund nicht machen. Statt sich damit zu beruhigen, haben sie mit mir gekämpft und vertraten die Meinung, daß das Stück antisemitisch sei und ich es deswegen nicht machen solle. Auf dieser Strecke haben wir uns nicht einigen können. Ich habe auch mit Hans Mayer darüber gesprochen. Das war eine wunderbare Diskussion mit meinem alten Lehrer. Der war gerade in Hinterzarten im Schwarzwald. Ich fuhr hin und spazierte mit ihm durch den Schwarzwald. Er erzählte kölnische Witze, und ich kam überhaupt nicht zu Wort. Irgendwann konnte ich ihn fragen, was er denn zu der ganzen Diskussion in

Frankfurt sage. Er sagte: „Klar ist das Stück antisemitisch, aber nun machen Sie es halt, was soll sein." Ich habe es aber nicht gemacht.

Frage aus dem Publikum:
Ich verstehe Ihre Verzweiflung über das Regietheater. Aber können Sie sich wirklich nicht vorstellen, irgendwo in Deutschland doch noch einmal Theater zu machen? Für uns und auch für die jungen Menschen, die verzweifelt oder heimatlos sind, weil man nur diesen Postmodernismus vorgesetzt bekommt, der eigentlich keine Inhalte mehr hat. War es vor 1989 möglich, Kontakt zu halten zu den künstlerischen Freunden in der DDR?

Dresen:
Im Theater muß ich mit einem Apparat arbeiten. Natürlich nicht nur mit einem Apparat, sondern auch mit Menschen. Aber Menschen sind nicht gleich Menschen. Im Theater geht es darum, daß man ein Ensemble hat. Im Deutschen Theater war es so, daß meine Hauptarbeit nicht darin bestand, eine Inszenierung auf die Beine zu stellen, sondern das Ensemble zu bilden. Am besten ist es, wenn man so ein Ensemble hat, daß man als Regisseur gar nichts mehr zu machen braucht. Das ist das beste, auch für den Dirigenten. Ich kenne die Dirigenten nun wirklich alle aus der Nähe. Die besten Dirigenten sind die, die nicht mehr arbeiten müssen. In der Oper geht das nicht. Im Konzert geht das viel besser. Ich habe es einmal in Berlin erlebt. Otmar Suitner[20] dirigierte die „Dritte" von Beethoven. Kaum waren die Anfangstakte vorbei, legte er den Taktstock hin, ging hinunter in den Saal, setzte sich hin und hörte zu. Sein Orchester spielte allein, geleitet nur durch den Konzertmeister, der die Einsätze zu geben hatte. Wenn die Orchestermitglieder gut arbeiten, brauchen sie den Dirigenten nicht. Leider sind die Orchester gar nicht mehr gewöhnt, selbstständig zu denken und zu arbeiten, oder nur noch wenige. In der Oper geht es nicht ohne Dirigenten, weil die Verbindung zwischen Bühne und Orchester nur über den Dirigenten läuft. Wenn der Dirigent die Sänger nicht führt, dann sind die verloren und können auch nicht spielen. Aber nicht jeder Dirigent kann eine Oper leiten.
Als Regisseur bin ich abhängig vom Ensemble und ich kann das nicht ersetzen. Die Theater wollen mich oft als Gastregisseur nur für eine Inszenierung, aber das mache ich nicht. Ich habe das einmal in Wien bei Peymann gemacht, weil ich sein Ensemble aus Bochum und auch das Wiener Ensemble kannte. Ich habe auch etwas gemacht, was Claus Peymann[21] immer vermieden hat, nämlich die Ensembles durcheinander gemischt. Peymann wollte das nicht. Er wollte, daß die beiden Truppen verfeindet bleiben. Wenn ich heute an ein Theater gehe, habe ich weder die Moral bei den Theaterleuten noch eine eingespielte Truppe, die miteinander arbeiten kann. Das alles kann ich bei einer einzigen Inszenierung nicht erzeugen.

In Frankfurt war ich Chef und hätte diesen Zustand in vier bis fünf Jahren erreichen können. Meine erste Inszenierung war „Minna von Barnhelm". Ich wollte eine Komödie machen, denn das Theater war unter 50 Prozent Zuschauerauslastung. Die Inszenierung war so, daß ich mich nicht schämen mußte, und sie erfüllte ihren Zweck. Es war ein Riesenpublikumserfolg, und bis ich wegging, war die Inszenierung immer voll. Das Problem war die Presse. Ich bekam sofort Prügel, auch von denen, die mich aus Wien nach Frankfurt gelobt hatten. Aus einem einfachen Grund: Was dem Publikum gefällt, kann nicht gut sein. Ich galt als pressefeindlich, denn ich habe nie etwas gesagt. Die Schauspieler kriegten ihr volles Haus, was sie nicht gewöhnt waren. Dann passiert etwas Schreckliches. Die Presse ist überregional, das Publikum hingegen regional. Ins Theater kommen die Menschen aus Frankfurt und Umgebung, aber nicht die aus Bremen oder aus München. Dort wird aber die überregionale Presse gelesen. Wenn in der überregionalen Presse ein Verriß steht, dann rufen die Theaterleute aus anderen Städten eines Tages in Frankfurt an und fragen: „Was ist denn bei euch da los? Was macht ihr denn da?" Schließlich denken meine Schauspieler auch, der Verriß wäre zu Recht geschrieben worden. Ich habe erlebt, daß Zuschauer nach der Premiere zunächst begeistert waren. Dann lesen sie in einigen Zeitungen, daß die Aufführung mehr das Theater der fünfziger Jahre ist – das wollen wir doch auch nicht –, und man hört beim nächsten Mal: „Ich fand es doch ganz gut", beim übernächsten Mal: „Na ja, ein paar Sachen waren natürlich ...", und dann wird die Meinung über das Stück immer schlechter. Ich kenne das alles und weiß, man hat gegen so etwas keine Chance. Ich nehme das den Journalisten nicht übel. Ich weiß, unter welchen Bedingungen sie arbeiten. Dort herrschen Konkurrenzbedingungen genau wie bei den Regisseuren auch. Die müssen sich profilieren. Ich brauchte das nicht, mich kannte jeder. Aber wenn ein junger Regisseur in einem Theater anfängt, um Gottes Willen, was muß der machen, damit überhaupt eine Zeitung nach ihm kräht!
Wenn jetzt die Marktwirtschaft noch dazu kommt, wird die eine Seite dieses vollkommen versponnene Theater sein, was keiner mehr versteht. Ich sage immer „Des Kaisers neue Kleider". Die Alternative ist das Markttheater, welches angeblich das Theater fürs Publikum ist. Das ist Quatsch, das Publikum will das gar nicht. Ich habe es oft genug erlebt. Neulich erst mit meinem Sohn Andreas, der den Film „Die Polizistin" gedreht hat, mit Geldern von ARD und WDR. Die waren sich klar, das bringt keine gute Quote, aber wir brauchen solche Filme auch, denn wir müssen uns irgendwo rechtfertigen für die öffentlichen Gelder, die wir kriegen. Also müssen wir auch einmal einen „richtigen" Film machen. Die Überraschung war dann, daß die Einschaltquote sehr gut war. Jetzt besteht die Hoffnung, daß die vielleicht ihre Politik ändern.
Zu der Frage nach den Kontakten: Es war ein Problem. Ich war der einzige Intendant im Westen mit DDR-Paß, bis zum Schluß. Als die Wende kam, hatte ich immer noch einen DDR-Paß. Ich wollte gerne wählen gehen, aber mit dem Reisepaß durfte man nicht

wählen. Es gab zu diesem Zeitpunkt keine Instanz mehr, die mir den Paß noch umtauschen konnte. Ich hatte immer noch den DDR-Paß, als alle anderen schon einen Reisepaß der Bundesrepublik hatten. An den Grenzen war das wunderbar. Vorher kam ich mit dem DDR-Paß beispielsweise in die Schweiz gar nicht hinein. Wenn ich jetzt mit dem DDR-Paß kam – egal, ob in England, Frankreich oder in der Schweiz –, gab es großes Gelächter, ein Visum und die Angelegenheit war erledigt. Ich habe den DDR-Paß heute noch, aber inzwischen auch den anderen.

Schorlemmer:
Sie hatten nähere Beziehungen zu einem Mann, den Sie nicht „Heiner" genannt haben.

Dresen:
Ich war einmal befreundet mit Heiner Müller. Weil der aber die Instanz, „der Heiner" war, habe ich ihn immer nur Heinrich genannt. Ich konnte diesen Namen nicht aussprechen. Wir waren anfangs eng befreundet, aber das hat sich später sehr abgekühlt. Das ist eine ganz schwierige Geschichte, weil mir das auch leid getan hat. Wir haben uns ganz böse entfremdet. Das hatte nichts mit meinem Gang nach dem Westen zu tun, sondern eher damit, daß ich den irischen Dramatiker Sean O'Casey inszeniert hatte und nicht ihn. Ich fand, daß er „aus dem Fenster" schrieb und aus dem Fenster inszeniert haben wollte. Er schrieb nach meiner Ansicht – ganz böse gesagt – für den Westen und nicht für seine Leute hier. Er wurde immer abstrakter. Er hat es später immer bestritten, aber es war so, daß er aus einer Generalprobe von „Juno und der Pfau" in der Pause hinausgegangen ist. Ich habe es gesehen. Er hat später immer von dieser wunderbaren Aufführung geredet. Ich fand das gelogen, es stimmte nicht. Da gab es offenbar ein Auseinanderscheren. Ich verstand halt unter Theater etwas anderes als er. Er hatte ja dann auch einen großen Erfolg im Westen.
Es gibt eine Geschichte, die sehr charakteristisch ist. Ich habe sie kürzlich Christa Wolf erzählt. Sie fand das auch. Heiner Müller hatte zusammen mit einer Laienbühne „Die Umsiedlerin" gemacht. Dann gab es furchtbaren Krach, einen öffentlicher Kunststreit. Viel schlimmer als bei „Faust", weil sie nicht unter dem Schutz der Westpresse standen, was bei uns ja doch ein bißchen der Fall war. B. K. Tragelehn[22] und Müller mußten fürchten, daß sie verhaftet werden. Sie gingen nachts durch die Berliner Kneipen und waren ziemlich betrunken. An irgendeiner Stehschlucke, als schon alles geschlossen war, sagte Müller den großen Satz: „Ja, mit Realismus geht es eben nicht." Das ist ein Satz, den man nicht in dieser Form, aber inhaltlich in der deutschen Literaturgeschichte tausendmal finden kann, gerade bei den besten Autoren. An dieser Stelle sind sie irgendwann zurückgewichen, umgekippt oder umgeknickt in irgendeiner Weise. Oder sie sind zu früh gestorben wie Büchner oder verrückt geworden wie Hölderlin. Das ist

ein böses Kapitel, über das die Literaturgeschichte noch nicht geschrieben ist. Es wäre bitter nötig, daß man das mal täte, das ist nämlich ein nationales Übel. Das gibt es in anderen Nationen in dieser Weise nicht. Ich habe es ihm noch einmal gesagt, aber er hat es, glaube ich, nicht verstanden. Kürzlich habe ich es mit Christa Wolf besprochen. Da ging es auch um solch eine Realismus-Diskussion. Sie war sehr erstaunt, daß das so ist. Sie hat dann viele Namen aus der deutschen Literaturgeschichte genannt, für die genau das ebenfalls zutrifft.

Schorlemmer:
Ich habe in den sechziger Jahren auch O'Casey in Berlin gesehen. Er ist 15 Jahre später erst gedruckt worden. Was wir westdeutschen Freunden, die seit 1963 in die DDR kommen konnten, zeigen konnten, waren Museen und Theater. Viele kamen, um die beste deutsche Sprechbühne zu erleben, das Deutsche Theater.

Sie haben einen „Theater-Macher" erlebt und einen Mann, der sich und deshalb wohl auch seine Aufgabe am Theater ernst nimmt. Das kann man nur, wenn man diesen Humor behält, den Sie uns heute hier demonstriert haben. Es beeindruckt mich jedes Mal, daß Ihr Rückblick frei ist von jeder Bitterkeit. Aber was Sie gegenwärtig erleben, läßt Sie nicht frei von Bitterkeit, wenn Sie sagen müssen: Ich finde kein Theater, an dem ich spielen will um des Theaters und der Menschen willen, es gibt keine Ensembles mehr. Diese Zerstörung geht bis in die Parteivorstände hinein; das sind auch keine „Ensembles" mehr. Da paßt eine Weile lang für die Presse kein Blatt zwischen zwei Männer und nachher passen 300 Seiten dazwischen.

Dresen:
Man sieht keine Menschen mehr, sondern nur noch Profilneurotiker.

Schorlemmer:
Sie haben sich die Oper als künstlerische Nische gesucht, aber, wenn ich es richtig verstehe, verbunden mit einer gewissen Trauer, nicht mehr Theater machen zu können. Ich habe mit großer innerer Spannung Ihren Essay über den Theaterstreit um „Faust" gelesen und will daraus abschließend einige Sätze zitieren:
Fausts „Verweile doch ..." – steht im Konjunktiv. Es scheint, daß das Schöne gerade nicht im Verweilen ist, nicht im erfüllten Augenblick, sondern allein im Vorgefühl. Das erreichte Paradies, es ist immer die Hölle. Das Glück immer ein Glück ohne Ruhm. Der höchste Augenblick bleibt immer unerfüllt, und eben das ist das Glück. Fortschritt ist immer einer überm Abgrund. Je höher wir stehen, desto tiefer können wir fallen. Der Absturz in die Barbarei ist immer möglich. Freiheit und Leben müssen wir täglich erobern. Es gibt kein sicher Errungenes, keinen Ort der Endgültigkeit. Und gerade wo der Sieg

definitiv scheint, steckt in ihm die Niederlage. Daß immer wieder alles und von den Fundamenten an in Frage steht, das eignet sich natürlich nicht zu irgendeiner Staatsdoktrin. Und ich wiederhole, der höchste Augenblick bleibt immer unerfüllt. Aber eben das ist das Glück."
Ich danke herzlich für diesen Abend und solche Sätze.

Anmerkungen

1 Hans Mayer (1907-2001), Literaturhistoriker und -kritiker, 1948-1963 Professor in Leipzig, 1966-1973 in Hannover.
2 Ernst Bloch (1885-1977), Professor für Philosophie, wird 1919/20 Mitglied der KPD, 1939 Ausbürgerung, geht in die Schweiz, 1938 Emigration in die USA, 1948 nimmt er eine Professur in Leipzig an, 1957 wird er wegen seiner offenen Kritik an der DDR-Politik zwangsemeritiert; er hält sich in der Bundesrepublik auf, als 1961 die Mauer gebaut wird und kehrt nicht in die DDR zurück, Bloch nimmt Professur in Tübingen an, 1967 erhält er den Friedenspreis des Deutschen Buchhandel, ab 1968 Leitfigur der Studentenbewegung, 1986 Gründung der Ernst-Bloch-Stiftung, 1989 Bloch wird posthum in der DDR rehabilitiert.
3 Peter Weiss (1916-1982), schwedischer Dramatiker, Erzähler, Essayist, Maler deutscher Herkunft und Sprache. Weiss, der unter dem Einfluß Kafkas und surrealistischer Strömungen begann, entwickelte sich zu einem der markantesten Vertreter politischen Theaters im deutschsprachigen Raum, dabei Mittel und Techniken des epischen, absurden wie dokumentarischen Theaters vereinend, ein „totales Theater" anstrebend; er führt in den meisten Stück Auseinandersetzungen zwischen entgegengesetzten Welthaltungen, so zwischen Fortschritt und Reaktion, Individualismus und Volksverbundenheit.
4 Octavio Paz (1914-1998), mexikanischer Schriftsteller, schrieb visionäre, surrealistische Gedankenlyrik, Nobelpreis für Literatur 1990.
5 Wolf Biermann, *1936, Schriftsteller und Liedermacher, ging 1953 in die DDR, 1963 aus der SED ausgeschlossen, 1976 ausgebürgert.
6 Klaus Piontek, *1935, Schauspieler, studierte 1953-1956 an Theaterhochschule Leipzig, nach Anfangsjahren in Halberstadt (1956-1958) und Dresden (1958-1962) seit 1962 am Deutschen Theater Berlin, außerdem Film- und Fernsehtätigkeit. Piontek versteht es, dramatischen Gestalten von Klischees zu befreien, sie in ihren Widersprüchen zu zeigen und durchschaubar zu machen.
7 Wolfgang Heinz (1900-1984), Schauspieler, Regisseur, Präsident der Deutschen Akademie der Künste (1968-1974), mußte 1934 Deutschland verlassen,

1934–1946 Regisseur und Schauspieler in Zürich, danach zunächst in Wien tätig. 1963–1969 Intendant des Deutschen Theaters Berlin.

8 Nationalpolitische Erziehungsanstalt (NPEA), im Volksmund „Napola". Seit dem 20. April 1933 eingerichtete Schulen mit besonderer Betonung weltanschaulicher Erziehung im nationalsozialistischen Sinne. Zum Kriegsende 1945 gab es 43 Anstalten im Deutschen Reich.

9 M. Iljin, eigentlich Ilja Jakowlewitsch Marschak (1896–1953), Schriftsteller. Iljin schrieb vorzugsweise Jugend- und populärwissenschaftliche Bücher, u. a. „Wie der Mensch zum Riesen wurde" (1946, mit Jakob Segal)

10 Emil Fuchs (1874–1971), evangelischer Theologe, ab 1950 Prof. für Systematische Theologie und Religionsphilosophie an der Theologischen Fakultät der Universität Leipzig und bis 1958 Leiter des von ihm begründeten Religionssoziologischen Instituts; 1950 Mitglied des Friedensrates der DDR; Ehrenmitglied der CDU; 1958 Mitbegründer und Mitglied des Fortsetzungsausschusses der Christlichen Friedenskonferenz; 9.2.1961 Empfang durch Staatsratsvorsitzenden Walter Ulbricht.

11 Werner Krauss (1900–1976), Romanist. 1942 verhaftet als Mitglied der Widerstandsgruppe Schulze-Boysen, 1943 wegen Hochverrats zum Tode verurteilt, 1944 Umwandlung des Urteils in fünf Jahre Zuchthaus, Überführung in ein KZ durch den Vormarsch der Alliierten verhindert, nach der Flucht aus dem Militärgefängnis Torgau 1945 Gefangenschaft. Forschungs- und Publikationstätigkeit auf dem Gebiet der romanischen Literatur, wirkte besonders durch seine Arbeiten zur europäischen Aufklärungsbewegung schulebildend.

12 Gustav Hertz (1887–1975), Physiker. 1945–1954 im Rahmen des sowjetischen Atombombenprojekts Leiter eines Forschungsinstituts bei Suchumi, Entwicklung des Gasdiffusionsverfahrens für die Uran-Isotopentrennung; 1951 Stalin-Preis der UdSSR; 1954–1961 ord. Prof. und Direktor des Physikalischen Instituts der Universität Leipzig.

13 Benno Besson, *1922, Regisseur und Theaterleiter, Assistent Brechts beim Berliner Ensemble, 1969–1974 Leiter der Volksbühne in Ostberlin.

14 Heiner Müller, (1929–1995), Schriftsteller, seit 1972 beim Berliner Ensemble, eigenwillige Bearbeitung klassischer Stoffe, erhielt 1985 den Georg-Büchner-Preis.

15 Fred Düren, *1928, Schauspieler. Aus der Schule Brechts kommend, erreichte Düren den Höhepunkt seiner künstlerischen Laufbahn in der Arbeit mit Besson, auch Dresen; diese Positionen verließ er infolge religiöser Wandlungen, Bekenntnis zum Judentum, langjährige Aufenthalte in Israel.

16 Dieter Franke (1934–1982), einer der begabtesten Schauspieler in der DDR, vital, komödiantisch, leidenschaftlich, zu überaus differenzierten und reifen, auch tragischen Gestaltungen fähig. Höhepunkte in der Arbeit mit Dresen als Regisseur.

17 Horst Salomon (1929–1972), Dramatiker.

18 Bärbel Bolle, *1941, Schauspielerin. Gehörte mit ihrem Spieltemperament und ihren reichen gestalterischen Mitteln zur profilierten jüngeren Schauspielergeneration in der DDR, wurde bekannt vor allem durch ihre Nadja und ihr Gretchen.
19 Gerard Mortier, *1943, Jurist. Seit 1981 Operndirektor in Brüssel, 1989 künstlerischer Leiter der Salzburger Festspiele.
20 Otmar Suitner, *1922, österreichischer Dirigent. Lange Jahre tätig an der Staatskapelle Dresden und an der Deutschen Staatsoper.
21 Claus Peymann, *1937, Regisseur und Theaterdirektor, gründete 1971 die Schaubühne am Halleschen Ufer, Berlin, 1974-1979 Leiter des Württembergischen Staatstheaters in Stuttgart, 1980-1986 Leiter des Bochumer Schauspielhauses, 1986-1999 Direktor des Wiener Burgtheaters, seit 1999 Leiter des Berliner Ensembles.
22 B. K. Tragelehn, *1936, Regisseur, Übersetzer, Lyriker, Hörspielautor. 1972-1976 Regisseur am Berliner Ensemble, seit 1979 Theaterarbeit in der Bundesrepublik: Stuttgart, Bochum, Frankfurt a. M.; meist in Düsseldorf, 1986 wieder in Dresden. 1991 an der Volksbühne Berlin.

„Satire legt sich mit den Starken an"

kulturforum

LEBENSWEGE

KLAUS STAECK

Heidelberg

Die Beurteilung auf seinem Abiturzeugnis 1956 ließ ihm keine andere Wahl mehr als in den Westen abzuhauen. Aber Bitterfeld blieb für ihn ein Lebensthema: der Kampf um Demokratie und Menschenrechte, aber auch um saubere Luft und militärfreie Wälder.
Zunächst studierte er Jura. Das half ihm, sich selber zu verteidigen. Immer mit Erfolg. Staeck vermag es, Sachverhalte auf den Punkt und ins Bild zu bringen. Kunst ist für ihn nie ein von außen gegebener Auftrag, sondern selbstbestimmte Einmischung - auf eigene Kappe und auf eigene Kosten, nie Auftragskunst der Mächtigen oder Reichen.
Klaus Staeck hat Humor. Und Ironie ist „kein oberflächlicher Stress. Seit meiner Kindheit hat sie einen festen Platz im Überlebenstraining, ein Kompass beim alltäglichen Sprint durch die verminten Irrgärten." Aber er meint es ernst.
Er blieb am Osten interessiert und kämpfte bei der deutsch-deutschen Selbstverständigung gegen neue und ganz alte Feindbilder und Etikettierungen. Einheit muss doch mehr sein als die Einheit von Bockwurst und Banane!
Sie sind eingeladen, den Lebensweg eines unermüdlichen agierenden Demokraten kennen zu lernen, nicht zuletzt in der Begegnung mit einer Auswahl von 25 Plakaten.

Freitag, 19. Januar 2001, 19.30 Uhr
Evangelische Akademie, Schloßplatz 1 d

Sie sind herzlich eingeladen.

Friedrich Schorlemmer
Studienleiter

Eintritt: 8,00 DM
erm.: 6,00 DM

Evangelische Akademie Sachsen-Anhalt e.V., 06886 Lutherstadt Wittenberg, Schloßplatz 1 d
Tel. 03491/49880, Fax 03491/400706, E-Mail: Ev-Akademie-Wittenberg@t-online.de

Schorlemmer:
Das finstere Mittelalter gebar das Narrentum als Ausdrucksform von Christentum. Insofern ist die heutige Überschrift in der „Mitteldeutschen Zeitung" ganz richtig: „Narretei in der Evangelischen Akademie". Die Narrenfeste parodierten christliche Feste. Klerikerfeste waren am ausschweifendsten in französischen Kathedralen, und zwar bis hinein ins 16. Jahrhundert, wo dann der Ernst des Protestantismus auch den Katholizismus erfaßte. Seit dem Mittelalter haben sich Menschen Narrenkappen aufgesetzt oder von anderen „eine übergezogen" bekommen. Der Narr darf sagen, was er will. Er weiß aber auch, daß sich nichts ändert. Wehe aber, die Leute glauben ihm. Ihr Hohngelächter ist auch ein Höllengelächter. Sie lachen über den Narren und wollen nicht anerkennen, daß er die Wahrheit sagt. Solch ein Narr sitzt neben mir.

Staeck:
Das ist ja eine tolle Einführung.

Schorlemmer:
Wenn man sich die Plakate im Raum, sozusagen lauter „Staeck-Briefe", ansieht, erkennt man den Versuch, Dinge überdeutlich auszudrücken; wir leben in einer Zeit, in der das, was man nicht deutlich sagt, überhaupt nicht mehr gehört wird. Wir wollen uns heute mit der Wahrheit der Narren beschäftigen und ich will daran erinnern, daß durch Sebastian Brants literarisches Werk „Narrenschiff" aus dem Jahr 1494 das Narrenmotiv überhaupt Verbreitung erfuhr. Auch Till Eulenspiegel wird schon 700 Jahre alt. Er lebte von 1300 bis 1350. Das Volksbuch „Die Schildbürger" spielt hier ganz in der Nähe, in Schilda. Übrigens, Lothar Bisky[1] hat jetzt ein Haus in Schilda, worüber sich mancher lustig macht.
Mancher Narr weiß nicht, welch ein Narr er ist. Der „richtige" Narr jedoch weiß, daß er ein Narr ist. Meistens nennen Narren die Narren dumm, weil sie selbst zu dumm sind, die Wahrheit der Narren zu erkennen. Davor haben sich übrigens die Fürsten geschützt, indem sie sich Narren hielten. Das ist in Diktaturen ähnlich, beispielsweise war das Kabarett in Leipzig so eine „Ablachhütte" der Diktatur. Jetzt läßt es sich so schlecht lachen. Also, was macht man? Man installiert allabendlich neben Harald Schmidt auch noch „TV-Total".
Auch in der Literatur sind Narren, Idioten und Clowns ein Thema - von Dostojewski über Böll bis hin zu Grass und seinem Oskar Matzerath in der Blechtrommel.
Das geheime Ziel der Narren bleibt, Besserung und Belehrung durch Polemik und Karikatur zu erreichen. Deswegen habe ich gesagt: Klaus Staeck, du bist auch ein Narr. Der Schriftsteller Kurt Tucholsky war einer der großen Narren des vorigen Jahrhunderts, der mit Übertreibung gearbeitet hat, bis er merkte, daß er mit seinen Voraussagen gar nicht übertrieben hatte, und sich im Exil bald das Leben nahm. Er war am Ende. Von

ihm wird oft der Satz zitiert: „Satire darf alles." Beschäftigt man sich weiter mit Tucholskys Werk, findet man folgende Reflexionen aus dem Jahr 1919: „Satire ist eine durchaus positive Sache. Der Satiriker ist ein gekränkter Idealist. Er will die Welt gut haben, aber sie ist schlecht. Nun rennt er gegen das Schlechte an. Die Satire eines charaktervollen Künstlers, der um des Guten willen kämpft, verdient nicht diese bürgerliche Nichtachtung und das empörte Fauchen, mit dem hierzulande diese Kunst abgetan wird. Satire darf alles – das ist eben kein Freibrief für Zyniker und Menschenverächter, denn Satire ist Sache gekränkter Idealisten." Von solchen Verletzungen kann Klaus Staeck erzählen. Er hält es stärker mit der Ironie.
Lieber Klaus Staeck, warum bist du nicht Jurist geblieben? Das ist doch ein anständiger Beruf, mit dem man auch noch ordentlich verdienen kann.

Staeck:
Irgendwie bin ich das schon geblieben. Eigentlich habe ich Jura studiert, weil ich aus einem freundlichen, aber kleinbürgerlichen Hause komme, wo wenigstens der Älteste etwas Vernünftiges werden mußte. Ich stamme aus Bitterfeld und wollte damals erst einmal etwas ganz Unvernünftiges werden. Wir konnten in der Schule vor dem Abitur drei Berufswünsche angeben. An erster Stelle stand bei mir Filmregisseur. Das war natürlich etwas ganz Exotisches. Ich glaube, in der ganzen DDR wurden damals nur zwei in Babelsberg angenommen. Der zweite Berufswunsch war Architekt. In Weimar habe ich dafür eine Aufnahmeprüfung gemacht. Durch Zufall hörte ich dabei durch die angelehnte Tür meine politische Beurteilung, die der FDJ-Sekretär der Kommission vorlas und dachte, da brauchst du gar nicht mehr hineinzugehen. Das ist eindeutig. Dennoch wirkte es damals seltsam befreiend auf mich. Ich hatte das Gefühl, daß jetzt sowieso alles gelaufen ist und ich deshalb ehrlich antworten kann. Zunächst wurden mir Abbildungen abstrakter Arbeiten von Picasso vorgelegt. Die mußte man natürlich schlecht finden. Man wußte immer, was man machen und sagen sollte. Ich habe aber gesagt: „Ich finde die großartig." Da schauten die Kommissionsmitglieder schon mal ganz entgeistert. „Ich halte es für Heuchelei, daß wir die Friedenstaube und das Weltjugendfestspielplakat gut finden und von dem gleichen Künstler abstrakte Arbeiten verdammen sollen." Das war natürlich ganz falsch. Später kam der Rektor meiner Schule auf mich zu und sagte, daß er sich einsetzen würde, daß ich noch eine Lehrstelle als Maurer bekäme. „Nun, ich habe ich nichts gegen Maurer, doch gucken Sie sich meine Hände an. Glauben Sie, daß das jemals gute Maurerhände werden?", war meine Antwort. Ich packte also mein Köfferchen, stieg in die Bahn und kam nicht zurück. Das machte die Hälfte meiner Klasse damals so.
Im Westen habe ich dann tatsächlich erst einmal ein Dreivierteljahr auf dem Bau gearbeitet. Schließlich habe ich mich darauf besonnen, daß ich ja eigentlich Künstler werden wollte. Das längste Studium war damals Jura. Ich fand das ideal und hoffte, par-

allel zu den fünf Studienjahren den Durchbruch als Künstler zu schaffen. Inzwischen bin ich Rechtsanwalt und habe das Jurastudium nie bedauert, weil es einem eine gewisse Sicherheit gibt. Es wird ja unheimlich viel im Leben gebluftt, besonders auf juristischem Gebiet. Das haben Sie alle ohne Zweifel inzwischen selbst erfahren. Auf dieser Strecke bin ich jedenfalls nicht mehr zu erschrecken. Und die 41 Prozesse, die ich jetzt hinter mir habe, haben mich in dem Gefühl bestärkt, daß ich es mit anderen durchaus aufnehmen kann. Das ist viel wert, damit man nicht vor dem großen Konzern, der eine ganze Rechtsabteilung auf einen ansetzen kann, von vornherein kapituliert, wenn man den Brief bekommt: Bitte unterschreiben Sie die Unterlassungserklärung, daß Sie Ihr Plakat zurücknehmen, daß Sie alle bereits ausgelieferten Plakate zurückholen, die Druckunterlagen vernichten und so weiter.

Schorlemmer:
Eine richtige Drohskala?

Staeck:
Ja. Beispielsweise bei einem Streitwert von 100.000 Euro. Da ist schon die erste Rechnung über 1.750 Euro für diese Aufforderung dem Brief beigelegt. Das Verfügungsverfahren ist glücklicherweise barmherzig kurz. Innerhalb von drei Tagen muß man in der Regel seine Entscheidung fällen. In der ersten Nacht schläft man unruhig und fragt sich, was noch alles im Augenblick läuft. Kann man sich ein weiteres Verfahren leisten? Es macht immer sehr viel Arbeit, sich mit den „Großen" anzulegen. Es ist auch riskant. Aber wir lieben doch alle das risikoreiche Leben, denke ich. Es ist spannender als das langweilige. Am zweiten Tag überlegt man noch, am dritten wird man kühn. Dann nimmt das Schicksal seinen Lauf, und der Gegner muß vor Gericht gehen, um das Verbot durchzufechten. In der Regel hat man aber gute Karten, weil die meisten noch nicht gemerkt haben, daß die Meinungsfreiheit eines der höchst geschützten Güter in der Verfassung ist. Man muß schon große Gemeinheiten oder Niederträchtigkeiten von sich geben, um wirklich einmal belangt zu werden. Der Politiker Erhard Eppler[2] wollte allerdings einmal gegen jemand vorgehen, der ihm etwas vorwarf, was er gar nicht gesagt hatte. Die Gegenseite hat dann entgegnet: „Aber so wie Sie denken, hätten Sie es gesagt haben können." Eppler hat diesen Prozeß verloren.
Der Schutz der Meinungsfreiheit geht so weit, daß Irrtümer nicht belangt werden können. Das ist ein Vorteil. Ich sage das, weil die meisten Menschen mit ihrer Meinung doch eher ängstlich umgehen und Rechte, die wir besitzen, nicht offensiv nutzen. Das möchte ich mit dieser kleinen Geschichte ausdrücken: Schluckt nicht alles in euch hinein. Magengeschwüre sind viel lästiger. Ich hätte sicher einige im Laufe der Zeit bekommen, wenn ich nicht die Chance meiner Ausdrucksmöglichkeit hätte. Manche halten es für einen Gerechtigkeitsfimmel, um es locker auszudrücken. Aber ich leide

tatsächlich unter Ungerechtigkeit und möchte etwas dagegen tun. Zunächst denke ich immer: Kann ich das nicht selber ausfechten? Da kommt man gelegentlich auf absurde Ideen und macht seltsame Veranstaltungen aller Art, wo jeder sagt: Ist der denn verrückt? Das ist doch längst entschieden. Aber ich stelle oft fest, daß viele der sogenannten entschiedenen Dinge am Ende gar nicht entschieden sind, wenn sie jemand in Frage stellt. Weil die meisten Menschen es nicht gewohnt sind, daß man eine Entscheidung noch einmal hinterfragt.

Das ist eine Chance für die Satire. Sie erscheint oft auf den ersten Blick rätselhaft. Man muß immer zweimal hinsehen. Ich habe einmal ein Plakat gemacht: „Die Reichen müssen noch reicher werden. Deshalb CDU." Eine sehr schlichte Botschaft, aber sie stimmte. Vor ihrer Direktheit kann man sich erschrecken, wenn man ein CDU-Wähler ist. Dieses Plakat bescherte mir die ersten vier Prozesse in zwei Tagen. Damals ist ein Journalist zu dem CDU-Geschäftsführer gegangen und hat ihn gefragt: „Warum gehen Sie denn gegen einen Referendar (der ich damals war) so vor?" Seine Antwort war: „Wir wollten zunächst auch nichts unternehmen, das ist doch Unsinn. Aber wir waren dazu gezwungen, weil reihenweise unsere eigenen Leute gekommen sind und gesagt haben: Aber das können wir doch nicht plakatieren." Die hatten das völlig falsch verstanden. Meine klugen Freunde haben immer gesagt: „Satire ist etwas zum Nachdenken" und hielten sie deshalb nicht für massentauglich. Darauf habe ich erwidert: „Na schön, das ist doch wunderbar, wenn man jemanden zum Nachdenken bringt."

Satire ist bei allem Spaß, den man dabei haben kann, eine ernste Angelegenheit. Der Inhalt muß stimmen. Die Aussage muß belegt werden können. Man kann nicht irgendeine Gemeinheit oder Niedertracht als Satire ausgeben, nach dem Motto: Satire darf alles. Bei all meinen Prozessen habe ich natürlich auch Material gehabt. Wenn es zum Streit kommt, dann kann ich den Wahrheitsgehalt meiner Plakate, von dem satirischen Mantel entkleidet, nachweisen. Dafür brauche ich meine Jurakenntnisse dann doch wieder. Juristisch zu denken, ist oft von Vorteil im Leben. Jedenfalls für mich hat es sich als sehr nützlich erwiesen.

Schorlemmer:
Deswegen sind so viele Politiker Juristen.

Staeck:
Nun, es ist ein Allroundjob, den man da zunächst erlernt. Ich bin auch jemand, der die Juristen gelegentlich verteidigt. Ich habe als Referendar im Schöffengericht die Erfahrung gemacht: Wenn es die Berufsjuristen nicht gäbe, wäre die Welt noch brutaler. Ich habe erlebt, daß bei einem kleinen Diebstahl die Schöffen gleich drei Jahre Gefängnis geben wollten. Der Volkszorn ist oft – ungebremst durch Erfahrung – mit großer Vorsicht zu genießen. Das betrifft auch die Rechtsradikalendebatte. Wir müssen wieder ler-

nen, und manche müssen das neu lernen, daß eine Gesellschaft Regeln braucht. Die muß man allerdings hinterfragen können: Ist es in Ordnung, daß wir den so behandeln, daß wir das so geregelt haben? Aber daß man nicht auf den Schwachen noch einmal eintritt, wenn er schon am Boden liegt, das ist schon immer eine ganz simple verbindliche Regel gewesen. Plötzlich scheint sie außer Kraft gesetzt. Dann kommt so jemand wie ich und fragt: Warum ist es dazu gekommen? Was ist da passiert? Wieso verhält der sich so? Der hat doch eben noch den Eindruck erweckt, er sei ein ganz normaler Zeitgenosse.

Es ist sehr schwierig, so etwas in Bilder umzusetzen, und es ist auch schwierig, manche Sachen zu verstehen. Ich traue der Meinungsbildung der Menschen eher, wenn sie etwas für sich selbst erarbeitet haben. Sie haben es sich dann wirklich zu eigen gemacht. Eine Parole, die eingehämmert wird, kann durch eine Gegenparole sofort wieder aufgehoben werden. Das ist eine der Grundregeln, die ich bei meinen Satiren zu beachten versuche.

Schorlemmer:
Ich erlebe dich so, daß du eigentlich verschiedene Berufe ausüben könntest, weil du dich sowohl politisch, juristisch als auch künstlerisch ausdrücken kannst. Wenn ich in deinem autobiographischen Buch „Ohne Auftrag" lese, staune ich, wie verdichtet alles geschrieben ist. Da heißt es: „Ironie ist kein oberflächlicher Spaß. Das gilt auch für postmoderne Eventzeiten, in denen scheinbar alles und jedes Spaß machen muß, sei der Anlaß auch noch so deprimierend. Seit meiner Kindheit hat Ironie einen festen Platz im Überlebenstraining. Sie bleibt eine Energiequelle der besonderen Art und verläßlicher Kompaß beim alltäglichen Sprint durch die verminten Irrgärten der Gemarkung Absurdistan."

Staeck:
Klingt doch schön, oder? Das ist schon verdichtet, so wie ich es sehe. Es beschreibt mein tägliches Überleben. Aber bei mir ist auch immer noch ein Schuß Heiterkeit dabei, denn nichts ist schlimmer als das ewige Belehren! Da machen doch alle die Augen und Ohren zu.

Schorlemmer:
Das ist eine Art Credo.

Staeck:
Ja, eine Art Credo. Ich habe gestern durch Zufall ein schönes Zitat von François Voltaire im Fernsehen gehört: „In einer irrsinnigen Welt vernünftig sein zu wollen, ist schon wieder irrsinnig." Mit anderen Worten: Das eigene Maß zu bewahren und trotzdem

die eigene Position immer wieder neu zu formulieren, ohne opportunistisch zu werden, das ist nicht einfach. Die Menschen haben Erwartungen, wenn man einmal etwas angefangen hat. Sie beobachten ziemlich genau, ob man ein Pharisäer ist, der Wasser predigt und Wein trinkt. Oder ob man jemand ist, der das, was er verkündet, auch lebt. So ertappe ich mich gelegentlich dabei, zu denken: Warum fahre ich jetzt nicht mit der Bahn, obwohl ich das doch propagiere?

Schorlemmer:
Kannst du wirklich Auto fahren? Ich habe dich noch nie Auto fahren sehen.

Staeck:
Du hast doch selbst gesagt, ich sei eine Vielzweckwaffe, weil ich mehrere Berufe ausüben könnte. Ich habe drei Tage, bevor ich geflüchtet bin, in Köthen meinen Führerschein gemacht.
Aber wieder zu unserem Thema: Mit Begriffen wird ungeheuer viel Politik gemacht. Solange nicht mit Waffen gekämpft wird, wird um Begriffe gekämpft. Um das Wort Leitkultur beispielsweise ist plötzlich eine Riesendebatte ausgebrochen, weil einer das Wort in die Arena geworfen hat. Jetzt nagen alle an diesem toten Knochen herum. Das sind Dinge, die mich sofort beschäftigen: Seltsame Wortungetüme auf ihre Wörtlichkeit zurückführen.

Schorlemmer:
Eulenspiegel hat das auch so gemacht.

Staeck:
Ja. Das ist einfach Klassenkampf. Ich habe einmal ein Plakat gestaltet. Dafür habe ich diesen Begriff wörtlich genommen und eine Schulklasse abgebildet. Dort spielen sich auch Klassenkämpfe ab, mehr denn je. Neulich ertappte ich mich dabei, daß ich plötzlich für Schuluniformen war und dafür auch ganz gute Gründe hatte. Dieser erbarmungslose Konkurrenzkampf zwischen den Schülern würde dann hoffentlich aufhören. Die Armut beginnt dann nicht schon im Klassenzimmer, weil sich nicht jeder bestimmte Markentextilien oder -schuhe leisten kann. Ich versuche, wandlungsfähig zu bleiben, ohne opportunistisch zu sein. Wolf Biermann sagte einmal: „Nur wer sich ändert, bleibt sich treu." Diesem Spruch mißtraue ich. Schließlich könnte er auch das Credo aller Opportunistenverbände sein nach dem Motto: „Heute bin ich das, morgen bin ich das, übermorgen wieder etwas anderes." Ich dagegen bin immer auf der Suche nach Themen, von denen ich sagen kann: Was immer passiert, das ist nicht von anderen zu okkupieren. Davon gibt es eine ganze Menge. Und schon sind wir bei dem wunderbaren Narrenthema.

Schorlemmer:
Kannst du erklären, warum du so denkst? Du kommst aus Bitterfeld, bist dort groß geworden, bist dort konfirmiert worden. Irgendwie hast du auch etwas von einem Pfarrer, im besten Sinne, meine ich ...

Staeck:
Meine Mutter hat gegen Ende ihres Lebens öfter zur Bibel gegriffen und mich gefragt: „Sag mal, Junge, du bist doch so schlau, was ist eigentlich der Sinn des Lebens?" Da war auch ich etwas überfordert. Es fiel mir auch nichts anderes ein, als zu sagen: „Der Sinn des Lebens ist das Leben, und nicht unbedingt das jenseitige Leben." Ich bin da sehr mißtrauisch. Ich gehöre zu den Menschen, die hienieden ihre Angelegenheiten regeln wollen, auch für die Schwachen mit. Es kann etwas sehr Befriedigendes sein, jemandem zu helfen, der sich zum Beispiel nicht ausdrücken, ja im Extremfall weder schreiben noch lesen kann. Es gibt Menschen, die das phantastisch verstecken, indem sie beispielsweise sagen: „Ich habe gerade meine Brille nicht mit, können Sie mir das mal vorlesen." Denen in irgendeiner Weise zu helfen, das gibt mir Kraft, ohne Pfarrer sein zu müssen. Meine Großmutter hätte gern gesehen, daß ich Pfarrer geworden wäre. Sie sagte öfter: „Junge, du redest so schön." Sie hätte jetzt ihre Freude an mir, weil ich so eine Art Wanderprediger geworden bin. Ich „predige" auch zu Menschen, die alles nur noch spaßig nehmen. Alles muß heutzutage Spaß machen. Aber dieser untaugliche Versuch, allen Schwierigkeiten im Leben aus dem Wege zu gehen, bedeutet, daß man letzten Endes in immer größere Schwierigkeiten gerät.
Wenn mir einer vor ein paar Jahren gesagt hätte, daß aus George Orwells Visionen vom totalen Überwachungsstaat einmal geschäftstüchtige Menschen eine Geschäftsidee mit Gewinnaussicht entwickeln würden, die auf Mobbing beruht, dann hätte ich mich gefragt: „Sind wir denn alle wahnsinnig geworden?" Wir kämpfen in Heidelberg am Bismarck-Platz gegen Überwachungskameras, die dort installiert werden sollen. Da sagen andere: „Ja, was wollt ihr denn, die Leute machen das doch alles freiwillig mit, lassen sich bei dieser Big-Brother-Show mit der Kamera bis in die Unterhose sehen." Es bewerben sich 70.000 Menschen, die in den Big-Brother-Container kriechen wollen. So ganz nebenbei bekommt übrigens auch der Container noch etwas Angenehmes: Die Asylbewerber, die im Container wohnen, können sich nicht mehr beklagen, denn da gibt es jetzt 70.000, die freiwillig in einen hineindrängen. Zwar haben die eine Gewinnaussicht, das wollen wir nicht unter den Tisch fallen lassen, aber im Grunde ist es doch pervers und absurd, was da geschieht.
Da fühlt man sich ohnmächtig. Daran wird ein Plakat nichts ändern, außer, man nimmt es immer wieder neu zum Anlaß, zu sagen: Auch wenn ihr das alle toll findet, diese Form von Betrug ist meiner Meinung nach kriminell. Denn es wird jungen Menschen eingeredet, dies sei die wirkliche, unverstellte Wirklichkeit, dabei ist es bloß eine sehr

gut inszenierte Scheinwirklichkeit. Einige kluge Leute halten dann alles für ein Zeichen unserer Zeit und erörtern es intensiv, damit sie nicht eindeutig Stellung beziehen müssen. Zu viele schwindeln sich heraus, wenn es ernst wird. Das ist eine Art von Abwehr. Aber ich habe es nun mal zum Beruf gemacht, mich mit Satire zu wehren, und ich lebe ganz zufrieden damit. Vor allem bin ich nicht krank. Ohne diese Chance, das alles von mir zu geben, wäre ich mit Sicherheit psychisch krank. Denn Satire legt sich mit Starken und manchmal mit sehr Starken an.

Schorlemmer:
Man könnte also sagen, daß Satire zunächst eine Art Selbsthilfe ist, auch wenn sie als Hilfe für andere gedacht ist. Sie hilft dir selber, wenn nicht in dir stecken bleibt, was dich bedrängt.

Staeck:
Richtig. Da ich aber weiß, daß es vielen anderen auch hilft, ist es eine Sache, die sich sofort von mir löst. Die besten Plakate sind die, die Dinge ins Rollen bringen, die mit mir überhaupt nichts mehr zu tun haben. Ein Beispiel dafür: Da kommt ein Schüler, kauft ein Plakat oder bloß eine Postkarte. Er hängt sie ans Schwarze Brett der Schule. Dann kommt der Rektor und sagt: „Was ist das hier? Ist das genehmigt?" Da fragt der Schüler: „Wieso muß man das genehmigen lassen, das ist doch bloß für den Umweltschutz!" Damit beginnt eine Diskussion über Meinungsfreiheit in der Schule. Ein anderer spannender Fall: Jemand hat eine Postkarte in einem Bürgermeisteramt über seinem Schreibtisch angebracht. Der Bürgermeister sagt: „Nehmen Sie das weg. Das ist hier eine öffentliche Behörde, da können Sie nicht Ihre privaten politischen Meinungen aufhängen." Der Angestellte erwidert: „Das ist aber mein Arbeitsplatz. Das Recht an der Gestaltung meines Arbeitsplatzes habe ich." Die sind sich so in die Haare geraten, daß der Angestellte eine Abmahnung bekam, weil er die Postkarte nicht abnahm. Schließlich hat er gegen die Abmahnung geklagt. Das hatte mit mir nichts mehr zu tun. Die haben jetzt ihren Kampf um die Meinungsfreiheit am Arbeitsplatz im Bürgermeisteramt X geführt. Der Angestellte hat den Prozeß gewonnen mit der Begründung, die Lufthoheit über seinem Schreibtisch gehöre ihm. Wenn also nichts weiter von mir bleibt, als die Freiheit eines Beamtenschreibtisches erweitert zu haben, so ist das doch immerhin etwas. Aber jetzt spricht wieder der Anwalt aus mir, denn so lustig ist das gar nicht. Wenn der Mann jetzt NPD-Mitglied ist und ein Flugblatt der NPD aufhängt, dann sieht die Sache ganz anders aus. Da stirbt das Lachen bei uns allen sofort. Es geht nie um den billigen Applaus, den Erfolg im Augenblick, sondern ich empfinde eine große Verantwortung, weil ich durch die von mir entwickelten Bilder eine gewisse Macht besitze. Bilder haben eine größere Kraft als Worte. Manche fragen, warum ich noch Plakate mache. Im elektronischen Zeitalter sei das doch altmodisch. Darauf ant-

worte ich: „Nein, nein, gerade das Plakat als starres Bild hat eine Chance, weil man es immer wieder anschauen und es erwerben kann. Es ist ein Argument, wenn es gut ist." Plakate kann man auch machen, wenn man nicht Millionär ist und nicht viel Geld hat. Neulich wurde ich in eine Auseinandersetzung hineingezogen, als die Firma Boehringer Mannheim von der Hoffmann-La Roche AG in Basel geschluckt wurde. Da bat mich der Betriebsrat, die von ihnen entworfenen Plakate auf Öffentlichkeitstauglichkeit hin zu überprüfen. Mit Hilfe des Computers waren tolle Plakate entstanden. Das wäre vor zehn Jahren noch nicht möglich gewesen. Außerdem haben sie sich ein Plakat von mir ausgesucht, das ich völlig vergessen hatte. Titel: Der Aktionär ist das größte Säugetier. Es enthält ein Schweizer Kreuz und eine Babyflasche mit Dollarzeichen. Es war einmal im Rahmen einer Kampagne gegen den Verkauf von Nestlé-Milchpulver in Afrika entstanden. Durch die hygienischen Verhältnisse dort starben viele Babys an der mit Wasser zubereiteten Nestlé-Milch. In der Schweiz gab es eine kleine Bürgerinitiative dagegen. Für die hatte ich das Plakat gemacht. Das Plakat ist 1978 entstanden, der Konflikt um die Firmenübernahme war aber vor zwei Jahren. Ein zwanzig Jahre altes Plakat war plötzlich, in einem anderen gesellschaftlichen Kontext, wieder aktuell. Das spricht nicht unbedingt für die Politik, die bei uns gemacht wird, so sehr ich die Politik verteidige. Mein allererstes Plakat richtete sich 1969 gegen die NPD. Wenn mir damals einer gesagt hätte, daß diese Truppe uns noch in 30 Jahren ärgern würde und das in noch stärkerer Form als 1969, hätte ich das nicht geglaubt.

Schorlemmer:
Wir sind gerade in einer öffentlichen Debatte um die „Vergangenheitsbewältigung West". Joschka Fischer ist jetzt „dran". Wie war das mit den Steinen der 68er? Auf welcher Seite der Barrikaden stand Klaus Staeck?

Staeck:
Ich bin am 1. April 1960 in die SPD eingetreten. Wenn man 1968 bereits acht Jahre in der SPD war, konnte man kein 68er sein. Denn das war die verachtetste Gruppe. Sozialdemokratie war doch das Lascheste für die „Revolutionäre". In Vorbereitung meines Buches „Ohne Auftrag" habe ich ein Flugblatt gefunden, das mich als „Handlanger der Bourgeoisie" beschreibt. Ich habe früh erkannt, daß Sozialdemokratie das Äußerste an Altruismus ist, was man Menschen zumuten kann, aber dann auch muß. Viel mehr ist nicht drin. Gegenüber der gelegentlichen Forderung nach dem „neuen Menschen" hege ich größte Skepsis. Da ist immer etwas Diktatorisches dabei. Wer definiert denn den „neuen Menschen"? Wer erzieht uns zu „neuen Menschen"? Dabei ist immer Gewalt im Spiel. Deshalb ist Sozialdemokratie nichts Revolutionäres, sondern setzt auf Reformen. Deshalb engagiere ich mich bei den Sozialdemokraten, weil es dort um soziale Gerechtigkeit und Frieden geht. Dafür traten jedenfalls bisher alle über-

zeugenden Mitglieder dieser Partei ein, bis uns nun die jüngste Vergangenheit ein bißchen irritiert zurückläßt.
Ich verteidige die 68er, wo ich kann, denn sie haben viel bewegt. Eine Gesellschaft muß von Zeit zu Zeit auf den „Rütteltisch", sagen die Drucker. In Heidelberg gab es damals eine Demonstration in eisiger Kälte, 7.000 Menschen zogen durch die Stadt. Wenige Jahre später waren es bei einer ähnlichen Demonstration noch etwa 60. Massenbewegungen neigen auch zu Ungerechtigkeiten, vor allem durch ihre selbsternannten Führer. Ich werde nie die täglichen Diskussionen in der großen Aula der Universität vergessen. Da wollte einmal einer reden, dem offenbar nicht so gern das Wort erteilt wurde. Es wurde darüber abgestimmt. Nach dem Abstimmungsergebnis hätte er reden dürfen. Dann sagte einer: „Hier herrscht das falsche Bewußtsein im Saal. Die Abstimmung gilt nicht." Da beschlich mich ein merkwürdiges Gefühl und ich dachte: Das ist nicht der richtige Weg, da müssen wir einen anderen gehen. Das geht sicher bald zu Ende. Und so war es auch.
In Heidelberg gab es sogar ein „Sozialistisches Patientenkollektiv". Das muß einem erst einmal einfallen. Die Idee war ja auch in Ordnung: Psychisch Kranke und Neurotiker sollten sich nicht mehr verstecken müssen. Ich habe auch einmal eine Zeit durchlebt, in der ich psychisch sehr angeschlagen war. Deshalb rede ich auch gern über Niederlagen. In einer Gesellschaft wie der unseren, in der nur noch der Erfolg zählt, sind die Menschen sehr ängstlich, über ihre Niederlagen, ihre Defizite, ihr Nichtmithaltenkönnen zu sprechen. Es ist, als müsse man immer topfit sein, als würde bei der Olympiade nur noch die Goldmedaille zählen. Wir müssen wieder lernen, zu unseren Schwächen zu stehen, und wenn wir uns darüber austauschen, sind wir möglicherweise einen Schritt weiter. Das gehört zum normalen Leben dazu, sonst hebt man selbst ab, stilisiert sich als der große Kämpfer gegen Ungerechtigkeiten. Es ist eine Gefahr, in der auch jeder Politiker steht. Die Demokratie schützt aber auch davor. Wenn ein Politiker abheben will, merken das die Menschen und sie werden ihn nicht wieder wählen. Das ist der große Vorteil der Demokratie, daß man einfach sagen kann: Es reicht jetzt. Wir wollen nicht, daß du ewig herrschst. Das ist eine große Chance, und ich versuche, die Menschen zu ermutigen, die sagen: „Ach, die Politiker machen doch, was sie wollen. Das ist alles das gleiche." Es gibt erschreckend viele Vorurteile gegenüber der Politik. Dabei sind nie alle gleich, weder alle Lehrer, noch alle Pfarrer, noch alle Zuhörer. Die letzte Reihe hat immer die Chance, auch ein bißchen zu schlafen. In der Kirche habe ich immer ganz hinten gesessen, wenn ich denn schon mitmußte. Als Kind hatte ich nichts für den sonntäglichen Kindergottesdienst übrig. Ich war damals leidenschaftlicher Briefmarkensammler und der Kulturbund „Philatelie" traf sich immer um Sonntagvormittag zur gleichen Zeit. Was sollte ich tun? Da bin ich in der Kirche einfach einmal ohnmächtig geworden, so richtig umgekippt. Ich wurde theatralisch auf der Kirchenbank aufgebahrt. Nach dem dritten Mal wurde ich vom Gottesdienst befreit. So konn-

te ich dann zu den Briefmarkensammlern gehen. Da versucht zwar jeder den anderen ein bißchen übers Ohr zu hauen und ihm eine beschädigte Marke anzudrehen, aber ich konnte dort meine Sehnsucht nach der weiten Welt wenigstens in der Phantasie mit Hilfe der kleinen bunten Bilder ausleben.

Ich bin stark von einem Pfarrer geprägt worden, der aus Ostpreußen kam und ein sehr offener Mensch war. Im Konfirmandenunterricht hat er uns mehr über das Weltall als über die Kirche erzählt. Es war immer spannend. In einer Zeit, in der alle mit der Wahrheit und der eigenen Meinung hinterm Berg hielten, redete und predigte er ganz offen. Die Kirche war stets zum Bersten voll. Aber liebe Menschen wie meine Mutter warnten: „Herr Pfarrer, doch nicht so laut, wir wissen doch alle, wie es ist. Sie bringen sich doch nur in Gefahr." Darauf sagte er nur: „Na und!" – und predigte noch lauter. Mich hat er einmal sehr getröstet. Ich war ein sehr schmächtiges Kind. Mit zwölf Jahren hat ein Arzt bei einer Reihenuntersuchung zu mir gesagt: „Junge, so wie du gebaut bist, dürftest du gar nicht leben." Das kann einen schon erschrecken. Meine Mutter erzählte das in meinem Beisein dem Pfarrer. Der sagte nur: „Frau Staeck, machen Sie sich nichts draus, die dürren Körper währen am längsten." Das war Lebenshilfe im wahrsten Sinne des Wortes. Er wurde zwar nie Superintendent, das war klar, das war auch nicht sein Ziel, aber bei ihm war die Kirche immer voll. Er war ein Trost für mich in einer Umgebung, in der es viel Feigheit gab.

Bekanntlich sind frühe Prägungen sehr schwer wieder zu ändern, wenn man einen anderen Weg gehen will. Deshalb ist der Rechtsradikalismus, um noch einmal darauf zurückzukommen, so ernst zu nehmen. Versuchen Sie einmal an Zwölfjährige heranzukommen, die in Hitler einen tollen Kerl sehen. Wenn die mit dieser Einstellung in die Pubertät gehen, sagen die Psychologen, ist es ganz schwer, sie später wieder davon zu lösen. Wir haben zu lange zugeschaut. Ich habe zwar meine Plakate dagegen überall aufgehängt, aber das ist kein Allheilmittel gegen Gefahren aller Art. Daß wir es überhaupt ertragen und hinnehmen, daß es in Deutschland „national befreite Gebiete" gibt! Man muß sich klarmachen, was es bedeutet, wenn in Zeitungen steht, daß Menschen sagen: „Dieses Gebiet ist national befreit." Also, keine Ausländer mehr, und wenn sich doch einer blicken läßt, dem werden wir einheizen. Auch keine Juden mehr. Das ist nicht irgendwo, das ist mitten in Deutschland. Wir leben recht und schlecht damit und haben bisher kein richtiges Mittel gefunden, dagegen vorzugehen. Das sind Dinge, die mich sehr beschäftigen neben den Umweltthemen.

Eine Anmerkung zu Joschka Fischer: Manchen Wandlungen mißtraue ich. Vertrauen ist eine Sache, die über längere Zeit entsteht, die man auch nicht leichtfertig aufs Spiel setzt. Da habe ich mit einigen große Probleme. Warum muß jemand vom Turnschuh gleich in den teuersten Schuh schlüpfen? Das macht mich mißtrauisch. Ich werde beobachten, wie das weitergeht. Wenn einer immer so lebt wie ein Dandy, ist es in Ordnung. Aber sich erst über andere lustig machen und auf einmal selbst so leben, macht verdächtig. Und sich dann wieder darüber lustig machen, daß der andere nicht so schnell mitkommt. Gegen dieses Hase-und-Igel-Syndrom versuche ich auf meine Weise Bilder zu setzen, Veranstaltungen zu machen oder zu schreiben.

Schorlemmer:
Wir beide haben einige Jahre an dem Versuch mitgewirkt, die Schriftstellervereinigungen P.E.N. Ost und P.E.N. West zusammenzuführen. Ich als Ostdeutscher und du als Republikflüchtiger. Das gab heftige Konflikte. Mario Simmel[3] hatte sich dafür auch sehr engagiert.

Staeck:
Mario Simmel ist ein politisch sehr aufrechter Mann, der oft etwas geringschätzig abgetan wird, weil er angeblich Trivialliteratur schreibt, was so nicht stimmt. Er ist ganz anders als Konsalik. Das sind zwei verschiedene Welten. Konsalik ist ein Kriegsverherrlicher, Simmel das Gegenteil.

Schorlemmer:
Ich erinnerte mich lebhaft, wie einer, der früher zu den Linksradikalen im SDS[4] gehört hatte, versuchte, sich über den Osten zu äußern und verschiedene Ereignisse bewertend zu schildern. Der verwechselte dabei einige Jahreszahlen. Das machte ihm nichts. Das war ihm nicht so wichtig, Hauptsache, „die Linie" - die Verurteilung des falschen Bewußtseins gewissermaßen - stimmte. Da habe ich das erste Mal deutlich erlebt, was westdeutsche Deutungsmacht über östliches Leben ist. Dann kam ein anderer nach vorn, den ich gar nicht kannte, der hieß Yaak Karsunke. Das war einmal ein besonders strammer Linker gewesen. Ich mußte erleben, wie diese ehemals ganz Linken uns beide nun von halbrechts als „Linke" zu diffamieren suchten, weil wir mit denen zusammengehen wollten, die noch Stalin-verseucht seien. Die Fernsehmoderatorin Lea Rosh sagte damals: „Wir sind einfach besser, Friedrich!" Yaak Karsunke[5] erläuterte, warum diese Ostzonalen (eine Sprache, die sonst nur Gerhard Löwenthal[6] benutzt hat), unmöglich in einen demokratischen und an Menschenrechten orientierten Verein wie den P.E.N. hineingehörten. Und Klaus Staeck warf aus der fünften Reihe - für alle vernehmlich - in die Debatte: „Jawohl, Herr Kommissar!" Das reichte. Mehr konnte man nicht mehr sagen. Die Verurteilung der Ostzonalen stand fest. Kalter Krieg, Nachauflage.

Staeck:
Das ist schon richtig. Es sind zwei unterschiedliche deutsche Entwicklungen gewesen. Dieses 1968, das da auf einmal Gegenstand der Betrachtung wurde, hat es in dieser Form in der DDR nicht gegeben. Was die 68er ausgelöst haben, ist viel. Plötzlich wurde alles auf positive Weise in Frage gestellt. Vorher hatte kaum jemand gefragt: War-

um ist das eigentlich so? Das war eben so. Auf einmal antwortete der Studentenführer Fritz Teufel, als er bei seinem Prozeß aufstehen sollte, mit dem epochalen Satz: „Wenn's der Wahrheitsfindung dient!" Dieser schlichte Satz hat die halbe Juristerei in Frage gestellt. Auf die Frage nach seinem Lebenslauf antwortete Teufel: „Es ist doch viel wichtiger, ich erfahre Ihren Lebenslauf, Herr Richter, denn Sie werden doch jetzt ein Urteil über mich sprechen." Meine Lehrer an der Uni waren bis auf eine Ausnahme alle alte Nazis. Einer war früher sogar in SA-Uniform in die Uni gekommen und jetzt lehrten sie uns Demokratie. Die Wandlungsfähigkeit der Menschen ab einem gewissen intellektuellen Niveau ist oft erstaunlich groß, die schaffen das besser als einfache Menschen. Die 68er bliesen zum Angriff auf eine erstarrte Welt, in der sich viele Nazis nicht gewandelt, sondern bloß ein anderes Mäntelchen umgehängt hatten.

Es war wichtig zu erfahren, daß das eigene Handeln irgendwann einmal gerechtfertigt werden muß, egal in welcher Position. Einige unserer Professoren hatten das mißverstanden, indem sie plötzlich mit Rollkragenpullovern in die Uni kamen. Als alles vorbei war, wurde wieder die Krawatte hervorgeholt. Es war dennoch eine wichtige Zeit, und ich verteidige die 68er mehr als sie sich selbst. Ich war allerdings schon immer ein Gegner von Menschen, die meinten, mit Steinen und Gewalt vorgehen zu müssen. Daß sich die Bewegung wie fast jede andere auch häufig an Schwache herangemacht hat, finde ich unverzeihlich. Denn vor allem bei jenen Professoren, die eigene Probleme hatten, wurden die Go-ins veranstaltet. Wenn man genau hinschaut, war vieles gar nicht so heroisch. Aber deshalb - wie jetzt geschehen - die 68er mit der SA zu vergleichen, ist perfide.

Diesen Spendenskandal in der CDU finde ich übrigens gar nicht so ungeheuerlich. Wenn man weiß, was in der Wirtschaft geschmiert wird, ist die Summe fast lächerlich, die Kohl bekommen hat. Und trotzdem ist es ein Skandal. Sind wir vor dem Gesetz wirklich alle gleich oder nicht? Warum lassen wir bei Kohl das Verschweigen der Spendernamen durchgehen und bei anderen nicht? Wenn wir die Interpretation des Gesetzes für Helmut Kohl ändern, dann ist das undemokratisch. Das geht nicht. Das sind nun mal die Grundregeln der Demokratie, und die muß man verteidigen: Gleiches Recht für alle.

Schorlemmer:
Du hast immer versucht, mit anderen Menschen zusammenzuwirken, im künstlerischen Raum besonders mit Joseph Beuys. Was hat dich an ihm so fasziniert?

Staeck:
Das ganz andere. Er war ein durch und durch spiritueller Mensch. Ich rechne mich mehr zu den rationalen Typen. Ich bin ein mehr von der Vernunft geprägter und gesteuerter Mensch. Beuys sprach von Schamanen, von Dingen, die mir eigentlich fremd waren, aber mich faszinierten. Ich habe viel von ihm gelernt. Vor allem dieses Von-allen-

verlacht-werden und trotzdem seine Linie beibehalten. Wir waren beide 1971 zur Frankfurter „experimenta" eingeladen. Er hielt einen Vortrag mit dem Titel: „Müssen wir nicht endlich einmal über die Bundeswehr demokratisch abstimmen?" Schon etwas seltsam für eine Kunstveranstaltung.
Der Saal war zum Bersten voll, weil man sich von Beuys natürlich Provokantes erwartete. Am Ende war der Saal fast leergepredigt. Beuys konnte sehr lange reden, und das mit einer erstaunlich großen Intensität, als wäre der Saal auch am Ende noch voll. Schließlich sagte einer: „Beuys, das verstehe ich nicht, was du da gerade sagst." Darauf ein anderer: „Ich bin schizophren, Beuys. Ich verstehe alles, was du sagst." Ich dachte: Jetzt hat der Mann sich den ganzen Abend abgemüht, und der einzige, der behauptet, ihn verstanden zu haben, ist ein Schizophrener. Mich hätte das deprimiert. Aber Beuys sagte: „Das weiß ich, du verstehst mich." Darauf der Schizophrene: „Schade, daß mein Bruder heute nicht da sein kann, der ist auch schizophren. Aber der ist gerade in der Anstalt." Und was sagt Beuys daraufhin? „Schade, dann wären wir schon drei." Das fand ich genial.
Zum Schluß war nur noch ein kleiner Kreis übrig. Jemand schlug vor, zu einem Treffen von Regisseuren und Schauspielern im Hof des nahegelegenen Karmeliterklosters zu gehen. Dort angekommen, spürten wir sofort, daß unter den Anwesenden eine schlechte Stimmung herrschte. Beuys wurde gleich ans Mikrofon gebeten, nach dem Motto: Der Narr ist gekommen, er holt uns aus unserer Depression. Er muß das sofort durchschaut haben. An jenem Tag wurde er übrigens von einem seiner Schüler begleitet, El Loko aus Togo. Beide hatten ein blaues Buschhemd an und immer, wenn Beuys eine Bewegung machte, machte der El Loko die Bewegung mit. Beuys hatte eine dieser Ärztetaschen bei sich. Durchs Mikrofon bedankte er sich, daß man ihm das Wort erteilt hatte. Beide verbeugten sich zweimal tief. Dann holte er aus der Tasche, mitten im Sommer, einen Schlittschuh heraus, auf den diese Amelie, eine Rolls-Royce-Kühlerfigur, geschraubt war. Dieses Objekt wirkte so wie ein Kreuzsymbol. Beide verbeugten sich wieder zweimal und sagten: „Danke schön." Das war die ganze Aktion. Die anderen hatten schnell begriffen, daß Beuys nicht bereit war, die Narrenrolle zu spielen, sondern gleich gekontert hatte. Er hatte das Schlittschuhobjekt offensichtlich für eine mögliche Situation wie diese dabei.
Ein anderes Mal hielt Beuys bei einer Wahlveranstaltung der Heidelberger Grünen einen Vortrag über die Geldströme. Alle waren versammelt, von ganz rechts bis ganz links. Volles Haus. Beuys redete und vertrat engagiert seine Geld- und Wirtschaftstheorien und redete vom Überschuß und vom Sozialismus. Da sagte einer leicht schnippisch: „Beuys, du redest immer vom Überschuß und von Sozialismus. Aber wie wir den realen Sozialismus kennen, produziert er doch in der Regel einen Unterschuß." Da sagte Beuys: „Das ist doch ganz einfach, dann wird eben der Unterschuß verteilt." Er war ein sehr phantasiereicher Mann, der vor allem ein großes Formgefühl besaß. Beuys riet

beispielsweise, zu einer Prüfung mitten im Sommer einen Mantel anziehen. Damit sei man sofort Herr des Verfahrens, denn niemand rechnet damit, daß jemand im Sommer im Mantel kommt. Alle werden sich erst einmal bemühen, den Mantel unterzubringen, denn in dem Prüfungsraum wird es sicher keine Garderobe geben. Das hat dann tatsächlich funktioniert: „Legen Sie doch Ihren Mantel ab." Man staunte, weshalb jemand mit einem Mantel kommt. Plötzlich war da nicht mehr der verschüchterte Prüfling gekommen, der vor Angstschweiß feuchte Hände bekam, sondern ein souveräner Mensch, der im Sommer einen Mantel trug. Mit Beuys war es nie langweilig. Ich habe herrliche Situationen mit ihm erlebt.

Schorlemmer:
Meine Damen und Herren, Sie haben gemerkt, daß das Wort Narr von dem lateinischen Wort „narrare", erzählen, kommt. Narren sind Menschen, die gut erzählen können.

Frage aus dem Publikum:
Einer Ihrer Lieblingsdarsteller auf den Plakaten war Helmut Kohl. Der ist ihnen nun abhanden gekommen. Und seinen Generalsekretär Hinze gibt es auch nicht mehr. Haben Sie eine politische Person im Auge, die in diese Fußstapfen treten könnte? Zweitens: In Ostdeutschland kandidieren nun wieder Hardliner der SED für hohe Wahlämter. Lohnt dies, auf einem Plakat dargestellt zu werden, oder sollten wir Demokraten genug sein, um dies an der Wahlurne entscheiden zu lassen?

Staeck:
Letzteres ist schon die halbe Antwort. Plakate sind nur sinnvoll, wenn es sich um ein allgemeines und bekanntes Phänomen handelt. Ich kann auch nicht für jede Bürgerinitiative ein Plakat machen. Da ich alles selber finanziere, geht das schon aus finanziellen Gründen nicht. Es macht nur Sinn, jemanden wie Kohl ins Bild zu setzen, wenn er für eine ganz bestimmte Politik steht, so wie auch Strauß es tat.

Schorlemmer:
Sie sind aber beide bei dir auffällig oft vertreten.

Staeck:
Ja, weil sie auch so lange auf der Politbühne agiert haben. Stell dir vor, ich mache ein Plakat zu jemandem, der nach einem Vierteljahr wieder verschwunden ist. Das wäre schlecht. Ich muß das schon langfristig angehen. So ist zum Beispiel ein Mann wie der hessische Ministerpräsident Roland Koch fast eine Beleidigung für die Demokratie. Das empfinden inzwischen viele Menschen so. An der Macht kleben, die brutalstmögliche

Aufklärung zu versprechen und selbst mit einer Lüge beginnen. Das ist etwas, aus dem andere Menschen Honig saugen. Vor allem jene, die generell gegen die Demokratie sind, sagen, guckt sie euch doch an, eure Repräsentanten. Das ist wirklich gefährlich. Die Hardliner der SED sind eine Inner-Ost-Debatte. Ich glaube übrigens, daß die SPD am Anfang einen großen Fehler gemacht hat, auch wenn mir manche widersprechen werden. Wenn es schon eine Zwangsvereinigung von SPD und KPD war, dann hätte man die Zwangsvereinigung eben beenden müssen nach dem Motto: Wer fühlt sich wirklich als Kommunist, wer als Sozialdemokrat? Und die einen gehen dahin und die anderen dorthin. Da waren die anderen Parteien viel schlauer. Die haben wie die CDU sofort die ganze Gruppe vereinnahmt. Daran krankt bis heute vieles.
Ist der, der sich ganz herausgehalten hat, der Bessere für die Gestaltung einer demokratischen Zukunft? Demokratie beinhaltet auch, Menschen in Positionen zu bringen, die eben nicht vor dem Jesusgericht standgehalten hätten. Was war denn mit den Jüngern? War das nicht auch eine wild zusammengewürfelte Truppe? Und der Judas war gar nicht so ein Schlimmer, wie wir jetzt wissen. Wir leben doch alle von der Hoffnung, daß Menschen sich auch ändern.
Satire ist ein ziemlich hartes Mittel. Man muß sie sehr vorsichtig einsetzen. Das Schlimmste, was Sie mir nachsagen könnten, wäre: Da haben Sie mit ihrer Kritik den ganz Falschen erwischt.

Frage aus dem Publikum:
Joschka Fischer wird kritisiert, weil er erst Turnschuhe getragen hat und jetzt sehr nobel auftritt. Daraus schließen Sie, daß man ihn genauer beobachten muß. Ist es nicht eigentlich eine altersbedingte Sache?

Schorlemmer:
Es ging um die Turnschuhe als Ideologie ...

Staeck:
Das wäre jetzt zu ernst genommen, was ich da vorhin gesagt habe. Ich wollte damit nur andeuten, daß man sich jemanden besonders anschauen sollte, wenn er sich zu radikal ändert. Da werde ich mißtrauisch. Das ist alles. Man muß nicht von einem Extrem ins nächste fallen. Wenn einer heute sagt, er hätte die Steine damals ein bißchen in die Luft geworfen, dann sollte er das jemand anderem auftischen. Es gibt eine intellektuelle Redlichkeit, es gibt Erklärungen für bestimmtes Handeln. Was muß man tun, damit sich bestimmte Dinge nicht wiederholen? Deshalb kämpfe ich dafür, daß wir eine Staatsform behalten, in der mich mein Nachbar, wenn er mich nicht leiden kann, nicht einfach denunzieren kann. Das mit den Turnschuhen habe ich vielleicht mißverständlich ausgedrückt. Ich gönne Ihnen Ihre guten Schuhe. Aber Sie wollen wahr-

scheinlich auch nicht mehr Außenminister werden, der Posten ist ja für die nächste Zeit besetzt. Eine Kampagne gegen Fischer würde ohnehin ins Leere gehen. Da bin ich ziemlich sicher. Denn der sogenannte Normalbürger freut sich darüber, daß einer vom Saulus zum Paulus wird. Das ist doch das Urkirchenerlebnis.

Schorlemmer:
Du hast doch nicht im Konfirmandenunterricht geschlafen!

Staeck:
Meine Konfirmandenprüfung fand in der Bitterfelder Kirche statt. Es wurden fast nur Fragen nach Liedertexten und ähnlichem gestellt. Erst die letzte Frage war meine Chance. Als der Pfarrer etwas verzweifelt, weil viele nichts wußten, fragte: „Was ist denn das wichtigste Buch für den Christen?", und ich konnte antworteten: „Die Bibel." Das war zwar nicht viel, aber ich hatte wenigstens etwas gesagt. Ich habe zu meiner Konfirmation, ich weiß nicht wie viele, betende Hände bekommen, in Terrakotta und in Holz geschnitzt. Das hing auch damit zusammen, daß meine Mutter in Bitterfeld ein Kunstgewerbegeschäft unterhielt und es dort diese „Betenden Hände" in allen Ausführungen gab. Ich bin wirklich mit diesen Händen in jeder Variation groß geworden. Meine Rache war mein zweites Plakat: Albrecht Dürers „Betende Hände" mit den Flügelschrauben. Das ist jedoch keine Verächtlichmachung, ganz im Gegenteil. Die „Betenden Hände" sind durch diese absurde Vervielfältigung fast ein Kitschsymbol geworden, das nichts mehr aussagt, zum Klischee geworden ist.
Es ist auch eine Aufgabe der Kunst, durch Veränderungen wieder auf den eigentlichen Gehalt hinzuweisen, so daß man die „Betenden Hände" wieder als solche sieht. Das Überraschende daran ist, daß mein Plakat häufig von Pfarrern für den Konfirmandenunterricht bestellt wird.
Ich bekam einmal ein Kästchen von einer alten Dame aus Bremen zugeschickt, das elf Hundertmarkscheine enthielt. Sie schrieb, da mit ihrem Ableben demnächst zu rechnen sei, möchte sie mir das schenken. Ich habe gleich zurückgeschrieben und gefragt, ob ich sie mal besuchen könne. In ihrer Wohnung hatte sie über ihrem Fernseher mit Reißzwecken mein Plakat angebracht. Ich fragte sie: „Wie kommen Sie denn zu diesem Plakat?" Ja, sie hätte eine Sendung über mich gesehen und es hätte ihr gefallen, wie ich argumentiere. Dann hätte sie das Plakat bestellt, aber schließlich doch festgestellt, beten hilft auch nicht. Nach unserem Gespräch sagte ich: „Ich würde Ihnen gern das Geld wiedergeben. Sie brauchen es sicher nötiger als ich." Sie hat es sofort zurückgenommen. Ihr Brief war eigentlich nur eine Art Hilfeschrei. Es war nicht zu übersehen, daß sie in dem großen Miethaus ganz vereinsamt lebte. Sie erzählte mir, daß sie sich mit Willy Brandt und Erhard Eppler virtuell unterhalte, wenn die im Fernsehen zu sehen sind. Dann zeigte sie mir ein Tagebuch, in dem sie immer eingetragen hatte,

wann sie mit wem was „besprochen" hatte. Von diesen Tagebüchern hat sie mir drei Jahrgänge geschenkt. Ich erzähle diese Geschichte nur, um an einem Beispiel die Fernwirkung von Plakaten zu beschreiben.

Schorlemmer:
Du hast ein Wort von Willy Brandt wörtlich genommen. Er hatte zu Beginn seiner Kanzlerschaft davon gesprochen, daß wir „mehr Demokratie wagen" sollten. Du hast deine Aktion „Mehr Demokratie" unermüdlich betrieben und Menschen zusammengebracht, um über den Zustand der Demokratie und über Verbesserungsmöglichkeiten nachzudenken, aus der Rolle des Künstlers und Satirikers heraustretend, nicht mit einer parteipolitischen Absicht, sondern mit der Absicht, daß mehr Demokratie stattfindet und mehr Menschen daran partizipieren.
Lieber Klaus Staeck, falls ich dich überleben und einen Nachruf auf dich schreiben sollte, wüßte ich einen Satz schon jetzt: „Er war ein Nachtmensch, aber was er sagte, war erhellend." Und zweitens: „Unermüdlich hat er Müden Mut gemacht" – Und ich würde anfügen: „Mir auch."

Staeck:
Da irgendwann mit dem Ableben zu rechnen ist, werde ich rechtzeitig eine Postkarte vorbereiten, auf der stehen soll: „Mißtraut meinen Nachrufen!"

Anmerkungen

1 Lothar Bisky, *1941, Prof. Dr., Diplomkulturwissenschaftler, seit 1990 MdL, Fraktionsvorsitzender der PDS, 1993-2000 Bundesvorsitzender der PDS.
2 Erhard Eppler, *1926, Politiker, 1952 Mitbegründer der Gesamtdeutschen Volkspartei, ab 1956 in der SPD, 1968-1974 Bundesminister für wirtschaftliche Zusammenarbeit, Vorsitzender der SPD-Grundwertekommission 1973-1992. Einer der Vordenker der Ökologie- und Friedensbewegung.
3 Johannes Mario Simmel, *1924, Ausbildung als Chemieingenieur, nach Ende des 2. Weltkriegs zunächst Dolmetscher, Kulturredakteur, Reporter (u. a. für „Quick"), seit 1963 freiberuflicher Schriftsteller.
4 Sozialistischer Deutscher Studentenbund.
5 Yaak Karsunke, *1934, Schauspieler bei Fassbinder, später Schriftsteller, verschiedene Dozenturen, u.a. an der Deutschen Film- und Fernsehakademie.
6 Gerhard Löwenthal, *1922, Rundfunkpublizist, seit 1963 beim ZDF, leitete Reihe „ZDF-Magazin".

„Lebensoptimismus habe ich mir
im Gefängnis angeeignet"

kulturforum

LEBENSWEGE
JIŘI STRÁNSKÝ
Tschechischer PEN-Präsident - Prag

Dienstag, 20. Februar 2001, 19.30 Uhr
Evangelische Akademie, Schloßplatz 1 d

Jiři Stránský (geboren 1931) nahm bereits 1948 am Prager Aufstand teil, wurde 1953 des Hochverrats beschuldigt und zu acht Jahren Zuchthaus verurteilt.
Der Schriftsteller, Dramatiker und Filmautor arbeitete unter anderem als Tankstellenwart, bis er 1973 erneut ins Gefängnis kam. Danach arbeitete er als Kulissenschieber und Regisseur.
Seine persönlichen Erfahrungen in den Lagern der politischen Polizei verarbeitete er in seiner Geschichtensammlung „Das Glück" (1969). Dies wurde ein so bedrückendes wie beeindruckendes Zeugnis menschlicher Standhaftigkeit und bewährter Identität im Gefängnis. Das Buch wurde nach dem Druck sofort wieder eingestampft. Die Innere Freiheit in Zeiten äußerer Unfreiheit ist Stránskýs Thema. Die Briefe an seine Tochter aus dem Gefängnis zeugen von seinem tiefen Humor, von seinem ungebrochenen Sinn für Schönheit, von Lebensfreude und Toleranz.

1997 sagte er auf der PEN-Tagung in Quedlinburg:
„Ein Katzenjammer ist aus der Freiheit geworden. Nach all diesen langen Jahren des Totalitarismus haben die Leute vielleicht mehr erwartet, als sie bekommen können. Jetzt ist es, dass sich alle beklagen, von rechts bis links, von links bis rechts. Ich finde es ganz normal, wie es ist. Ich wollte in meinem Buch ‚Das Glück' beweisen, dass man sich auch unter solchen Umständen (im Lager) ganz frei und glücklich fühlen konnte, aber, wie gesagt, unter der Bedingung, dass sie die freie Seele und den freien Willen behalten."

Sie werden einen sehr ungewöhnlichen Menschen erleben - überzeugend, bescheiden, klar humorvoll, weise.

Sie sind herzlich eingeladen.

Friedrich Schorlemmer Eintritt: 8,00 DM
Studienleiter erm.: 6,00 DM

Evangelische Akademie Sachsen-Anhalt e.V., 06886 Lutherstadt Wittenberg, Schloßplatz 1 d
Tel. 03491/49880, Fax 03491/400706, E-Mail: Ev-Akademie-Wittenberg@t-online.de

Schorlemmer:
Jiří Stránský gehört zu den Leuten, die trotz oder vielleicht wegen eines sehr, sehr schwierigen Lebensweges eine unglaubliche Vitalität besitzen. Bevor er etwas aus seinem Werk liest, möchte ich ihm eine grundsätzliche Frage stellen: Warum, Jiří Stránský, sind Sie nie Kommunist geworden?

Stránský:
Das liegt mir vielleicht nicht im Blut. Ich gehöre zu einer Familie, die schon immer mehr rechts als links war und die immer sehr gut gespürt hat, daß Kommunismus und Freiheit sich nicht vereinbaren lassen. So wurde ich erzogen. Ich habe nie darüber philosophiert. Für mich war es ein Teil meines Selbst. Wir in der Tschechoslowakei kennen sowohl eine linke als auch eine rechte intellektuelle Tradition. Aber in den 40 Jahren des Kommunismus hat man bei uns nur über die linken Intellektuellen gesprochen, nie über die rechten oder die unabhängigen. Als links hat man auch die eingeordnet, die nie links waren.

Schorlemmer:
In Diktaturen werden Demokraten immer als „links" bezeichnet. Ihr Werk „Das Glück" ist ein Buch mit Geschichten aus dem Gefängnis. Wieso Glück?

Stránský:
Ich bin einer von denen, die immer glaubten, daß man ohne Glück die Konzentrationslager oder Uranminen nicht überleben konnte. Ich bin ein Lebensoptimist, und es ist witzig, daß ich mir diesen Lebensoptimismus ausgerechnet im Gefängnis angeeignet habe. Ich habe das immer als Glück betrachtet. Ich war sehr jung, als ich in Haft kam. Das war in den fünfziger Jahren, als die besten Gehirne des Volkes im Gefängnis waren. Für mich wurde dadurch das Gefängnis eine Art Universität. Alles, was ich weiß, habe ich im Gefängnis gelernt, von den besten Professoren, die ich alle dort getroffen habe. Es waren nicht nur Professoren der Philosophie, sondern auch Professoren der „Lebenswissenschaften". Eine der Geschichten ist als Tribut an meinen Mithäftling, einen Komponisten, geschrieben worden, über Leopoldov, das war das schrecklichste Gefängnis in der Tschechoslowakei, eine alte Theresien-Festung. Wenn jemand eingeliefert wurde, war Rückkehr unerwünscht. Die Menschen haben es trotzdem überlebt.

Schorlemmer:
Es ist gewagt, über Ihre Jahre im Gefängnis das Wort „Glück" zu stellen. Wie sind Sie mit der Verbitterung *nach* diesen zehn Jahren fertig geworden?

Stránský:
Es gab keine Verbitterung. Mein Vater und mein älterer Bruder waren auch im Gefängnis. Daß sie mich einsperren, hatte ich jedoch nicht erwartet. Ich hatte nichts getan. Sie haben mich wegen einer Sache verhaftet, die nicht wahr war. Ein anderer Mensch hatte damit sein Leben gerettet. Aber ich wußte das nicht. Im Gefängnis haben sie mich beinahe zu Tode geprügelt. Sie wollten, daß ich alles sagte, und ich wußte nicht, was ich sagen sollte. Das war schlecht. Sie haben mich sogar für sechs Tage in eine Wasserzelle geworfen. Ich war 21 Jahre alt und so voller Haß und Rachegefühle, daß es mich hätte zerreißen können. Einige Monate nach dem Prozeß begegnete ich im Pankras, dem größten Prager Gefängnis, einem unserer besten Dichter. Ich liebte ihn, auf einmal hatte ich meinen Gott bei mir. Dieser Mensch mußte viel mehr als ich im Gefängnis leiden. Er sagte mir: „Du mußt dich schnell von deinem Rachedurst und von deinem Haß befreien. Sonst wirst du selbst dein erstes Opfer sein." Es klingt wie eine Floskel, aber im Gefängnis ist es ganz anders. Es tut eine Weile weh, bis man es annimmt. Dann ist das Gefängnis viel leichter zu ertragen. Seit diesem Zeitpunkt war es in Ordnung. Ich habe nie mehr etwas Bedrückendes gefühlt. Ich habe Menschen kennengelernt, die ich sonst vielleicht nie im Leben getroffen hätte. Es war nicht einfach ein Gefängnis. Ich mußte sieben Jahre in einer Uranmine arbeiten - die reinste Sklavenarbeit. Ich wollte Schriftsteller werden und habe sogar Poesie geschrieben. Aber es tut mir nicht leid, daß ich im Gefängnis war. Es gibt Menschen, die erst jetzt weinen, weil es so schrecklich war. Aber das ist bei mir nicht der Fall. Dieser Dichter hat mir damals gesagt, daß es viele Möglichkeiten gibt, das Gefängnis anzunehmen. Du kannst es entweder als Traum annehmen, als ein Provisorium oder als eine Art Warteraum oder am besten als einen realistischen Teil deines Lebens. Genau so habe ich es angenommen.

Schorlemmer:
Siebeneinhalb Jahre waren Sie im Gefängnis, schufteten in einem Uranbergwerk. Ihr Vater war Mitglied der „Falken" und wurde von den Nazis ins Konzentrationslager geschleppt. Was muß man sich unter den „Falken" vorstellen?

Stránský:
Die „Falken" waren eine nationale Turnorganisation mit Hunderttausenden von Mitgliedern. Diese Organisation hatte eine lange, mehr als 150jährige Tradition. Alle vier Jahre fanden Wettkämpfe statt, später Spartakiaden genannt. Als die Nazis kamen, hatten diese Angst, daß die gut organisierte Turnorganisation in Widerstand übergehen würde.

Schorlemmer:
Das heißt, die „Falken" waren noch gar nicht im politischen Widerstand aktiv, da wurden sie schon präventiv verfolgt.

Stránský:
Ja, natürlich. In den kleinsten Dörfern hatten sie sich Turnhallen gebaut. Die Nazis haben 5.000 Funktionäre dieser Organisation in Konzentrationslager gebracht. Erst nach Theresienstadt, dann nach Auschwitz. Es blieben nur 65 Mitglieder übrig, die von den Nazis entlassen worden sind. Damit war die Organisation der „Falken" tot. Mein Vater war einer der 65 Überlebenden.

Schorlemmer:
Ihr Vater war Advokat und ist 1948 im Zusammenhang mit dem Prager Aufstand verhaftet worden. Was hatte er getan?

Stránský:
Er hatte nichts getan. Wir standen immer auf der anderen Seite der Barrikade, schon in der ersten Republik. Mein Großvater war damals Ministerpräsident und ein Freund des Außenministers Jan Masaryk[1], der auch unser Pate war. Die Kommunisten liebten uns nicht. Großvater war der Ministerpräsident der Agrarpartei, die auch ein Gegner der Kommunisten war. Sie wollten ihn nach dem Krieg vernichten, also haben sie ihn als Kollaborateur verklagt. Er war aber keiner. Er stand nur in Verbindung mit der Exilregierung.

Schorlemmer:
Die Anklage reichte, sie brauchte nicht begründet werden.

Stránský:
Sie haben ihn eingesperrt. Dann gab es ein Gerichtsverfahren. Er hat den Prozeß gewonnen. Die Kommunistische Partei, die ihn verklagt hatte, mußte sich öffentlich entschuldigen. Die Kommunisten vergessen solche Sachen nicht.

Schorlemmer:
Haben Sie als junger Mann die Urteilsbegründung für Ihren Vater gelesen?

Stránský:
Die Urteilsbegründung ist wunderbar. Sie haben gesagt, mein Vater, Dr. Stránský, ist so aufmerksam, so klug, daß wir ihm nichts beweisen können, und deswegen verurteilen wir ihn zu zwei Jahren Gefängnis. So machte das die Arbeiterklasse.

Schorlemmer:
Verbirgt sich dahinter auch ein gewisser Anti-Intellektualismus?

Stránský:
Mein Vater war ein berühmter Advokat. Wir gehörten zur Bourgeoisie, mein Vater hatte eine Villa und ein Vermögen. Das haben sie uns alles genommen. Sie haben uns aus Prag vertrieben. Tausende haben das Gleiche erlebt.

Schorlemmer:
Warum haben Sie danach Ihr Land nicht verlassen? Viele Menschen sind geflüchtet. Sie konnten sich doch denken, daß es nur eine Frage der Zeit war, bis Sie wieder würden zurückkehren können.

Stránský:
Diese Frage hat mir auch meine Frau gestellt, als wir das zweite Mal zurückgekommen sind. Obwohl ich Deutsch, Englisch, Französisch, Italienisch und Russisch spreche und vielleicht ein gutes Leben im Ausland haben könnte, fühlte ich in dem Moment, daß ich nach Prag gehörte. Im Jahre 1968, während des Einmarsches, war ich für sechs Wochen in Wien. Meine Frau befürchtete, daß sie mich wieder einsperren würden, wenn ich zurückkäme. Und sie hat Recht gehabt.

Schorlemmer:
Die meisten Tschechen sind im Ausland geblieben, weil sie wußten, was passieren würde.

Stránský:
Ja, aber während der Zeit des Prager Frühlings konnte ich zwei Drehbücher fertigschreiben, und die wurden auch realisiert. Dieses Projekt begann schon 1966. Ich war der Drehbuchautor. Aus der Tschechoslowakei sind zwei Regisseure aus der sogenannten jungen Welle nach Wien gekommen und sagten, daß ich in Wien bleiben sollte. Aber ich konnte nicht in Wien bleiben, obwohl ich dort Verwandte hatte. Meine Großmutter war Österreicherin. Dort spürte ich das erste Mal, daß ich mich immer als Emigrant in Österreich fühlen würde. Dann bin ich nach Frankreich gefahren. Dort haben sie mir eine gute Stelle beim Fernsehen angeboten. Die Regisseure sind aus Wien in die Tschechoslowakei zurückgereist und haben mir mitgeteilt, daß es nicht so schlimm wäre. Meine Eltern lebten recht einsam in der Tschechoslowakei, weil meine Brüder in die Schweiz gegangen waren. Vielleicht war auch das ein Grund, zurückzugehen. Als ich die lange Zeit im Gefängnis war, habe ich überall gespürt, wie man die verschiedenen familiären Bindungen zerbrochen hat. Ich war Zeuge, als ein Knabe fragte, was man mit seiner Mutter gemacht hatte. Meine Mutter hat das alles erlebt, und ich wollte sie nicht allein lassen. Das war der wichtigste Grund. Meine Frau hat es verstanden.

Schorlemmer:
Ihr Buch „Das Glück" ist dann gedruckt worden.

Stránský:
Es wurde gedruckt und kam sogar in einige Buchhandlungen. Ich habe dazu eine wunderschöne Erinnerung. Ein Buch kostete damals 11 Kronen, etwa 4 DDR-Mark. Nach ungefähr zwei Jahren habe ich in der Zeitung ein Inserat gelesen: „Ich biete zwei gebundene Jahresbücher von ‚Playboy' für ein Exemplar von ‚Das Glück'." So viel bekomme *ich* nie für ein Buch!

Schorlemmer:
Sie haben später Benzin geschmuggelt?

Stránský:
Nein. Das wurde nur behauptet. Das wurde über viele Regimegegner gesagt, denn das Beste, was man aus uns politischen Gefangenen machen konnte, waren Kriminelle.

Schorlemmer:
Es wurde von tschechischen kommunistischen Politikern behauptet, daß es keine politischen Gefangenen gab.

Stránský:
Natürlich. Wir hatten keine, es waren lauter Kriminelle. Da jedoch nichts gegen mich vorlag, war das wirklich schwierig nachzuweisen. Mein Protokoll war zwei Seiten lang, denn ich wußte über nichts zu sprechen. Ich war 15 Monate im Untersuchungsgefängnis. Ich hatte einen großen Vorteil, weil in meiner Kennkarte als Beruf Arbeiter angegeben war. Im Gefängnis stand auf jeder Tür geschrieben, daß die Polizei so demokratisch sei, daß jeder in der Zelle seiner Profession nachgehen könne, unter der Bedingung, daß das Verhören nicht gestört wird. Ich habe mich gemeldet und gesagt, daß ich Papier und einen Stift zum Schreiben bräuchte. Dann habe ich 14 Monate lang geschrieben. Die waren so dumm, daß, wenn mein Anwalt mich besuchte, ich ihm die Aufzeichnungen mitgeben konnte. Niemand hat das kontrolliert. So konnte ich einen ganzen Roman vorbereiten. Niemand hat mich geprügelt, es war wie ein Sanatorium gegenüber dem Gefängnis in den fünfziger Jahren. Jeden Tag gab es dreimal etwas zu essen. Wenn jemand als politischer Gegner verdächtigt wurde, bekam er nur die sogenannte Korrektion zu essen. Das bedeutete vielleicht 80 Gramm Nahrung einmal in drei Tagen.

Schorlemmer:
Jan Masaryk war Ihr Patenonkel.

Stránský:
Ja. Als mein Großvater Ministerpräsident war, war meine Mutter am Konservatorium und mein Onkel war Sänger und ein Mäzen der Kultur. Er hatte ein Gut und war Bauer. Mein Großvater lud zum Schlachtfest seine Freunde ein, große Künstler der damaligen Zeit. Jan Masaryk war für uns immer der Witzigste. Er hat sich immer mit uns abgegeben. Wir liebten ihn.

Schorlemmer:
Haben Sie seinen Tod miterlebt?

Stránský:
Er hatte eine gute Bekannte, das war die amerikanische Schriftstellerin M. Davenport Sie wohnte gegenüber dem Außenministerium. Am Tag vor seinem Selbstmord war sie bei uns und bat meinen Vater, Jan Masaryk zu überreden, mit ihr wegzugehen, sie hatte schon eine Flugkarte für ihn besorgt. Unsere Familie hat auch nie geglaubt, daß sein Tod ein Selbstmord war. Wir wußten, daß er abreisen wollte.

Schorlemmer:
Vor einem halben Jahr ist Eduard Goldstücker[2] gestorben. Sie haben ihn sehr früh kennengelernt?

Stránský:
Ja. Ich begegnete ihm im Gefängnis. Seine eigenen Genossen, die Kommunisten, hatten ihn ins Gefängnis gesteckt. Wir fuhren zusammen von Pankras nach Leopoldov im Gefängnisbus. Goldstücker und ich wurden mit etwa 100 anderen Häftlingen in eine große unterirdische Zelle gesperrt. Die politischen Gefangenen wußten, wer er war. Die Kommunisten hatten es besonders schlecht im Gefängnis. Er war immer einsam. Einmal kam zu ihm ein Gefangener und hat ihn gefragt: „Du bist Goldstücker?" Er sagte: „Ja." Dann fragte der Gefangene wieder: „Du warst eine Zeitlang bei der UNO, und du hast dort im Jahre 1948 gesagt, daß es in der Tschechoslowakei keine politischen Gefangenen gibt? Wenn ich dir jetzt eine Ohrfeige gebe, dann kannst du sie nicht fühlen, weil es keine politischen Gefangenen gibt. Da ist niemand. Du kannst es nicht fühlen, denn ich existiere nicht."

Schorlemmer:
Solche Erlebnisse sind für einen überzeugten Kommunisten unglaublich bitter, warum spotten die anderen noch?

Stránský:
Goldstücker und ich waren gute Freunde. Er hatte mich sehr gern, weil ich immer ein ganz offener Mensch war. Ich habe immer gesagt, was ich fühlte. Ich fragte ihn: „Du bist so ein vernünftiger Mensch, wie konntest du ein Kommunist werden?" Er sagte: „Ich habe immer daran geglaubt." Er war bis zu seinem Tod überzeugter Kommunist.

Schorlemmer:
In Ihrem Land herrscht jetzt die parlamentarische Demokratie.

Stránský:
Meinen Sie?

Schorlemmer:
Sie haben zwei großartige Parteien, die miteinander eine großartige Koalition bilden unter zwei großartigen Männern[3]. Und trotzdem haben die Fernsehleute einen Streit angezettelt. Sie haben da mitgemacht?

Stránský:
Ja, das stimmt. Da kann ich nicht anders: Wo ich eine Schweinerei vermute, muß ich hin, um sie zu bekämpfen. Der vorherige Direktor des Fernsehsenders hatte mehrere Intellektuelle eingeladen, um einen Fachrat zu bilden. Als er das eingeleitet hatte, haben sie ihn herausgeschmissen. Das erste, was wir als Wichtigstes proklamiert haben, war die Unabhängigkeit des Fernsehens. Der Direktor hatte ein neues Programm entwickelt. Aber dummerweise hat er öffentlich verkündet, daß die größte Änderung des neuen Programms sein wird, daß die Politiker nicht so viel im Fernsehen erscheinen werden. Das war natürlich sein Ende.

Schorlemmer:
Dann wurde ein neuer Direktor eingesetzt. Wie haben Sie denn so viele Menschen für die Freiheit des Mediums Fernsehen auf die Straße gebracht?

Stránský:
Auf einmal merken ganz normale Menschen, daß die Politiker tun und lassen, was sie wollen, und gar nicht mehr auf das Volk hören. Das passiert immer wieder.
Im Falle des Fernsehdirektors wußten wir, daß es ein Komplott war. Er war der Direktor der Publizistenredaktion, also wußten die alle, daß sie würden gehen müssen. Ich gehörte zu denen, die empfohlen hatten, dort zu bleiben. Der Direktor hatte den Bildschirm 24 Stunden abgeschaltet und nur die Mitteilung gesendet, daß die Programmausstrahlung nicht autorisiert wurde.

Schorlemmer:
Solange sich so viele Menschen für die Unabhängigkeit der Medien mobilisieren lassen, steht es noch gut um die Demokratie. Was aber macht Macht aus Menschen konkret? Ist Václav Havel noch Václav Havel?

Stránský:
Ja. Wir kennen uns seit 40 Jahren. Wir sind von Natur aus grundverschieden. Man sieht es an unseren Schreibtischen, sagt meine Frau. Er war und ist ein tüchtiger Mensch. Wenn man zehn Jahre Präsident ist, muß man sich in vielen Dingen ändern. Er hat keine Zeit mehr zum Schreiben. Das einzige, was er schreibt, sind seine Reden, die wirklich immer wie Essays sind. Man kann sie wie Literatur lesen. Ich kenne keinen anderen Menschen, der so geachtet ist wie Havel.

Schorlemmer:
Sie als P.E.N.-Präsident und andere Intellektuelle treffen sich mit ihm.

Stránský:
Havel hat mich einmal vorgestellt mit dem Satz: „Das ist der einzige Mann, der der Präsident des tschechischen Präsidenten ist."

Schorlemmer:
Lieber Jiří Stránský, ich habe Sie 1997 in Quedlinburg erlebt, gerade als in Deutschland bei der Erinnerung an die Vergangenheit viel alter Schmutz aufgewühlt und viel neuer Haß geweckt wurde. Damals haben Sie sich hingestellt und gesagt: „Das Gefängnis ist ein Ort der Freiheit." „Sie dürfen sich die Freiheit nie nehmen lassen", fuhren Sie damals fort, „wenn Sie sich im Gefängnis nicht frei fühlen, werden Sie sich auch in der Freiheit nicht frei fühlen." Damit ist sicher keine Glorifizierung des Gefängnisses gemeint, sondern die Lebenshaltung von Jiří Stránský. Vielleicht hängt die auch mit Ihrem bürgerlich-rechten Zuhause zusammen. Für mich ist das Wort rechts natürlich durch die Nationalsozialisten und die Deutsch-Nationalen besetzt, so daß wir Sie im demokratischen Spektrum eher als Konservativen einordnen würden. Vielleicht auch noch bei den Schwarzen. Und links hat bei Ihnen wiederum eine andere Konnotation.

Stránský:
Links hat keine politische Bedeutung. Wenn jemand ein Linker ist, ist er schief.

Schorlemmer:
Dann gibt es auch viele schiefe Rechte.

Stránský:
Ich bin kein Politologe. Und wenn ich ganz offen bin, mir ist die Bezeichnung egal. Für mich ist es entweder ein anständiger Mensch oder nicht. Mit den Kommunisten und den marxistischen Sozialisten habe ich schlechte Erfahrungen gemacht. Ich muß zugeben, auf die reagiere ich sogar allergisch.
Aber eines haben Sie vergessen, als Sie von meiner Rede gesprochen haben. Sie haben vergessen, womit ich angefangen habe.

Schorlemmer:
Dann sagen Sie es.

Stránský:
Ich habe gesagt: „Ihre Probleme auf meinen Kopf." Für mich erschien der Streit zwischen dem Ost-P.E.N. und dem West-P.E.N. sehr lächerlich.

Schorlemmer:
Es war tatsächlich lächerlich. Aber es lag in diesem Falle nicht an den Kommunisten, das kann ich versprechen, sondern an vielen ehemaligen. Weil Sie nie selber ein Kommunist waren, aber unter Kommunisten gelitten haben, streiten Sie jetzt nicht so erbittert mit ihnen.

Stránský:
Aber ich muß auch zugeben, daß ich jetzt größte Befürchtungen hege, daß die Nation vergißt. Ich habe eine Dokumentenreihe mit dem Titel „Gedächtnisverlust" zusammengestellt. Diese Dokumente sind die zusammengetragenen Aussagen der ehemaligen politischen Gefangenen. Dort kommen jetzt 90jährige Damen zu Wort, die zwölf oder mehr Jahre im Gefängnis waren. Die sprechen über das, was mit ihnen gemacht wurde, geradezu mit Eleganz. Da ist keine Spur von Haß. Dieses Dokument hat die Menschen ein bißchen bewegt. Ich spreche mit der jungen Generation, und die ist interessiert, aber ihre Eltern und Großeltern wollen darüber nicht reden. Ich kann es verstehen. In der Tschechoslowakei waren insgesamt 52.000 Leute im Gefängnis, davon wurden Hunderte gehängt. Trotzdem war es nur ein sehr kleiner Teil, und die anderen mußten „ein bißchen kollaborieren", wie man sagt. Da ist nichts Schlechtes daran, sie mußten ihre Familien durchbringen. Ich hatte es immer leicht. Aber ich freue mich, daß diese junge Generation keine weißen Flecken auf der historischen Karte duldet.

Schorlemmer:
Es spricht für das tschechische Fernsehen, daß im dortigen Abendprogramm eine Serie nach einem Drehbuch von Jiří Stránský läuft.

Stránský:
Ich habe zwei Romane geschrieben. „Das bewilderte Land" ist ein Roman, der die Vertreibung der Deutschen beschreibt, ganz offen und so, wie es wirklich war. Ich habe es im Alter von 14 Jahren miterlebt. In diesem Alter nimmt man alles intensiv auf. Im Erzgebirge war es schrecklich. Bisher wußte man noch nicht, daß die Vertreibung über die Grenze nicht nach Deutschland ging, sondern nach Böhmen in die Lager. Die offizielle Aussiedlung fand im Mai/Juni 1946 statt. Mein Roman erschien und bekam einen Preis. Deswegen wurde von mir nichts im Fernsehen gesendet. Ich habe von dem ersten freien Generaldirektor ein Entschuldigungsschreiben erhalten, verbunden mit der Ankündigung, daß jetzt bald wieder gedreht werden würde. Trotzdem wurde mein Drehbuch noch zwei Jahre lang verschwiegen. Was die Kommunisten über die Aussöhnung und die Vertreibung gesagt haben, war natürlich falsch. Damals beherrschten noch die Kommunisten das Fernsehen.

Schorlemmer:
Vielleicht sagt nichts mehr über Sie aus als diese Unbestechlichkeit. Wie ein Böhme berichtet, was Deutschen geschehen ist, ohne zu verschweigen, was die Deutschen dort getan haben. Die Wahrheit ist immer nur die ganze Wahrheit.

Frage aus dem Publikum:
Hat es den Roman auch auf deutsch gegeben?

Stránský:
Nein. Vor etwa vier Jahren habe ich auf der Leipziger Messe Ausschnitte daraus gelesen. Es waren immer viele Zuhörer da, und einige Verleger haben sich dafür interessiert. Das Buch paßt vielleicht auf beiden Seiten nicht richtig. Auf einer Lesung in München in der Adalbert-Stifter-Stiftung habe ich die problematischsten Seiten aus dem Roman vorgetragen. Ich hatte nicht gemerkt, daß die Lesung in der Landsmannschaft stattfand, aber es war wunderbar. Ich habe eine Stunde lang vor etwa 50 Menschen gelesen. Eine Frau aus dem Publikum fragte mich danach: „Und Sie meinen, daß es wirklich so war?" Eine wirklich eigenartige Erfahrung. Das ZDF hat mit mir sogar ein Interview gemacht.

Frage aus dem Publikum:
Wie sind Sie damals als 21jähriger mit Ihrer Situation im Gefängnis psychisch und physisch fertig geworden?

Stránský:
Obwohl ich ein Lebensoptimist bin, war ich zu Beginn des Prager Frühlings ein großer Pessimist, weil ich davon überzeugt war, daß die Kommunisten sich nicht selbst refor-

mieren können und außerdem die Sowjets nie so dumm wären, uns freizulassen. Schon von Anfang an hatte ich gesagt, daß die Russen kommen werden. Ich war ein Realist. Die Euphorie war so groß. Ich wußte immer, daß ich eines Tages freikommen werde. Sogar meine besten Freunde dachten, daß ich ein Idiot wäre. Als im Jahre 1985 Gorbatschow an die Macht kam, habe ich ihnen gesagt: „Es ist schwer, etwas zuzugeben, aber die Russen werden uns wieder befreien." In gewissem Sinne war es so.
In puncto „Lebenswissenschaften" habe ich ein permanentes Problem. Weil ich P.E.N.-Präsident bin, denken viele Leute, daß ich ein Doktor aus dem Westen sein muß, denn sie schreiben an Dr. Jiří Stránský. Ich sage jedoch: „Wenn ich ein Doktor bin, dann bin ich Doktor der Gefängniswissenschaften!"

Schorlemmer:
Wir gehen mit sehr viel Nachdenklichem und Berührendem nach Hause.

Stránský:
Wenn das meine Frau hören würde, würde sie sagen: „Ja, es ist wahr, aber manchmal ist es zu viel." Sie hat meine beiden Gefängnisabschnitte miterlebt. Es war sehr traurig, denn bei der zweiten Inhaftierung war meine Tochter Klara achteinhalb Jahre alt. Wegen meiner ersten Inhaftierung hatten wir ein sehr intensives Verhältnis zueinander. Meine Tochter hat die ganzen zwei Jahre geweint. Um ihr die Trennung zu erleichtern, habe ich ihr jede Woche eine kurze Tiergeschichte in meinem Brief geschrieben. Diese Geschichten habe ich in dem Buch „Erzählungen für Klara" gesammelt. Es wurde herausgegeben, als meine Enkelin so alt war wie meine Tochter Klara damals.

Schorlemmer:
In dieser schweren Zeit im Gefängnis hat Ihnen ein älterer Schriftsteller etwas mitgeben können, was Sie Ihr Leben lang für sich bewahrt haben. Menschen können einander so helfen, daß sie durch die schwierigsten Zeiten im Leben durchgetragen werden. Wären Sie Kai Ross damals nicht begegnet, wären Sie vielleicht ein ganz anderer geworden. Er hat mit Ihnen gesprochen. Sie konnten es hören, und es konnte Sie Ihr Leben lang tragen.
Daß es so etwas gibt, macht einem wieder Mut – für die Menschheit. Es ist jedenfalls nicht unmöglich, daß es Jiří Stránský noch einmal gibt, irgendwo, überall, obwohl er, wie wir heute Abend gehört haben, wirklich einmalig ist.

Stránský:
Ich möchte noch etwas anfügen: Mein Lebensmotto ist, daß es schade um jedes gute Wort ist, das nicht gesagt wird.

Anmerkungen

1 Jan Masaryk (1886-1948), 1925-1939 Gesandter in London, 1940-1945 Außenminister der tschechoslowakischen Exilregierung in London, von 1945 bis zu seinem Tod Außenminister der Tschechoslowakischen Republik.
2 Eduard Goldstücker (1913-2000), tschechoslowakischer Diplomat, Literaturwissenschaftler, 1949/50 Botschafter in Tel Aviv, 1950 bei der UNO, 1953 lebenslängliche Zuchthausstrafe (1955 rehabilitiert), ab 1963 Professor für Germanistik in Prag, ab 1968 Vorsitzender des tschechoslowakischen Schriftstellerverbandes; 1970 emigriert.
3 Gemeint sind – mit Ironie! – Miloš Zeman und Václav Klaus.

„Um die Dinge wirklich zu verstehen,
muß man bis auf ihren Grund hinabtauchen"

kulturforum

LEBENSWEGE
Yaacov Ben-Chanan

Montag, 12. März 2001, 19.30 Uhr
Evangelische Akademie, Schloßplatz 1 d

Prof. Dr. Ben-Chanan wird 1929 als Kind russisch-assimierter jüdischer Eltern in Riga geboren. Seine Familie wird 1941 ermordet. Er versteckt sich im Krieg in Polen, wird 1945 in Deutschland eine displaced person und der Pflegesohn eines evangelischen Pfarrers, studiert dann in Rostock, Leipzig und Westberlin, zunächst Geschichte und Theologie, dann Theaterwissenschaft und Medizin. Er wird Arzt und Psychotherapeut und ist seit 1994 Honorarprofessor an der Universität Kassel.
Jüdisches Denken und „Juden und Deutsche" gehören zu seinen Lebensthemen. Yaacov Ben-Chanan ist ein Grenzgänger in vieler Hinsicht. Er liest öffentlich „die Meister der Sprache" - von Rose Ausländer bis Pasternak, von Brecht bis Camus, von Buber bis Christa Wolf.
Seinem Lebensporträt setzt er ein Wort Erika Pluhars voran:
„Trotzdem: kämpfen, glauben, lieben."

Sie sind zum Kennenlernen dieses ungewöhnlichen Zeitgenossen eingeladen.

Friedrich Schorlemmer
Studienleiter

Eintritt 8,00 DM
erm.: 6,00 DM

Evangelische Akademie Sachsen-Anhalt e. V., 06886 Lutherstadt Wittenberg, Schloßplatz 1 d
Tel. 03491/49880, Fax: 03491/400706, E-mail: Ev-Akademie-Wittenberg@t-online.de

Schorlemmer:
Ich begrüße sehr herzlich unseren Gast Yaacov Ben-Chanan. Wir werden heute Abend einen ungewöhnlichen Menschen kennenlernen, der auf der Suche nach seiner Identität viele Grenzen überschritten hat. Ben-Chanan wurde 1929 als Kind russisch assimilierter jüdischer Eltern in Riga geboren. Herr Ben-Chanan, wer war Ihre Mutter?

Ben-Chanan:
Meine Mutter war eine sehr komplizierte Persönlichkeit. Als ich geboren wurde, war sie 30. Sie stammte aus St. Petersburg und war dort 1917 mit 17 Jahren aus ihrem Elternhaus ausgebrochen. Von der Zeit danach weiß ich nichts, nur, daß sie später an der Mailänder Scala Tänzerin war. Mein Vater lernte sie dort kennen. Er verehrte die Bühne und pflegte Kontakte. Einer davon war sie. Er brachte meine Mutter nach Riga, wo er schon ansässig war.

Schorlemmer:
Aus dem schönen Mailand nach Riga?

Ben-Chanan:
Riga ist mindestens so schön wie Mailand. Sie war ja keine Mailänderin, sondern eine Fremde. Wir haben allerdings nie darüber gesprochen. Über solche Dinge spricht man erst in einem späteren Alter, und das habe ich mit ihr zusammen ja nicht erreicht. In Riga haben meine Eltern dann geheiratet, und ich kam zur Welt. Der Altersunterschied zwischen ihnen betrug 30 Jahre, und das ging nicht gut. Als ich anfing zu begreifen, stand es schon schlecht um ihre Ehe. Ein paar Jahre später waren sie geschieden, und meine Mutter verließ uns.

Schorlemmer:
Es gab später noch einen Moment, da war sie dann ganz weg. Da haben Sie sich von ihr losgerissen und Ihr eigenes Leben gerettet.

Ben-Chanan:
Das war 1941 im Ghetto in Riga. Als die Deutschen nach Riga kamen, wurden alle Juden eingesammelt, in Lastwagen gepackt und in kleine einstöckige Vorstadthäuschen gebracht, die dafür geräumt worden waren. Dort wurden wir jeweils zu zehnt in ein leeres Zimmer gesteckt. Nachts lagen wir auf dem Boden. Wir hatten kaum Gepäck. Es war ein Lager, das von vornherein zur Vernichtung dieser 30.000 Menschen bestimmt war. Ich habe es geschafft, dort wegzulaufen, mich von meiner Mutter loszureißen, mit zwölf Jahren. Ich konnte mich bei einer alten lettischen Köchin verstecken, die früher bei uns zu Hause gewesen war.

Schorlemmer:
Sie sind mehrsprachig aufgewachsen. Ihre Mutter hat mit Ihnen Französisch gesprochen, ihr Vater hat Sie auf eine deutsche Schule geschickt, und Sie haben außerdem Lettisch und Russisch gelernt. Aber Sie sprechen am liebsten Französisch?

Ben-Chanan:
Ja, wenn ich könnte. Die Sprache ist nicht so leicht. Man verlernt sie, wie etwa auch Russisch, wenn man sie nicht ständig spricht. Franzosen gibt es zwar genug in Berlin, wo ich lebe, aber es ist eine Zeitfrage. Jetzt spreche ich sicherlich Deutsch am besten. Ich lebe seit 1945 in Deutschland, lese aber nach wie vor am liebsten Französisch. Es war meine Muttersprache. Die Eltern sprachen Russisch miteinander und manchmal auch mit mir. Lettisch war die Staatssprache. Man durfte in der Öffentlichkeit nur Lettisch sprechen, sonst riskierte man eine Strafe. Es sei denn, man konnte sich als Ausländer ausweisen. Ich liebe aber auch diese Sprache und lese sie noch gern.

Schorlemmer:
Ihr Vater schätzte die deutsche Kultur und schickte Sie auf eine deutsche Schule. Waren Sie dort unter lauter Deutschen nicht ein Außenseiter?

Ben-Chanan:
Ja, ich war der einzige jüdische Schüler in der Klasse unter lauter deutschen Kindern, Baltendeutschen und Reichsdeutschen, die mit ihren Eltern aus dem Deutschen Reich dorthin gekommen waren. Keiner hat mit mir auf der Bank gesessen. Ich hatte drei Jahre lang einen Katzentisch für mich allein. Kein Besuch zu Hause, keine Einladung. Ich war ganz allein.

Schorlemmer:
Haben Sie Ihrem Vater sagen können, was ein Junge dabei durchmacht?

Ben-Chanan:
Ich habe es ihm gesagt und er hat geantwortet: „Du bist Jude, du mußt dich daran gewöhnen. Das wird dir dein ganzes Leben lang so gehen."

Schorlemmer:
Können Sie sich erinnern, was Sie damals bei dieser Antwort gefühlt haben?

Ben-Chanan:
Ich muß vorausschicken, mein Zuhause war ein assimiliertes Haus, das heißt, Jüdisches kam überhaupt nicht vor, wurde nicht einmal erwähnt. Bei diesem Gespräch mit mei-

nem Vater erfuhr ich überhaupt erst, daß ich Jude war. Dann lernte ich in alltäglichen Situationen: Jüdisch sein, das ist etwas Belastendes.

Schorlemmer:
Sie sagten einmal, daß Frauen Sie wesentlich geprägt haben, Männer kaum. Was haben sie Ihnen jeweils mitgegeben?

Ben-Chanan:
Diese Frauen haben mich auf ganz verschiedene Weise geprägt. Meine Mutter war eine durch und durch erotische Frau. Sie war eine berühmte Schönheit in unseren Gesellschaftskreisen, ein Mensch mit starker Ausstrahlung. Mit „erotisch" meine ich nicht nur Sexuelles. Das hat sie zwar auch in außerordentlichem Maße ausgestrahlt, aber ich meine eher erotisch im Sinne der Haltung zur Welt, der seelischen Öffnung, der Bereitschaft zur Empfängnis. Ich erinnere mich an viele ihrer Aussprüche. Sie ließ mich an einer Rose riechen und fragte auf Französisch: „Riechst du das? Rieche es, mach die Augen zu, nimm es in dich auf." Dann sagte sie den erotischsten Satz, den man in Bezug auf das Leben aussprechen kann: „Um die Dinge wirklich zu verstehen, muss man bis auf ihren Grund hinabtauchen." Das gilt auch für jeden erotischen und für jeden Liebesakt. Dieser Ausspruch von ihr hat mich am meisten geprägt. Das war sie. So wurde auch ich.

Schorlemmer:
Ist damals schon der Grundstein für Ihr literarisches Interesse gelegt worden?

Ben-Chanan:
Das wiederum hat mit meiner Mutter nichts zu tun. Das brachte die Einsamkeit. Keiner kam zu mir nach Hause, keiner spielte mit mir. Ich hatte keine Einladungen woandershin und habe darum sehr früh angefangen zu lesen. Mein Lieblingsbuch war damals Selma Lagerlöfs „Nils Holgerssons wunderbare Reise mit den Wildgänsen".

Schorlemmer:
Und die anderen Frauen?

Ben-Chanan:
Nach meiner Mutter war da zunächst die russische Njanja, die Kinderfrau; ihren Namen weiß ich nicht, alle sagten nur Njanja. Sie barg mich, wenn ich weinte, zwischen ihren großen Brüsten und sang mir leise russische Wiegenlieder vor. An ihr erlebte ich zum ersten Male Mütterlichkeit, denn meine Mutter war eine erotische, leuchtende, hochkünstlerische, aber keine mütterliche Frau. So dagegen auch die dritte, die letti-

sche Köchin. Zu ihr flüchtete ich, wenn ich Angst hatte, in ihren Armen und unter ihren vielen Unterröcken war es still und warm. Meine Mutter konnte ja auch Angst machen, sie war unberechenbar, ihre Zärtlichkeit schlug oft plötzlich in Kälte um, sie strafte mit Liebesentzug. Bei der lettischen Köchin lernte ich eine verläßlichere Gestalt der Liebe kennen. Ich lernte bei ihr auch, mich bei einfachen Frauen am wohlsten zu fühlen und ihre klare, unverblümte Sprache zu sprechen – sehr wichtig für mein ganzes Leben und Denken, denn bei all meinen späteren Büchern und Vorträgen, die ich schrieb, sah ich immer auch sie vor mir, und so wurde meine Sprache einfach, jeder konnte sie verstehen, männliche Herrschaftssprache konnte sich bei mir nicht einnisten. Von meiner stürmischen, ungebändigten Mutter habe ich vieles, nicht zuletzt meine künstlerischen Fähigkeiten, meinen Kampfgeist, meinen Stolz. Aber ich wäre dennoch kein guter Mensch geworden, hätte ich nur sie zum Vorbild gehabt. Meine Mutter war die wichtigste, aber wer mich kennen will, muß mich immer inmitten dieser fünf Frauen sehen.

Schorlemmer:
Dann kam die Hauslehrerin dazu. In dem Zusammenhang denkt man ja oft an „Drachen".

Ben-Chanan:
Die Hauslehrerin war eine Deutsche. Gott behüte, sie war kein Drache. Sie war eine unverheiratete – böse gesagt – alte Jungfer, aber ein aufrechter, kämpferischer und warmer Mensch. Sie besaß einen sehr klaren Verstand, und von ihr habe ich gelernt, meinen zu gebrauchen. Sie sagte: „Hast du einen Kopf, dann gebrauche ihn." Durch einen Mann als junges Mädchen beschädigt, auch sie, lehrte sie mich, skeptisch zu sein gegen männliche Autoritäten: „So, hat er das gesagt, na, dann denk nach, frag nach. Du mußt immer nachfragen. Gebrauche deinen Kopf. Glaub nicht, was man dir sagt, ehe du nicht nachgesehen hast", und so ähnlich. So habe ich gelernt, daß logisches, zumal kritisches Denken auch eine Komponente des weiblichen Wesens und durchaus kein Männerprivileg ist. Nur denken Frauen meistens anders als Männer, konkreter, lebensnäher, praktischer – menschlich, nicht sachlich.

Schorlemmer:
Vielleicht war sie ein guter „Mann"?

Ben-Chanan:
Nein, das würde sie entrüstet bestreiten! Sie wirkte auch im Aussehen nicht männlich.

Schorlemmer:
Und dann war da noch die Kindergärtnerin.

Ben-Chanan:
Die Kindergärtnerin war Französin. Auch sie hatte eine erotische Ausstrahlung, die ich nie vergessen werde, aber eine ganz andere als meine Mutter. Die Kindergärtnerin hatte eine zärtliche Art anzurühren, ohne zu berühren. Sie strahlte Heiterkeit und Grazie aus. Das hat mich damals tief beeindruckt. Von ihr habe ich noch etwas Besonderes gelernt: Fairneß und Sinn für Gerechtigkeit. Sie lenkte uns Kinder ganz behutsam, ohne Lautstärke, ohne Gewalt in irgendeiner Form. Ich lernte von ihr, Macht auf weibliche Art zu gebrauchen.

Schorlemmer:
Und dann kommt Ihre Frau.

Ben-Chanan:
Meine Frau gehört nicht in diese Reihe, sie steht ganz für sich. Als wir uns kennenlernten, war ich als Mensch schon fertig entwickelt, dem konnte sie nichts mehr hinzufügen. Ihre Größe besteht darin, daß sie mich damals, und dann lebenslang, angenommen hat, wie ich bin, auch mit allen schwierigen Anteilen meines mütterlichen Erbes. Sie ist mir seit 50 Jahren eine Partnerin ohnegleichen, in jeder Hinsicht.

Schorlemmer:
Welche Auswirkungen diese Frauen auf Sie und Ihr Selbstverständnis hatten, darauf kommen wir noch. Sie unterschieden sehr früh zwischen fraulichem und männlichem Denken. Gibt es überhaupt diese Kategorien im Denken?

Ben-Chanan:
Ich habe Männer und Frauen damals noch nicht als Kategorien gesehen, sondern einfach als verschiedenartige Menschen. Ein Kind denkt nicht in Kategorien. Ein Kind erlebt, läßt das Erlebte auf sich einwirken und lernt erst allmählich: Ein Mann ist so, eine Frau ist so. Je nach Wesensart der jeweiligen Männer und Frauen formt es sein eigenes Bild von den Geschlechtern und damit auch von sich selbst. Aber Männer, an denen ich mich bei meiner eigenen Menschwerdung hätte orientieren können, standen als Vorbilder ja nicht bereit. Auch in der Grundschule hatte ich nur Lehrerinnen.

Schorlemmer:
Sie sind aus dem Ghetto zu der Köchin geflohen, und sie hat Ihnen geholfen, unterzutauchen. Wie war das?

Ben-Chanan:
Ja, die Köchin, damals bestimmt schon weit über 70, hat mich aufgenommen. Aber sie sagte zu mir: „Du meine Güte, ich kann doch nichts machen. Ich lebe hier auch in ei-

ner feindlichen Umgebung. Du kannst nicht in unserer Wohnung bleiben." Es war nun eine der vielen glücklichen Fügungen in meinem Leben, daß in diesem Hause Deutsche in Quartier waren. Es waren zwei Sonderführer, Verwaltungsbeamte in Uniform, die eigentlich zunächst etwas Böses, Gefährliches für uns symbolisierten. Aber einer davon war in Riga bereits mit unserer Familie bekannt gewesen, ein älterer grauhaariger Mann, der sich an meine Eltern erinnerte. Dieser Mann sagte: „Diesen Jungen werde ich herausschaffen. Ich werde dafür sorgen, daß er gerettet wird." Und das tat er dann auch. Diese beiden deutschen Offiziere haben mich aus Riga nach Posen gebracht. Das lag damals im sogenannten „Warthegau". Ein vormals polnisches Gebiet, zu damaliger Zeit Deutschland angegliedert. Dort wohnten viele aus Riga oder Estland umgesiedelte Deutschbalten. So konnte man mir eine Pflegemutter vermitteln, die siebte für mich wichtige Frau. Sie hat mich unter Einsatz ihres Lebens beschützt. Auch die lettische Köchin hatte ihr Leben riskiert. Ein jüdisches Kind zu verstecken bedeutete damals den Tod.

Schorlemmer:
Sie haben in dieser Zeit Ihre Identität gewechselt, mußten eine andere Biographie erlernen.

Ben-Chanan:
Nicht gewechselt, das kann man ja nicht beliebig, und ich hätte das auch um keinen Preis gewollt, ich war ja damit sehr zufrieden, wie ich war. Aber getarnt. Ich bekam Papiere, die mich als pommersches Waisenkind auswiesen. Ich mußte die Verhältnisse in jener Stadt und eine Biographie, die für mich ausgedacht worden war, auswendig lernen. Ich mußte als dieser deutsche Junge in eine deutsche Schule gehen, durfte in keiner Weise auffallen, mußte mich benehmen wie jeder deutsche Junge dieses Alters und mich so vor Entdeckung schützen. Um nicht „aus der Rolle zu fallen", durfte ich mich auf keine engere Beziehung einlassen, weder auf Freundschaft noch gar auf Liebe. Ganz isoliert mußte ich leben. Ich hätte mich ja verplappern und mein Geheimnis verraten können, und der Freund oder die Freundin hätte es womöglich weitererzählt. Sie können sich gar nicht vorstellen, was es hieß, in einem Land, in dem jeder Jude und jede Jüdin zum Tode verurteilt war, ein jüdisches Kind zu sein. Wenn das herausgekommen wäre, hätte es mich das Leben gekostet und allen, die mir geholfen hatten, zumindest schwere Strafen eingebracht. In der Schule durfte ich nicht durch besondere Leistungen auffallen, damit ich nicht das Interesse der für Eliteschulen aussuchenden Kommissionen weckte. Dann hätte man den Ahnenpaß kontrolliert und wäre sehr rasch hinter meine Tarnung gekommen. Ich mußte völlig unauffällig sein. Und so waren Bücher meine geistige Überlebensmöglichkeit. Ich habe Bücher gelesen, deren tieferen Sinn ich damals, mit 13, 14 Jahren, gar nicht verstehen konnte, beispiels-

weise Dramen von Goethe und Schiller, weil sie eben im Haus waren. Mein Lieblingsautor wurde Ibsen, den ich sehr spannend fand. Aber ich war kein Wunderkind, verstehen Sie es nicht so, als hätte ich mit 13 Jahren schon Henrik Ibsen verstanden. Sehr gut verstanden habe ich die Nora in dem gleichnamigen Stück. Sie war meiner Mutter sehr ähnlich. So wie sie empfand auch ich. Man muß sich auflehnen, wenn man überleben will. Notfalls ausbrechen. Sonst geht man kaputt.

Schorlemmer:
Für das kindliche Ich war diese ständige Verstellung sicher eine entsetzliche Quälerei. Bestimmt haben Sie auch in Ihren Träumen das nacherlebt, was Ihrer Mutter zugestoßen ist, nachdem Sie von ihr weggelaufen sind. Sie ist im Rigaer Ghetto erschossen worden. Und dann unter diesen Deutschen unerkannt leben zu müssen, nachdem Ihnen Ihr Vater die Deutschen als Kulturnation anempfohlen hatte!

Ben-Chanan:
Mein Vater war, kurz bevor die Deutschen kamen, gestorben. Mein Stiefvater wurde auf der Straße von Letten erschossen, meine Mutter später vor einem Massengrab mit vielen anderen. Ich sage immer, das schöne Bild meiner Mutter, an das ich mich erinnere, hat blutrote Löcher im Rücken. Ich will damit ausdrücken, wir jüdischen Überlebenden haben keinen unbefangenen Zugang zu unserer Kindheit. Alle, die sich erinnern, erinnern sich auch an Todesschüsse, an Galgen oder an Gas.

Schorlemmer:
Dann erlebten Sie etwas, das Sie Ihr „persönliches Auschwitz" nennen.

Ben-Chanan:
Im Herbst 1944 kam die deutsche Wehrmachtsführung auf die Idee, die 14jährigen als Helfer einzusetzen. Wir mußten im Klassenverband antreten und Panzergräben ausheben. Bei der Aufnahme im Lager mußten wir uns nackt ausziehen und wurden kurz untersucht. Dabei wurde ich entdeckt, denn jüdische Jungen sind beschnitten. Das ist das einzige Jüdische, was man mit mir gemacht hatte. Der Lagersanitäter, ein älterer Feldwebel, hat mich daran erkannt. Er rief mich am nächsten Tag zu sich und sagte: „Du bist Jude. Du weißt, daß du hier nicht sein darfst. Entweder du tust, was ich sage, oder du gehst durch den Schornstein." Ich tat, was er wollte. Er folterte mich. Ich will ihnen nicht beschreiben, was er mit mir machte. Er hat dabei peinlich vermieden, mich äußerlich zu verletzen, denn ich mußte ja zu den anderen zurück. Sonst hätten die beim Waschen gesehen, daß ich Striemen habe, Brandmale von Zigaretten oder ähnliches. Die hätten gefragt, und die Sache wäre herausgekommen. Das hätte für mich mit dem Tod geendet, aber für ihn vielleicht auch nicht glimpflich. So folterte er mich

auf andere Art, und zum Schluß vergewaltigte er mich. Jedes Mal wieder, sechzehn Mal in drei Monaten. Ich mußte zu meiner eigenen Vergewaltigung gehen. Das war das Allerschrecklichste. Das war meine dritte jüdische Lektion. Die erste war: Jude sein ist peinlich und belastend. Die zweite: Jude sein heißt, zum Tode verurteilt zu sein. Die dritte war die schrecklichste: Jude sein bedeutet, eine Laus sein, ein Nichtmensch, ein Untermensch, unter aller Menschenwürde zu stehen. Er hat mich sicherlich aus Lust vergewaltigt, aber er hat dabei immer gesagt: „Jetzt knack ich die Laus." Seine Lust bestand also nicht in dem, was wir unter sexueller Lust verstehen, sondern sie bestand darin, einen Menschen zu quälen.

Schorlemmer:
Sie sagten in einem anderem Zusammenhang, daß es vielleicht schlimmer ist, mit solch einer Erinnerung zu leben, als wenn man als Opfer am Ende tot ist und dann nichts mehr davon weiß.

Ben-Chanan:
Ja, natürlich. Für den, der ermordet wird, ist es vorbei. Aber für den Menschen, der vergewaltigt wurde – meistens sind es ja Frauen, denen das widerfährt –, ist es nicht vorbei, sondern das Trauma begleitet ihn lebenslänglich. Das geht mir bis heute so. Kein fremder Mann darf auf der Straße hinter mir gehen. Wenn das passiert, vor allem bei Dunkelheit, muß ich ihn vorbeilassen. Im Restaurant muß ich immer einen Tisch suchen, wo ich sicher sein kann, daß hinter mir kein Mann sitzt. Ich kann nicht U-Bahn fahren, wenn nur Männer im Wagen sitzen. Meine Beziehung zu Männern ist seitdem gestört. Ich kann mit Männern zwar eine freundliche bis herzliche, eine vertrauensvolle Beziehung haben, aber keine Freundschaft wie mit Frauen. Da macht etwas bei mir zu. Das tut mir weh. Aber es ist nicht zu ändern.

Schorlemmer:
Von Ihnen wurde der Begriff „sich von Auschwitz freisprechen" geprägt. Was heißt das?

Ben-Chanan:
Ein Beispiel aus dem Alltag: Etwas ist kaputtgegangen. Aber niemand weiß, wer es war. In der Familie steht dieser Vorfall unausgesprochen im Raum. Eines Tages sagt man: „Ich muß es dir doch sagen, ich war es." Das Schuldeingeständnis ist wie eine Erlösung. Man ist das belastende Gefühl los. Und der Partner oder die Partnerin sagt: „Okay, es ist gut, ist verziehen." Das kennen wir wohl alle, schon Kinder wissen es. Wenn wir über etwas sprechen können, haben wir die Chance, es damit hinter uns zu lassen. Es wird dadurch nicht ungeschehen gemacht, aber es hat keine Macht mehr

über uns. Das heißt für mich „freisprechen". Das gelingt aber mit solchen schrecklichen Erlebnissen sehr selten. Es ist mir bisher nicht gelungen und vielen anderen Überlebenden auch nicht, denn es erfordert sehr viel Entblößung, darüber zu sprechen. Das, was ich Ihnen in dem Wort Vergewaltigung angedeutet habe, ist ja eine Entblößung. Was in den Lagern erlebt wurde, ist auch eine solche Entblößung. Auf ganz andere Art vielleicht, aber immer eine Demütigung, eine Entwürdigung. Wir Überlebenden bestehen darauf: Es gibt eine Einzigartigkeit von Auschwitz gegenüber all den anderen Höllen, die Menschen einander immer bereitet haben und auch heute noch bereiten. Es gibt furchtbarste Quälereien auch heute, fast überall. Aber es gibt nicht diese Entmenschlichung, diese Degradierung des Menschen zur Laus. Ich habe mit deutschen Kriegsgefangenen gesprochen, die in Rußland waren. Die haben gehungert, Typhus bekommen und unter schwersten Bedingungen gearbeitet. Sie haben sehr gelitten, aber man hat ihnen damit nicht ihre Würde genommen. Man hat sie nicht zur Laus erklärt. Aber ich mußte, wenn ich zu meinem Peiniger kam, immer das Gleiche aufsagen: Was bist du? Ich bin ein Jude. Was ist ein Jude? Ein Jude ist eine Laus. Und was macht man mit einer Laus? Man knackt sie. Und dann fing er an. Das war im Lager ähnlich. Wir waren keine Menschen. Wir waren Läuse, wir waren Ungeziefer. In Deutschland wurde damals ein Film gezeigt, in dem Juden mit Ratten verglichen wurden.[1] So waren wir die Ratten und die Läuse. Das Menschliche wurde in uns vernichtet, noch ehe wir selbst vernichtet wurden. Sie wissen, was das Vernichtungsmittel für Juden war? Dasselbe, mit dem man Läuse vernichtet: Zyklon B.

Schorlemmer:
Ich habe auch erlebt, daß die Entwürdigung beim Erzählen noch einmal empfunden wird, nämlich wenn man erzählen muß, wie man unter solchen extremen Bedingungen überlebt hat. Und wenn sich dann andere, die gar nicht dabei waren, darauf stürzen und sagen: „Schau mal, wie die sich zueinander verhalten haben." Das ist dann die höchste Form von Zynismus.

Ben-Chanan:
Sehen Sie, wenn ich meiner Geliebten davon erzähle, dann vergißt sie das ja nicht wieder. Von dem Moment an sieht sie mich, jedes Mal wenn ich ins Zimmer komme, dort hängen, so wie er mich aufgehängt und beschmutzt hat. Nicht, daß sie mich deswegen verachten würde. Wenn sie mich wirklich liebt, kann sie das nicht tun. Aber sie wird es immer vor Augen haben. So will keiner vom anderen gesehen werden. Wir haben geschwiegen, weil die Entwürdigung so unglaublich tief ging.

Schorlemmer:
Daraufhin sind Sie mit dem Flüchtlingsstrom von Posen nach Sachsen gekommen.

Ben-Chanan:
Ich war inzwischen 15 Jahre alt und kam mit einem Flüchtlingszug aus Posen. Ich verlor meine alte Pflegemutter im Gewühl und war plötzlich ganz allein auf mich gestellt. Von der Behörde wurde ich einer Pflegefamilie in Sachsen zugewiesen, die ganz lieb war. Ich hatte aber panische Ängste in mir, es war ja nichts in mir geheilt. Die Angst war ein Teil von mir selbst geworden, ich bestand fast nur aus Todesangst. Dann brach ich aus und traf auf andere Kinder, die ähnlich verloren waren wie ich, wenn auch nicht jüdisch. Die hatten ihre Eltern auf andere Weise verloren. Wir waren vier Jungen und drei Mädchen, schliefen in den Wäldern, und ernährten uns den ganzen Sommer lang von dem, was man im Wald fand, beim Bauern nachts klaute oder sich erbettelte.

Schorlemmer:
Sie sind dann zu einem sächsischen Pfarrer gekommen. Dort haben Sie auch Ihre Frau kennengelernt.

Ben-Chanan:
Diese Pflegefamilie war meine dritte, und sie hat mich ausgehalten – und ich sie. Ich war immer noch sehr rätselhaft. Ich sprach nicht über mich, konnte vor allem nicht sagen, daß ich Jude bin. Das war unmöglich. Ich war doch eine Laus! Wer gesteht das denn ein? Ich habe meine falsche Identität weitergelebt, konnte wieder in die Schule gehen, war aber sehr schwierig und kompliziert. Ich habe nachts im Schlaf geschrien. Der Pfarrer war selbst im KZ gewesen, weil er für Juden gebetet hatte. Er hatte in dem Kreis um den evangelischen Theologen und Dachauhäftling Martin Niemöller Widerstand geleistet. Es war eine antifaschistische Familie vorbildlicher Art, aber das hat mir nicht so weit geholfen, daß ich mich hätte anvertrauen können. Das Erlebte saß viel zu tief. Wir können uns ja erst anvertrauen, wenn wir genug Selbstvertrauen gewonnen haben. Solange wir uns selbst nicht achten, können wir nicht unser Gesicht zeigen, gleichgültig wie nett die Menschen um uns sind. So ging mir das auch. Ich habe mich in die älteste Pflegeschwester verliebt, aber sie wollte mich erst überhaupt nicht. Nur ganz allmählich habe ich sie dazu gebracht, daß sie sich bereit fand, mit mir das Leben zu beginnen. Wir haben 1952 geheiratet und stehen jetzt vor der goldenen Hochzeit.

Schorlemmer:
Und Sie haben Ihrer Frau elf Jahre lang nichts erzählt?

Ben-Chanan:
Nein. Ich habe sie so geliebt wie außer meiner Mutter sonst niemanden auf der Welt. Trotzdem konnte ich ihr das nicht sagen. Daraus können Sie die Tiefe meiner Beschä-

digung, Entwürdigung und Selbstverachtung ermessen. Als das dritte Kind unterwegs war, 1963, habe ich es ihr gesagt. Sie erwiderte: „Ich versteh dich nicht, wo ist das Problem? Was ist ein Jude? Ein Jude ist ein Mensch, kein Grund zum Verachten." Sie hat ja nicht gewußt, was für eine Geschichte dahinterstand. Die habe ich ihr auch dann noch nicht erzählen können. Erst in den achtziger Jahren habe ich gelernt, freier darüber zu sprechen. Meine Kinder wissen bis heute fast nichts, und sie wollen es auch nicht wissen. Sie haben einen traumatisierten Vater erlebt, sie haben auch die nächtlichen Schreie gehört. Das hat sie abgeschreckt.

Schorlemmer:
Sie haben dann Theologie, Geschichte, Philosophie, Medizin und Theaterwissenschaft studiert.

Ben-Chanan:
Ja, aber nacheinander, nicht alles auf einmal. Ich habe zunächst Geschichte studiert, weil ich wissen wollte, wie alles gekommen war, und Theologie, weil mein Pflege- und späterer Schwiegervater ein Mensch war, der mich sehr beeindruckt hat. Er war einer der wenigen Männer, zu dem ich das Maximum an Zutrauen fassen konnte, das mir erreichbar war. Er war ein Vorbild an Menschlichkeit und wollte gerne, daß ich Pfarrer werde. Ich habe also auch evangelische Theologie studiert, mit heißem Bemühen, um Goethe zu zitieren, und Philosophie so nebenher. Ich bin kein philosophischer Kopf, ich kann nicht gut analytisch denken. Ich kann zwar ganz gut denken, aber nicht wie ein Philosoph, der sozusagen einen Gedanken aus der Luft greift und daraus ein ganzes System spinnt. Das ist mir nicht gegeben.

Schorlemmer:
Das ist dann meistens auch nur Luft.

Ben-Chanan:
Das will ich nicht sagen. Ich habe schon bedeutende Philosophen kennengelernt, und ich habe sie angestaunt wie Wundertiere. Aber ich habe es nicht gekonnt. Ich denke konkret, in innerer Beziehung zum Gegenstand, ich kann nur liebend denken. Meine Kritikfähigkeit muß ich dabei nicht aufgeben, denn auch die Liebe kommt ohne Kritik nicht aus. Aber was mich kalt läßt, das kann ich auch nicht denken. In Leipzig hatte ich Ernst Bloch zum Lehrer, der dachte auch konkret, sehr weiblich, obwohl er gewiß nicht weiblich wirkte.

Schorlemmer:
Und dann auch Medizin?

Ben-Chanan:
Ich möchte zunächst gern noch von einem Schlüsselerlebnis berichten. Ich habe Ihnen erzählt, daß in der deutschen Schule in Riga keiner neben mir sitzen durfte. Ende 1939 mußten die Deutschen Riga verlassen, weil sie Angst vor Stalin hatten. Als die Sowjets da waren, habe ich in meiner lettischen Schule erlebt, daß plötzlich jemand neben mir saß. Das habe ich als eine große Befreiung empfunden. Ein Kind betrachtet das nicht unter ideologischen Aspekten. Ich habe diese Befreiung sinnlich erfahren und das hat mich für immer geprägt. Das hat den Stalinismus und all die Schrecken, die dann offenbar wurden, überdauert, und ich bin bis heute ein überzeugter Internationalist und Sozialist geblieben mit all der Kritik, die anzubringen ist. Es tut meiner Seele unendlich weh zu sehen, was aus dem Sozialismus gemacht worden ist. Aber es hat mich nicht einen Moment daran zweifeln lassen, weiterhin Sozialist zu bleiben.

Schorlemmer:
Wieso?

Ben-Chanan:
Weil ich finde, daß Gerechtigkeit und Humanität das Höchste sind, was in einem politischen Konzept verwirklicht werden kann. Um beide geht es im Sozialismus, anders als im Idealismus wiederum konkret, auf die Menschen bezogen, die „unten" sind - dort wo ich auch war.

Schorlemmer:
Und warum haben Sie die Deutsche Demokratische Republik verlassen?

Ben-Chanan:
Schon 1947/48 in der Schule beim Aufbau der Freien Deutschen Jugend habe ich erlebt, daß der Sekretär der FDJ in die Klasse kam und sagte: „Ihr müßt alle in die FDJ eintreten. Wenn ihr das nicht macht, dann könnt ihr nichts werden." Das hat mich erschreckt und abgestoßen. Ich dachte, das ist ja in dieser Hinsicht wie bei den Nazis. Ich vergleiche nicht das kommunistische System mit dem nationalsozialistischen, denn wie man auch immer über die Umsetzungsversuche urteilen mag, so will doch das kommunistische, daß Gleichheit, Freiheit und Brüderlichkeit für alle Menschen gelten sollen. Der Nationalsozialismus hingegen sieht schon im Konzept die Ausrottung eines Teiles der Menschheit vor. Auf diesen Unterschied lege ich größten Wert. Aber ich selbst war nicht bereit, etwas aus Karrieregründen zu tun, damals nicht und auch heute nicht. Das ist auch ein Erbe meiner Mutter, das hat sie mir vorgelebt. Kompromißlos. Sie hat genau gewußt, wann sie sich mit ihrem Verhalten schadete. Und sie hatte es doch gemacht, weil sie nicht anders konnte und auch nicht wollte; sie war sehr stolz. Ich war

auch zu stolz, um aus Karrieregründen etwas zu tun. Daher konnte ich nicht an der Universität im Bereich Geschichte Professor werden. Die Karriereleiter war mir versperrt. SED ja oder nein? Die übrigen Parteien waren für mich nicht so viel anders. CDU und LDPD waren für mich persönlich keine Alternativen. Also bin ich in den Westen gegangen. Ich hatte keine innere Bindung an bestimmte Orte in Deutschland, es ist nicht mein Land, und es war mir nicht wichtig, ob ich hier oder da oder dort wohne. Seit langem ist mir Berlin zur zweiten Heimat geworden, ich lebe dort sehr glücklich, anderswo in Deutschland könnte ich es nicht, so wie ich nun einmal bin. Für meine Frau war das schwerer, denn sie ist aus Sachsen. Aber sie ist mitgegangen. Das war 1959, die Mauer stand noch nicht. Wir kamen mit zwei kleinen Kindern nach Westberlin, ohne Geld, Freunde legten zusammen, jahrelang, bis ich ein Stipendium bekam, und ich arbeitete neben dem Studium in Zufallsjobs. Wir lebten jahrelang in großer materieller Not. Ich hatte mich entschlossen, Medizin zu studieren. Denn wenn ich eines Tages älter und krank werde, kann ich mich nicht in die Hände eines anderen Menschen begeben. Nicht nach diesen Erfahrungen in meinem Auschwitz. Ich muß wissen, was dieser Arzt, dem ich dann in die Hände falle, mit mir macht. Ich darf niemals einem anderen Menschen Macht über mich geben, solange ich es verhindern kann. Ich muß die Kontrolle behalten. Erst später habe ich entdeckt, daß es noch mehr Gründe gibt, Ärztin zu sein, vor allem, Menschen zu helfen. Aber mich trieb nicht primär der humanitäre Gedanke, sondern der Wunsch, mich selbst zu schützen.

Schorlemmer:
Was hat Ihnen das Theater bedeutet? Warum auch noch ein Studium der Theaterwissenschaft?

Ben-Chanan:
Meine wichtigste Theaterausbildung hatte ich schon in der Posener Illegalität erhalten, vom Leben selbst. Ich mußte die Rolle eines anderen Jungen spielen, mich in eine andere Biographie hineinversetzen. So habe ich eine Rolle zu spielen gelernt mit der größten Meisterschaft, die man sich denken kann. Es ging ja um Leben oder Tod. Die Maske mußte sitzen. Ich wurde nachts von meiner Pflegemutter geweckt, und auch dann, aus dem Schlaf gerissen, mußte ich „in der Rolle bleiben". Deshalb fiel mir später das Theaterspielen leicht, und es hat mir Spaß gemacht. Es war für mich sehr wichtig, am Theater in Berlin auch böse Rollen zu spielen, um einen Teil meiner Wut, meines Hasses abzureagieren, auszuspielen. Ich habe gerne Mörder und böse Figuren gespielt, das hat mir geholfen. Ich habe diese Männergestalten mit den Gefühlen einer vergewaltigten Frau gespielt. So konnte ich mich allmählich vom Männerhaß frei spielen. Aber die Fremdheit ist gebliebenen. Immer wird Uta den Mantelkragen hochschlagen.[2]

Schorlemmer:
Aus dem Ernst, eine Maske tragen zu müssen, um zu überleben, wurde etwas Spielerisches, um diese Situation zu verarbeiten.

Ben-Chanan:
Ja.

Schorlemmer:
Etwas Reinigendes geradezu.

Ben-Chanan:
Ja. Es gibt eine sehr hilfreiche Therapieform, das Psychodrama, das in der Kirche auch als Bibliodrama eingesetzt wird.

Schorlemmer:
Und auch am Theater haben Sie ganz besonders von Frauen gelernt, unter anderem von Angelica Domröse.

Ben-Chanan:
Ja. Ich verehre sie sehr. Von den großen Schauspielerinnen im Berlin der Sechziger und Siebziger möchte ich vor allem Joana Maria Gorwin und Maria Wimmer nennen. Von ihnen habe ich gelernt zu lesen und zu rezitieren. Dagmar Manzel wurde mir später ein anderes Vorbild; ihre Rollengestaltung kommt meinem eigenen Wesen sehr entgegen. Angelica Domröse kenne ich nicht persönlich, sondern nur von der Bühne. Ich konnte nur von Frauen lernen. Große männliche Darsteller habe ich natürlich immer bewundert und anerkannt, am meisten Heinrich George und Armin Müller-Stahl. Doch aufnehmen konnte ich von ihnen nur wenig, auch sie blieben jenseits der großen inneren Distanz, die ich zu Männern habe.

Schorlemmer:
Sie haben zu Beginn von den Frauen gesprochen, die Sie entscheidend geprägt haben.

Ben-Chanan:
Diese Frauen, vor allem meine Mutter, haben mich ja auch „negativ" geprägt!

Schorlemmer:
Nun sind Sie selbst Vater, haben drei Kinder. Sie feiern goldene Hochzeit und haben in sich das Weibliche entdeckt, so daß Sie sogar sagen, Sie seien eine Ärztin. Wie ist

das zu verstehen? Sie sagen auch, daß die Frauen, die zu Ihnen in die Praxis kamen, sich Ihnen mit Dingen anvertrauten, die sie nirgendwo sonst aussprechen konnten, weil sie bei Ihnen den Eindruck hatten, daß sie nicht einer Verkörperung ihres Peinigers gegenübersitzen, sondern einer Frau in einem Mann. Was heißt das, Yaacov Ben-Chanan ist eine Ärztin, ist eine Frau?

Ben-Chanan:
Ich bin eine Frau in einem männlichen Körper, ein transsexueller Mensch, einer unter jeweils etwa 20.000 biologischen Männern; auch eine unter etwa 50.000 biologischen Frauen ist transsexuell, fühlt sich also als Mann. Transsexualität hat biologische und kulturelle Ursachen. Ich will bei mir nur die sozial-kulturellen hervorheben; vieles habe ich ja schon angedeutet. Ich habe in meiner Kindheit keinen männlichen Part in der Familie gehabt. Mein Vater hat mich gezeugt und die Familie materiell am Leben erhalten; er war ja sehr reich. Aber er hat sich um mich kaum gekümmert als männliches Vorbild, als Orientierung auf Männliches hin fiel er also aus. Ich habe also nur unter diesen so unglaublich verschiedenen Frauen gelebt; nur an ihnen konnte meine kindliche Seele lernen, eine menschliche zu werden. In diesem Kosmos von Weiblichkeit wurde ich ein weiblicher Mensch.

Wir alle bilden uns in früher Kindheit nach den Vorbildern, die uns umgeben, im Guten wie im Schlimmen. Diese unbewußten Lernprozesse sind wichtiger als die Gene, die wir von beiden Eltern erben. Gene sind nur ein Rohmaterial; entscheidend ist, was wir mit ihnen machen. Die Seele, also das Ensemble unserer Gefühle, Wünsche, Triebe, Ängste, regiert die Gene, nicht umgekehrt. Ich habe einen Körperteil, der mich nach der herrschenden Einteilung als Mann ausweist. Nachdem dieser Körperteil so oder anders aussieht, werden wir als „männlich" oder „weiblich" ins Geburtenbuch eingetragen und bleiben es fürs ganze Leben. Aber es stimmt ja nicht, daß dieser kleine Unterschied uns tatsächlich zum Mann oder zur Frau macht. Ein Mann, der eine Querschnittslähmung erleidet und seinen Penis nicht mehr gebrauchen kann, ist deswegen immer noch ein Mann. Und eine Frau, der die Gebärmutter herausgenommen wird, bleibt eine Frau. Auch nicht diese oder jene einzelne Eigenschaft entscheidet darüber, ob wir Mann oder Frau sind; entscheidend ist, wie diese vereinzelten Eigenschaften jeweils in das Ensemble unserer Seele integriert sind. Selbst unsere Sexualität im engsten Sinne hängt keineswegs davon ab, welches Geschlechtsorgan wir jeweils haben, sondern davon, wie wir mit ihm umgehen; ich kann auch mit einem männlichen Geschlechtsorgan phallisch oder nicht-phallisch, besitzergreifend oder mich hingebend, „eindringend" oder eintauchend (*plonger* hatte meine Mutter vom Erkennen der Rose gesagt!) lieben. Mit vielen Forscherinnen bin ich, nach meiner eigenen Erfahrung und dem Studium vieler Lebensgeschichten, fest davon überzeugt, daß „Geschlecht" vor allem von den Menschen geformt wird, die uns in früher Kindheit prägen; die machen uns, je nachdem, wie sie selbst beschaffen sind und wie intensiv sie jeweils auf uns einwirken, zum Männern oder Frauen, zu harten oder sanften Männern und zu ebenso harten oder sanften Frauen - mit allen Zwischenstufen. „Typisch Mann" oder „typisch Frau" gibt es nicht, das sind immer nur klischeehafte Zuschreibungen, denn immer kann man auch auf Gegenbeispiele aus dem anderen Geschlecht hinweisen. Ich selbst bin trotz meines männlichen Körpers durch jene Frauen zur Frau gemacht worden, obwohl keine von ihnen mich bewußt dahin bringen wollte: sie waren da, und sie waren stark und erweckten in meiner Seele den unbewußten Wunsch, zu werden wie sie, und so wurde ich eine Frau, eine Komposition aus fünfen. Ich gehe gerade in diesem Jahr durch ein für Menschen wie mich gesetzlich vorgeschriebenes Verfahren mit zwei voneinander unabhängigen Sachverständigen, die mich daraufhin genau untersuchen, und einer Richterin, die mich persönlich anhört, die die Gutachten liest und darauf hin mir das Recht geben wird, weibliche Vornamen zu tragen und wie eine Frau zu leben. Die entsprechenden Hormone werden auch meinen Körper weiblich machen und damit - darauf kommt sehr viel an! - eins mit meiner Seele. Nur ein einheitlicher Mensch kann ein glücklicher sein. Warum ich diesen Schritt erst jetzt, im Alter, tue, muß ich hier nicht begründen. Ich will nur soviel sagen: Ich hatte Rücksichten zu nehmen, auf meine Frau und auf meine Söhne, Rücksichten, die jetzt nicht mehr nötig sind.

Schorlemmer:
Sie fühlen sich als Frau. Geht das so tief, daß Sie sich als Feministin verstehen?

Ben-Chanan:
Feminismus ist kein Gradmesser für die Tiefe weiblichen Gefühls. Viele Frauen verstehen sich nicht als Feministinnen. Ich bin Feministin in dem Sinne, daß ich meine, Frauen und Männer müssen wirklich in jeder Hinsicht die gleichen Chancen, Möglichkeiten und Rechte haben. Das ist bei weitem noch nicht verwirklicht, auch nicht in Deutschland, wo es in der Verfassung verankert ist. Feministin sein oder nicht ist kein objektives Kriterium für Frau-Sein; ich kenne viele Frauen, auch meine, die sich nicht als Feministinnen verstehen, und die Denkrichtung ist ja auch nicht in sich einheitlich. Ich bin Feministin, aber ich gehe nicht so weit, zu meinen, es werde alles besser, wenn erst Frauen die Männerherrschaft abgelöst haben werden. Frauen sind anders als Männer, aber nicht besser. Herrschaft von Menschen über Menschen ist immer schlimm und kann für mich nicht das Ziel einer Hoffnung sein. Ich wünsche mir eine herrschaftsfreie Welt, in der, nach dem berühmten Wort von Marx im Kommunistischen Manifest, „die freie Entwicklung eines jeden die Bedingung für die freie Entwicklung aller ist".
Das ist eine Utopie, gewiß, es ist vielleicht die kühnste aller Utopien. Aber ohne Utopie kann niemand leben. Jeder einzelne Mensch kann das Leben nur aushalten, wenn er Träume und Hoffnungen hat. Aber je kleinmütiger, je „realistischer" unsere Utopien

sind, um so weniger werden wir erreichen, auf um so blamablerem Niveau werden wir scheitern. Auch das habe ich im Prinzip schon bei meiner Mutter gelernt.

Schorlemmer:
Zu Ihrem Lebensmotto. Ich hatte nur eines in der Einladung abgedruckt: „Trotzdem: kämpfen, glauben, lieben" (entstammt einem Lied von Erika Pluhar). Welches ist das zweite?

Ben-Chanan:
„Kein Ort. Nirgends." Christa Wolf.

Schorlemmer:
Können Sie noch etwas vortragen, damit wir die andere Seite des Historikers, Theologen, der Ärztin, des Bibelauslegers und des Vermittlers von Literatur kennenlernen, der sagt, wir müssen auch wieder in die Wortwelt, in die Hörwelt zurück.

Ben-Chanan:
Ich trage schon seit 1986 in Kassel auf einer Lesebühne Texte der Weltliteratur vor. Inzwischen gab es die 80. Lesung, eine Rezitation von Liebesliedern Else Lasker-Schülers, aus der ich auf Wunsch von Herrn Schorlemmer gleich sechs Proben bieten werde. Ich möchte aber noch sagen: Ich bin glücklich darüber, daß es mir gelungen ist, 80mal hintereinander so viele Menschen für das gesprochene Wort zu begeistern. Ich bin jetzt 72, und diese Lesungen sind meine größte Freude, wenn ich auf mein berufliches Leben zurückblicke. Ansonsten ist meine größte Freude, der größte Grund zum Danken, die Liebe meiner Frau, die mich unter unendlichen Schwierigkeiten für sie selbst, aufopfernd, verzichtend, mit ihrer Größe und Schönheit begleitet hat und bei mir ist, jeden Moment, in dem ich lebe.

> Es rauscht durch unseren Schlaf
> *ein feines Wehen, Seide,*
> ein pochendes Erblühen
> über uns beide.
> Und ich werde heimwärts
> von deinem Atem getragen
> durch verzauberte Märchen
> durch verschüttete Sagen.
> Und mein Dornlächeln
> spielt mit deinen urtiefen Zügen
> und es kommen die Erden,

sich an uns zu schmiegen.
Es rauscht durch unseren Schlaf
ein feines Wehen, Seide,
der weltalte Traum
segnet uns beide.
Deine Schlankheit fließt
wie dunkles Geschmeide.
Oh, du meine wilde Mitternachtssonne
küsse mein Herz,
meine rot pochende Erde.
Wie groß aufgetan deine Augen sind.
Du hast den Himmel gesehen
so nah, so tief.
Und ich habe auf deiner Schulter
mein Land gebaut.
Wo bist du?
Zögernd wie dein Fuß
ist der Weg.
Sterne werden meine Blutstropfen.
Oh, ich liebe dich, ich liebe dich.

Wie ein heimlicher Brunnen
murmelt mein Blut
immer von dir,
immer von mir.
Unter dem taumelnden Mond
tanzen meine nackten suchenden Träume,
nachtwandelnde Kinder
leise über düstere Hecken.
Oh, deine Lippen sind zornig,
diese Rauschdüfte deiner Lippen
aus blauen Dolden silberumringt
lächelst du, du, du.
Immer das schreckliche Geriesel auf meiner Haut
über die Schulter hinweg.
Ich lausche.
Wie ein heimlicher Brunnen
murmelt mein Blut.

Deine Küsse dunkeln
auf meinen Mund.
Du hast mich nicht mehr lieb.
Und wie du kamst,
blau vom Paradies.
Um deinen süßesten Brunnen
Gaukelte mein Herz.
Nun will ich es schminken
wie die Freudenmädchen
die welke Rose ihrer Lende röten.
Unsere Augen sind halb geschlossen
wie sterbende Himmel.
Alt ist der Mond geworden,
die Nacht wird nicht mehr wach.
Du erinnerst dich meiner kaum,
wo soll ich mit meinem Herzen hin?

Komm zu mir in der Nacht,
wir schlafen eng verschlungen.
Müde bin ich sehr
vom Wachen einsam.
Ein fremder Vogel hat in dunkler
    Frühe schon gesungen,
als noch mein Traum mit sich und
    mir gerungen.
Es öffnen Blumen sich vor allen Quellen
Und färben sich mit deiner Augen
    Immortellen
Komm zu mir in der Nacht
auf Siebensterneschuhen
und Liebe eingehüllt
spät in mein Zelt.
Es steigen Monde aus verstaubten
    Himmelstruhen
Wir wollen wie zwei seltne Tiere
    liebesruhen
im hohen Rohre hinter dieser Welt.
Es wird ein großer Stern
In meinen Schoß fallen.

Wir wollen wachen die Nacht,
in den Sprachen beten,
die wie Harfen eingeschnitten sind.
Wir wollen uns versöhnen die Nacht.
So viel Gott strömt über.
Kinder sind unsere Herzen.
Die wollen ruhen, müdesüß.
Und unsere Lippen wollen sich küssen.
Was zagst du?
Grenzt nicht mein Herz an deins?
Immer färbt dein Blut meine Wangen rot.
Wir wollen uns versöhnen die Nacht.
Wenn wir uns herzen,
sterben wir nicht.
Es wird ein großer Stern
in meinen Schoß fallen.

Schorlemmer:
Lebenswege. Wir wollen uns versöhnen die Nacht. Eine Zeile aus einem Liebesgedicht mit vielen Deutungsmöglichkeiten. So eine Zeile, wo Gott überströmt. Wie kann man das aushalten, frage ich mich?

Ben-Chanan:
Vielleicht kann ich noch etwas anfügen. Wir sind nicht auf die jüdische Identität eingegangen. Was ist eine Jüdin? Ich kann das nur für mich beantworten. Bis vor 200 Jahren war das ganz klar. Es war festgelegt in der Bibel, im Talmud, in den darauffolgenden Auslegungen. Ein Jude ist zunächst ein Mensch, der von einer jüdischen Mutter abstammt und der die Gebote einhält. Nicht nur die 10, sondern die 613 Gebote, die das Judentum in der Tradition kennt. Das ist mit der Zeit durch Emanzipation, Assimilation und der Angleichung der Juden an ihre nicht jüdische Umwelt allmählich verlorengegangen. Heute gelten die Kriterien nicht mehr so. Es gibt noch Juden und Jüdinnen, die das Jüdischsein so definieren. Aber das ist eine Minderheit. Wo gehöre ich hin? Ich bin ohne jede Anleitung im Judentum aufgewachsen und wurde dann eine Weile im Christentum unterwiesen, mit dem ich mich aber nicht habe anfreunden können. Es hat in meinem Herzen keinen Widerhall gefunden, weil ich nicht gelernt habe, an Gott zu glauben. Sie leben hier in einem Land, in dem sehr viele Menschen nicht an Gott glauben. Ich denke besonders an die junge Generation, die das gar nicht mehr gelernt hat. Für jemanden wie mich, der 15 Jahre oder länger überhaupt nichts von Gott

gehört hat und doch das Leben schlecht und recht bewältigt hat, ist es schwierig, plötzlich zu sagen: „Von jetzt an glaube ich an Gott." Das ist doch bisher ohne ihn gegangen, warum soll es denn nun mit ihm gehen? Ich sage das ohne jeden Vorbehalt gegenüber den glaubenden Menschen. Aber psychologisch gesehen gibt es kein Motiv dafür, es zu tun. Und so habe ich es nicht vermocht. Ich bin beeindruckt von Menschen, die es können. Meine Frau ist eine überzeugte evangelische Christin, und wir leben miteinander. Es hindert uns nicht, einander zu lieben. Wir diskutieren ohne jeden Versuch, den anderen zu überzeugen, über die Fragen, die sich stellen. Sie leidet sehr am Zustand ihrer Kirche und des Christentums überhaupt, aber sie ist keinen Moment irre geworden an ihrem Glauben an Gott und an Jesus auf eine Weise, die mich tief beeindruckt. Aber es kann in mir keinen eigenen Glauben entzünden, zu ihrem Schmerz. So frage ich mich jetzt: Bin ich ein Jude, was ist an mir jüdisch? Ich habe die jüdische Mutter, und ich habe Auschwitz erlebt. Aber man kann sich nicht als Opfer von Auschwitz definieren. Wir können uns nicht vom Tod her, vom Mord, von der Schändung, von der Folter her definieren. Nie wieder Auschwitz, da sind wir uns alle einig, aber das kann doch kein Lebensmotto sein. Ich muß doch aus einem positiven Kraftzentrum heraus leben.

Ich habe lange gebraucht, um mich überhaupt zu entschließen, wieder jüdisch zu werden. 1974 kam ein Mann in meine Praxis – ich war damals niedergelassener Arzt in Berlin-Kreuzberg –, der mit mir über seine Probleme redete und auf einmal sagte: „Sie sind Jude." Ich war sehr überrascht und auch wütend. Das war mein empfindlicher Punkt, den sollte doch niemand entdecken. Und der Mann beteuerte: „Doch, Sie sind Jude, das merke ich, das weiß ich ganz genau. Ich bin keiner, aber ich kenne so viele. Die Art, wie Sie reden und gestikulieren, wie Sie argumentieren, das habe ich bei so vielen Juden gesehen. Sie müssen einer sein." Ich bin nicht weiter darauf eingegangen, habe es nicht zugegeben. Er hatte mich zu sehr überrumpelt. Aber in der Nacht darauf und in den folgenden Wochen habe ich gedacht: Was war das? War das ein Signal? Jetzt konnte ich meine jüdische Seite nicht mehr verdrängen. So habe ich angefangen zu lernen, ganz bescheiden.

Die Bibel hatte ich im Theologiestudium kennengelernt, und nun lernte ich ein bißchen, auf jüdische Art zu lesen und den Talmud zu studieren, soweit man das alleine kann, denn der Talmud ist sehr schwierig, wenn man keinen Lehrer hat. Ich beschäftigte mich mit der Geschichte des Judentums. Ich war zwar Historiker, aber normalerweise kommen Juden in Geschichtsbüchern und Vorlesungen gar nicht oder nur als Fußnote vor. Dann studierte ich richtig intensiv viele Jahre neben dem Beruf her. So habe ich allmählich das Judentum als eine unendlich reiche und schöne, den Menschen in seinem Menschsein bestätigende, glücklichmachende Kultur kennengelernt. Auf einmal habe ich gewußt, warum ich Jude bin und habe es vertieft und sogar gelehrt. Ich lerne immer noch weiter, so wie Sie Ihr Christentum ja auch immer weiter vertiefen und nie sagen können: „Jetzt habe ich es, jetzt weiß ich es." Mein Judentum sagt, wir dürfen nicht die alten Quellen links liegen lassen, als wäre alt dasselbe wie altmodisch oder veraltet. Wir müssen die alten Quellen lesen und für uns neu anwenden, neu interpretieren; aber sie gelten weiter, und sie sind geheiligt durch das Leben und das Sterben unserer Vorfahren von Anfang an bis heute.

Frage aus dem Publikum:
Wie haben Sie Ihre Kinder erzogen?

Ben-Chanan:
Meine Kinder sind keine Juden, sie haben keine jüdische Mutter. Sie sind getauft. Meine Frau hat sie erzogen. Ich habe ein bißchen mehr dazu getan, als mein Vater bei mir. Meine Kinder haben auch nicht das Problem, daß sie vielleicht Frauen sein könnten.

Schorlemmer:
Ihr Wechsel zu einem weiblichen Vornamen ist ein Identitätswechsel, der Ihr Selbstverständnis betrifft. Er steht jedoch im Widerspruch zu Ihrer Aussage: Mensch sein ist wichtig, nicht diese Einteilung in Mann und Frau. Aber das wollen wir jetzt nicht auflösen.

Ben-Chanan:
Nein, kein Identitätswechsel! Ich war schon immer eine Frau, sage es jetzt nur laut. Am schönsten wäre es, wenn es diese Zweiteilung gar nicht gäbe, und wir alle wären nichts als Menschen. Aber so weit ist es noch nicht. Schon wenn Sie mich anreden wollen, müssen Sie sich für „Herr" oder „Frau" entscheiden – und da bitte ich doch um „Frau". Und ich bin glücklich, das endlich offen leben zu dürfen.

Schorlemmer:
Wenn ich Sie richtig verstanden habe, hassen Sie nichts mehr als die Etikettierung von Menschen, die Etikettierung als Deutscher, als Jude. Sie bejahen ein Leben ohne alle Etiketten, auf die wir uns festlegen.
Aus der jüdischen Tradition heraus hat sich eine lange und tiefe Beschäftigung mit der Frage nach der Schuld des einzelnen, nach der Kollektivschuld und nach der Möglichkeit, von der Schuld und auch von der Angst freizukommen, ergeben. Sie beschäftigen sich damit als einem Teil der jüdisch-christlichen Kultur. Wenn Sie dabei in Ihrer Vergangenheit ohne Gott ausgekommen sind, ist aber Gott vielleicht nicht ohne Sie ausgekommen. Ich kann nur vielleicht sagen. Was Sie nicht gespürt haben, kann dennoch bei Ihnen sein. Ich will es Ihnen aber nicht einreden, sondern nur darauf hinweisen, die Haltung, aus der heraus Sie eine tiefe innere Toleranz leben, kann von Gott geprägt sein.

Ich bin übrigens durch eine jüdische Bibelauslegung von Ihnen, die mich sehr beeindruckt hat, auf Sie aufmerksam geworden. Ihr Werk heißt „Bemühungen um die Bibel". Das Wort Bemühungen spielt bei Ihnen eine große Rolle. Ich möchte Sie deshalb bitten, uns als Abschluß ein Gedicht von Rainer Maria Rilke vorzutragen, in dem es um Bemühungen geht.

Ben-Chanan:
Dieses Gedicht von Rilke sagt wirklich das aus, was ich Ihnen vermitteln wollte:

Ich lebe mein Leben in wachsenden Ringen,
welche sich über die Dinge zieh'n.
Ich werde den letzten vielleicht nicht vollbringen,
aber versuchen will ich ihn.

Nachtrag:
Im September 2001 wurde der Name Yaacov Ben-Chanan vom zuständigen Gericht in Berlin in die weibliche Form Felice Judith Bat-Chanan geändert (Ben heißt Sohn, Bat Tochter). Die Ehe mit seiner Frau, einmal geschlossen, bleibt bestehen, nur eine neue Ehe wäre unmöglich. Frau Bat-Chanan arbeitet aktiv in verschiedenen Frauenprojekten und in Amnesty International mit und hält daneben weiterhin wissenschaftliche Vorträge und literarische Lesungen.

Abmerkungen

1 Gemeint ist der vorgebliche Dokumentarfilm „Der ewige Jude" (Uraufführung: 28.11.1940), der u. a. mit der angesprochenen Gleichstellung von Ratten und Juden antisemitische Haltungen in der Bevölkerung bestärken sollte. Verantwortlich war - im Auftrag von Reichsminister Joseph Goebbels - Fritz Hippler, Leiter der Abteilung Film im Reichsministerium für Volksaufklärung und Propaganda.
2 Anspielung auf die gleichnamige Stifterfigur im Naumburger Dom.

„Wir müssen lernen, von unserem Glauben zu erzählen"

kulturforum

LEBENSWEGE

Dr. Heiner Falcke

Donnerstag, 5. April 2001, 19.30 Uhr
Evangelische Akademie, Schloßplatz 1 d

Wenn die Aufbruchsideen in der DDR einen geistigen Vater hatten, der die Weite des Denkens mit der konkreten Existenz zu verbinden wusste, dann war es Heino Falcke (*1929). „Wer mit Heino Falcke sprach, hatte es nie mit einem unglücklichen Menschen zu tun. Auch als SED und Stasi ihn im Visier hatten, strahlte er immer eine souveräne Heiterkeit aus. War es Gottvertrauen, war es Friede mit sich selbst, war es das feste Ja zu seiner Aufgabe, was ihn als eher glücklichen Menschen erscheinen ließ? Nach dem Ende der DDR erschrak er in christlicher Nüchternheit darüber, dass nun eine andere Ideologie Einzug hielt, die von der Bibel ebenso weit entfernt war. Und wieder warnte und opponierte er ohne Hass - aber unmissverständlich. Er verlor wenig an Illusion, weil er nie viele gehabt hatte. So war das auf dieser unvollkommenen Welt kein Grund, finster drein zu blicken für jemanden, dessen Hoffnung einen anderen Grund hatten. Aber Anlass, den Mund aufzumachen", schreibt Erhard Eppler über Heino Falcke.

Seit Anfang der 60er Jahre machte er von sich reden, weil er redete: klar, griffig, tiefgründig, unbestechlich, ermutigend. Er sagte nie nur, was ist, sondern auch, was sein sollte. Und er machte Mut, auf die „Kraft der Schwachen" zu trauen. Er warnte vor der Zuschauerdemokratie und tritt für eine Beteiligungskirche ein.

Sie sind eingeladen, den Lebensweg dieses großen Inspirators, Kämpfers für Frieden, Gerechtigkeit, Menschenrechte und Bewahrung der Schöpfung im Bruch und Wandel der Zeiten kennen zu lernen.

Sie sind herzlich eingladen.

Friedrich Schorlemmer
Studienleiter

Eintritt: 6,00 DM
erm.: 4,00 DM

Evangelische Akademie Sachsen-Anhalt e.V., 06886 Lutherstadt Wittenberg, Schloßplatz 1 d
Tel. 03491/49880, Fax 03491/400706, E-Mail: Ev-Akademie-Wittenberg@t-online.de

Schorlemmer:
Ich erinnere mich an eine Situation vor genau 20 Jahren im Jahr 1981. Du warst damals in der Synode der Magdeburger Kirche (KPS) für viele von uns nicht nur ein Vordenker, sondern auch einer, der uns *Mut* vorlebte. Du hast klar zur Sprache gebracht, was gerade Thema war, theologisch fundiert – und auf die Wirklichkeit bezogen. 1981 stand der sogenannte Soziale Friedensdienst (SoFD) und die Frage nach der Nachrüstung zur Debatte. Dies war verbunden mit einer Mittelstreckenrakete, deren Bezeichnung sich niemand öffentlich auszusprechen traute: „SS 20". Wir mußten damals genau überlegen, ob wir diesen Begriff überhaupt in ein Dokument aufnehmen. Zum ersten Mal haben wir in einem Dokument einer Landeskirche in der DDR von SS-20-Raketen der Sowjetunion gesprochen. Da hieß es unter anderem:

„Viele Menschen beginnen zu begreifen, daß das gegenwärtige System einer Friedenssicherung durch Abschreckung nicht mehr tragfähig und tragbar ist, so daß neue und andere Wege für ein friedliches Zusammenleben der Völker gesucht werden müssen. Wir verstehen, bejahen und vertreten das Sicherheitsinteresse unseres Staates. Wir müssen aber unsere Besorgnis darüber aussprechen, daß das Militärische in wachsendem Maße unser ganzes gesellschaftliches Leben durchdringt, von Militärparaden bis zum Kindergarten, von gesperrten Wäldern bis zu den Kriterien bei der Zulassung zu Ausbildungswegen, vom Kriegsspielzeug der Kinder bis zu den Übungen der Zivilverteidigung. Das alles dient nicht der wirklichen Sicherheit und Zukunft unseres Lebens. Dadurch wird einerseits Angst erzeugt, andererseits aber an den möglichen Krieg gewöhnt. Dadurch wird vielleicht Disziplinierung erreicht, nicht aber zu einer kreativen Gestaltung des Friedens befähigt. Wir treten ein für kalkulierte und mit den Verbündeten abgestimmte Vorleistungen in der Abrüstung, zum Beispiel Reduzierung der SS 20-Raketen, für defensive bedrohungsarme Sicherheitssysteme, zum Beispiel Abbau der zahlenmäßigen Panzerüberlegenheit, und so für einen neuen Aufbau von Vertrauen in Europa von unserer Seite aus."

Also, Friedenspolitik als Vorleistung! Als wir am Sonntagabend nach Hause kamen, wurde genau diese Passage in den Nachrichten der ARD gesendet. Einerseits wollten wir, daß unser Papier öffentlich wird, aber andererseits kam es in „West"-Medien, was gegen uns gewendet werden konnte. Wir beide waren in gesicherten Verhältnissen in unserem Beruf, aber ein anderer Mitstreiter arbeitete in den Leuna-Werken und mußte das am Montag im Betrieb rechtfertigen. Wir nicht. Können wir andere dazu auffordern, etwas zu sagen, was man ihnen dann – ihre berufliche Existenz gefährdend – vorwirft? Was hat dich in dieser Zeit dazu gebracht, immer einen Schritt weiter zu gehen als andere?

Falcke:
Die Einsicht in die Notwendigkeit. Dieses Engagement hat bei mir sehr tiefe Wurzeln, die in meine Familie zurückgehen. Dort ist das aber eher problematisch, denn ich stamme aus einem Elternhaus, das deutsch-national dachte. Mein Vater hatte seine innerste Identität als preußischer Offizier. Für ihn brachte das Jahr 1945 auch persönlich einen völligen physischen und psychischen Zusammenbruch. Damals war ich 16. Er ist aufgerichtet worden von zwei Pfarrern der Bekennenden Kirche im Kreis Seehausen in der Altmark, von Superintendent Heinz Gießel und Pfarrer Karl-Heinz Korbach, letzterer war ein Schüler Dietrich Bonhoeffers[1]. In unendlich langen Gesprächen und Spaziergängen auf dem Elbdeich habe ich sein Umdenken miterlebt. Dann kam Martin Niemöller[2], der nicht nur vom U-Boot zur Kanzel gefunden hatte, sondern auch von der Kanzel zur Ostermarsch-Bewegung und mit Vorträgen über die Fragen des Friedens im atomaren Zeitalter herumreiste, auch in der Ostzone. Da habe ich miterlebt, wie mein Vater gelernt hat, dieses alte soldatische Ethos umzuformen in ein Engagement für den Frieden. Dann studierte ich Theologie.

Schorlemmer:
Wie kamst du dazu, Theologie zu studieren?

Falcke:
Ich erlebte eine Bekehrung und wurde Christ. Natürlich war ich getauft und konfirmiert, wurde dann aber im Gespräch mit Karl-Heinz Korbach erst wirklich Christ. Mein erstes theologisches Buch habe ich mit ihm zusammen gelesen. Das war „Die Nachfolge" von Dietrich Bonhoeffer. Er hatte ein von Bonhoeffer selbst signiertes Exemplar, und das durfte ich in die Hand nehmen. Ich studierte Theologie und erlebte damals die Wende der ganzen EKD (Evangelische Kirchen Deutschlands) hin zu einem doch sehr deutlichen Friedenszeugnis bis hin zu den Diskussionen um die Wiederbewaffnung Deutschlands. Anfang der sechziger Jahre – damals war ich noch Pfarrer in Wegeleben bei Halberstadt und erlebte dort den jungen Theologiestudenten Albrecht Steinwachs[3] – wurde die allgemeine Wehrpflicht eingeführt. Dabei waren wir Zeugen von etwas Außergewöhnlichem, nämlich, daß die DDR als einziger Staat im osteuropäischen Sozialismus eine Möglichkeit zur Waffendienstverweigerung einräumte. Wir wissen seit 1990, seitdem die Akten offenliegen, daß dies tatsächlich eine Folge des Friedensengagements der Kirchen war. Die DDR-Führung wollte nicht riskieren, sich in dieser Frage mit dem Engagement der evangelischen Kirchen für die Wehrdienstverweigerung anzulegen und hat diesen Weg der „Bausoldaten" eingeräumt. Ein pazifistischer Bischof, Johannes Jänicke, setzte damals im Bund der Evangelischen Kirchen durch, daß ein kleiner Kreis einberufen wurde, der eine Handreichung zur Seelsorge an Wehrpflichtigen ausarbeitete. Er tat etwas sehr Ungewöhnliches, denn er besetzte diesen Ausschuß nicht paritätisch, so daß alle Richtungen vertreten waren und sich im Arbeitskreis dann gegenseitig

blockierten, wie man das ständig in der Kirche erleben kann, sondern er besetzte den Arbeitskreis so, daß ein Ergebnis gesichert war. Die erarbeitete Handreichung brachte eine Formel, die die evangelische Kirche in Deutschland bis in die neunziger Jahre hinein beschäftigt hat. Wir nannten die Verweigerung des Wehrdienstes „das deutlichere Zeugnis für das gegenwärtige Friedensgebot Jesu Christi".
Ich möchte eine Einsicht von Christoph Hinz[4] wiedergeben, der uns klarmachte, daß wir es bei dem atomaren Gleichgewicht der Abschreckung nicht mit einem Status, sondern mit einer Dynamik, mit einem eskalierenden Prozeß zu tun haben, der durch die innere Logik dieser Abschreckung selbst erzeugt wird. Man muß nämlich die eigene Rüstung durch das Feindbild des anderen legitimieren. In der Reagan-Zeit hieß das dann später: Der Osten ist das Reich des absolut Bösen. Damit werden Mechanismen erzeugt, die eine ständige Eskalation der Rüstung bewirken. Darum muß die Kirche, das war unsere Logik, ein deutliches Zeugnis gegen diese Eskalation geben, und die Wehrdienstverweigerer tun dies nicht nur mit dem Wort, sondern eben auch mit ihrer Tat.
Es wurde dann ziemlich still um die atomare Abschreckung, und Ende der siebziger Jahre wurde deutlich, was Christoph Hinz uns Anfang der sechziger Jahre bereits beigebracht hatte, nämlich, daß wir es tatsächlich mit einem eskalierenden Prozeß zu tun hatten, der eine für die Welt lebensgefährliche Dynamik erreicht hatte.

Schorlemmer:
Du gehörtest zu denen, die 1983 auf der inzwischen legendären Friedensversammlung am Bonner Hofgarten gesprochen haben. Warum durftest du nach Bonn? Gehörtest du zum Reisekader?

Falcke:
Anfang der siebziger Jahre hatte ich nach meinem Auftritt in Dresden Ausreiseverbot. Über die ökumenische Bewegung war ich immer wieder zu Konferenzen angefordert worden. Ab 1975 konnte ich dann wieder reisen. Bei dieser Friedenskundgebung im Bonner Hofgarten rechnete sich die DDR natürlich Chancen aus. Die DDR war an der Friedensbewegung in der Bundesrepublik sehr interessiert. Da ließ man mich durchaus hin, natürlich aus gemischten Motiven.

Schorlemmer:
Kannst du ein Stück aus dieser Rede lesen?

Falcke:
Ich saß zwischen Willy Brandt und Petra Kelly[5]. Die Veranstalter benutzten mich als neutralisierenden Prellbock, denn in der Friedensfrage hatte es gerade eine heftige Differenz gegeben. Willy Brandt wurde von den Veranstaltern genau beobachtet, ob er auch das

Richtige sagte. Als mein Auftritt kam, habe ich zunächst die Frage gestellt, inwiefern ich als Redner aus der DDR eigentlich die Kompetenz zu sprechen habe und fuhr dann fort:

„Unter den Menschen in der DDR gibt es eine wirkliche und wachsende Angst vor der Stationierung der Raketen hier. Und miteinander müssen wir doch wohl für die Menschen in Polen und der Ukraine fürchten, auf deren Köpfe die Raketen gezielt werden sollen. Es darf doch nicht wahr sein, daß wieder einmal Menschen im Osten vom deutschen Boden aus bedroht werden. Ich weiß, daß in der Bundesrepublik viele vor den Raketen im Osten Angst haben. Vielleicht nicht ihr, die ihr hergekommen seid, aber die anderen, die nicht hier sind. Ich kann diese Angst niemandem ausreden, obwohl es gute Argumente gegen diese Angst gibt, aber sie sitzt tiefer, als Argumente reichen. Wir können aber kritisch machen denen gegenüber, die uns diese Angst einreden wollen. Die Angst vor dem Abschreckungsgegner wird immer mehr zum Alibi, selber das weiterzumachen, was man beim anderen verklagt. Unsere Angst voreinander mästet den Moloch Rüstung, der uns dann alle verschlingt. Die Gegner in der Abschreckung werden zu Kollaborateuren des Todes. Das ist es, was wir fürchten müssen und wovon wir miteinander umkehren müssen. Darum hat die Synode des Bundes der Evangelischen Kirchen in der DDR im September erklärt: Wir können nur mit aller Eindringlichkeit vor der Aufstellung neuer Raketen warnen. Die Stationierung jeder neuen Rakete kann die Gefährlichkeit der militärischen Situation in Europa nur weiter erhöhen. Für uns Christen in der DDR kommt es darauf an, daß wir uns dabei von dem Frieden Christi leiten und uns in unserer Friedensarbeit von niemandem zur politischen Waffe gegen irgend jemand machen lassen. Ich denke, für uns alle ist klar: Wenn wir Frieden sagen, dann meinen wir auch Frieden, und dann wollen wir den Frieden tun."

Schorlemmer:
Manche Dinge kann man nur dann richtig verstehen, wenn man den gesamten Kontext, in dem solche Sätze gesagt wurden, kennt. Sonst kann man nicht verstehen, was zwischen den Zeilen zum Ausdruck gebracht wurde.
Du hast dein Friedensengagement immer so verstanden, daß „der Friede Christi" etwas ist, was den Menschen ganz von innen her erfüllt, aber gleichzeitig in der gesellschaftlichen Wirklichkeit Bedeutung hat. Ein Buch im Radiusverlag hat den Titel „Vom Gebot Christi, daß die Kirche uns die Waffen aus der Hand nimmt und den Krieg verbietet". Ist das nicht ein bißchen zu vollmundig?

Falcke:
Das ist ein Bonhoeffer-Zitat aus dem Jahre 1934, das der Radiusverlag zum Buchtitel gemacht hat. Ich hatte große Bedenken dagegen, aber die größere Weisheit der Ver-

leger hat sich durchgesetzt. Bonhoeffer wollte auf einer ökumenischen Konferenz die Kirchen zu einem unbedingten Widerstand gegen die Aufrüstung zum drohenden Zweiten Weltkrieg aufrufen. Er war einer der ganz wenigen, die schon 1933 begriffen haben, wohin das mit Hitler führt. Er hatte die Kirchen Europas aufgefordert, einmütig zu erklären, daß wir als Kirche unseren jungen Männern die Waffen aus der Hand nehmen und ihnen den Krieg verbieten.

Schorlemmer:
1982 haben die Kirchen in der DDR zusammen mit amerikanischen und niederländischen Christen (und Kirchen) die Rüstungsfrage geradezu zu einer *theologischen* Grundfrage erklärt. Wenn ich es richtig sehe, stammt auch die Formulierung von dir, daß wir „eine Absage" (an den Teufel und sein Wesen) aussprechen sollten. Das ist eine Formulierung, die aus der frühchristlichen Taufliturgie stammt und eine Absage (abrenuntiatio diaboli) an den Teufel und sein Wesen meint. Eine Absage heißt nicht, nur Nein zu sagen, sondern dieses Nein hat theologische Qualität, also etwas Unbedingtes. Inwieweit ist für dich eine solche Taufformel mit unserer Friedensverantwortung verbunden?

Falcke:
Ich teilte damals mit vielen den Eindruck, daß das Nein zur Abschreckung und in letzter Konsequenz zum atomaren Krieg zum Bekenntnis des Christen heute gehört, daß also nicht nur Lehrfragen und die richtige Lehre von Christus, von seiner göttlichen Natur und seinem Menschsein, sondern auch ethische Fragen in diesem Zusammenhang heute zum Bekenntnis der Kirche gehören, weil Zeugnis und Dienst, das hatten wir immer gekoppelt im Bund der Evangelischen Kirchen, zusammengehören. Der Generalsekretär der ökumenischen Bewegung nach dem Zweiten Weltkrieg hatte auf der Weltkirchenkonferenz in Uppsala 1968 dieses auch programmatisch so ausgedrückt, daß das Tun der Christen und der Kirchen in der heutigen Weltsituation Bekenntnischarakter bekommen kann. Von daher lag diese Konkretisierung nahe. Es war mir wichtig, daß die Kirchen aus ihrer Neutralität heraustreten.
In den fünfziger Jahren fand die evangelische Christenheit in Deutschland keine einmütige Stellung zur Wiederaufrüstung Deutschlands und zu den Atombomben. Die einen sahen schon in der Vorbereitung solch eines Krieges eine Verleugnung aller drei Artikel des christlichen Glaubens, und die anderen fanden es unter denkbaren Umständen sogar vertretbar, daß Atombomben eingesetzt werden. Auch da arbeitete man mit einem Feindbild: Lieber tot als rot. Das wurde damals von Theologen, beispielsweise von Hans Asmussen[6], gesagt. In diesem Denkzusammenhang war dann auch der Einsatz von Atomwaffen gegen einen sowjetischen Angriff möglicherweise vertretbar. Man verständigte sich darauf, daß man trotz dieser Differenzen unter dem

Evangelium zusammenbliebe. Daraufhin gab es eine starke Bewegung, die forderte: Unsere Kirche muß sich hier eindeutig äußern, sie muß dem eine Absage erteilen. In den DDR-Kirchen kam dann immer das Argument: Die Mehrheit der jungen Christen geht doch zur Armee, und wenn wir so etwas sagen, dann entfremden wir diese jungen Christen von uns. Vielleicht haben sie sogar ernsthafte Gründe, Wehrdienst zu leisten. Dahinter stand auch immer ganz deutlich die Sorge um den Mitgliederbestand der evangelischen Kirche. Ich und andere drängten im Bund der Evangelischen Kirchen ständig, in dieser Richtung doch eindeutig zu werden. Das hieß nach meinem Verständnis nicht, denen, die in die Armee gehen, das Christsein abzusprechen. Ich war im Gegenteil der Meinung, daß es bedeutet, ihnen das Christsein zuzusprechen, mit der Zumutung, zu prüfen, ob sie dieses Verhalten wirklich mit ihrem Glauben vereinbaren können.

Schorlemmer:
Die Politisierung der Theologie setzte damit ein, daß man plötzlich das Wort „Abschreckung" in einem religiösen Bekenntniszusammenhang nannte.
Was wäre der Friedensauftrag der Kirchen heute: Funktion der Bundeswehr, Beurteilung des Krieges im Kosovo, Gewaltanwendung und Frieden schaffen im Israel-Palästina-Konflikt oder in Bezug auf die Neuauflage des SDI-Programms (Strategische Verteidigungsinitiative), wie vom neuen amerikanischen Präsidenten gefordert. Wie ist es zu erklären, daß unsere Kirchen heute viel stiller als in den schwierigen Zeiten früher sind? Wie sähe jetzt der Friedensauftrag der Kirche aus, z.B. beim Problem der Anwendung von militärischer Gewalt?

Falcke:
Das waren sehr schwierige Gesprächsprozesse nach der deutschen Vereinigung und der Vereinigung mit der EKD. Ich selber war Mitglied der Kammer für öffentliche Verantwortung. Es war für mich die schwierigste Gremienarbeit in der Kirche, die ich je mitgemacht habe. Unter anderem wurde eine neue Denkschrift zur Friedensethik erarbeitet. Es war deutlich, daß wir mit einer neuen politischen Situation zu tun hatten, nicht mehr mit atomaren, sondern mit lokalen, regionalen Kriegen. Wir mußten uns neu orientieren. Ich habe von meinen theologischen Lehrern Karl Barth[7] und Dietrich Bonhoeffer gelernt, daß wir unser Handeln als Christen nicht an Prinzipien zu orientieren haben, nicht an Ismen, auch nicht an Pazi*fismen*. Prinzipien sind zeitlos. Aber der Weg der Nachfolge Jesu ist ein Weg, auf dem immer wieder neu nach dem konkreten Gebot Gottes zu fragen ist. In der veränderten Situation sagte die Denkschrift, die in der EKD erarbeitet wurde: „Entscheidend ist jetzt die Stärkung des internationalen Rechts, die Begrenzung von Gewalt, das Nein zur Gewalt im Namen des Rechts." Das war ihr Kernpunkt und darum konnte ich ihr zustimmen.

Es wurde herausgearbeitet, daß die Charta der Vereinten Nationen bereits die Lehre von gerechten Kriegen durch ihr Gewaltverbot verabschiedet hatte und nur noch Gewalt für rechtmäßig erklärte im Charakter von Polizeigewalt, im Sinne einer internationalen Polizei, die das Recht durchzusetzen hat. Das bedeutete einen ganz starken Verweis auf die Charta der Vereinten Nationen und die Peace-Agenda, die von dem damaligen Sekretär der Vereinten Nationen Boutros Boutros-Ghali erarbeitet worden war, aber nicht das Wohlgefallen der Vereinigten Staaten von Nordamerika fand. Boutros-Ghali mußte schließlich gehen.

Ich sage das darum, weil mir das heute, international gesehen, der entscheidende Punkt zu sein scheint. Wir haben nach dem Ende des Abschreckungsdualismus Ost-West eben keine Verabschiedung des hegemonialen Denkens gehabt, sondern wir haben eine neue Weltordnung – so der Vater des jetzigen Präsidenten der Vereinigten Staaten im Golfkrieg –, in der die USA unilateral die Sicherheit für die Welt garantieren. Statt das hegemoniale Denken nach dem Hegemonialkonflikt Ost-West zu überwinden, wurde daran festgehalten, und man sieht die Friedensgarantie jetzt darin, daß nur noch eine Hegemonialmacht übrig geblieben ist, die nun den Frieden garantiert. Richard von Weizsäcker hat einmal gesagt: „Jetzt ist es Zeit, daß die Vereinigten Staaten von Nordamerika, auf deren Boden die Vereinten Nationen gegründet worden sind, den Vereinten Nationen wirklich beitreten." Er gehörte zu einer Kommission, die die Reform des Weltsicherheitsrates zu bedenken hatte. Die USA verweigerten damals die Beitragszahlung. Ihr neues Raketenabwehrsystem symbolisiert das unilaterale Denken einer Macht, die selbst unverwundbar wird und dann natürlich in der ganzen Welt ihre Vorstellung von Sicherheit durchsetzen kann. Das ist eine schreckliche Illusion, und es wird nicht klappen. Es baut sich dann ein neuer Abschreckungskonflikt zwischen den nordatlantischen Mächten und Asien (China) auf. Das ist abzusehen. Hier hat die Denkschrift der EKD wirklich einen Kernpunkt getroffen.

Du fragtest, warum die EKD nicht deutlicher wird? Ich habe beim Kosovo-Konflikt vermißt, daß der Rat der EKD ernstnimmt, was er selbst als Denkschrift herausgegeben hatte. Der Luftkrieg gegen Jugoslawien war ein Bruch des Völkerrechts und der Charta der Vereinten Nationen.

Schorlemmer:
Dein Denken ist sicher nicht unabhängig von frühen Prägungen. Du bist zum Studium nach Basel – zu Karl Barth – gegangen und danach wieder in die DDR zurückgekehrt. Warum bist du nicht in Basel geblieben?

Falcke:
Das hatte mehrere Gründe. Ich kam aus der Kirchenprovinz Sachsen. In dieser Kirche war ich Christ geworden, und die Kirchenprovinz Sachsen hatte damals einen enormen

Pfarrermangel. Einer der Konsistorialräte reiste an den bundesdeutschen Universitäten herum und bat: „Kommt ja zurück!" Das war das äußere Band, das mich hierher zurückzog. Das innere Band war durch meine theologischen Lehrer gegeben, die alle durch die Bekennende Kirche in der Hitlerzeit geprägt waren und darunter litten, daß in der alten Bundesrepublik eine kirchliche Restauration einsetzte. Man knüpfte wieder an den zwanziger Jahren oder noch davor an, stellte die alte Volkskirche wieder her und entwarf die Ideologie von der freundlichen Partnerschaft zwischen Staat und Kirche, mit der wir es dann 1990 zu tun bekamen. In mir wuchs die Vorstellung, daß es mit den Kirchen in der DDR eigentlich spannender und interessanter ist. In der angefochtenen Kirche Dienst zu tun, das lockte mich eigentlich mehr als in dieser Westkirche mit ihren unklaren Verflechtungen mit Wirtschaft und Gesellschaft. Die Adenauer-Ära hatte da ihr besonderes „Geschmäckle". Bei dem Schritt in die DDR war auch nichts Heroisches, denn wir dachten, daß sich dieses Kunstprodukt DDR nicht viel länger als zehn Jahre halten würde.

Schorlemmer:
Wann hast du zum ersten Mal Karl Marx gelesen?

Falcke:
In Basel bei Fritz Lieb, einem Freund von Karl Barth, er war Theologe und Historiker. Mit ihm haben wir das Kommunistische Manifest gelesen. Von daher wußte ich, was am Ende des zweiten Teils des Kommunistischen Manifestes wirklich steht, nämlich daß die Freiheitsverwirklichung eines jeden einzelnen die Bedingung für die Freiheit aller ist. Ein Satz, der in der DDR völlig in Vergessenheit geriet und bei der Zitierung in sein Gegenteil verkehrt worden war. 1989 wunderten sich einige Marxisten, daß dieser Satz tatsächlich im Manifest steht.

Schorlemmer:
Du hast „im Westen" promoviert ...

Falcke:
Ich habe bei Karl Barth über Schleiermachers Gesellschaftslehre promoviert.

Schorlemmer:
Ausgerechnet bei Barth über Schleiermacher? Das sind doch Antipoden, wie sie im Buche stehen. Schleiermachers Religionsverständnis hat Barth fundamental abgelehnt.

Falcke:
Ich habe 1984 zum Todesgedenken für Schleiermacher hier in Wittenberg eine Vorlesung über diese Zusammenhänge gehalten.

Schorlemmer:
Das hat mich damals sehr gewundert. Ich hatte nicht gemerkt, daß du von Schleiermacher beeinflußt warst.

Falcke:
Ja, weil ihr alle Schleiermacher nicht kanntet!

Schorlemmer:
Hier in Wittenberg warst du am Predigerseminar tätig.

Falcke:
Da war ich 1953 mit Hellmut Hasse[8] zusammen als Kandidat. Wir haben den 17. Juni 1953 hier erlebt. Während Martin Doerne aus Halle eine Gastvorlesung hielt, fuhren die Panzer auf. Ich mußte dann Bote für Propst Staemmler spielen, weil ein Pfarrer Flüchtlinge aus Bitterfeld, die dort aufständisch gewesen waren, versteckt hatte und das alles konspirativ geregelt werden mußte. Dann wurde ich Studieninspektor hier am Predigerseminar unter Ephorus Wetzel.

Schorlemmer:
Bist du danach ins Pfarramt nach Wegeleben gegangen?

Falcke:
Erst war ich noch zwei Jahre Assistent bei Heinrich Benkert. Dort habe ich meine Dissertation abgeschlossen, bin Pfarrer geworden und habe – sozusagen – ein Vikariat bei der Witwe meines Vorgängers, Herta Steinwachs, absolviert. Es war wunderbar. Das gibt es auch in der Kirche, daß der Übergang von einer Generation in die andere und von einem Vorgänger zu einem Nachfolger wirklich gelingt. Ich habe sehr viel gelernt von Albrecht Steinwachs' Mutter. Jugendarbeit habe ich bei dem Jugendwart aus Halberstadt gelernt. Es waren wunderbare fünf Jahre in einer Gemeinde, die durch den langen Dienst des Vorgängers lebendig und aktiv war und viele mitarbeitende Gemeindeglieder besaß. Ich habe dort mindestens so viel bekommen, wie ich geben konnte. In der Zeit habe ich zwei dramatische Wendepunkte der DDR-Geschichte als Gemeindepfarrer erlebt: die Sozialisierung der Landwirtschaft und die Durchsetzung der Jugendweihe, also den Zusammenbruch der Volkskirche. Das waren erschütternde Erfahrungen, Bilder und Eindrücke. Da habe ich den DDR-Staat so richtig als totalitären Staat erlebt.

Schorlemmer:
Du bist fast zum Ketzer geworden. Ich habe gar nicht geglaubt, daß du je in unserer Kirche würdest Propst werden können.

Falcke:
Ich habe eine kritische Position zur Kindstaufe gefunden, unter anderem durch meinen theologischen Lehrer Karl Barth. Ich habe die Meinung entwickelt, daß die Taufe im Zusammenhang mit der christlichen Unterweisung die angemessenere Ordnung für die Taufe in der Kirche ist, als die Taufe, die aller christlichen Unterweisung per definitionem als Säuglingstaufe vorausgeht. Das ergab große Probleme. Ich war jedoch nicht der einzige und wurde mit dieser Auffassung sogar Predigerseminar-Direktor. Das ging alles ganz gut, bis ich meinen jüngsten Sohn nicht taufte. Das erregte Anstoß und beschäftigte die gesamte evangelische Kirche der Union, die in Berlin ein Lehrgespräch führte. Ich traf auf dem Hof den Präses des Rheinlandes und fragte ihn: „Was machen Sie denn hier?" Er sagte, daß er meinetwegen hier sei. Ich hatte zwar nicht die Position vertreten, die Taufe von kleinen Kindern abzulehnen, aber ich hatte empfohlen zu warten, bis das Kind christliche Unterweisung erhält und selbst den Entschluß fassen kann, sich taufen zu lassen. Das hat damals große Aufregung verursacht, ist aber im Rückblick doch relativ unwichtig. Oder?

Schorlemmer:
Nach dieser Zeit warst du Direktor in Gnadau, am Predigerinnenseminar.

Falcke:
Am „Vikarinnenseminar", wie es zuerst hieß. Mit der Ordination der Frau und der Frau im Pfarramt hat sich unsere Kirche in den fünfziger und sechziger Jahren noch ziemlich schwer getan. Es war keine Koedukation im Predigerseminar möglich, sondern es gab für die Frauen ein Vikarinnenseminar in Gnadau bei Magdeburg. Das hat sich aber sehr schnell geändert. Dort habe ich in den kritischen sechziger Jahren zehn Jahre lang gearbeitet.

Schorlemmer:
1966 hatte ich dich und Christoph Hinz zu einer Diskussion nach Halle eingeladen, einer Veranstaltung, die ich zusammen mit meinem Studienfreund Bernd Winkelmann verantwortete, damit bei etwaigen Problemen nicht wieder die Studentengemeinde Schwierigkeiten bekäme. Das hatte in Halle durch Johannes Hamel[9] Tradition. Wir hatten Professor Milan Machoveč[10] eingeladen, einen Marxisten, der sich intensiv mit dem Christentum beschäftigt und das Buch „Jesus für Marxisten" geschrieben hatte. Ein wunderbarer Mensch, ein anregender Dialogpartner ...

Falcke:
Was ich da möglicherweise gesagt habe, weiß ich überhaupt nicht mehr. Ich weiß nur noch, daß ich mit der Vorstellung gekommen war, die Bergpredigt apologetisch gegen

den Marxisten verteidigen zu müssen. Dann legte uns der Marxist die Bergpredigt aus und machte uns klar, wie ungeheuer wichtig sie für Politik, Gesellschaft und das Menschsein sei. Diese Erfahrung, alle Waffen aus der Hand genommen zu bekommen, nicht mehr kontrovers mit einem Marxisten diskutieren zu müssen, sondern mit ihm gemeinsam fragen zu können: Was bedeutet die Bergpredigt für uns heute? – dieser umwerfende Eindruck ist mir in Erinnerung geblieben. Ich holte Milan Machoveč im Interhotel ab. Unten in der Halle kam er auf mich zu und sagte zu mir: „Sie sind ein protestantischer Pfarrer." Ich sagte: „Wieso?" – „Das sieht man Ihnen an!", sagte er lachend.

Schorlemmer:
Du hast 1972 auf der Bundessynode in Dresden einen Vortrag gehalten und dabei von einem „verbesserlichen Sozialismus" gesprochen. Die Propaganda der SED hatte immer nur „vervollkommnet", ganz so, wie man jetzt immer „die Einheit vollendet". Viele Kritiker sagen im Nachhinein: Das war eine schöne Illusion eines doketischen Theologen, der stets gedacht hat, eine gute Formulierung über eine gute Sache wäre schon eine Wirklichkeit.
Wenn ich mich recht erinnere, hast du im Zusammenhang mit der „verbesserlichen Kirche" und dem „verbesserlichen Sozialismus" gesagt, daß beide einen Mehrwert in sich hätten und nie ganz real sein könnten, weil Sozialismus immer nur „wird", so, wie die Kirche nie Kirche ist, sondern nur Kirche „werden" kann. Zwei Begriffe, die in sich eine Zielvorstellung tragen und nicht eine einfache Wirklichkeitsbeschreibung sind. So habe ich das damals verstanden. Wieso und mit wem hat es damals über welche Sätze Konflikte gegeben?

Falcke:
Es waren die ersten Jahre der Existenz des Bundes der Evangelischen Kirchen, der 1969 gegründet worden war.

Schorlemmer:
Warum war er gegründet worden? War das eine freiwillige Spaltung, im vorauseilenden Gehorsam gegen den Druck der SED?

Falcke:
Weil an der Einheit mit der EKD organisatorisch nicht mehr festzuhalten war und weil die Kirchen in der DDR so viel eigene Probleme hatten, daß sie deren Lösungen auch selbst organisieren mußten.

Schorlemmer:
Hatte sich die Staatssicherheit da – offen und verdeckt – eingemischt?

Falcke:
Der Staat hatte ein gewisses Interesse daran, daß sich die Kirchen von der EKD trennen. Aber nicht dieser Wunsch der DDR, sondern eigene theologische Einsicht hat dieses Konzept bestimmt. Dafür hat auch der berühmte eine Artikel der Bundesordnung gesorgt, der von der besonderen Gemeinschaft der Kirchen in der DDR mit der EKD in der Bundesrepublik spricht und vom Brückendienst der Versöhnung, den wir zu tun haben. Es waren die ersten Jahre dieses Bundes, und er suchte auf seinen jährlichen Synoden nach Orientierung für seinen Weg. Da hat es einen wichtigen Vortrag von Heinrich Radke, dem Bischof der mecklenburgischen Landeskirche, in Eisenach gegeben. Danach war ich dran. Es ging mir um die christliche Freiheit in diesem Sozialismus. Meine These war, daß die Kirche nur Kirche im Sozialismus sein kann, wenn sie einen geschichtlich offenen Begriff von Sozialismus hat, wenn sie also die These vertritt, daß sich dieser Sozialismus verändern kann, geschichtlich offen sein kann, humanisierbar ist. Das war meine These. Das habe ich an der christlichen Freiheit, die wir Christus verdanken, festgemacht. Diese Formulierung vom „verbesserlichen Sozialismus" war natürlich etwas trickreich, denn es konnte kein ernst zu nehmender Marxist bestreiten, daß der Sozialismus verbesserlich ist, aber er mußte damit auch zugeben, daß er verbesserungsbedürftig ist.
Mir wurde der Vorwurf gemacht, daß ich versuchte, den Prager Frühling in die DDR zu übertragen. So schrieb, dirigiert vom Ministerium für Staatssicherheit, ein Kirchenjournalist in Mecklenburg in der mecklenburgischen Kirchenzeitung. Das war natürlich etwas ganz Schlimmes. Die schlimmste Ketzerei für den DDR-Sozialismus war damals der Sozialdemokratismus. Mein Reden über die Freiheit und die Verbesserlichkeit des Sozialismus wurde natürlich des Sozialdemokratismus verdächtigt. Es gab während der Dresdner Synode eine Gegensynode des Staates. Es wurden die Kirchenbeauftragten der Bezirke zusammengeholt und es fanden im Hintergrund Gespräche des Staatssekretärs mit dem Vorstand der Konferenz der Kirchenleitungen statt. Das führte dazu, daß sich die Synode dieses Referat nicht zu eigen machte und dem staatlichen Verlangen entsprach, es nicht zu publizieren. Nur auf persönliche Anfrage beim Sekretariat des Kirchenbundes durfte es herausgegeben werden. Dabei mußte auch noch begründet werden, wieso man es haben wollte.

Schorlemmer:
Solche Sachen nennt der Leipziger Pfarrer Christian Führer[11] die „geheime Regie Gottes", denn so einem Papier konnte nichts Besseres passieren als solch öffentlicher Konflikt. (In der freien Gesellschaft erfüllt diese Funktion der Skandal oder die Skandalisierung.)
Du hast auf den Synoden unserer Kirchenprovinz, die wir erlebt haben, immer wieder über das Thema Sozialismus und Realisierbarkeit von Sozialismus reflektiert. Am 3. November 1989 hast du auf der Synode in Erfurt – da ahnten wir noch nichts vom kom-

menden 9. November – über das Ende des Sozialismus und das, was davon bleibt, gesprochen. Was bleibt für dich, nachdem er weltweit zu Ende gegangen ist, vom Sozialismus angesichts des real existierenden Kapitalismus?

Falcke:
Ich weiß nicht, ob man die Frage so stellen kann: „Was bleibt?". Die politische Realität des real existierenden Sozialismus ist verdientermaßen als Ganzes untergegangen. Du hast vorhin gefragt, ob die These vom verbesserlichen Sozialismus nicht eine Illusion war? Sie war seit 1987 ganz klar eine Illusion, denn da hatte Kurt Hager[12] erklärt, daß man dem neuen Denken und der Perestroika-Politik in der DDR nicht folgen würde. Da war klar, daß die Verbesserung des Sozialismus, die Michail Gorbatschow in Angriff genommen hatte, bei uns nicht stattfinden würde. Im Rückblick muß man sagen, daß dieses System als Ganzes weder fähig war, noch es verdiente, weitergeführt zu werden. Aber, Sozialismus ist nicht identisch mit dem, was 1917 bei Lenin begann und 1989 in Osteuropa endete. Die sozialistische Bewegung ist viel weiter, viel breiter, hat viel tiefere Wurzeln. Man muß sich klarmachen, daß wir es der sozialistischen Bewegung verdanken, daß es im Frühkapitalismus zur Abschaffung der Unmenschlichkeiten wie zum Beispiel der Kinderarbeit kam, daß der Achtstundentag und die Sozialversicherung eingeführt wurden. Bismarck hat zwar die Gesetze gemacht, aber die Sozialdemokratische Partei hat sie erzwungen. Dies alles ist Sozialismus. Das gehört zu unserer europäischen Geschichte, das gehört zur europäischen Humanität, zu den Werten des christlichen Abendlandes, die man heute immer beschwört. Natürlich mit dem Hintergedanken, damit die Position der christlichen Parteien zu stärken. Es hätte keine Gewerkschaften ohne die sozialistische Bewegung gegeben, keine Humanisierung der Arbeitswelt und der Wirtschaft. Sie merken, wie mich das empört, daß man den Zusammenbruch dieses sogenannten Sozialismus dazu mißbraucht, diese ganzen Aspekte unter den Tisch fallen zu lassen.

Wir haben nach der Vereinigung hier in den ostdeutschen Ländern erlebt, daß das soziale Problem ein elementares Problem unserer Gesellschaft ist, und zwar als politisches, nicht nur als karitatives. Manche sagen, wir sollten nicht mehr von Sozialismus reden, sondern nur noch von „sozial". Damit ginge aber die politische Dimension verloren. Es ist heute eine Frage an die Aufgabenstellung des Staates, wie eine Kontrolle der Wirtschaft möglich ist, wie die Wirtschaftsmacht, die sich international organisiert, zu zähmen ist. Das geht nationalstaatlich nur noch begrenzt. Wir brauchen internationale Ordnungen, die soziale und ökologische Rahmenbedingungen für die internationalen Märkte schaffen. Die Frage des Sozialismus ist aktuell wie eh und je. Es ist ein Mißbrauch der sogenannten Wende, die wir erlebt und mitbetrieben haben, aus dem Zusammenbruch des osteuropäischen Sozialismus eine Legitimation des Neoliberalismus im Westen abzuleiten.

Schorlemmer:
Ich will daran erinnern, daß du als Vertreter der Institution Kirche der besondere Anwalt der Gruppen warst. Du standest im Konflikt mit der Institution, für die du Repräsentant warst, du hast sogar den Vorsitz der Kommission für Kirche und Gesellschaft beim Bund niedergelegt. Du führst deinen Ansatz heute in einem basisdemokratischen Denken weiter – angesichts einer Erstarrung in der Parteiendemokratie.
Du hast 1984 (wie auch schon 1965) einen Brief mit einem Appell zum „Hierbleiben" an die Gemeinden gerichtet. Heute müßte wieder so ein Brief her, lieber Axel Noack[13]: „Bleibt im Osten!" Wir müßten den jungen Menschen sagen: „Bleibt hier oder wir machen ein Rentnerparadies aus dem Osten." In deinem Brief wurde mir deutlich, wie stark du eigentlich „deutsch" gedacht hast, obwohl du als Deutscher immer im anderen Deutschland lebtest. Du bist zusammen mit Christof Ziemer[14] wohl der Protagonist eines wichtigen Erbes unserer Kirchen geworden, nämlich der Ökumenischen Versammlung für Gerechtigkeit, Frieden und Bewahrung der Schöpfung. Die Summe deines theologischen Denkens ist in der Grundlegung zu deren Schlußpapieren enthalten.
1980 hast du in Greifswald eine Rede gehalten, die sich auf ein Brecht-Zitat stützte. Bei Brecht in der „Heiligen Johanna" heißt es: „Sorgt, daß ihr die Welt verlassend, nicht nur gut wart, sondern verlaßt eine gute Welt." Wie kommen wir über das individuelle Gutsein hinaus zu einer guten Welt?

Falcke:
Ich hatte 1980 über dieses Brecht-Zitat gesprochen und gesagt, daß wir in der Gefahr sind, in verschiedene Fallen zu laufen. In die Falle einer trügerischen Sicherheit zum Beispiel, in die eines ungerechten Wohlstandes oder in die Falle einer zerstörerischen Naturbeherrschung. Geschlossen habe ich mit folgendem. Ich lese das gerne, weil damit Fragen angesprochen wurden, die heute sehr aktuell sind, weil es heute in einer umgekehrten Akzentuierung als bei Brecht wiederum darum geht, daß wir die Welt nur verändern und verbessern können, wenn wir mit uns selbst im reinen sind. Wir haben wieder Individualisierungsschübe, aber ohne eine starke Persönlichkeitskultur. Damals hatten wir allerdings das Problem der Arbeitslosigkeit nicht, ich würde deshalb heute einiges anders sagen:

„Wir laufen in die Falle eines technisch perfekten Weltgewinns durch Selbstverlust. Verlaßt eine gute Welt, schärft Bertolt Brecht ein. Gegen den Individualismus hatte er das gesagt, der nur die gesunde Gesinnung kultiviert und nur ein unbeflecktes Gewissen aus der Welt herausbringen will, sich aber nicht um die Wirkungen seines Tuns in der Welt kümmert. Darum betonte er die Veränderung der Welt. Aber es ist wohl wieder an der Zeit, daran zu erinnern, daß auch die beste aller Welten dem Menschen nichts nützt, der sich selbst verliert und daß die wahrhaft gute Welt eben bei uns selber und in uns selber anfangen muß. Wir sehen ja, daß die vier Gefahren, die die Welt bedrohen, nicht nur Veränderung der Verhältnisse, sondern Änderung des Verhaltens fordern, daß sie nicht nur Gesellschaftsstrukturen, sondern unseren Lebensstil in Frage stellen, daß sie schließlich darauf hinauslaufen, daß wir uns selbst in unserer Menschlichkeit finden müssen, um eine technische Welt nach menschlichem Maß bauen zu können. Es gibt eine Flucht in die Aktivität, weil man es mit sich selbst nicht aushält. Wer sich aber in die Praxis stürzt, weil er mit sich selbst nicht fertig wird, fällt anderen zur Last. Wer für andere da sein will, ohne seine Ichschwäche überwunden, seine Liebesfähigkeit vertieft und Freiheit sich selbst gegenüber gefunden zu haben, der wird anderen nur die Seuche seiner Ichsucht, die Aggression seiner Angst und die Vorurteile seines Denkens mitzuteilen haben. Unsere Zeit versteht sich perfekt auf Maschinen, aber verstehen wir uns auf Menschen? Verstehen wir uns auf uns selbst? Wir müssen uns selber finden, zu uns selber kommen. Wenn wir uns aber selber suchen und finden, dann entdecken wir, das Menschliche ist nicht machbar. Menschlichkeit läßt sich nicht technisch herstellen, biologisch manipulieren, psychologisch andressieren. Sollte die technisch so tüchtige Welt auf den ihr durchaus naheliegenden Gedanken kommen, den guten Menschen herzustellen, den sanften, den aggressionsfreien, den bedürfnislosen Menschen, dann würde sie die Menschlichkeit gerade töten. Menschlichkeit ist nicht machbar. Menschlichkeit lebt aus dem Empfangen. Wir leben als Menschen aus geschenkter Liebe, gewährtem Vertrauen, angebotener und treu durchgehaltener Gemeinschaft. Und diese Erfahrung setzt der Arbeit ihr menschliches Maß. Weil wir aus dem Empfangen leben, gebührt nicht der Aktion, sondern der Meditation, nicht der Arbeit, sondern der Besinnung, nicht der Produktion, sondern der Kommunikation, nicht dem Werktag, sondern dem Sabbat, dem Ruhetag, der Primat. Wollen wir die Welt gut machen, dann müssen wir Menschen uns Zeit lassen, gut zu werden. Wir haben zu lernen, daß nachdenken und sich besinnen, daß die Pflege von Gemeinschaften mindestens ebenso lebenswichtige Tätigkeiten sind wie die Berufsarbeit. Unsere Arbeitswelt wird sich nur vermenschlichen, wenn gleichzeitig unsere Freizeit sinnvoller, menschlicher wird, nicht totgeschlagene, sondern erfüllte Zeit, innere Erneuerung und Gemeinschaft. Ich habe sie eingangs gebeten, sich auf die weitgespannte Verantwortung für die Welt unserer Kinder und Enkel einzulassen. Wir brauchen für diese Verantwortung die Quellen des Mutes und die Quellen der Verantwortlichkeit. Es gibt nämlich auch einen Verbrauch und ein Dahinschwinden moralischer Ressourcen und der Rohstoffquellen der Menschlichkeit. Wir brauchen den Zugang zu den Quellen des Mutes und der Verantwortlichkeit, zu den Quellen der Hoffnungen und der zähen Geduld, an der besseren Welt zu arbeiten. Diese Quellen erschließen sich, wo wir in der Begegnung mit Jesus Christus Empfangende werden."

Schorlemmer:
Das ist ein Beispiel für deine Begabung, Dinge verdichtet zu sagen, die über den Tag hinaus Gültigkeit behalten und die man deshalb heute wieder lesen kann, indem man sie anders liest, neu liest, Neues und Eigenes dazu sagen kann.

Frage aus dem Publikum:
Sie werden immer im Zusammenhang mit Bischof Forck[15] und Bischof Krusche[16] genannt. Sie sind die negativen Gestalten in der Geschichte des Ministeriums für Staatssicherheit. Was halten Sie von den Büchern Gerhard Besiers?

Falcke:
Ich kenne nur das erste Werk, „Pfarrer, Christen, Katholiken", in dem massive Irrtümer und auch falsche Einschätzungen enthalten sind. Der Eindruck täuscht wohl nicht, daß es eine ganze Reihe Menschen in der alten Bundesrepublik gab, die das dringende Bedürfnis hatten, die Autorität der Evangelischen Kirche, die sie im Wendegeschehen gewonnen hatte, kaputtzumachen. Es hätte ja sein können, daß diese so stark in der Öffentlichkeit erschienene Kirche auch die westliche Gesellschaft oder die westlichen Kirchen verändern könnte, und das mußte verhindert werden. Das läßt sich an einzelnen Punkten wie der Kirchensteuerfrage deutlich machen.
Die Position der evangelischen Kirchen in der DDR sehe ich durchaus sehr differenziert. Da sind Teilwahrheiten der Kritik Gerhard Besiers überhaupt nicht zu bestreiten. Ich habe im Rückblick auf die Kirchen in der DDR vorgeschlagen, die drei Klassifizierungen der Theologie aus dem Kairos-Dokument des südafrikanischen Kirchenrates auf uns anzuwenden. Der hat zwischen einer prophetischen Theologie, einer Kirchentheologie und einer Staatstheologie unterschieden. Das ist eine Differenzierung, die sehr viel aufdecken kann von dem Weg der Kirchen in der DDR. Wir hatten eine prophetische Theologie. Davon war heute Abend viel die Rede, also vom Versuch, das Wort Gottes kritisch und orientierend in die politische Welt hineinzusprechen. Wir hatten eine Kirchentheologie, deren Hauptinteresse darauf gerichtet war, daß die Kirche in der DDR überleben kann, die deshalb im Interesse des Überlebens der Kirche auch Kompromisse schloß und eine Entpolitisierung der Kirche befürwortete. Das faßte sich am deutlichsten im sogenannten „Thüringer Weg" zusammen. Da hat ja auch die Staatssicherheit massiv mitgemischt. Es gab schließlich eine Staatstheologie, die den Staat ständig rechtfertigen und legitimieren wollte. Das war der Kreis um Hanfried Müller und die „Weißenseer Blätter", das waren Teile der christlichen Friedenskonferenz, die solche Positionen vertraten. Ich wünschte mir wirklich, daß Besier diese Differenzierungen deutlicher herausarbeiten würde. Er kennt eigentlich nur ein paar Helden und auf der anderen Seite die Staatstheologie. Aber das breite Feld der vom südafrikanischen Kirchenrat genannten Kirchentheologie hat er völlig unzureichend analysiert.

Frage aus dem Publikum:
Sie sind 20 Jahre lang Propst gewesen. Ist der Konflikt zwischen prophetischer Theologie und Kirchentheologie bei Ihnen im Alltag aufgetreten?

Falcke:
Das ist eine für meine Situation in diesen 20 Jahren sehr treffende Frage. Das konnte einen schon zerreiben, denn natürlich mußten wir mit den Staatsleuten - das war für mich als Propst der Rat des Bezirkes - ständig reden. Wir mußten so mit ihnen reden, daß wir uns auch ein nächstes Mal noch mit ihnen unterhalten konnten. Wir mußten auch im Interesse der Menschen mit den staatlichen Stellen einen Dialog aufrechterhalten. Gleichzeitig lag mir sehr daran, daß die gesellschaftskritischen Gruppen in meinem Bereich ein freies Tätigkeitsfeld und auch eine Möglichkeit hatten, in die Öffentlichkeit zu kommen. Das war eine ständige Gratwanderung. Als ich nach 1990 die Protokolle der SED über diese Gespräche las, wurde mir klar, wie gewagt das war. Manches, was ich da gesagt habe, hätte ich auch lieber nicht gesagt. Das waren so „Gut-Wetter-Sätze". Übrigens gibt es Protokolle von Gesprächen Joachim Gaucks[17] mit SED-Institutionen und sogar mit der Staatssicherheit aus der Phase, in der Joachim Gauck die Verantwortung für den Rostocker Kirchentag 1988 hatte. Da zeigt sich genau dieselbe Schwierigkeit. Bei all diesen Gesprächen war entscheidend, daß man die Position der Kirche im Sozialismus, die das berühmte Gespräch am 6. März 1978 geregelt hatte, in dem Staat und Kirche ihre Belange friedlich ausgetauscht hatten, daß man - um mit dem Apostel Paulus zu reden - diese Position hatte, als hätte man sie nicht. Das heißt, daß man bereit war, sie aufzugeben, wenn es darauf ankam, wenn es um das Bekenntnis und den Frieden ging, und nicht argumentierte: Aber es gefährdet doch das Gespräch vom 6. März 1978, wenn wir das und das sagen. Das war die kritische Weichenstellung. Das hat auch auf den Synoden des Bundes immer wieder eine Rolle gespielt.

Schorlemmer:
In einem Punkt waren wir beide sehr unterschiedlicher Meinung, und zwar bei der „Absage an die Abschreckung". Die haben wir gemeinsam engagiert vertreten, weil wir wußten: wenn wir *dem* nicht widersprechen, ist die ganze Welt in Gefahr. Dem hatten dann einige Berliner „die Absage an die Abgrenzung" an die Seite gestellt. Ich gehörte zu denen, die es nicht richtig fanden, dies auf eine gleiche Stufe zu stellen. Du hast ihren Antrag unterstützt. Wenn man heute liest, was noch alles in die Synode hineinwirkte, kann ich nur sagen: Mich hat keiner dabei beeinflußt; ich dachte, wir könnten die Frage nach der Mauer und ihrer Abschaffung nicht mit der Frage nach der Existenz oder Nichtexistenz der *Welt* vergleichen. Für dich gab es zwischen beiden eine engere Verbindung?

Falcke:
Ja. Unsere eigentliche Differenz war, daß du der Meinung warst, das ist jetzt nicht dran, denn es hatte gerade der Olof-Palme[18]-Friedensmarsch stattgefunden, also eine Kooperation zwischen kirchlichen Friedensgruppen und staatlichen Instanzen. Und Erich Honecker war in Bonn gewesen, so daß du die Meinung vertratst, daß wir uns gerade in einer Phase der Öffnung befänden und diese nicht zerstören sollten, indem wir eine Absage an die Abgrenzungspolitik der DDR erteilen. Aber Kurt Hager hatte sein Interview im „Stern" schon gegeben, die Absage an die Perestroika war damit erfolgt, und es zeichnete sich auch ab, daß die SPD-SED-Gespräche, die im August 1987 abgeschlossen worden waren, bereits im September 1987 wieder verleugnet wurden.

Schorlemmer:
Hinterher merken wir, wie andere daran gewirkt haben, uns auseinanderzudividieren. Ich komme noch einmal auf frühere Zeiten zurück: Johannes Jänicke war Bischof von Mitte der fünfziger Jahre bis 1968. Was war das für ein Mensch?

Falcke:
Er war ein sehr warmherziger Mensch, zu dem man schnell engen Kontakt und Vertrauen bekam. Er war sehr in der Bekennenden Kirche verankert. 1945 war er als Pfarrer bei seiner Gemeinde in Ostpreußen geblieben und hatte die ganze Not der Nachkriegszeit in Ostpreußen mit ihr durchgestanden. Seine pazifistische Orientierung aus den zwanziger Jahren habe ich schon erwähnt. Nach dem Ersten Weltkrieg gab es eine Pazifismuswelle in Deutschland. Er war ein politisch engagierter Mann und gleichzeitig stark seelsorgerlich orientiert. Diese Verbindung war eindrucksvoll.

Frage aus dem Publikum:
Ich weiß, welche intensive Arbeit in den Gemeinden bei der Erarbeitung der Texte für die ökumenische Versammlung geleistet wurde. Nach der Verabschiedung sind sie dann irgendwie untergegangen. Warum kommen nicht mehr Nachfragen aus den Gemeinden, die das mit auf den Weg gebracht haben?

Falcke:
Ja, das ist tragisch. Diese ökumenische Versammlung war ein Höhepunkt der Kirchengeschichte in der DDR. Unmittelbar danach kam die Wende, so daß die kirchliche und gesellschaftliche Wirkung dieser ökumenischen Versammlung geschmälert wurde. Es waren plötzlich völlig andere Probleme auf der Tagesordnung. Inspiriert von der ökumenischen Versammlung sind einige der neuen politischen Vereinigungen aus der Kirche hinaus- und in die Politik hineingegangen, Friedrich Schorlemmer damals mit dem „Demokratischen Aufbruch" und andere aus der ökumenischen

Versammlung mit „Demokratie jetzt" und der Sozialdemokratischen Partei. Die Programmatik der ökumenischen Versammlung war klar erkennbar in dem, was die Bürgerbewegungen damals politisch forderten. Aber dann ist das alles von den neuen politischen Problemen der Vereinigung erschlagen worden. Die Intention dieser ökumenischen Versammlung, die im Kontext der großen ökumenischen Bewegung stand, nämlich sowohl das sozialistische als auch das kapitalistische System im Hinblick auf die Herausforderungen von morgen zu verändern, also einen Systemwandel statt eines Systemwechsels von Ost nach West herbeizuführen, das ging völlig in den Hoffnungen und Problemen der deutschen Vereinigung unter.

Nach zehn Jahren entdecken wir, daß uns diese Probleme, die wir damals behandelt haben, in veränderter Gestalt erhalten geblieben sind. Über die Friedensproblematik haben wir gesprochen, die ökologische Problematik stellt sich uns jetzt aktuell in Form von BSE, MKS und dem Klonen von Menschen, die soziale Problematik der Gerechtigkeit mit der Globalisierung. Wir haben damals Fragen angesprochen, die dann keine Aufmerksamkeitskonjunktur mehr hatten, die aber jetzt unsere Aufmerksamkeit dringend erfordern. Kirchlich gesehen haben wir damals einen Höhepunkt der ökumenischen Gemeinschaft mit der katholischen Kirche erlebt, und es ist ein großer Jammer, daß diese Entwicklung völlig untergegangen ist. Dafür kam die Wende zu früh. Wäre die Wende fünf Jahre später gekommen, hätte sich diese ökumenische Erfahrung der Gemeinschaft mit der katholischen Kirche in der ökumenischen Versammlung vielleicht stärker auswirken können. Es hat nun mit der politischen Wende eine Rekonfessionalisierung gegeben.

Schorlemmer:
Wenn man die Texte heute liest, merkt man, wie vieles daran bis heute wichtig geblieben ist. Die Frage stellt sich, wer künftig daran erinnern und anknüpfen wird. Ohne das ökumenische Netzwerk der ökumenischen Versammlung und deren Inhalte hätte es auch keine friedliche Revolution gegeben.

Frage aus dem Publikum:
Was ist Ihr Eindruck nach zehn Jahren; welche Chance hat die Institution Kirche genutzt und welche hat sie verpaßt?

Falcke:
Die evangelische Kirche ist in dem Vereinigungsprozeß ziemlich ins Schleudern gekommen. Sie hat eine Krise durchgemacht, verlor plötzlich an Relevanz. Sie war in der DDR-Zeit der einzige staatsfreie Raum, und sie hatte ein Monopol auf die Religion. Beides hat sie verloren. Sie hatte nicht mehr die Funktion, die politische Diskussion, die in der Gesellschaft nicht stattfand, stellvertretend auf ihren Synoden und in ihren Gruppen zu führen. Sie besaß nicht mehr das Monopol auf die Religion. Sie geriet in eine

„Relevanzkrise", wie ich das gerne nenne. Ich jedenfalls habe einige Zeit gebraucht, um Orientierung zu finden. Wir sind in der ersten Zeit ziemlich verdattert gewesen. Mit einigen Freunden habe ich damals die Berliner Erklärung verfaßt als Reaktion auf die Erklärung der Bischöfe, eine schnelle Vereinigung der beiden Kirchen herbeizuführen. Wir müssen uns erst einmal besinnen, haben wir gesagt. Laßt uns Zeit. Wir wurden immer gefragt, was wir nun einzubringen hätten in die deutsche Einheit. Das mußten wir uns doch erst einmal selbst klarmachen. Es war eine schwierige Situation.

Was haben wir verpaßt? Ich glaube, wir hätten bei der Frage des Religionsunterrichtes schneller zugreifen sollen, statt endlos die Frage zu diskutieren, ob wir in die Schule sollen oder nicht. Wir hätten sagen müssen: Ja, wir gehen in die Schule, aber den Verhältnissen entsprechend, die wir hier haben, nämlich als eine extreme Minderheit von Katholiken und Protestanten und darum nicht konfessionell getrennt. Diese Frage hätten wir schneller angehen müssen. Unser Widerstand in der Frage der Militärseelsorge war äußerst wichtig und begründet. Dann hatten wir eine missionarische Situation. Wir entdeckten plötzlich, was für eine Minderheit wir sind. Vorher war die Minderheitssituation für uns normal, weil wir unter dem Druck dieses weltanschauenden Staates existierten, es war klar, daß wir da einem Minorisierungsprozeß ausgesetzt sind. Aber nun waren wir eine kleine Minderheit – ohne Druck, und die missionarische Kompetenz und die Bereitschaft, missionarisch nach draußen zu gehen, waren unterentwickelt. Wir standen in der Gefahr einer Selbstghettoisierung. Wir konnten uns den Menschen schwer verständlich machen.

Wie realisieren wir eine missionarische Kirche? Das ist die Hauptherausforderung. Wie können wir den Menschen, die von der christlich-kirchlichen Tradition seit Jahrzehnten und Generationen völlig entfremdet sind, deutlich machen, was wir an unserem Glauben haben? Wir müssen lernen, von unserem Glauben zu erzählen. Das ist mein Kernpunkt. Wir müssen dabei auf Christen setzen, die mit Nichtchristen in Kontakt sind. In der Schwierigkeit der Kirche, daß sie so viele Stellen einsparen muß, müssen wir das, was Luther hier in Wittenberg gesagt hat, neu entdecken, nämlich das Priestertum aller Gläubigen, die Bereitschaft, Fähigkeit und Kompetenz der Christen, von ihrem Glauben zu Nichtchristen zu reden. Die müssen wir stärken, und wir sollten keine Angst vor dem Pluralismus haben. Daß wir jetzt nur eine Kirche unter anderen Konfessionen und Religionen sind, sollte uns keine angst machen, und wir sollten aus dieser Angst heraus auch nicht versuchen, eine dominante Rolle in unserer Gesellschaft im Rahmen einer christlich-abendländischen Leitkultur zu behaupten.

Wir sollten Mut haben zu der Situation, daß wir eine Kirche, eine Religion unter anderen sind und sollten die Chance dieses Pluralismus begreifen, um unser eigenes Profil wirklich geltend zu machen. Wir müssen nicht mehr die Kirche sein, die mit dem Staat zusammen über der Gesellschaft schwebt und alles zusammenhält, die vereinigende Wertgrundlagen für alle schafft und den Konsens der Gesellschaft garantiert. Das ist das alte Staat-Kirche-Modell in den alten Bundesländern gewesen. Wir sind jetzt eine Kirche, eine Religion unter anderen und sollten in diesem Konzert unseren Part spielen und Eigenprofil entwickeln. Das ist eine wichtige Herausforderung der gegenwärtigen Situation. Ich habe den Eindruck, daß die Westkirchen noch mehr Angst vor dem Pluralismus haben als wir. Die sind es nicht gewöhnt, eine Kirche unter anderen zu sein, sondern als Volkskirche die Religion der Gesellschaft zu sein. Das ist ihr Selbstverständnis, während wir seit langer Zeit eine Minderheit und aus dieser Rolle längst heraus sind. Von daher haben wir früheren DDR-Christen die Chance, diese Angst vor dem Pluralismus zu überwinden. Nicht die Minderheitssituation ist das Problem, sondern die mangelnde Kompetenz, unseren Glauben in die Gesellschaft einzubringen. Nur wenn eine uniforme Minderheit von Christen übrigbleibt, die alle dieselben Lieder singen, dieselbe Sprache sprechen und dasselbe denken, dann sind wir ein Ghetto. Wenn wir aber eine Minderheit aus lauter Minderheiten sind, bunt, vielfältig, dann bleiben wir aufnahmefähig und offen für die unterschiedlichen Menschen in dieser pluralistischen Gesellschaft.

Anmerkungen

1 Dietrich Bonhoeffer (1906-1945), evangelischer Theologe, ab 1935 Direktor des Prediger-Seminars der Bekennenden Kirche, 1945 als Widerstandskämpfer hingerichtet.
2 Martin Niemöller (1892-1984), evangelischer Theologe, im Ersten Weltkrieg U-Boot-Kommandant, gründete 1933 den Pfarrernotbund, war 1937-1945 in verschiedenen KZs inhaftiert, nach 1945 an der Neuordnung der EKD beteiligt.
3 Albrecht Steinwachs, *1934, studierte in Leipzig und Halle Theologie, Pfarrer in Magdeburg 1961-1976, Superintendent in Lutherstadt Wittenberg von 1976 bis 1997.
4 Christoph Hinz (1928-1991), Studentenpfarrer in Halle, Gemeindepfarrer in Merseburg, Leiter des Pastoralkollegs in Gnadau, ab 1978 Propst in Magdeburg. Hinz war einer der bedeutenden Theologen in der DDR, der sich insbesondere um das jüdisch-christliche Gespräch verdient gemacht hat, aber auch einer der kirchenpolitischen Vordenker – neben Heino Falcke in der Kirchenprovinz Sachsen.
5 Petra Kelly (1947-1992), Politikerin, Gründungsmitglied der Partei „Die Grünen".
6 Hans Asmussen (1898-1968), evangelischer Theologe, führend in der Bekennenden Kirche tätig; trat für das Gespräch mit der katholischen Kirche ein.
7 Karl Barth (1886-1968), Schweizer Theologe, wurde als Gegner des Nationalsozialismus und Vater der Bekennenden Kirche im Kirchenkampf 1935 seines Amtes als Professor in Bonn enthoben, danach Professor in Basel bis 1962.
8 Hellmut Hasse, *1929, von 1954 bis 1994 Pfarrer an der Stadtkirche in Lutherstadt Wittenberg.

9 Johannes Hamel, *1911, evangelischer Theologie, seit 1936 engagiert in der Bekennenden Kirche, 1947-1955 Studentenpfarrer in Halle, 1953 im Rahmen der Verfolgung der Jungen Gemeinden und Studentengemeinden für mehrere Monate in Haft. 1955-1976 Dozent für praktische Theologie in Naumburg. Hamel setzte sich insbesondere mit dem Christsein unter kommunistischer Herrschaft auseinander. Er war einer der Hauptverfasser der „Zehn Artikel über Freiheit und Dienst der Kirche in der DDR" (1963) Darin heißt es: „Wir handeln im Ungehorsam, wenn wir für die Wahrheit nicht einstehen, zum Mißbrauch der Macht schweigen und nicht bereit sind, Gott mehr zu gehorchen als den Menschen."

10 Milan Machoveč, *1925 in Prag, 1953-1970 Ordinarius für Philosophie an der Prager Karlsuniversität. Machoveč gehört zu den Initiatoren des christlich-marxistischen Dialogs seit Mitte der 60er Jahre; 1970 wurde er wegen seiner aktiven Teilnahme am Prager Frühling entlassen. Er war Unterzeichner der Charta 77. Veröffentlichungen unter u. a. „Sinn des menschlichen Lebens", 1964; „Jesus für Atheisten", 1972.

11 Christian Führer, *1943, evangelischer Pfarrer, seit 1980 Pfarrer an der Nikolaikirche in Leipzig, Begründer der seit 1982 montags in der Nikolaikirche stattfindenden Friedensgebete. Führer war einer der Hauptakteure der friedlichen Demonstrationen in Leipzig und beteiligt sich weiter aktiv an pazifistischen Aktionen und gegen die Versuche der militanten Rechten, Leipzig für sich in Anspruch zu nehmen.

12 Kurt Hager (1912 - 1998), Politiker (KPD, SED), seit 1954 Mitglied des Zentralkomitees der SED, seit 1963 des Politbüros der SED, wurde 1963 zugleich Leiter der Ideologischen Kommission und seit 1977 ZK-Sekretär für Kultur und Wirtschaft, Ende 1989 aus der SED-PDS ausgeschlossen.

13 Axel Noack, *1949, Evangelischer Bischof der Kirchenprovinz Sachsen, 1978-1984 Studentenpfarrer in Merseburg, 1985-1997 Pfarrer in Wolfen. Seit 1997 Bischof in Magdeburg. Noack gehörte seit seiner aktiven Mitarbeit in der Jungen Gemeinde zur unabhängigen Friedensbewegung in der DDR.

14 Christof Ziemer, *1941, evangelischer Pfarrer, Mitinitiator des Projekts „Abraham in Sarajewo". 1980-1992 Pfarrer an der Dresdner Kreuzkirche und Superintendent. 1987-1989 führend in der Ökumenischen Versammlung für Gerechtigkeit, Frieden und Bewahrung der Schöpfung. Seit 1998 in der Versöhnungsarbeit in Sarajewo tätig.

15 Gottfried Forck (1923-1996), Evangelischer Bischof, 1954-1959 Studentenpfarrer in Ostberlin. 1972-1981 Generalsuperintendent in Cottbus. 1983-1991 Bischof der Evangelischen Kirche in Berlin-Brandenburg. Forck trat aktiv für die unabhängige Friedensbewegung in der DDR („Schwerter zu Pflugscharen") ein und wurde 1988/89 besonders aktiv im Protest gegen die Übergriffe der Sicherheitsorgane der DDR.

16 Werner Krusche, *1917, evangelischer Theologe, Pfarrer in Dresden, Dozent am Theologischen Seminar Leipzig, 1968-1983 Bischof der Evangelischen Kirche der Kirchenprovinz Sachsen.

17 Joachim Gauck, *1940, evangelischer Theologe, 1989 Mitbegründer des Neuen Forums, 1990-2000 Bundesbeauftragter für die Unterlagen der ehemaligen Staatssicherheit der DDR („Gauck-Behörde").
18 Olof Palme (1927-1986), schwedischer sozialdemokratischer Politiker, seit 1982 Ministerpräsident, 1986 ermordet.

„Man kann und muß sein Leben
auch in die Hand nehmen"

kulturforum
LEBENSWEGE

Die Domröse auf der Bühne bei einer Probe zu »Meisterklasse« als Maria Callas   Foto: dpa/Bottsch

Eine Schauspielerin ist bei uns zu Gast, die Wohl jeder kennt – jedenfalls von der Leinwand. Eine Frau, die viele in vielen Rollen im Film und auf der Bühne fasziniert. Die unverwechselbare Berlinerin wurde gerade 60 Jahre und zu Recht viel geehrt.
Sie schlüpfte in die Rolle der „Polly" Bert Brechts, der „Cleopatra" Shaws, der schönen „Helena" des Peter Hacks oder der „Helena" einerseits und der „Marthe Schwerdtlein" im Faust andererseits. Und natürlich Paula. Und Effi. Jüngst las sie „Die Päpstin" auf einer Hör-CD.
Helene Weigel holte sie 1961 ans Berliner Ensemble. Sie arbeitete mit Benno Besson, Matthias Langhoff, Manfred Karge ... 1979 verließ sie die DDR. Zehn Jahre später sollte es zu Ende sein mit diesem Land. Wir wollen mit ihr über sich und die Verwandlung in Rollen, über ihre Lebens- und Denkwege sprechen. Wir werden Angelica Domröse erleben.

Angelica Domröse

Dienstag, 24. April 2001, 19.30 Uhr
Evangelische Akademie, Schloßplatz 1 d

Sie sind herzlich eingeladen.

Friedrich Schorlemmer   Eintritt: 10,00 DM
Studienleiter   erm.:   8,00 DM

Evangelische Akademie Sachsen-Anhalt e.V., 06886 Lutherstadt Wittenberg, Schloßplatz 1 d
Tel. 03491/49880, Fax 03491/400706, E-Mail: Ev-Akademie-Wittenberg@t-online.de

Schorlemmer:
Manche Menschen spielen eine Rolle, die zur Legende wird, und werden dann Menschen, die selber zu einer Legende geworden sind. Angelica Domröse – eine Legende schon – ist heute leibhaftig hier. Herzlich willkommen Angelica Domröse! Sie haben viele Rollen herausragend gespielt.
Man kann Rollen *spielen*; manche machen in ihrem ganzen Leben *nur* Rollenspiele. Manche spielen nur kurzzeitig eine Rolle. Manche füllen ihre Rolle aus und andere wachsen über eine Rolle völlig hinaus. Mit *einer* Rolle wurden und werden Sie identifiziert.
Wie ist das für Sie nach dem 9. November 1989, ein Publikum wiederzugewinnen, zu dem Sie gehörten und das zu Ihnen gehörte?

Domröse:
Es war sehr schwierig, denn zum Schiller-Theater, an dem ich seit 1990 wieder fest engagiert war, kam überhaupt keiner. Die Westberliner blieben aus, weil sie ohne Kontrolle, also ohne durch den Zoll zu müssen, ins Theater gehen konnten. Die Ostberliner gingen 1990, als ich wieder ans Schiller-Theater kam, nicht ins Theater, weil sie erst einmal etwas anderes zu tun hatten. Sie waren höchstens am Theater beim Pförtner und wollten ein Autogramm. Wenn ich fragte, ob sie in die Vorstellung gingen, sagten sie: Nein, wir sparen fürs Auto. Das erzähle ich mit vollstem Verständnis, auch wenn es mich damals traurig gemacht hat.

Schorlemmer:
Wie war es für Sie, nach Erfurt, nach Ostberlin, nach Leipzig zurückzukehren?

Domröse:
Ich bin nicht gleich hinübergefahren. Erst einmal erlebte ich die Vereinigung als Westberlinerin. Ich bin wieder intensiver nach Babelsberg gekommen, als ich mit dem Regisseur Heiner Carow „Die Verfehlung" gedreht habe. Dieser Film ist schon zweimal im Fernsehen gekommen, aber im Kino ist er recht schlecht gelaufen. Vielleicht ist der Film zu früh gemacht worden. Für die, die ihn gesehen haben, mag das verständlich sein. Das war meine Wiederbegegnung mit Babelsberg und die war natürlich, wie sie sich vorstellen können, sehr traurig. Es wurde überhaupt nicht mehr produziert. Die Leute standen alle vor der endgültigen Arbeitslosigkeit, kurz vor ihrer Kündigung oder waren schon gekündigt.

Schorlemmer:
Sie sind Berlinerin.

Domröse:
Ja, darauf lege ich höchsten Wert.

Schorlemmer:
Aber jetzt sind Sie eine Westberlinerin.

Domröse:
Das macht mir gar nischt. Die Weigel[1] hat einmal etwas Wunderbares dazu geäußert. Als ich auf die Filmhochschule kam, sagte man zu mir: „Das geht nicht, wie Sie sprechen. Sie sind ein damenhafter Typ, Sie dürfen nicht so berlinern." Drei Jahre lang habe ich versucht, das zu lassen. Dann kam ich zum Berliner Ensemble und habe ein bißchen vornehm gesprochen. Da hat die Weigel gesagt: „Hast du nicht irgend 'nen Dialekt?" Ich habe geantwortet: „Na ja schon, aber ich darf ja nicht." Daraufhin sagte sie: „Bei mir darfst du." Da habe ich mir das Berlinern wieder angewöhnt. Bei der Erarbeitung einer Rolle, wenn ich Hexameter spreche und schwierige Texte zum ersten Mal lese, versuche ich es immer zuerst in meinem Dialekt, weil man dann auf das Wesentliche der Sprache kommt und Zugang zum Text erhält. Man nennt das den „Gestus der Sprache". Plötzlich sind die Hexameter und dieser schwierige Stoff, beispielsweise ein Text von Goethe, der sich auch noch reimen muß, nicht mehr so kompliziert, man kommt ihm ein Stück näher. Danach muß man sich davon natürlich wieder lösen. Ich bin der Weigel unendlich dankbar, ich habe vieles von ihr gelernt, aber diesen praktischen Vorschlag habe ich mir besonders zu Herzen genommen. Wenn Sie wollen, daß ich weiter berlinere, mach ick det.

Schorlemmer:
Wie war das für Sie, als Helene Weigel Sie im Frühjahr 1961 entdeckte?

Domröse:
Es gibt ein Intendanten-Vorsprechen, wenn man im letzten Studienjahr ist. Ich war eigentlich schon für zwei Jahre nach Dresden für die Natascha in „Krieg und Frieden" engagiert. Dann gründete man ein DEFA-Ensemble, zu dem ich auch sollte. Slatan Dudow[2] behauptete, ich sei eine Filmschauspielerin und würde nicht ans Theater gehören. Wir hatten Unterricht bei einem Regieassistenten vom Berliner Ensemble, der der Weigel von mir erzählt hatte. Ich war gerade 20 Jahre alt, und dem Berliner Ensemble fehlten damals junge Schauspieler. So bekam ich eines Tages ein Telegramm mit der Bitte, mich bei Frau Weigel zu melden. Ich ahnte nichts Böses und ging hin. Sie sagte: „Pupperl, was spricht's vor?" Ich sagte: „Was vorsprechen?" „Na, heute ist Vorsprechen", sagte sie. Ich habe mich so erschrocken und bin gleich wieder nach Babelsberg zurückgefahren. 14 Tage später kam die Nachricht, daß noch ein Vorsprechen stattfindet. Ich bin hin und habe ein Engagement bekommen. Aber vorher hatte sie gesagt: „Haare aus dem Gesicht, denn auf der Bühne muß man das Gesicht sehen, vor allem die Stirn. Hast doch eine schöne Stirn. Und dann berlinerst du, und zwar zweimal so

schnell, wie du es mir vorgemacht hast." So habe ich einen Vertrag bekommen, ohne mich beworben zu haben.

Schorlemmer:
Bedrängt das eine junge Schauspielerin, wenn sie weiß, daß andere diese Rolle schon ausgefüllt haben, so gut, wie es keiner besser kann? Oder sagen Sie: Ich bin ich. Ich bin Angelica und mache es ganz anders und so wie ich will?

Domröse:
Das ging gar nicht am Berliner Ensemble. Erich Engel hatte 1960 eine Inszenierung mit der wunderbaren Regine Lutz als Polly gemacht und das war ein Maßstab. Jeder, der es danach gespielt hat, mußte sich danach richten, das heißt, die Arrangements übernehmen, die Kostüme übernehmen, alles übernehmen. Ich war die Zweitbesetzung mit der Lucy zusammen. Das war also eine Doppelbesetzung. Einen Abend habe ich die eine kleine Hure gespielt, am anderen Abend die Polly, auch in Gastspielen, also in England, Paris oder Stockholm. Die erste wirkliche Rolle, die ich mir selbst mit dem Ensemble erarbeitet habe, war die Babette in „Die Tage der Commune".

Schorlemmer:
Sie sind in der Phase an das Berliner Ensemble gekommen, als das „Brecht-Epigonen-Theater" begann. Kann man das so sagen, daß die Menschen dort es brechtscher machen wollten als Brecht?

Domröse:
Nachher ist man immer klüger. Als ich 20 war, war das für mich ein wunderbares Theater, das beste Theater der DDR, auch besser als unsere Filme. Wir hatten immer Gäste aus Europa, Strehla war da, Maximilian Schell, Sophia Loren, Carlo Ponti, die Philosophen und die Dichter. Anschließend saß man in der Kantine und hatte ein bißchen das Gefühl, daß es gar keine Mauer gab. Das ist in der Kunst ganz wichtig. Das war Anerkennung. Ich habe auch geglaubt, daß wir das beste Theater machten. Ich denke, es muß auch so gewesen sein.
Der Drehbuch- und Bühnenautor George Tabori, mit dem ich eine wunderbare Zeit in Wien verbracht habe, hat mir viele Jahre einmal später erzählt, daß er extra nach Paris gekommen sei, um das erste Mal das berühmte Berliner Ensemble zu sehen, und zwar mit dem Stück „Mutter Courage und ihre Kinder". Er saß mit seinem Freund in der letzten Reihe und nach zehn Minuten haben die beiden sich zugeflüstert: „Was machen die? Die machen nichts." Also, wir sagen: Das Einfache, das schwer zu machen ist, die Poesie und die Realität, die das Berliner Ensemble in seinen guten Zeiten hatte. Heute spreche ich nicht mehr vom Berliner Ensemble, ich sage nur noch: „Ich

habe damals in den sechziger Jahren noch einen Hauch von ganz großem Theater erlebt."

Schorlemmer:
Was war daran so groß?

Domröse:
Es war eine kontinuierliche Arbeit mit allen Menschen, die zum Theater gehören. Das heißt, nicht nur das Stück, der Regisseur, die Assistenten waren wichtig, sondern auch die Ästhetik eines Stückes, also die Ausstattung, die Kostüme, die Dramaturgie, das Licht, die Materialien, die Masken und das Ganze wurde recht sinnlich erarbeitet. Es war einerseits beispielsweise ein Muß, wenn „Coriolan" probiert wurde, Livius zu lesen. Man bekam auch sehr viele Hausaufgaben. Bei den Proben wurde experimentiert, bis man sich einigte, was auf der Bühne gezeigt werden sollte. Theater machen hat etwas mit Phantasie zu tun und damit, daß Begabungen mit dem richtigen Stoff in der richtigen Zeit zusammenstoßen. Anders kann ich es nicht erklären. Man merkt schon, wenn das Theater außergewöhnlich ist, was gemacht wird und was gemeint war, beispielsweise sich abzusetzen vom bürgerlichen Nobeltheater. Nicht, daß wir die Welt verändern wollten, aber wir wollten doch etwa zweieinhalb besondere Stunden für die Zuschauer schaffen und, wenn möglich, ihnen eine Winzigkeit mit nach Hause geben. Das gilt für mich immer. Wenn ich heute bei Ihnen zu Gast bin, möchte ich, daß Sie sich gerne an diesen Abend erinnern. Ich mag keine Theaterabende, an denen sich der Regisseur oder der Intendant oder ein Schauspieler über die Rolle erhebt und klüger ist als Shakespeare, Ibsen und Büchner zusammen. Ich will das Stück auf die Bühne bringen, verständlich und nachvollziehbar, und zwar von drei Seiten: Vom Kopf, vom Herzen und vom Bauch. Ich sage immer, dieses Dreieck sollte stimmen. Dazu braucht man wirklich Begabung und die Solidarität der Begabter.. Dann sollte ein Abend gelingen und dann kann man sagen: Das ist gutes Theater.

Schorlemmer:
Was hat Sie dazu getrieben, Schauspielerin zu werden? Das heißt ja, immer in eine andere Rolle hineinzuschlüpfen und sie dann schließlich wieder zu verlassen und man selbst zu sein. Ich wundere mich manchmal, daß Schauspieler wie Sie einen relativ „normalen" Eindruck machen trotz des ständigen Identitätswechsels. Was hat Sie dazu gebracht zu sagen: Das ist der Beruf für mich?

Domröse:
Die Ahnungslosigkeit. Ich hatte keine Ahnung von diesem Beruf. Ich war nur nicht gerne zu Hause, sondern sehr viel im Kino, im Theater und auf der Straße.

Schorlemmer:
Haben Sie da Schauspieler persönlich erlebt?

Domröse:
Nein. Ich habe aber Film- und Theaterabende erlebt. Mit 15 oder 16 Jahren erschien mir ein Schauspieler, ein Dichter, ein Bühnenbildner oder ein Architekt etwas Besonderes zu sein. Für mein Verständnis erschien es mir am leichtesten, in die Schauspielerei zu kommen, weil ich gelesen hatte, daß oft Laien entdeckt werden. Mit 16 Jahren habe ich mich dann an der Filmhochschule beworben. Die erste Prüfung habe ich bestanden, die Aufnahmeprüfung nicht, mit der Begründung, ich wäre noch zu verspielt. Ich sollte noch ein Jahr zur Schule gehen oder arbeiten und mich im nächsten Jahr wieder melden. Dann kam die Zeitungsannonce von Slatan Dudow, der ein junges Mädchen für „Verwirrung der Liebe" suchte. Da bin ich hinmarschiert, gemeinsam mit vielen anderen. Ich sage immer, daß es da wie in der Puszta aussah, denn als ich mit der S-Bahn ankam, waren da 1.000 weiße Enten. Das waren die 16- und 17jährigen, die sich alle schick gemacht hatten, wie ich auch, und nach Babelsberg pilgerten. Zu den Probeaufnahmen waren wir nur noch acht Mädchen. Ich bekam die Rolle und erzählte auch sofort, daß ich ernsthaft Schauspielerin werden wolle und daß meine Unterlagen in der Filmhochschule lägen. Tiefergehend kann ich Ihnen die Frage nicht beantworten. Ich hatte nur immer Angst, für den Beruf zu alt zu sein und es nicht bald zu schaffen. Ich dachte, wenn du es bis 30 schaffst, das reicht schon. Mit 31 habe ich die „Paula" gedreht. Dieser Beruf ist natürlich tückisch. Es gibt viele Rollen, die du einfach durch Erlebnislosigkeit, also Unreife, nicht schaffst. Wenn du dann soweit bist, dann schaffst du sie körperlich nicht, weil sie sehr viel Kraft brauchen, physisch und psychisch. Das ist ein Dilemma, was jetzt langsam auf mich zukommt. Ich habe mir sagen lassen, zwischen 60 und 70 vergeht die Zeit noch schneller als zwischen 50 und 60. Ich muß es glauben, weil mir das sehr kluge Menschen gesagt haben.

Schorlemmer:
Wir sind heute durch Treuenbrietzen gefahren. Dort sind Sie ganz aufgeregt gewesen. Ihre Mutter ist zweimal ausgebombt worden. Sie sind als kleines Mädchen mit Ihrer Mutter nach Treuenbrietzen geflüchtet.

Domröse:
Meine Mutter hat wohl in Treuenbrietzen Verwandtschaft gehabt. Sie ist in Kreuzberg zweimal ausgebombt worden. Wir waren in Treuenbrietzen und saßen auf einer Mauer. Da kam eine alte Frau, brachte uns ein Glas Milch und hatte sehr viel Mitleid mit meiner Mutter. Meine Mutter war sehr jung, als ich unehelich geboren wurde. Sie ist schon lange tot, sie hat auch den Mauerfall nicht mehr erlebt. Immer, wenn sie mich in

Westberlin besucht hat – sie war Frührentnerin und sehr krank –, bekam sie fast einen Herzinfarkt, weil sie Angst hatte, sie sieht mich das letzte Mal.

Schorlemmer:
Haben Sie Ihren Vater jemals gesehen?

Domröse:
Nein, auch nicht auf einem Foto. Sie meinen, das hat etwas zurückgelassen?

Schorlemmer:
Nein, wie sollte ich darauf kommen.

Domröse:
Wenn ich manchmal die Argumente höre von Menschen, die etwas angestellt haben oder in die rechte Ecke geraten sind, heißt es oft, er hatte eine schlechte Kindheit. Das begründet anscheinend alles. Dann tut es mir leid, daß Freud *so* berühmt geworden ist. Aber man kann auch mit einer nicht so glücklichen Kindheit und Jugend etwas sehr Vernünftiges anstellen. Sonst müßten ja alle Menschen, die irgendwelche Störungen in ihrem Leben durchgemacht haben, Verbrecher werden. Ich entschuldige dieses nur teilweise, aber nicht ganz. Man kann und muß sein Leben selbst in die Hand nehmen und muß auch so erwachsen werden. Irgend jemanden gibt es immer, an dem man sich orientieren kann. Wenn es nicht der eigene Vater ist, oder die Mutter, der Onkel oder die Tante, dann ist es vielleicht einmal ein Freund oder eine Freundin. Das sind dann nicht mehr die Kinohelden.

Schorlemmer:
Sie sind als Künstlerin zugleich ein politischer Mensch. Was hat Sie politisch geprägt?

Domröse:
Wissen Sie, Herr Schorlemmer, ich bin einfach sehr wach durchs Leben gegangen und werde das auch weiterhin tun. Wenn Sie das schon politisiert nennen, dann tun mir die Menschen leid, die auf jeden Leim gehen. Man muß schon ein bißchen die Übersicht behalten. Natürlich hat es mir geholfen, daß ich in Prag verheiratet war und den Prager Frühling sehr direkt erlebt habe. Ich war dabei, als der Einmarsch stattfand. Das war für mich erst einmal eine persönliche Enttäuschung. Ich habe aber auch versucht, die Enttäuschung des Volkes über den Ausgang des Prager Frühlings von der offiziellen Warte zu sehen. Das Argument des „Ausbrechens aus dem sozialistischen Lager" leuchtete mir jedoch nicht ein. Man hätte ja umgekehrt sagen können, daß wir es alle so machen sollten, wie es die Tschechen probiert haben, nicht sie als Verräter abstempeln. Für mich

hat in Prag die Glaubwürdigkeit des realen Sozialismus den ersten Knacks bekommen. Als ich nach den Theaterferien nach Berlin zurückkam und im Theater unterschreiben sollte, daß ich den Einmarsch in Ordnung finde, war ich die einzige, die sich gewehrt hat. Ich hatte einen Intendanten, der das nicht weitergemeldet hat, weil der sagte, die hat den Mann in Prag, also lassen wir das durchgehen. Im Grunde genommen habe ich mich damals sehr gewundert, wie ruhig das hingenommen wurde.

Schorlemmer:
Sie sagten, daß Sie damals einen politischen Knacks bekommen hätten. Wieso nicht schon 1961? Da wurde mitten durch Ihre Stadt Berlin eine häßliche, unüberwindliche Mauer gebaut.

Domröse:
Ich war gerade mit dem Studium fertig, und in den großen Ferien wurde die Mauer gebaut. Ich habe sie nicht zuletzt durch viele Diskussionen wahrgenommen, an denen ich nur als Zuhörerin teilgenommen habe, wo aber wirklich im Berliner Ensemble die Fetzen geflogen sind, als diskutiert wurde, wie man mit dem Spielplan reagieren solle. Damals kamen sehr viele Schauspieler aus Westberlin bis in den November hinein noch zu den Vorstellungen, verabschiedeten sich dann aber langsam und sagten, sie könnten nicht in Westberlin leben und im Osten Theater spielen. Irgendwie habe ich das eingesehen. Persönlich war ich ungeheuer betroffen. Die Mauer ging mitten durch unsere Familie. Ich konnte meinen Onkel und meine Tante nicht mehr besuchen. Das war die eine Sache. Die andere Sache war, daß ich gesehen habe, daß die Menschen ausgebildet, abgeworben wurden und dann dahin gegangen sind, wo sie wußten, daß sie für das, was sie können, besser bezahlt werden. Da kam dann immer der Satz: „Historisch gesehen ist die DDR im Recht." Ich konnte das schon nicht mehr hören. Aber damals wurde er immer wiederholt, und eines Tages habe ich ihn geglaubt. Aber was ablief, als wir dann unter uns waren, das verstand ich wirklich nicht mehr.

Schorlemmer:
Sie haben sogar einmal gesagt, daß Menschen durch das Eingemauertsein krank geworden sind.

Domröse:
Ich war ja selbst eingesperrt. Es hat zu einer gewissen Schizophrenie geführt, weil du immer eine Sehnsucht nach draußen hattest. Mit dem Theater ist man herausgekommen, aber nur damit. Ich war keine Privilegierte, ich hatte keinen Paß, um Kaffee drüben zu kaufen. Nach den Gastspielen fuhr man wieder rein in die DDR und hatte das Gefühl: Das war das letzte Mal, dass du die Welt gesehen hast.

In meiner ersten Talkshow 1990 im Fernsehen habe ich gewagt, zu sagen: „Das muß ein Krankheitsbild nach sich ziehen, denn es wurde uns teilweise das Selbstbewußtsein genommen." Als ich aus der DDR weg wollte, hörte ich hauptsächlich das Gegenargument: „Bei uns biste was geworden." Jetzt frage ich Sie, ob das ein berechtigter Satz ist. Das wäre, als ob meine Mutter sagt: „Ich habe dich auch immer schön gefüttert." Ich suche es mir ja nicht aus, wo ich geboren werde. Ich war eben in diesem Land geboren und groß geworden, habe da studiert, aber sollte ich nun ein Leben lang Danke sagen, auch für jede Ungerechtigkeit? Dieses Einfordern fand ich weder diplomatisch noch charmant.

Schorlemmer:
Vielleicht wäre es mit „richtiger Ideologie" und „gutem Geld" gegangen ...

Domröse:
Zum Geld habe ich in der DDR nie eine besondere Beziehung gehabt. Das kam wirklich erst im Westen. Ich habe eine gute Beziehung zum Geld, nämlich eine schnoddrige, sonst wirst du ja verrückt. Da hast du nur noch Angst um den Aktienverlust. Ich habe jetzt gerade mit Hilmar Thate das wunderbare Stück „Joseph und Maria" gespielt. Das ist ein Stück von Peter Turrini. Zwei alte Menschen, die Heiligabend nicht zu Hause sein wollen. Sie geht Saubermachen und er ist ein Träumer und Wachmann. Er sagt zum Beispiel: „Früher haben sie mich ausgelacht, und jetzt hören sie mir nicht einmal mehr zu." So kommen die beiden sich immer näher. Ich wußte, daß dieses Stück einen wunderbaren Erfolg am Ku'damm haben würde. Auch aus dem Ostteil der Stadt kamen Zuschauer. Bei jedem Lacher haben wir gewußt, da sitzt ein Westnest und da sitzt ein Ostnest. Als es uns zu viele Vorstellungen waren, wurden aus dem Spielplan vier Vorstellungen im Januar herausgenommen. Am Tag zum Gedenken an Rosa Luxemburg und Karl Liebknecht kam ein versprengtes Häufchen den Ku'damm mit einer roten Fahne entlang und sagte: „Wir wollen ‚Joseph und Maria' sehen. Warum ist das nicht auf dem Spielplan?" Sie hatten nicht mitbekommen, daß die Vorstellung an dem Tag nicht angesetzt war. Ich habe bei mir gedacht, Claus Peymann[3] hätt' doch daraus 'ne Weltsensation gemacht.

Schorlemmer:
Kurt Maetzig, Regisseur und Gründungsmitglied der DEFA, war vor einigen Jahren hier in der Akademie. Sie haben mit ihm den Film „An französischen Kaminen" gemacht. Welche Erinnerung haben Sie an ihn?

Domröse:
Kurt ist ein Schlawiner. Ich wurde vor einiger Zeit gefragt, ob ich bereit bin, für das Archiv der DEFA-Filme ein Interview zu geben. Da fiel auch der Name Kurt Maetzig. Ob-

wohl es sechs Wochen her ist, kann ich nur dasselbe antworten: Es gab einen Tag, an dem ich gezwungen wurde, mir den Film „Thälmann - Sohn seiner Klasse" anzusehen. Das hätten sie nicht machen dürfen, denn daraufhin sah ich mir nie wieder einen DEFA-Film an. Dann kam ich in die großen Ferien an die Ostsee. Was war Pflicht? „Thälmann - Sohn seiner Klasse". Alle mußten wir rein. Das war natürlich ein Fehler. Da hatte ich ihn zweimal gesehen und fand ihn dann noch schlechter. Aber siehe da, da machte Kurt Maetzig den Film „Das Kaninchen bin ich". Damals war ich in einem Gremium, das befragt wurde, ob der Film raus soll oder nicht. Ich habe natürlich gebrüllt: Der muß raus. Ich verstehe überhaupt nicht, warum der verboten wird. Die haben natürlich nicht auf mich gehört. Der Film kam nicht raus. Das ist auch Kurt Maetzig. Dann kam ein wunderbares Buch von ihm, etwa 1966, ein sehr kritischer Stoff. Er wurde kurz vor Drehbeginn gestoppt. „An französischen Kaminen" ist kein so toller, aber ein anständiger Film. Man kann nicht nur Gold machen.

Schorlemmer:
Wie sind Sie zu der Rolle gekommen, mit der Sie, glaube ich, noch in 50 Jahren identifiziert werden? Ich habe nachgelesen, daß Sie zunächst für die „Paula" gar nicht vorgesehen waren.

Domröse:
Heiner Carow hatte diesen Stoff von dem Schriftsteller Ulrich Plenzdorf und sagte: „Angelica, das wäre schön, aber du bist zu alt für diese Rolle." Er hatte mich gerade in „Effi Briest" gesehen. Ich wäre jetzt so adlig geworden! Ich schien ihm etwas entrückt und schon etwas zu berühmt. In der DDR sagte man „populär". Er meinte, es müsse ein unbekanntes Gesicht sein, sonst glaube man es nicht. Dann hat er es mit unbekannten Gesichtern probiert und keine gefunden. Evelyn Carow, seine wunderbare Frau und Schnittmeisterin seiner Filme, sagte: „Versuch es doch mit Angelica." Ich habe dann Probeaufnahmen mit Alexander Lang gemacht. Carow sah sich die Probeaufnahmen an und sagte: „Ihr wirkt beide wie die Großeltern von Paul und Paula." „Das heißt also, ich sehe zu alt aus", sagte ich. Alt sei gar kein Ausdruck, antwortete Carow. Dann hat er die Probeaufnahmen mit Winfried Glatzeder und mir wiederholt und den Monolog auf dem Bett, bevor sie in die Disco geht, gedreht und meinte, nachdem er die Muster gesehen hatte: „Die Chemie stimmt, du bekommst die Rolle." Sollte man nicht glauben. Aber wissen Sie, Erfolge kann man sich nicht ausrechnen. Das habe ich noch nie in meinem Leben gemacht, auch nicht am Theater. Wenn es einmal so geschieht, wie bei der „Legende von Paul und Paula", daß den Film die nächste und die übernächste Generation so annimmt, dann ist das schon eine Außergewöhnlichkeit. Sicher hat die Legende den Nerv der Zeit von 1972 genau getroffen; und dann geht es um Glücksanspruch. Den werden junge Menschen immer haben und so erkläre ich mir, daß „Paul und Paula" ein Kultfilm geworden ist.

Schorlemmer:
Ich habe in meinen Unterlagen noch Originalkritiken zu „Paul und Paula" gefunden, Überschriften in Zeitungen von damals: „Konstruktion eines Irrtums", „Was dieser Liebe fehlt", oder in der damaligen „Freiheit" (heißt jetzt MZ): „Ein Plädoyer für eine Treibhausliebe?" Lauter politisch-moralische Beurteilungen. Was fehlte dieser Liebe?

Domröse:
Ich habe im Osten nie Kritiken gelesen.

Schorlemmer:
Wieso machen Sie das jetzt?

Domröse:
Jetzt mache ich es schon wieder nicht mehr. Aber als ich 1979 das erste Mal in Hamburg als Helena in „Faust II" Theater spielte, da waren die Schauspieler dort um 0.00 Uhr nach der Aufführung schon am Zeitungskiosk und haben die Kritiken gekauft. Ich fragte: „Was bedeutet denn das?" Antwort: „Das ist amerikanisch." Da habe ich mich für eineinhalb Jahre anstecken lassen, es aber dann wieder gelassen. Das war in der DDR anders, weil es nicht so viele Zeitungen gab. Wenn es eine Leitlinie gab, dann wußte man ja, was allgemein geschrieben wurde. Es war egal, welche Zeitung man kaufte, Ausnahme ab und zu der „Eulenspiegel". Deshalb waren für mich Kritiken nicht so wichtig. Hauptsache, der Film wird nicht abgesetzt.
Brecht hatte es in der DDR in den fünfziger Jahren auch schwer, ebenso Dessau und Eisler. Oft ist über das Ausland die Anerkennung gekommen und dann konnte die DDR nicht anders, als dieses Kind gern zu haben.

Schorlemmer:
„Das Kaninchen bin ich" haben wir damals nicht sehen können. Diesen Film haben nur die Gerontokraten gesehen, die ihn sofort verboten haben. „Paul und Paula" wäre beinahe verboten worden. Hat sich das Publikum zu dieser Zeit selbstbewußter einen Film erstritten?
Mit Manfred Krug[4] haben Sie Mitte der sechziger Jahre den Film „Spur der Steine" gedreht – überall groß angekündigt, und dann war er schnell verboten. Mein Eindruck ist, daß das Publikum schon zu stark war. Oder waren Sie schon zu gut?

Domröse:
Ich wünschte mir so sehr, daß Heiner Carow noch lebte, weil er es besser erzählen könnte. Für mich war die Premiere (von „Paul und Paula", F. S.) nicht schön, denn die vorderen 400 Zuschauer saßen alle mit der Aktentasche zwischen den Beinen, das

Bild kennen Sie bestimmt auch noch. Erst dahinter saßen diejenigen, die bezahlt hatten. Nach dem Film haben nur diejenigen, die hinten gesessen haben, 20 Minuten lang geklatscht. Dennoch sind wir unheimlich traurig in die Künstlerkneipe „Möwe" gegangen. Wir haben Angst gehabt, daß der Film am nächsten Tag abgesetzt wird. Carow erzählte später, daß wohl Honecker oder so einer sich den Film hat kommen lassen und sagte: „Nu, der geht." Einzelne eifrige, der Bürgermeister in Rostock und der in Erfurt, hatten ihn von sich aus zurückgezogen. In Berlin lief er ein Vierteljahr. Aber wie er genau lief, weiß ich nicht. Ich war nicht fest bei der DEFA. Unsere Parteigruppe hat in der Kantine immer geflüstert. Die hörten auf zu sprechen, wenn ich kam, weil ich ja nicht drin war. Diese schöne Idee, die Sie da haben, daß sich das Publikum durchgesetzt hat, das glaube ich nicht.

Schorlemmer:
Ich bin schließlich fürs „glauben" zuständig. Aber daran ist etwas, glauben Sie mir! Die da oben wußten bisweilen ziemlich genau, was das Volk dachte und wollte. Ich meine, der Film hatte einen emotionalen und politischen Effekt. Nach langer Zeit war das endlich ein Film, der Identifikation mit dem Land ermöglichte, in dem wir lebten. Nicht, weil er das Land bestätigte, sondern weil er etwas zeigte, was trotz allem in diesem Land möglich war. Zweitens kam er mir authentisch vor. Und Sie waren authentisch. Ich hatte den Eindruck, Sie spielen da nicht nur, Sie *sind* das auch. Ist das richtig?

Domröse:
Nein, das ist nicht richtig. Es ist ein wunderbares Buch und diese Paula eine wunderbar notierte Rolle. Ich hatte schon sehr viel gelernt, elf Jahre kontinuierlich Theater gespielt. Früher habe ich immer gesagt: Alles, was ich gelernt habe, habe ich am Theater gelernt. Film und Fernsehen haben das ungeheuer ausgenutzt. Ich kannte meine Mittel und war auch vor der Kamera erfahren. Ich habe diese Rolle wahnsinnig gerne gespielt. Warum diese Rolle so geliebt wurde, da kann ich nur von mir ausgehen: Als ich das Drehbuch das erste Mal gelesen hatte, war mir einfach sympathisch, daß es da eine Frau gab, die nichts weiter wollte, als Verkäuferin sein, ihre Kinder großziehen und, wenn möglich, einmal einen richtig tollen Mann kennenzulernen, der sie auch heiratet. Dieses kleinbürgerliche Streben, dieses Glücksgefühl zu haben, war ja nicht Thema der DDR-Filme. Unsere Filme hatten zum Thema, welche Chance dieser Staat den Frauen gab, wenn sie Kinder hatten, wenn sie geschieden waren. Solche Frauen habe ich auch gespielt. Die waren oft nur etwas unsinnig. Manchmal waren sie auch einfach falsch notiert. Wir Frauen wurden, genau so wie heute noch, schlechter bezahlt als die Männer. Und hier diese Paula, diese „kleene" Frau, die alles das durchmachte, was man so kannte. Wenn die Kohlen kommen, kommen sie um die falsche Zeit, werden einfach vor die Tür geschmissen, dann machst du das alleine, keiner hilft dir.

Das gefiel mir, auch dieses An-einen-Typen-geraten, der verheiratet ist und nicht dazu steht, der seine Ruhe haben, im Beruf vorwärts kommen will. Deshalb kann ich nicht sagen, so bin ich. Ich war sehr ehrgeizig und ich wollte studieren. Ich wollte am besten Theater sein und ich wollte am liebsten alles. Eine Rolle ist gespielt, aber natürlich ist in dem Beruf immer viel von dir drin, deine Stimme, deine Bewegungen, vor allem deine Ausstrahlung. Wenn ich die ganze Technik wegnehme, bleibt das Unverwechselbare, was dich als Mensch und als Schauspielerin ausmacht. Das bin natürlich ich als Paula.

Schorlemmer:
Das meinte ich. Ich kann mir nur nicht so richtig vorstellen, wie das ein Mensch in sich vereint – vom Theater zu kommen, wo Sie die schöne Helena gespielt haben, und dann zum Drehort fahren und die Paula spielen. Wer sind Sie dann abends? Wie kann man authentisch Rollen spielen und einen hohen Grad von Identifikation erreichen, ohne sich selbst zu verlieren? Theaterleute haben mir erzählt, daß Brechts Theatertheorie vom bloßen Zeigen sich gar nicht umsetzen ließe, ja gar nicht so gemeint gewesen sei, wie wir das vielfach gelernt hätten. Wie ist das, wenn Sie so einen beständigen Wechsel durchleben, jeweils ganz mit allen Emotionen, mit Tränen, mit Glück, mit Angst, mit schweren Auseinandersetzungen? Welche „Technik" haben Sie, danach wieder Angelica Domröse zu sein, die abends mit Hilmar Thate ein Glas Wein trinkt?

Domröse:
Die Doppelbelastung, die ich jahrelang gehabt habe, am Tage zu drehen und abends Theater zu spielen, ist immer eine Zerreißprobe gewesen. Das ist nicht so einfach. Ich sah auch manchmal sehr schlecht aus und war abgemagert. Auch wenn man jung ist, gibt es irgendwo eine Grenze der Kraft und der Konzentration. Als ich dann im Westteil der Stadt lebte oder in Wien gearbeitet habe, habe ich dasselbe erlebt. Da sah ich manchmal noch schlechter aus. Abends ist man ein Stück ausgelaugter Mensch, der nur ins Bett will und manchmal noch eine Schlaftablette braucht, weil er gar nicht zur Ruhe kommt.
Die Helena war eine ganz andere Rolle, eine Rolle wie eine Feder. Sie mußte singen und sehr hell sprechen; da habe ich viel über den Körper gemacht. Man muß vor allem sehr gut vorbereitet sein. Es geht nicht, daß ich erst dann den Text lerne, wenn ich weiß, daß ich übermorgen die und die Szene habe. Wenn ich ein Drehbuch zugeschickt bekomme und die Rolle annehme, dann lerne ich das wie im Theater von A bis Z. So kann auch der Drehplan verändert werden, ohne daß ich umkippe, wenn eine schwierige Szene früher als geplant gedreht werden soll.
Aber ich habe oft meine Ehe vernachlässigt. Ich war nicht mehr zu gebrauchen. Ich habe mein Zuhause nur benutzt, um zu schlafen und mich aufzutanken und dann wieder zu gehen. Da war nicht mehr viel mit reden und leben und zusammen etwas unter-

nehmen. Es kostet ja alles im Leben, in diesem Falle hat es irgendwann unsere Beziehung gekostet. Ich nehme mich da nicht aus. Deshalb habe ich versucht, es mit Thate besser zu machen. Wir haben nämlich in diesem Jahr Silberhochzeit.

Schorlemmer:
1979 haben Sie „unsere Deutsche Demokratische Republik" verlassen. Sie haben vorher noch mit Werner Lambertz, dem sogenannten Hoffnungsträger der SED, gesprochen.

Domröse:
Das mit Lambertz war nach der Unterschrift gegen Wolf Biermanns[5] Ausbürgerung. Lambertz war eine rheinische Frohnatur. Er war für die Künstler zuständig. Als es um das Verlassen der DDR ging, war Kurt Hager zuständig. Aber ich glaube, eher wegen Thate. Hager hat Thate sehr gemocht. Er war für die Familie Thate zuständig. Es gab sehr ernsthafte Gespräche, ob wir uns es nicht überlegen wollten. Aber die Gespräche kamen einfach zu spät. Der Entschluß war gefaßt.

Schorlemmer:
Sie sind nicht 1977, wie viele andere, gegangen, sondern erst 1979.

Domröse:
Natürlich ist das immer noch die Folge der Ausbürgerung Biermanns gewesen. Und ich betone, ich war mit Biermann nicht befreundet, sondern es ging um den Vorgang selbst. Es waren immer noch die Folgen davon, daß uns die Staatssicherheit geholt hatte. Ich habe 1986 das erste offene Interview darüber in der Fachzeitschrift „Theater heute" gegeben. Ich habe mich gehütet, das in einer Talkshow oder in der „BZ" oder in der „Bildzeitung" breitzutreten, weil die das sowieso nicht verstehen, und man ist wirklich nur mutig, wenn man in dem Land darüber redet, in dem es einem widerfährt, und nicht in einem anderen. Deshalb hat man von mir und auch von Thate lange nichts gehört. Viele wußten nicht, wie wir überhaupt herausgekommen sind. Es war schmerzhaft, weil viele gedacht haben, wir seien abgehauen oder hätten ein Arbeitsvisum mißbraucht. Aber wir sind 1980 von Ost nach West umgezogen, als wir eine Wohnung gefunden hatten. Den Vorschlag, in Ostberlin zu wohnen und im Westen zu arbeiten, akzeptierten wir nicht. Aber mit der Ausbürgerung Biermanns fing alles an.

Schorlemmer:
Die erste Rolle im Westen am Thalia-Theater war die Helena in „Faust II". Sie sagten, daß der „Faust II" eigentlich interessanter sei als Teil I. Wie kommt es, daß fast nur der erste Teil gespielt wird?

Domröse:
Weil der zweite Teil so kompliziert ist. Er bedarf einer ungeheuren Umsetzung, wenn man ihn so auf die Bühne bringen will, daß man ihn versteht. Das ist meine ganz persönliche Meinung. Ich finde den zweiten Teil unheimlich interessant und witzig. Ich könnte mir auch vorstellen, daß eine ganze Generation den zweiten Teil gar nicht mehr versteht, weil man Vorbildung braucht, um den Griechenkomplex zu verstehen. Auf jeden Fall sollte man vorher das Stück lesen. Früher war das wesentlich üblicher, daß man das Stück kannte, bevor man ins Theater ging.
Wenn heute die Schauspieler mit ihrer Ausbildung fertig sind, bekommen sie einen Zweijahresvertrag. Der ist fast gesichert, weil er zu Dumpingpreisen zustande kommt. Wenn sie dann nicht verlängert werden oder den Sprung zu einem anderen, vielleicht interessanteren Theater nicht schaffen – womöglich ein Jahr aussetzen – kommen sie nicht wieder rein. Ganz wichtig ist, erst einmal zu spielen, auch wenn nicht alles so toll ist. Man muß spielen, auch um die Angst zu verlieren und zu merken, was das bedeutet, wenn die Menschen mit einem atmen, was das bedeutet, jeden Abend gleich gut und frisch zu sein. Da fängt ja erst die Schwierigkeit des Berufs an. Auch wenn ich 170mal dasselbe spiele, ist es keinen Abend gleich. Es gibt Menschen, die schon deshalb den Beruf nicht machen könnten oder nicht machen wollten und lieber drehen. Wenn du gedreht hast, und die Szene ist nach zwei oder drei Mal im Kasten, dann ist es erledigt.

Schorlemmer:
Ich habe das mit der Helena erwähnt, weil ich den Eindruck hatte, daß Sie im Berliner Ensemble gelernt haben, daß man, wenn man die Stücke spielt, sich intensiv damit beschäftigt und auseinandersetzt, also nicht nur eine Rolle spielt, sondern Teil eines Prozesses ist.

Domröse:
Ich hatte auch immer die besten Bedingungen. Das Berliner Ensemble hat manchmal drei bis vier Monate an einem Stück geprobt. Das ist heute auch in einem reichen Theater nicht mehr möglich. Acht Wochen vielleicht, aber keinesfalls länger als ein Vierteljahr. Seit der Schließung des Schiller-Theaters ist die Hemmungslosigkeit des Zusammenfügens und Schließens von Theatern bekannt. Das war ein Signal, ein Staatstheater zu schließen. Vielleicht erlebe ich das noch, daß es nur noch mit Sponsoren geht. Es ist ja nicht nur, daß der Staat dem Theater die Subventionen gibt, er gibt sie auch jedem Theaterzuschauer. Da bezahlt der Staat schon über die Hälfte des Eintrittsgeldes. Ausnahme sind die Privattheater. Wer kann da hingehen, wenn eine Karte 39 Euro kostet? Wenn ich aus Zürich oder aus Wien Besuch bekomme, der sich ein Theaterstück ansehen will, habe ich Probleme, eines in Berlin zu empfehlen. Dann ist das nicht das

Deutsche Theater oder das Berliner Ensemble oder die Volksbühne. Es ist reiner Zufall, wenn ich sagen kann, das ist eine Inszenierung, die ich guten Gewissens empfehlen kann. Da erkennt man das Stück, da gibt es eine Persönlichkeit, die man nicht vergißt. Die Persönlichkeiten schwinden überhaupt, ob das in der Politik oder auf der Bühne ist. Es gibt nur noch eine Globalisierung der Mittelmäßigkeit. Denken Sie nicht, daß ich mich außerhalb der Situation fühle, ich fühle mich mittendrin, denn es ist schwer, sich vom Trend wegzuhalten. Wenn ich pro Tag eine Stunde fernsehe, eine Zeitung lese, bin ich ja mitten im Trend. Im Grunde genommen geht alles nur noch nach dem Trend. Je forscher, hemmungsloser, dümmer, primitiver, um so besser die Einschaltquoten. Ich verstehe manchmal die Welt nicht mehr.

Schorlemmer:
Wenn ich Sie sehe, finde ich: Persönlichkeiten sind doch noch nicht ganz ausgestorben. Heiner Carow berichtet, daß er Sie am 18. März 1990 im Palast der Republik wiedergetroffen hat. Dort gehörten Sie zu denen, die über das Wahlergebnis erschüttert waren. Von seinem Film „Die Verfehlung" sagt Carow, er hätte ihn mit - und das ist für einen Regisseur auch nicht so häufig - tiefer Rührung gesehen. Nun weiß ich nicht mehr genau, ob Sie sich einen Film oder er sich einen Film wünschte, da heißt es, „ein Film als Resümee unseres Lebens in Erinnerung an unsere Träume". Was wäre das?

Domröse:
Das kann nur die Wirklichkeit bringen, denn man sollte nicht abseits vom Leben einen Film machen. Ich glaube, Heiner hat im Zusammenhang mit der Vereinigung noch einmal „Die Verfehlung" gedreht, und dann sind seine Stoffe abgelehnt worden. Er hat Serien gemacht. Einmal sagte er zu mir: „Siehst du, Angelica, jetzt habe ich ein neues Dach auf dem Haus, das ich seit 1959 nicht restauriert habe, aber ich mache keine Carow-Filme mehr." Heiner war ein wunderbarer Träumer. Wenn er das nicht gewesen wäre, dann wäre er zerbrochen, denn er hat manchmal fünf Jahre lang keinen Film machen dürfen und hat das mit Hilfe seiner Frau durchgestanden. Dann ist er wieder an einen neuen Stoff herangegangen und hat wieder daran geglaubt. Er hat „Die Russen kommen" gedreht und mußte den Film fünfmal umschneiden, wodurch der Film völlig verstümmelt herausgekommen ist. Aber Heiner sagte immer: „Ach, beim nächsten Mal wird es schon." Er war wirklich ein Optimist, aber nicht aus Unwissenheit, sondern wie der Philosoph sagt: Du bist ein Pessimist, wenn du die Welt jeden Tag neu erfindest und sagst, oh, ist die traurig. Du bist aber ein Optimist, wenn du die Welt kennst, aufwachst und dennoch optimistisch bist. So war Heiner. Er war ein sehr kluger Mensch mit einem großen Empfinden für Stoffe, die man machen sollte.
Vielleicht hat er auch seinen Tod vorausgespürt, denn ich glaube daran, daß man spürt, daß man vielleicht bald gehen muß. Künstlerisch war er jedenfalls schon halbtot. Er war

kein Mensch, der ohne Kunst leben konnte. Das wünschte ich manchem von meinen Zuschauern heute, daß sie nicht leben könnten ohne wirkliche Kunst, ob das nun Malerei, Architektur, Musik oder das Wort ist. Dann, denke ich immer, wäre die Welt doch ein bißchen besser. Heiner hat natürlich auch gesponnen, als er sagte, wir machen jetzt einen Film, wie Paula mit 60 ist und wie sie sich noch einmal verliebt. Ich habe immer ja gesagt, ja, ja. Ich glaubte natürlich auch nicht, daß ich so schnell 60 werde.

Schorlemmer:
Ich spüre, wie konzentriert und genau Sie die Dinge sehen, wie unmittelbar aus Ihnen kommt, was Sie sagen. Bei Ihren Sätzen habe ich das Gefühl, die haben Sie nicht schon fünfmal gesagt, sondern Sie denken sie in diesem Moment. Sie spielen hier keine Rolle, Sie sind ganz Sie selbst. Sie gehen wach durchs Leben, das heißt ganz politisch, und wollen sich einmischen – ohne sich zu überschätzen. Verehrtes Publikum, Sie haben heute Abend in Erinnerung an „Die Legende von Paul und Paula" die Wirklichkeit der Paula erlebt.

Domröse:
Ich hoffe, ich habe Ihnen etwas von meinen Gefühlen vermitteln können.

Anmerkungen

1 Helene Weigel (1900-1971), Schauspielerin und ab 1949 Leiterin des Berliner Ensembles, seit 1928 mit Bertolt Brecht verheiratet.
2 Slatan Dudow (1903-1963), Filmregisseur und Autor bulgarischer Herkunft, drehte 1931 „Kuhle Wampe" (Drehbuch u.a. Bert Brecht), 1933-1945 Emigration, seit 1946 bei der DEFA, Filme dort u.a. „Frauenschicksale" (1952), „Der Hauptmann von Köln" (1956), „Verwirrung der Liebe" (1959).
3 Claus Peymann, *1937, Regisseur und Theaterdirektor, 1971 Mitbegründer der Schaubühne am Halleschen Ufer, Berlin, 1974-1979 Leiter des Württembergischen Staatstheaters in Stuttgart, 1980-1986 Leiter des Bochumer Schauspielhauses, 1986-1999 Direktor des Wiener Burgtheaters, seit 1999 Leiter des Berliner Ensembles.
4 Manfred Krug, *1937, Schauspieler, Sänger, Autor.
5 Wolf Biermann, *1936, Schriftsteller und Liedermacher, ging 1953 in die DDR, 1963 aus der SED ausgeschlossen, 1976 ausgebürgert.

„Man muß jeden einzelnen Ton lieben"

kulturforum

LEBENSWEGE

ARVO PÄRT
Komponist

Donnerstag, 7. Juni 2001, 19.30 Uhr
Evangelischen Akademie, Schloßplatz 1 d

Ein ungewöhnlicher Abend mit einem ungewöhnlichen Menschen: Mit Arvo Pärt (*1935 in Estland) über Musik sprechen. Seine Musik hören. Pärts Denken und seine Religiosität kennen lernen. Schweigen.
Wer Pärt hört, muss sich Zeit lassen und sich ganz einlassen. Und so bekommt er Zeit geschenkt, steigt in Tiefen und wird entrückt in Sphären. 18 Minuten „Silentium" im zweiten Satz von „Tabula rasa" verlangen vom Interpreten Höchstleistung, entführen ihn direkt in den Himmel oder bringen ihn zur Verzweiflung. Bei Pärts Musik merkst du, was es heißt, sich in etwas hineinzuhören. Ein Thema mit Variationen durchzieht offensichtlich sein Werk seit 1977. Da gibt es bis 1995 acht Variationen zum Thema „Fratres", jeweils exakt 12 Minuten lang.
Eine Musik, die auf die große Geste weitgehend verzichtet - „eine radikale, freiwillige Armut, die aber - wie jede bewusst eingegangene Beschränkung - den Geist für die Begegnung mit der Musik im heiligen Wort empfänglich macht. So erhebt diese Musik einen stillen und wortlosen Einspruch gegen den Zwang zur Modernität ... Sie eröffnet einen nach oben offenen Raum, der heilsam abgeschlossen ist gegen das Getriebe einer ihrer Zukunft hintereilenden Konsumgesellschaft." (Hermann Conen, 1995).
Eine im tiefsten Sinne religiöse Musik, auch wo sie sich nicht ausdrücklich religiösen Themen zuwendet. Es ist ein seltenes Privileg, mit Pärt sprechen zu können.
Sie sind herzlich eingeladen.

Friedrich Schorlemmer	Eintritt: 8,00 DM
Studienleiter	erm.: 6,00 DM

Evangelische Akademie Sachsen-Anhalt e.V., 06886 Lutherstadt Wittenberg, Schloßplatz 1 d
Tel. 03491/49880, Fax 03491/400706, E-Mail: Ev-Akademie-Wittenberg@t-online.de

Schorlemmer:
Eine Musik, still und schön, einfach und so konzentriert, daß sie einen in ihren Bann zieht. Wir hören am Anfang den Beginn von „Spiegel im Spiegel"[1].
Meine Damen und Herren, es ist schwer, eine solche Musik zu unterbrechen. Ich möchte Nora und Arvo Pärt recht herzlich begrüßen. Ende der siebziger Jahre gab mir der Vikar Matthias Seiffert einen Kassettenmitschnitt der Werke „Fratres" und „Tabula rasa" des estnischen Komponisten Arvo Pärt und bat mich, mir diese anzuhören. Seither zieht Arvo Pärt mich in seinen Bann. 1995 habe ich im Straßburger Münster und im Züricher Großmünster seine Berliner Messe von 1991 live gehört. In solche Räume gehört diese Musik. Als ich mich monatelang mit Gedanken zur „Vision Europa" beschäftigte, habe ich dazu immer wieder diese Berliner Messe gehört.
Im Sommer 1995 hat mich das Ehepaar Pärt in Wittenberg besucht, und seitdem versuche ich, Sie zu einem solchen Abend nach Wittenberg einzuladen. Ich weiß, was es bedeutet, daß Sie der Einladung jetzt gefolgt sind. Es ist immer ein Experiment, über Musik oder gar über seine eigene Musik mit dem Komponisten zu sprechen. Da fügt es sich beinahe, daß einer der großen Musikkritiker in Deutschland, Joachim Kaiser, am Pfingstwochenende in der Beilage der „Süddeutschen Zeitung" einen Aufsatz geschrieben hat unter dem Titel „Beschriebene Musik ist wie ein erzähltes Essen". Darin zeigt er auf, daß auch die, die es erst abgelehnt haben, über Musik zu schreiben, es dann doch getan haben. Arvo Pärt meint, für ihn schrieben die Worte die Musik. Wir hören zunächst noch eine Collage zu Johann Sebastian Bach, 1964 komponiert.
Lieber Arvo Pärt, 1956 sind Sie in Tallin ans Konservatorium gegangen. Warum haben Sie angefangen, Musik zu studieren?

Arvo Pärt:
Ich fühle mich etwas unsicher dabei, zum ersten Mal in meinem Leben vor solch großem Publikum zu sprechen, obwohl ich sehe, daß mich viele freundliche Augen anschauen. Ich bitte Sie, mir vorher schon alles zu vergeben.
Wieso man sich für so ein Fach entscheidet, weiß man eigentlich nie. Musik hat mich schon von Anfang an begleitet. Sie ist ein Teil von mir.

Schorlemmer:
Das war 1956. Erinnern Sie sich, wie Sie den Herbst 1956 als ein junger Mensch erlebt haben, als Chruschtschow[2] seine Rede vor dem XX. Parteitag der KPdSU hielt?

Arvo Pärt:
Damals war ich noch viel zu jung. Es betraf mich nicht, weil ich zu dieser Zeit meinen Militärdienst ableistete. Ich habe im Militärorchester gespielt. Dafür mußte ich mein Studium unterbrechen.

Schorlemmer:
Sie sind 1960 das erste Mal mit einer Komposition an die Öffentlichkeit gekommen?

Arvo Pärt:
Ja, das war mein erstes symphonisches Werk „Nekrolog", das ein großes Echo fand. Es hat aber starke Kritik bekommen.

Schorlemmer:
Von wem?

Arvo Pärt:
Von der Partei natürlich.

Schorlemmer:
Die hat sich nach 1956 immer noch in die Kunst eingemischt?

Arvo Pärt:
Ja. Diese Einmischung hat nie aufgehört.

Schorlemmer:
Sie haben dann 1968 Ihr Werk „Credo" komponiert.

Arvo Pärt:
Eigentlich ist „Credo" ein Wendepunkt in meiner Musik. In Estland waren wir gut informiert über das, was im Westen komponiert wurde, mit allen avantgardistischen Bewegungen. Ohne groß darüber nachzudenken interessierte uns das sehr. Nicht so sehr inhaltlich als vielmehr, weil das alles streng verboten und als ideologisch feindlich bewertet war. Aber zur Zeit des „Credo" hatte ich eine lange avantgardistische Periode bereits hinter mir. Ich habe allmählich gefühlt, daß ich das, was ich tatsächlich sagen wollte, mit den vorherrschenden Mitteln nicht wirklich ausdrücken konnte. Ich habe nach anderen Möglichkeiten gesucht, aber das war nicht einfach. Dann habe ich eine Übergangslösung gefunden: Ich arbeitete mit Collagen. Das bedeutet, daß ich Zitate der klassischen Musik verwendet und gegen unsere moderne Sprache gestellt habe. Ich habe praktisch mit zwei Materialien gearbeitet. Das kann man vielleicht am besten in diesem „Credo" hören. Ich wollte eine Idee musikalisch präsentieren, etwa das folgende Zitat aus dem Matthäus-Evangelium: „Es steht geschrieben: Auge um Auge, Zahn um Zahn, aber ich sage euch, widersteht nicht dem Bösen. Liebet eure Feinde." Die Lehre Christi – liebet eure Feinde – habe ich der destruktiven Welt des Bösen

gegenübergestellt. Für diese beiden Pole habe ich einerseits das C-Dur-Präludium aus dem „Wohltemperierten Klavier" von Johann Sebastian Bach, andererseits Zwölftontechnik und Aleatorik verwendet. Mit meinem Werk „Credo" wollte ich zeigen, daß Gewalt gegen Gewalt, wenn auch im Anfangsstadium noch harmlos, unwillkürlich zur totalen Katastrophe führen kann.

Schorlemmer:
Wieso war dieses Werk für Sie so wichtig?

Arvo Pärt:
Weil die Idee dieses Werkes für mich so bedeutend war. Für mich als Komponisten war es auch eine stilistische Abrechnung mit der Vergangenheit und eine Suche nach etwas ganz anderem. Deswegen ist das Präludium auch so extrem gewählt, denn C-Dur sind nur weiße Tasten.

Schorlemmer:
Man kann sich schwer vorstellen, daß ein solches Werk unter den damaligen Umständen überhaupt zur Aufführung gelangen konnte.

Arvo Pärt:
Zu meinem Glück kam das Werk ganz zufällig zur Aufführung. Normalerweise mußte man durch bestimmte „Filter", um überhaupt eine Erlaubnis zu erhalten. Aber irgendwie hat es geklappt, denn die verantwortlichen Personen waren krank. Und es gab noch weitere Gründe. Das Werk wurde ein großer Erfolg und wurde gleich zweimal nacheinander gespielt, weil die Zuhörer es noch einmal hören wollten. Aber ich mußte dafür „bezahlen", denn am nächsten Tag wurde ich zum Zentralkomitee gerufen und gefragt: Welche politischen Ziele haben Sie mit diesem Stück verfolgt?

Schorlemmer:
Und Sie haben geantwortet: „Credo".

Arvo Pärt:
Richtig. Ich habe gesagt, daß es mein Ideal wäre, eines Tages die Worte Johann Sebastian Bachs aussprechen zu dürfen, der gesagt hat, jede Note, die er geschrieben hat, habe er zur Ehre Gottes geschrieben. Ich war mir durchaus bewußt, daß diese Worte sehr hochgegriffen waren, aber ich wollte jede weitere Diskussion abschneiden und deutlich machen, daß wir – der Parteifunktionär und ich – uns in hoffnungslos verschiedenen Welten bewegten.

Schorlemmer:
Ja, Jesus Christus, Credo in Jesum Christum auf dem Index; Menschen, die es damit ganz ernst meinen, den Kampf darstellen und die am Schluß wieder Credo sagen. Unabhängig von den politischen Umständen ist „Credo" der Schlußpunkt Ihrer ersten Schaffensperiode. Die sich anschließenden acht Jahre des Schweigens waren Jahre der Suche nach einer neuen musikalischen Identität. Manche nennen das eine „schöpferische Inkubationsphase". Erst 1976 haben Sie zu einem neuen Stil, zu Ihrem Stil gefunden.
Wir möchten auch mit Nora Pärt reflektieren, was diese Zeit für Sie bedeutet hat, was Sie in dieser Zeit gemacht haben, zu welchen Schlüssen Sie gekommen sind. Ich habe sehr gespürt, daß Nora Pärt diese wichtige Schaffensphase nicht nur äußerlich begleitet, sondern auch mitgetragen und mitgelitten hat.

Nora Pärt:
Für mich persönlich sind diese acht Jahre in den Medien oft etwas zu harmlos dargestellt worden. In dieser Zeit ging es eigentlich um Leben oder Tod. Mein Mann kann ohne Musik nicht leben. Er konnte und wollte jedoch nicht weiter im Stil des „Credo" komponieren. Es gab eine Art innerer Explosion bei ihm. Er war voll mit Musik, aber die Mittel, sie auszudrücken, waren ihm noch nicht bekannt. Um diese neue Sprache zu finden, brauchte er Jahre, ohne zu wissen, ob er letztendlich finden würde, wonach er suchte. Das Bedrückendste in dieser Zeit war die Tatsache, daß er bereit sein mußte, das Gesuchte eventuell niemals zu finden. In letzter Konsequenz hatte das dazu geführt, sich mit keinem neuen Werk mehr in der Öffentlichkeit zu zeigen. Da war eine gewisse innere Opferbereitschaft, mit der er diesen Weg betreten hat. Acht Jahre sind eine furchtbar lange Zeit, wenn man im Ungewissen ist und doch immer weitersucht. Eine Suche nach einem Stil, der stimmt, der echt ist, der etwas zu sagen hat.

Arvo Pärt:
Auch heute hänge ich manchmal in der Luft, denn bei jedem neuen Werk steht man vor ähnlichen Problemen. Ich habe meine Wege gefunden, aber jedes Mal muß man eine neue Lösung finden.

Schorlemmer:
Das heißt, diese Zeit des Schweigens war Schwerstarbeit.

Arvo Pärt:
Eine Zeit zwischen Hoffnung und Hoffnungslosigkeit kann eine schwere, aber auch eine glückliche Zeit sein. Irgendwie war ich unabhängig von allem.

Schorlemmer:
Wieso haben Sie sich intensiv mit französischer und flämischer Musik des 14. bis 16. Jahrhunderts beschäftigt?

Arvo Pärt:
Wir alle haben viele Lehrer in unserem Leben, wir müssen nur die besten aus der Vergangenheit auswählen. Es hat keine Bedeutung, ob diese Lehrer vor 100 oder 2.000 Jahren gelebt haben. Ich beschäftigte mich damals zunächst mit einstimmigen, dann nach und nach mit zweistimmigen und schließlich mit dreistimmigen Beispielen der europäischen Musikgeschichte. Eine Epoche nach der anderen habe ich durchstudiert, um im kompositorischen Sinne das Gehen noch mal neu zu erlernen.

Schorlemmer:
Für einen Protestanten ist verwunderlich, daß Sie sich mit den Texten der Kirchenväter beschäftigt haben. Warum?

Arvo Pärt:
Die Kirchenväter sind für mich genauso Lehrer wie Ockeghem[3], Josquin[4] oder Dufay[5]. Was Lehrer betrifft: Ich habe auch von Laien einiges gelernt. Damals habe ich viele Menschen gefragt: „Wie muß ein Komponist Musik schreiben? Was ist das, Musik?" Ich habe sehr unterschiedliche Antworten bekommen. Einmal habe ich einen Straßenkehrer vor meinem Haus, als ich auf den Bus wartete, gefragt: „Was glauben Sie, wie muß ein Komponist Musik schreiben?" Er schaute mich erstaunt an und sagte: „Das ist aber eine Frage. Man muß wahrscheinlich jeden einzelnen Ton lieben." So etwas hatte ich noch nie gehört.

Schorlemmer:
Das hat ein Straßenkehrer gesagt: „Man muß jeden einzelnen Ton lieben"?

Arvo Pärt:
Diese Entdeckung eröffnete mir eine ganz neue Welt. Ihre Umsetzung bedeutete jedoch einen weiteren langen Weg voller Suche und Ungewißheit.

Schorlemmer:
Sie nennen Ihren Stil Tintinnabuli-Stil (lat. *tintinnabulum*, Glöckchen, F. S.). Was ist das?

Arvo Pärt:
Tintinnabuli-Stil ist eine Kompositionstechnik, die auf eine ganz neue Musiklogik aufgebaut und von einer totalen Reduktion von Musikmaterial und technischen Mitteln ge-

prägt ist. Es ist eine Reihe von Kompositionsregeln, ein strenger Stil, schwarzweiß, der aber insgesamt irgendwie farbig herauskommt.

Schorlemmer:
Nora Pärt, wie haben Sie diesen Durchbruch erlebt, als plötzlich solch eine Musik entstand?

Nora Pärt:
Als das erste Stück „Für Alina" komponiert war, empfand ich es wie die Materialisierung einer Substanz, die sich jahrelang im Unsichtbaren bewegt hat. Das war eine riesige Erleichterung. Das Leben kehrte in unser Haus zurück. Es war aber erst der erste Schritt, denn jede wirklich neue Entdeckung stellt wieder neue Fragen. Aber das Wichtigste war entdeckt und gefunden, die erste lebendige Zelle, der Tintinnabuli-Stiltechnik – der Zweiklang als unzertrennliche Einheit von zwei Stimmen (1+1 ist nicht 2, sondern 1). Seit 1976 dient ihm dieses Elementarteilchen als Grundlage des Komponierens für fast alle seine Werke, obwohl alle diese Werke sich stark voneinander unterscheiden.

Schorlemmer:
Ich habe gelesen, dies klinge so, als habe der Kirchenvater Cyprian[6] diese Musik in das Goldene Buch der Orthodoxie eingraviert, als ob er das, was er dort entdeckt habe, zur Musik gemacht habe. Arvo Pärt sagt dazu, der Tintinnabuli-Stil sei wie ein Gebiet, auf dem er manchmal wandle, wenn er eine Lösung für sein Leben suche, für seine Musik, seine Arbeit. Da wird ein Musikstil geradezu zu einem Terrain, auf dem Sie gehen.

Arvo Pärt:
Ich habe für mich entdeckt, daß kein Unterschied bestehen darf zwischen Wort/Ton und Leben. Was ist ein Wort ohne Leben oder Tat?

Schorlemmer:
Sie haben neun Variationen zu den „Fratres" komponiert, neben „Tabula rasa" Ihr bekanntestes Werk. Kommt das Empfinden des Ungenügendseins daher, daß Sie immer noch nicht das geschaffen haben, was Ihnen vorschwebte, oder was ist der Grund?

Arvo Pärt:
Das hat komischerweise ganz andere Gründe, weil ich ursprünglich „Fratres" als dreistimmige Musik geschrieben habe, als einen Choral, der in der Klangfarbe nicht festgelegt ist. Das ist der Grund, daß man „Fratres" in unterschiedlichen Besetzungen spie-

len kann. Es handelt sich jedoch immer um das gleiche Werk – mit einer Ausnahme: Zu dem dreistimmigen Choral habe ich Solovariationen für Violine geschrieben. So existieren zwei „Fratres": Einmal der dreistimmige Choral und einmal der Choral zusammen mit den Solovariationen.

Schorlemmer:
Sie sind 1980 beide aus Estland nach Wien gegangen und wohnen seit 1981 in Westberlin. Warum sind Sie aus Ihrer Heimat weggegangen?

Arvo Pärt:
Es gab so viele Gründe, und welche die entscheidenden waren, weiß ich auch nicht mehr. Ich wollte einfach etwas anderes sehen. Ein Gedanke gab mir keine Ruhe: Ich wollte prüfen, ob meine Flügel mich tragen. Was ist das für eine Musik, die ich mache? Wie verträgt sie sich woanders? In Estland herrschte damals immer noch dieses Aufführungsverbot. Zwar war es ein bißchen gelockert worden, aber es war zum Beispiel unmöglich, Musik für einen religiösen Text zu schreiben. Deswegen habe ich verschiedene Tricks angewendet. Ich habe noch ein anderes Credo geschrieben, das nur in Instrumentalversion aufgeführt wurde. Der Titel lautete „Summa", also die Summe aller Wahrheiten. Das ist das Credo, eigentlich. Man könnte dieses Versteckspiel ewig spielen, aber das wollte ich nicht mehr.

Nora Pärt:
Wir haben das nicht bewußt geplant. Dieses Gefühl in einem „Gefängnis" zu leben, haben auch viele andere Menschen erfahren. Aber plötzlich war die Zeit reif geworden. Arvo war nie Dissident, er hat nie politisch gekämpft. Aber er paßte nicht in dieses System. Er hat einfach nicht mitgespielt. Man kann das mit einem Gummiball vergleichen. Wenn man versucht, ein Delle hineinzudrücken, springt die Oberfläche immer wieder zurück. So ungefähr paßte er in dieses System. Als er zu Uraufführungen in den Westen eingeladen wurde, gab es mehrere Skandale, weil man ihm nicht erlaubte, daran teilzunehmen. In England und Finnland stand dann in den Zeitungen: Arvo Pärt ist ein Dissident. Eines Tages bekamen wir „hohen Besuch", der uns nahelegte, ob wir nicht lieber auswandern wollten. Dann erhielten wir ziemlich schnell alle Papiere.

Schorlemmer:
Sie haben seit 1980 verstärkt religiöse Musik komponiert, Messen, Passionen, Psalmvertonungen. Wieso sind Sie ab 1980 darauf gekommen, das Religiöse noch viel stärker in den Mittelpunkt zu rücken?

Arvo Pärt:
Ich habe Texte immer nach Bedürfnis gewählt, danach, wonach ich durstete. Mir war wichtig, die Möglichkeit zu schaffen, liturgische Texte zu kauen, wie zum Beispiel meine Johannes-Passion. Ich hatte ursprünglich vor, ein kurzes Stück zu schreiben, und dann ist es ein Stück von eineinhalb Stunden geworden. Danach habe ich noch monatelang daran gearbeitet. Der Text war auf meinem Tisch und auf meinem Kopfkissen, die ganze Zeit.

Schorlemmer:
Sie sagten: die Texte „gekaut".

Arvo Pärt:
Das sind ja unendlich tiefe Texte, deren volle Bedeutung man nie ganz begreifen kann. Wenn man an einem Text „kaut", heißt das doch, daß man ihn immer wieder neu entdeckt und dabei immer stärker verinnerlicht.

Schorlemmer:
Wolfgang Sander schreibt: „Seine Kompositionen kreisen um die Worte still und schön." Und Arvo Pärt selbst sagt: „Es gibt viele Erscheinungen von Vollkommenheit, alles Unwichtige fällt weg. Da bin ich allein mit Schweigen. Ich habe entdeckt, daß es genügt, wenn ein einziger Ton schön gespielt wird. Dieser eine Ton, die Stille oder das Schweigen, beruhigen mich. Ich arbeite mit wenig Material."
Ein Freund hat mir gesagt, Pärt sei das Gegenbild unseres Jahrhunderts zu Richard Wagner. Was sagen Sie dazu?

Arvo Pärt:
Tabula rasa.

Schorlemmer:
Arvo Pärt hat eine Theologie entwickelt, die Menschen, die keinen Zugang zum Religiösen haben, vielleicht Zugang eröffnet, sowohl mit der Musik, als auch mit der Art, in der er von seinem schwierigen und schöpferischen Prozeß erzählt. Wie Nora ihm dabei zur Seite steht. Wie er dies in der Musik sagt und wie er alles reflektiert, in schlichtesten Worten. „In meinen düsteren Stunden habe ich das gewisse Gefühl, daß es außerhalb dieses einen Dings nichts gibt, was Bedeutung hat. Was ist dieses eine Ding, und wie finde ich meinen Weg dorthin? Ich habe festgestellt, daß es genügt, wenn eine einzige Note wunderschön gespielt wird. Diese einzelne Note oder ein Paukenschlag oder ein stiller Moment trösten mich." Arvo Pärt kann das, was wir das EINE nennen, das Unaussprechliche, nenn's Gott, das Glück, das Leben, das Ganze,

in einer schlichten Tonfolge finden. Es ist eine Musik, die kurz vor dem Verstummen betörend erblüht.

Anmerkungen

1 Arvo Pärt, Alina, ECM 1591, 1999.
2 Nikita Chruschtschow (1894-1971), sowjetischer Politiker, Parteigänger Stalins, 1953 Erster Sekretär der KPdSU, leitete auf dem XX. Parteitag die Entstalinisierung ein, 1956 Unterdrückung des Ungarnaufstandes, 1958 setzt Chruschtschow das Berliner Ultimatum und veranlaßt 1961 den Bau der Berliner Mauer; er erlitt in der Kuba-Krise eine politische Niederlage und wurde 1964 abgesetzt, von da an galt er in der UdSSR als Unperson.
3 Johannes Ockeghem (um 1420 – um 1495), bedeutendster Komponist der franko-flämischen Schule.
4 Josquin Déprés (um 1450-1521), niederländischer Komponist.
5 Guillaume Dufay (um 1400-1474), nordfranzösischer Komponist.
6 Thascius Caecilius Cyprianus (um 200/210-258), Kirchenvater, Märtyrer, Bischof von Karthago, geriet in Konflikt mit Rom wegen Ketzertaufstreit, seine Schriften waren bis ins Mittelalter sehr geschätzt.

„Die Wahrheit wird lange vor dem Krieg gemeuchelt"

kulturforum

LEBENSWEGE

Heinz Loquai

Leitender deutscher General der OSZE im Kosovo 1999

Samstag, 1. September 2001, 20.00 Uhr
Weltfriedenstag
Evangelischen Akademie, Schloßplatz 1 d

Im Gespräch mit General a. D. Heinz Loquai soll anhand des Kosovo-Krieges im Frühjahr 1999 über „Krieg und Lüge" nachgedacht werden. Heinz Loquai gehört zu den dezidierten Gegnern der sogenannten „Luftschläge der NATO" zur Verminderung einer „humanitären Katastrophe im Kosovo". Er sagt: „Die Legitimationsgrundlage für deutsche Beteiligung war die sogenannte humanitäre Katastrophe. Eine solche humanitäre Katastrophe als völkerrechtliche Kategorie, die einen Kriegseintritt rechtfertigte, lag vor Kriegsbeginn im Kosovo nicht vor."

Welche Meldungen wurden von wem, warum, mit welchen Folgen manipuliert? Welche Bilder erweisen sich als Lügen zur Rechtfertigung weiterer Bombardements? Welche Alternativen hätte es gegeben - und welche Lösung präsentiert die NATO heute? Welche Rolle spielt(e) die UCK? Das internationale geltende Recht wurde außer Kraft gesetzt - um hehrer humanitärer Ziele willen. Welche Langzeitfolgen das für die Autorität der UNO hat und wie nahtlos dies zum Vorbild für „antiterroristische Operationen" in Tschetschenien wurde, muss bedacht werden.

Am Tag der Erinnerung an den 1. September 1939, der mit einer folgenreichen Lüge begann, werden heutige Chancen zu diskutieren sein, wie Frieden mit Mitteln des Friedens zu erhalten ist. Aber auch nach der Funktion internationaler Truppen sowie nach der neuen Rolle unseres Militärs wird gefragt.

In General Loquai haben wir einen kompetenten und engagierten, an der Wahrheit und am Frieden orientierten militärischen und politischen Fachmann zu Gast.

Friedrich Schorlemmer Eintritt: 5,00 DM
Studienleiter erm.: 3,00 DM

Evangelische Akademie Sachsen-Anhalt e.V., 06886 Lutherstadt Wittenberg, Schloßplatz 1 d
Tel. 03491/49880, Fax 03491/400706, E-Mail: Ev-Akademie-Wittenberg@t-online.de

Schorlemmer:
Ich begrüße Sie alle, insbesondere Brigadegeneral a. D. Dr. Heinz Loquai, ehemaliger Militärberater bei der deutschen OSZE-Delegation in Wien. Im WDR lief ein Film-Feature mit dem Titel „Es begann mit einer Lüge", und kurz danach hieß es: Die Empörung fand nicht statt. Der aufwühlende Filmbeitrag über den Kosovokrieg und die Lügen, derer er bedurfte, um die Zustimmung der Bürgerinnen und Bürger zu bekommen, blieb ohne politisches Echo. Da heute der 1. September ist, muß noch einmal daran erinnert werden, daß der Zweite Weltkrieg mit dem Überfall Polens und einer berühmt-berüchtigten Lüge begann. Ich möchte von Ihnen wissen, Herr Loquai, wer denn damals am 1. September 1939 gewußt hat, daß es eine Lüge war? War das damals schon durchschaubar?
Ich versuche, mich in meine Eltern hineinzuversetzen. Haben die gewußt, daß das eine Lüge war? Und heute frage ich mich: Wissen wir, mit welchen Lügen zur Rechtfertigung von Politik wir es zu tun haben? Das wird eines unserer Gesprächsthemen heute sein. Herr Loquai, darf man als jemand, der beim Militär verpflichtet ist, die Wahrheit sagen?

Loquai:
Als Soldat ist man sogar gesetzlich verpflichtet, in dienstlichen Angelegenheiten die Wahrheit zu sagen. Wer das nicht tut, begeht ein Dienstvergehen. So steht es im Soldatengesetz.

Schorlemmer:
Aber wenn Ihr Vorgesetzter die Unwahrheit sagt, was dann? Sie sehen eine bestimmte Angelegenheit vielleicht anders, was heißt dann Wahrheit?

Loquai:
Sie sind nicht gesetzlich verpflichtet, die Unwahrheit Ihres Vorgesetzten aufzuspüren. Doch in bestimmten Fällen müssen Sie es eigentlich tun.

Schorlemmer:
Wer sagt das?

Loquai:
Das sagt vielleicht das eigene Gewissen, das sagt die eigene Moral. Wenn Sie es ertragen können, daß permanent die Unwahrheit gesagt wird, dann hängt das von Ihnen selbst ab, wie lange Sie das ertragen. Ich möchte noch eine Passage aus dem Soldatengesetz zitieren: „Der militärische Vorgesetzte muß in Haltung und Pflichterfüllung ein Vorbild sein." Für den Verteidigungsminister gilt dies natürlich im juristischen Sinne

nicht, denn er ist kein Soldat. Doch er ist oberster Vorgesetzter aller Soldaten der Bundeswehr. Gesetzlich ist er zwar nicht verpflichtet, die Wahrheit zu sagen, doch er muß es aus politischer Verantwortung tun, sonst geht seine Autorität verloren.
Was aber ist die Wahrheit? Ein gängiges Sprichwort heißt: „Die Wahrheit ist das erste Opfer im Krieg." Doch dies ist nur die halbe Wahrheit. Die Wahrheit wird lange vor dem Krieg gemeuchelt, sonst würde es gar nicht zum Krieg kommen. In dem eindrucksvollen Epos von Karl Kraus, „Die letzten Tage der Menschheit", steht ein Satz, der sinngemäß lautet: „Invaliden waren wir schon lange durch die Rotationsmaschinen, bevor die Kanonen donnerten." Das bringt es auf den Punkt, und das zeigt sich in der Geschichte dieses jüngsten Krieges gegen Jugoslawien ganz deutlich. Ein weiterer Punkt: Die Meuchelung der Wahrheit hört natürlich nach Kriegsende nicht auf, sondern sie geht weiter zur Rechtfertigung des Krieges. Und das ist das Frappierende an diesem letzten Krieg im vorigen Jahrhundert, an dem Deutschland beteiligt war: Die größten Unwahrheiten und die größten Lügen sind nach dem Krieg auf den Tisch gelegt worden. Daß man es während des Krieges mit der Wahrheit nicht so genau nimmt, ist vielleicht noch zu verzeihen, aber daß nach dem Krieg weiterhin gelogen wird und die Kritiker diffamiert werden, das ist den dafür Verantwortlichen besonders vorzuwerfen.

Schorlemmer:
Eine Armee lebt von einer Hierarchie, ist also kein Grünen-Parteitag. (Ich will damit nichts Diffamierendes sagen.) Das heißt, es funktioniert nur, wenn es eine Hierarchie gibt. Du kannst dich erst hinterher beschweren. In der Armee gilt: die Oberen haben mehr Einsicht als die Unteren, und die Oberen haben auch deshalb mehr Berechtigung, anderen zu sagen, was zu tun sei, weil die Unteren (Befehlsempfänger) in dem Vertrauen leben müssen, daß das, was sie tun, auch richtig ist, denn immerhin setzen sie ihr Leben ein.

Loquai:
Was Sie sagen, heißt für die Soldaten das „Prinzip von Befehl und Gehorsam". Doch dieses Prinzip gibt es nicht nur in der Armee, sondern - wenn auch in anderer Form - im Grunde genommen auch im Wirtschaftsleben und in vielen anderen Bereichen. Ich vertrete sogar die These, daß die Regelungen in der Armee oft menschlicher sind als die in der Industrie oder in Universitäten, weil sie klar die Befugnisse des Vorgesetzten umreißen und so den Untergebenen auch schützen. Ich war vor langer Zeit einmal Hilfsassistent an der Universität Köln und habe mit Erstaunen gesehen, wie abhängig die Assistenten von ihrem Professor waren.
Aber es gilt auch in der deutschen Armee der Grundsatz, daß Sie bestimmte Befehle nicht zu befolgen brauchen und daß Sie bestimmte Befehle gar nicht befolgen dürfen, etwa solche, die eine Verletzung des Völkerrechtes oder ein Verbrechen zur Konse-

quenz haben. In solchen Fällen sind Sie verpflichtet, Befehlsverweigerung zu begehen. Da können Sie sich nicht herausreden, daß Sie einen Befehl hatten und diesen befolgen mußten. Auch der Untergebene hat Verantwortung für das Ausführen von Befehlen.

Schorlemmer:
Das ist dann „der Staatsbürger in Uniform", der sich durchaus seines eigenen Verstandes bedienen sollte.
Herr Loquai, warum sind Sie überhaupt ein Militär geworden?

Loquai:
Ich war zunächst Wehrpflichtiger, damals noch für eine Zeit von 12 Monaten. Während des Wehrdienstes habe ich eine Ausbildung zum Reserveoffizier durchlaufen. Was mich gereizt hat, war die Kombination von körperlichen und auch geistigen Anforderungen, die an den jungen Offizier gestellt wurden. Man hatte innerhalb kurzer Zeit eine große Verantwortung. Außerdem war die moralische Begründung des Soldatenberufes in Deutschland damals ausschließlich die Verteidigung der Bundesrepublik Deutschland. Wir haben nie daran gedacht, daß wir etwas anderes tun würden, tun müßten, als dann einzutreten, wenn Deutschland angegriffen wird oder wenn sich die Beistandspflicht nach dem NATO-Vertrag ergibt. Ich hätte mir auch nie das vorstellen können, was 1999 dann passierte.

Schorlemmer:
Wer war damals Generalinspekteur, als Sie diesen Berufswunsch hatten, der mit besonderer Herausforderung verbunden war?

Loquai:
Es war General Heusinger.

Schorlemmer:
Und der hatte auch schon einen „Verteidigungskrieg" geführt?

Loquai:
Sicher nicht. Doch der Generalinspekteur war für die Rekruten oder die jungen Offiziere ganz weit weg. Wir haben Vorgesetzte der Bundeswehr bis zu unserem Chef oder dem Bataillonskommandeur erlebt.

Schorlemmer:
Haben Sie positiv erlebt, was man bei der Bundeswehr innere Führung nennt, also die Ideen, die Graf Baudissin entwickelt hat?

Loquai:
Ich habe innere Führung von seiten meiner Vorgesetzten bis zur obersten Führungsebene erlebt, aber nicht von allen. Ich hoffe, ich habe innere Führung bei den Soldaten praktiziert, die mir unterstanden.

Schorlemmer:
Hatten Sie damals ein Feindbild?

Loquai:
Nein. Wissen Sie, mir wurde zum ersten Mal bewußt, wie nahe der Krieg ist, als ich im Herbst 1962 während einer Routineübung in der Nähe von Würzburg war. Wir kamen morgens aus unserem Zelt heraus und sahen, wie die amerikanischen Flugabwehrraketen aufgerichtet waren. Ich fragte einen anderen Soldaten: „Was ist denn hier los?" Er antwortete: „Kuba". Da spürte ich etwas Bedrohliches. Noch deutlicher wurde die Gefahr beim Einmarsch der Truppen des Warschauer Paktes in die Tschechoslowakei. Damals erschien mir der Krieg noch näher.

Schorlemmer:
Das heißt, Sie hatten kein Feindbild, aber Angst vor den Russen? Oder mehr Angst vor dem Krieg?

Loquai:
Wohl mehr Furcht vor dem Krieg in solchen Situationen. Ich glaube, wir jungen Offiziere aus der Fernmeldetruppe der Luftwaffe hatten kein Feindbild. Wir waren resistent gegenüber Versuchen, uns ein Feindbild einzupflanzen. Später, als ich im Verteidigungsministerium war, habe ich nie an eine gewaltige Überlegenheit des Warschauer Paktes geglaubt. Ich hatte dann als Leiter des Zentrums für Verifikationsaufgaben der Bundeswehr ein Schlüsselerlebnis. Wir sollten 1991 das erste Mal zu einer Waffeninspektion in die Sowjetunion reisen. Während der Vorbereitung hatten wir uns gefragt, wohin wir gehen sollten. Das militärische Nachrichtenwesen schlug uns ein Garderegiment in der heutigen Ukraine vor. Die Begründung war, „die Russen" hätten für dieses Regiment nur 300 Soldaten Personal gemeldet. Dies könne aber nicht stimmen, es müßten 3.000 Soldaten sein, da solche Regimenter einen hohen Bereitschaftsstand hätten. Als wir dort inspizierten, waren es tatsächlich nur 300 Soldaten. Das Gerät war nicht einsatzbereit, die Schützenpanzer standen in Hallen und waren aufgebockt. Je mehr man hinter den „Eisernen Vorhang" schaute, ermöglicht durch vertrauensbildende Maßnahmen und Rüstungskontrolle, desto mehr zerfiel das Bild von der gewaltigen konventionellen Überlegenheit des Warschauer Paktes. Die NVA (Nationale Volksarmee) allerdings war gut gerüstet. Dort fanden wir extrem gut gepflegte Fahr-

zeuge – die Fahrzeuge wurden ja bei der NVA besser behandelt als die Menschen –, die Fahrzeughallen waren in besserem Zustand als die Duschen der Soldaten.

Schorlemmer:
Hat Ihnen das Respekt eingeflößt?

Loquai:
Es hat mich überrascht. Es hat uns auch gezeigt, daß die Situation doch gefährlich gewesen war. Wir vergessen oft, wie bedrohlich für Deutschland die Lage während der Zeit des Kalten Krieges war. Ein kleiner Funke, eine falsche Reaktion auf beiden Seiten und von Deutschland wäre nicht mehr viel übriggeblieben. Auf westlicher Seite gab es zeitweise mehr als 5.000 Atomwaffen. Ich weiß nicht, wie viele sich auf dem Boden der DDR befunden haben, aber sicherlich einige Tausend plus chemische Waffen.

Schorlemmer:
Wie erging es Ihnen als Angehöriger der Bundeswehr, als die Diskussionen um die Nachrüstung stattfanden, um die SS 20, die Pershing und die Forderungen der Friedensbewegung? Was gab es für Diskussionen innerhalb des Militärs? Es war die Zeit, in der die Amerikaner diesen Point zero in Hattenbach ausmachten, ein Szenario entwarfen, wenn Atomkrieg losginge. Hattenbach war ein hessischer Ort, an dem sie das demonstrierten. Ich dachte damals, jetzt müßten alle Bürger in Uniform in der Bundeswehr sagen: „Das wollen wir nicht." Deutschland würde, wenn es so weitergeht, wenn so weitergerüstet werden würde, zum ersten atomaren Kriegsschauplatz. Solche – realen! – Befürchtungen hatten die Menschen in der Friedensbewegung in Ost und West angetrieben. Es war elementare Überlebensangst.

Loquai:
Zu dieser Zeit war ich im Verteidigungsministerium Büroleiter bei einem Staatssekretär, also auf ziemlich hoher Ebene. Natürlich haben wir die Proteste gegen die Nachrüstung verfolgt. 250.000 Menschen auf der Hofgartenwiese in Bonn. Als das Verteidigungsministerium auf der Hardthöhe belagert wurde, habe ich in meinem Büro zwei Nächte übernachtet. Nicht aus Angst vor den Demonstranten, aber ich wollte nicht in Uniform durch die Menge gehen und provozieren.
Wenn damals die sowjetische Führung nur ein bißchen Flexibilität gezeigt hätte, hätte sie diese berühmten SS-20-Mittelstreckenraketen in geringeren Quantitäten stationieren können, ohne daß eine Gegenstationierung von Pershing II und Cruise-Missiles erfolgt wäre. Fünfzig SS 20 hätten die damalige Bundesregierung und die NATO wohl akzeptiert, ohne gegenzurüsten. Denn zu dieser Zeit war ja der innenpolitische Druck auf

die Bundesregierung groß. Es gab ja noch eine kräftige Friedensbewegung auch innerhalb der Parteien.

Meine Schlußfolgung ist: Das war keine militärische, sondern eine politische Stationierung. Die sowjetische Führung hat die Lage falsch eingeschätzt. Sie hat wohl geglaubt, die Nachrüstung werde die NATO spalten. Und die NATO wollte demonstrieren, daß sie die politische Kraft hat, diese Waffen zu stationieren.

Schorlemmer:
Ich beobachte eine widersprüchliche Entwicklung: Am 1. August 1975 wurde die Schlußakte von Helsinki abgeschlossen. Diese Aufrüstung mit SS 20 kam erst danach. Das lag ganz und gar außerhalb der Logik der Konferenz von Helsinki. Die Amerikaner hatten damals die Neutronenbombe entwickelt, haben angefangen mit ihren Cruise-Missiles und so weiter. Dann kam noch einmal eine atomare Gefahrensituation Anfang der achtziger Jahre, die ganz und gar dem Geist von Helsinki widersprach. Wie erklären Sie sich, daß es militärisch diese gegenläufige Bewegung gab. Daß es innenpolitisch eine gegenläufige Bewegung gab, war schon noch erklärbar, weil die Systeme doch einen ideologischen Aufrechnungsprozeß fürchteten, daß insbesondere die Menschenrechtsbestimmungen aus der Schlußakte von Helsinki für die innere Stabilität des Ostblocks gefährlich sein konnten. Aber warum eine neue Aufrüstungsschraube? Wie erklären Sie sich das?

Loquai:
Das waren nach meiner Auffassung zwei unterschiedliche, oft unabhängig voneinander verlaufende Entwicklungsstränge. Einerseits die militärische Rüstungsspirale, andererseits der KSZE-Prozeß. In der bundesdeutschen Politik war ja der KSZE-Prozeß heftig umstritten, von der CDU/CSU wurde er politisch bekämpft. Der KSZE-Prozeß war eine Sache des Auswärtigen Amtes. Weder von der Bevölkerung noch in der gesamten Bundesregierung wurde ihm eine große Bedeutung beigemessen – schon gar nicht im Verteidigungsministerium.

Schorlemmer:
Aber Hans-Dietrich Genscher hat doch unermüdlich für den Helsinki-Fortsetzungsprozeß gekämpft.

Loquai:
Aber Genscher war mit seinem Auswärtigen Amt sozusagen ein Einzelkämpfer. Hinzu kam, daß Helmut Schmidt mit seiner berühmten Rede in London erklärte: Wir haben hier eine Lücke in der Verteidigungsfähigkeit. Wir haben MBFR (Mutual and Balanced Force Reductions), also die konventionellen Waffen betreffend, da verhandeln wir. Die

Großmächte verhandeln über die strategischen Waffen, aber was dazwischen ist, nämlich die kurzreichenden Nuklearwaffen und die der mittleren Reichweite, die eigentlich für uns, für die Europäer am gefährlichsten sind, darüber wird nicht verhandelt. Das hatte eine bestimmte Logik. Man hat dann gesagt, daß man diese Verhandlungen mit Rußland mit einer Abrüstungsinitiative verbinden will. Man wollte diese Waffen wegbekommen, damit wir – und jetzt beginnt eigentlich die politische Mechanik – nicht gezwungen sind aufzurüsten. Das Abrüstungselement war bis zum Schluß immer da, und es wurde ja schließlich erfüllt – nachdem die Aufrüstung erfolgt war.
Ich war ab Herbst 1996 bei der deutschen NATO-Vertretung. Wir erfuhren zunächst von den amerikanischen Verhandlungsführern, wie wenig Fortschritte bei den Abrüstungsverhandlungen in Genf gemacht wurden. Gorbatschow hat dann den politischen Knoten durchschlagen und auf die sowjetischen atomaren Kurz- und Mittelstreckenwaffen verzichtet. Dies war der Durchbruch. Es war eine Demonstration des Primats der Politik. Die Mitgliedstaaten der NATO wollten dann aus überwiegend militärischen Gründen keine totale Abrüstung dieser Waffen. Doch die sogenannte doppelte Nullösung (Eliminierung der nuklearen Kurz- und Mittelstreckenwaffen) hat schließlich Genscher durchgesetzt. Für ihn waren dies auch „deutsche" Waffen im negativen Sinn, d.h. Waffen, geeignet für den Einsatz in Deutschland. Genscher hat sich mit seiner konsequenten Abrüstungspolitik Feinde in der NATO und auch in Deutschland gemacht. Doch er hat diese Politik auch in der Verantwortung für Deutschland durchgesetzt.

Schorlemmer:
Im besten Sinne ein Patriot.

Loquai:
Ja. Mir hat einmal jemand gesagt: Wenn Sie Genschers Außenpolitik verstehen wollen, müssen Sie sie als Deutschlandpolitik betrachten.

Schorlemmer:
Es hat dann im Januar 1989 eine Fortsetzungskonferenz in Wien gegeben, die für uns im Osten ziemlich wichtig war, weil dabei für ganz Europa verabredet worden war, daß es unabhängige Gruppen geben müsse, die sich unabhängig äußern dürfen. Das war eine beherzte Fortsetzung des KSZE-Prozesses, vorangetrieben vor allem durch Hans-Dietrich Genscher. Es hat 1990 die sogenannte „Charta von Paris" für ein neues Europa gegeben. Ich bedaure außerordentlich, daß sie ganz und gar aus dem politischen Bewußtsein gerückt ist. Da war eigentlich die Geburtsstunde der OSZE. Wenn Sie bitte kurz erläutern, was 1990 bei der Überleitung von KSZE in OSZE und mit der Charta von Paris passiert ist.

Loquai:
1990 sind die ersten Ansätze für eine Organisation etabliert worden. Beim KSZE-Gipfel 1992 in Helsinki wurde unter der Überschrift „Stärkung der KSZE-Institutionen und -strukturen" die organisatorischen Grundlagen geschaffen. 1994 wurde offiziell die Organisation für Sicherheit und Zusammenarbeit in Europa (OSZE) in Budapest aus der Taufe gehoben. Die Charta von Paris für ein neues Europa vom 21. November 1990 ist nicht nur eine Bestätigung der Prinzipien der KSZE-Schlußakte von Helsinki. Die Staats- und Regierungschefs erklären in der Charta den Kalten Krieg und die Teilung Europas für beendet. Die Charta von Paris sollte ein Grundgesetz sein für das Zusammenleben der Staaten in Europa und für das innere Zusammenleben in einem Staate, für den Umgang der Staatsautorität mit den Staatsbürgern. Unter dem Dach der KSZE/OSZE machten dann auch die Abrüstungsverhandlungen für konventionelle Waffen rasche Fortschritte. Es war auch hier atemberaubend, wie rasch die Sowjetunion Positionen aufgab, die vorher als sankrosankt galten, z.B. Vorortinspektionen für die Überprüfung der Vertragstreue. Doch auch der Westen machte deutliche Zugeständnisse. Die raschen Fortschritte bei diesen Verhandlungen erzeugten eine Abrüstungsdynamik, ja geradezu eine Abrüstungseuphorie, die manchen hohen Militärs und auch Politikern unheimlich, ja gefährlich erschien. Doch bedeutsamer als das „Waffenvernichten" war wohl die Transparenz der Militärapparate und Rüstungen, die hergestellt wurde und die auch Vertrauen aufbaute. Wenn dieser dynamische, politische Prozeß fortgeführt worden wäre, hätte man noch weitere Abrüstungsschritte erreicht. Aber ab 1994/95 kam schon Sand in dieses politische Getriebe.

Schorlemmer:
Wir wollen jetzt auf den Jugoslawienkrieg zu sprechen kommen. Könnte es sein, daß die deutsche Politik in die Falle der Selbstbestimmung lief, als Genscher meinte: Wenn die Völker im Prinzip ihr Schicksal selbst bestimmen sollen, dann müssen sie es auch konkret tun können. Wenn die Kroaten sagen, sie wollten jetzt einen eigenen Staat haben, dann wolle er nicht zu denen gehören, die solches Selbstbestimmungsrecht behindern. War dieses wichtige Gut der Selbstbestimmung nicht zugleich eine folgenreiche politische Falle?

Loquai:
Ich weiß nicht, was Genscher, was die deutsche Politik bewogen hat, so schnell, trotz aller Warnungen, die Anerkennung Sloweniens und Kroatiens in der EU durchzusetzen. Angeblich ist Genscher von einem Teil der deutschen Medien dazu getrieben worden. Doch ich glaube nicht, daß für Genscher die Medien entscheidend waren und möchte hier auch nicht weiter über seine Motive spekulieren. Allerdings waren große deutsche Tageszeitungen in ihrer Berichterstattung und ihren Kommentaren ten-

denziell antijugoslawisch und antiserbisch. Noch ausgeprägter war dies bei den österreichischen Zeitungen der Fall.

Schorlemmer:
Wieso?

Loquai:
Deutschland ist das einzige Land der Welt, das im 20. Jahrhundert drei Kriege gegen Serbien geführt hat. Es kommt hier vielleicht sowohl bei den Deutschen als auch bei den Österreichern eine gefühlsmäßige Gemengelage aus der Vergangenheit wieder hoch.
Slowenien war ja nicht das Problem, hier fand auch kein Krieg statt. Der springende Punkt war Kroatien. Denn dort lebten etwa 300.000 Serben, die schon vor Jahrhunderten von den Habsburgern als Schutzwall gegen die Türken angesiedelt worden waren. Während des Zweiten Weltkrieges waren Hunderttausende Serben von Kroaten ermordet worden. Die Erinnerung an diese Vergangenheit war bei den Serben präsent. Kroatien wurde in die Selbständigkeit entlassen, ohne daß es eine Regelung für den Status und die Rechte der serbischen Minderheit gab. Dies war wohl der entscheidende politische Fehler nach der Meinung vieler Experten. Dadurch waren die in Kroatien lebenden Serben auch anfällig für Propaganda. Bosnien-Herzegowina war dann eine logische Folge dessen, was in Kroatien passiert war.

Schorlemmer:
Sie sind dann zur OSZE gegangen, zunächst nach Wien. Sie sind in den entscheidenden Monaten im Kosovo gewesen.

Loquai:
Nein, ich war nicht im Kosovo. Ich war in den entscheidenden Monaten in Wien und war dort mit der OSZE-Mission im Kosovo und dem gesamten Kosovo-Konflikt befaßt

Schorlemmer:
Was für eine Mission hatte die OSZE konkret?

Loquai:
Sie hatte zu überwachen, ob sich die jugoslawische Seite an das hält, was zwischen dem amerikanischen Sonderbotschafter Richard Holbrooke und dem jugoslawischen Präsidenten Milošević vereinbart worden war, im wesentlichen ein Rückzug von Polizei und Armee in die Kasernen, ein teilweiser Abzug der Polizei und ein Waffenstillstand Die OSZE-Mission hat ihre volle Stärke nie erreicht. Holbrooke, der das ausgehande

hatte, sagte: Innerhalb kurzer Zeit muß Kosovo überflutet werden mit OSZE-Beobachtern. Aber es war nur ein spärliches Rinnsal, das da kam. Das lag auch mit daran, daß das Vorhaben hintertrieben wurde. Dafür zwei Beispiele: Der Leiter der Mission, der amerikanische Botschafter Walker, war ein enger Vertrauter der amerikanischen Außenministerin Albright. Er wurde praktisch im Handstreich eingesetzt. Bei der OSZE gibt es übliche Konsultationsverfahren, wenn ein Missionsleiter bestimmt wird. In diesem Fall erfolgte überhaupt keine Beratung, sondern Madeleine Albright hat Walker benannt und der damalige OSZE-Vorsitzende, der polnische Außenminister, hat diese Ernennung vollzogen. Walker war schon Missionsleiter, bevor die OSZE überhaupt über die Mission entschieden hatte. Und dann ist der Mann erst einmal drei Wochen in Urlaub gefahren und hat sich alle Personalentscheidungen vorbehalten. Er hat zwischendurch immer wieder, eher verzögernd, eingegriffen und stand eindeutig auf der Seite der Kosovo-Albaner und war antiserbisch eingestellt.

Schorlemmer:
Interpretiere ich Sie richtig, daß Sie den Eindruck hatten, daß es Kräfte gab, die den Krieg wollten?

Loquai:
Auf jeden Fall gab es Kräfte, die den Erfolg der OSZE nicht wollten. Denn man muß sich vorstellen, in welcher Situation wir heute wären, wenn die OSZE es geschafft hätte, eine Art Waffenstillstand über längere Zeit zu stabilisieren, es dann möglicherweise zu einer Verhandlungslösung gekommen und Milošević schon 1999 abgewählt worden wäre. Man darf ja nicht vergessen, Milošević hatte 1999 etwa 25 Prozent Zustimmung in der Bevölkerung. Der NATO-Krieg gegen die Bundesrepublik Jugoslawien hat ihn gestärkt und seine Amtszeit verlängert. Von amerikanischer Seite kamen schon im Dezember 1998 Stimmen, die erklärten, die OSZE-Mission sei gescheitert und es helfe nur noch, militärisch zu drohen und militärisch einzugreifen.

Schorlemmer:
Wie erklären Sie sich, daß man die UCK damals als eine Befreiungsbewegung gefördert hat und gleichzeitig den Ibrahim Rugova politisch beiseite gelassen hat?

Loquai:
Man muß, was die Behandlung der UCK betrifft, sich die Ereignisse des Jahres 1998 ansehen. Im Februar war der amerikanische Sonderbotschafter Gelbard in Belgrad. Nach seinen Gesprächen mit der jugoslawischen Führung gab er eine Pressekonferenz. Dort bezeichnete er die UCK als terroristische Gruppe. Es sei legitim für Jugoslawien, diese angemessen zu bekämpfen. Mitte Juni 1998 trifft sich der amerikanische

Botschafter Holbrooke mit UCK-Kämpfern, und die Bilder gehen rund um die Welt. Das heißt, in der Zwischenzeit muß ein Wechsel in der amerikanischen Politik eingetreten sein. Ich vermute, daß die Amerikaner gesehen haben, daß mit dem störrischen jugoslawischen Regime nur schwierig Politik zu machen ist und daß sie mit den bewaffneten Albanern ein „leichteres Spiel" haben würden. Dann wurde konsequent die UCK unterstützt, nicht nur von den Amerikanern, auch von den Briten.

Der damalige Staatssekretär im deutschen Außenministerium Wolfgang Ischinger sagte, eigentlich war uns allen klar, daß diese Mission uns nur eine Atempause verschaffen könnte. Wenn das schon ein so wichtiger Mann des Auswärtigen Amtes sagt, dann kann das Vertrauen in die OSZE-Mission dort nicht groß gewesen sein. Wenn man sich nun fragt, wofür denn eine Atempause nötig war, dann ist für mich als Militär die Antwort auch klar. Wenn im Oktober die Luftangriffe begonnen und nicht weiter zum Ziel geführt hätten, hätte man Bodentruppen einsetzen müssen und das mitten im Winter. Ein Alptraum. Also mußte man Zeit bis ins Frühjahr gewinnen, dann hätte man Bodentruppen (das war auch so geplant) im Juli einsetzen können. Zweitens mußte man die UCK noch aufrüsten und stärken, denn sie sollte ja zunächst eine Art Bodentruppe der NATO sein. Drittens mußte man noch eindeutiger die Schuld der jugoslawischen Seite zuweisen und viertens noch zweifelnde Europäer hinter sich bekommen. Die USA wußten ja auch nicht, wie diese rot-grüne deutsche Koalition handeln würde. Es ist ja bezeichnend, daß der Pressesprecher von Madeleine Albright rückblickend in einem Zeitungsartikel den deutschen Außenminister Fischer als den überraschendsten Verbündeten Amerikas bezeichnet. Die OSZE-Mission konnte keinen Erfolg haben, weil sie keinen Erfolg haben durfte.

Schorlemmer:
Welche Rechtfertigungsversuche für einen Krieg haben Sie beobachtet, die Sie nicht für gerechtfertigt halten? (Ich versuche, das Wort Lüge zu vermeiden.)

Loquai:
Es gibt zwei Rechtfertigungen für den Krieg. Die eine ist die Behauptung, es habe im Kosovo eine humanitäre Katastrophe, also Völkermord an Kosovo-Albanern gegeben. Und diese humanitäre Katastrophe habe beendet bzw. abgewendet werden müssen. Das ist die Rechtfertigung, die vor dem Krieg vor allem auf deutscher Seite geltend gemacht wurde. Die Deutschen mußten die humanitäre Katastrophe als Rechtfertigung bringen, weil das Bundestagsmandat für die Beteiligung der Bundeswehr an dem Krieg lautete: Zur Abwendung einer humanitären Katastrophe. Nach dem Krieg wurde eine zweite Rechtfertigung nachgeschoben, der sogenannte Hufeisenplan. Wenn man schon zugestehen mußte, daß es keinen Völkermord vor dem Krieg gab und keine humanitäre Katastrophe, dann konnte man immer noch sagen, es gab ja einen Plan

der serbischen Führung, nach dem alle Kosovo-Albaner vertrieben werden sollten. Wenn wir nicht eingegriffen hätten, hätte Milošević diesen Plan ohnehin umgesetzt. Das ist das Raffinierte an dem „Scharpingschen Hufeisenplan", er schließt sozusagen die „Rechtfertigungslücke".
Gab es nun unmittelbar vor Kriegsbeginn am 24. März 1999 eine humanitäre Katastrophe? Ja, es gab Tausende humanitäre Katastrophen. Es herrschte ein blutiger Bürgerkrieg, es gab Tote auf beiden Seiten, und jeder Tote ist eine humanitäre Katastrophe. Es wurden Häuser niedergebrannt. Mehrheitlich waren die Albaner die Opfer. Die OSZE hat eine Statistik über die Zahl der Toten von Dezember 1998 bis März 1999 erstellt. Etwa 250 Menschen kamen in dieser Zeit gewaltsam ums Leben, UCK-Kämpfer, jugoslawische Polizisten und Soldaten, serbische und vor allem albanische Zivilisten. Das war Bürgerkrieg mit allen typischen Grausamkeiten. Wenn ich mir anschaue, was in den Berichten des Verteidigungsministeriums an das deutsche Parlament steht, dann ist das keine Völkermordsituation, die da beschrieben wurde. Es ist darin auch nicht von systematischen, großangelegten Vertreibungen die Rede – vor dem 24. März.
Sie müssen eines berücksichtigen, und darauf geben Politiker meistens keine Antwort: Am 11. März, also 13 Tage vor Kriegsbeginn, stellte in einem Asylverfahren das Oberverwaltungsgericht Münster fest: In der Bundesrepublik Jugoslawien gibt es keine gruppenspezifische Verfolgung von Angehörigen der albanischen Volksgruppe. Das ist ein Urteil eines deutschen Gerichtes aufgrund einer Stellungnahme des Auswärtigen Amtes, und am 17. März wird das Gleiche vom Bundesamt für die Anerkennung ausländischer Flüchtlinge in Zirndorf festgestellt. Am 18. März ist der erste Satz in einer OSZE-Tagesmeldung: „Die Situation bleibt (nicht ,ist') angespannt, aber ruhig." Ich habe jetzt einen Bericht dreier Schweizer Abgeordneter gelesen, die sechs Wochen im Februar und März 1999 im Kosovo waren und die sagen, daß die OSZE die Situation unter Kontrolle hatte. Wenn ich diese Einzelinformationen zusammensetze und versuche, ein Bild zu bekommen, dann finde ich weder in den Unterlagen des Auswärtigen Amtes noch in den Berichten des Verteidigungsministeriums an das Parlament, noch in den Berichten der OSZE einen Beleg, der von einer Völkermordsituation spricht, der von massenhaften Vertreibungen spricht, sondern von einer Bürgerkriegssituation.

Schorlemmer:
Welche anderen Motive waren das?

Loquai:
Der amerikanische Präsident Bill Clinton hat das ganz klar am 24. März zu Kriegsbeginn gesagt: „Wir müssen die Entschlossenheit und die Glaubwürdigkeit der NATO bewahren." Die NATO hatte sich eingeschaltet, hatte gedroht und nun mußte Schaden

von der NATO abgewehrt werden. Sie durfte nicht wie die UNO als „zahnloser Tiger" dastehen. Darum ging es vor allem. Die humanitäre Katastrophe war die Legitimation nach außen. Selbst diejenigen, die immer behaupteten, es habe eine humanitäre Katastrophe gegeben, argumentieren heute mehr mit dem „Hufeisenplan". NATO-Generalsekretär Robertson hat ein Jahr nach Kriegsbeginn eine Bilanz gezogen: Er erwähnt mehrmals den Hufeisenplan zur Rechtfertigung des Kriegs. Wenn dieses Konstrukt zusammenfällt, dann stellt sich wirklich eine juristische Frage. Anerkannte Völkerrechtler sagen, das war ein völkerrechtswidriger Krieg. Eine Kommission, die sogenannte Persson-Kommission (nach dem schwedischen Ministerpräsident Göran Persson), zusammengesetzt aus anerkannten Völkerrechtlern und Experten, kommt zu dem Ergebnis: Der Krieg war illegal, aber legitim aufgrund der Menschenrechtsverletzungen. Wenn es aber Menschenrechtsverletzungen in dem behaupteten Umfang vor Beginn des Krieges nicht gab, dann war der Krieg doch auch nicht legitim?

Schorlemmer:
In Ihrem Buchuntertitel heißt es: „Wege in einen vermeidbaren Krieg". Gab es Wege, den Krieg zu vermeiden?

Loquai:
Nach meiner Auffassung gab es Chancen.

Schorlemmer:
Welche?

Loquai:
Die besten Chancen bestanden in der Zeit von 1989 bis 1998. Wenn zu dieser Zeit die jugoslawische Führung den Albanern wirklich substantielle Autonomie angeboten hätte, wenn die sogenannte internationale Gemeinschaft mehr Phantasie bewiesen hätte für positive Anreize und negative Sanktionen. Und wenn die Kosovo-Albaner die Chancen, die da waren, Milošević abzuwählen, genutzt hätten, sich an Wahlen beteiligt hätten, wäre es wahrscheinlich möglich gewesen, die Straße zu einer friedlichen Lösung zu beschreiten. Ich werfe niemandem isoliert die Schuld zu, aber die sogenannte internationale Gemeinschaft trägt einen wesentlichen Teil der Verantwortung.
Eine weitere Chance war die Stationierung der OSZE-Mission im Kosovo. Sie wurde zunichte gemacht durch eine einseitig proalbanische und antiserbische Politik vieler NATO-Staaten.
Auch die Verhandlungen von Rambouillet hätten auf einen anderen Weg führen können, wenn es echte Verhandlungen gewesen wären. Aber es war mehr der Versuch, unter großem Zeitdruck ein Diktat durchzupeitschen. Über diese Verhandlungen wird

viel Unwahres behauptet. Es ist nachweisbar, daß von jugoslawischer Seite Angebote da waren, einmal die OSZE-Mission auf 6.000 bis 7.000 Leute zu verstärken, auch mit leichten Waffen auszurüsten. Ein Angebot kam direkt von Miloševic bei einem Gespräch mit dem amerikanischen Botschafter Hill am 17. Februar 1999. Miloševic behauptete, für ihn sei es schwierig, seine Landsleute zu überzeugen, daß nun plötzlich eine NATO-Truppe im Kosovo stationiert werden solle. Er würde sich viel leichter damit tun, wenn es eine Truppe sei, die von einem gemischten Stab geführt würde, von jugoslawischen und NATO-Offizieren. Das könne er akzeptieren und durchsetzen. So abwegig war die Sache nicht. Im Rahmen der Holbrooke-Miloševic-Vereinbarung wurden ja auch Überflüge von unbemannten NATO-Flugzeugen über dem Kosovo vereinbart. Um diese Flüge zu koordinieren, waren jugoslawische Offiziere in einem NATO-Stab in Italien und NATO-Offiziere im Luftwaffenführungsstab in Belgrad. Derartiges gab es also schon. Ich fragte General Naumann später: „Was hätten Sie denn zu solchen Vorschlägen gesagt?" Er sagte: „Warum nicht." Aber die Vorschläge wurden gar nicht getestet, ob sie ernst gemeint waren, sondern der amerikanische Botschafter Hill hat sie sofort zurückgewiesen. Damit waren sie auch erledigt.

Was die Amerikaner von Anfang an wollten, zunächst gegen den Willen der Europäer, war eine von der NATO geführte und politisch kontrollierte Truppe im Kosovo, ausdrücklich ohne UNO-Mandat. Die Europäer hatten für Rambouillet die deutliche Weisung von ihren Hauptstädten: „mit UNO-Mandat". Die Deutschen waren die ersten, die auf die amerikanische Position einschwenkten. Die Franzosen haben lange durchgehalten, dann aber doch nachgegeben. Die USA wollten einen 100prozentigen Verhandlungssieg, keine Kompromisse war das Motto.

Warum wollte man aber die UNO beiseite drängen? Man muß sich vergegenwärtigen, daß zu dieser Zeit in der NATO die neue NATO-Strategie diskutiert wurde. Ein sehr kontroverser Punkt war die Frage nach dem UNO-Mandat bei militärischen Interventionen des Bündnisses, die nicht der eigenen Verteidigung dienten. Wenn es dann aber zu einer „humanitären Intervention" ohne UNO-Mandat kommt, dann können doch diejenigen, die bei einem solchen Krieg mitgemacht haben, nicht fordern, in der Strategie müsse aber die Notwendigkeit eines UN-Mandats festgeschrieben werden.

Schorlemmer:
Abgesehen vom Leid, von den Kosten und vom Ergebnis dieses Krieges (oder: dieser Luftschläge) – mich hat es von Anfang an sehr skeptisch gemacht, als man lediglich von „Luftschlägen der NATO" sprach, nicht von Krieg. Das ist so wie bei den antiterroristischen Aktionen in Tschetschenien. Ein Vernichtungskrieg wird so gerechtfertigt. Ich habe den Eindruck, daß Sie als Bürger eines demokratischen Staatswesens, der beim Militär tätig war, den Schaden für das internationale Recht als den größten ansehen.

Loquai:
Es läßt sich schwer messen, was der größte Schaden war. Ich glaube, der größte Schaden war, daß hier ein Angriffskrieg geführt wurde gegen die Regeln des internationalen Rechts, des nationalen Verfassungsrechts, gegen alle OSZE-Normen und daß mit der Erfolgsdefinition für die NATO – und das halte ich für das Schlimmste – Krieg wieder ein probates Mittel der Politik geworden ist. Krieg wurde wieder „salonfähig", mit allen Konsequenzen, die wir auch bei der Diskussion um die Bundeswehr und bei der Bundeswehrplanung erleben. Wir sind von einem Zeitalter, in dem Krieg fast nicht mehr die Ultima ratio war, weg und sind in eine Gedankenwelt hineingekommen, in der Krieg wieder als erprobtes Mittel der Politik gilt. Das halte ich für das Verhängnisvollste. Mir sagen Pensionäre: „In diese Bundeswehr würde ich nicht mehr eintreten." Ich sage das von mir auch. Das ist eine andere Bundeswehr als die, in der ich lange Zeit gedient habe. Nicht nur wegen der Politik, auch die Mentalität der Menschen wird zwangsläufig eine andere. Für uns war die in jeder Hinsicht defensive Ausrichtung der Bundeswehr selbstverständlich. Meine Frau erzählt mir gelegentlich, ich habe gesagt, auch um mich vor ihr zu rechtfertigen, wir Soldaten seien dazu da, um Kriege zu verhindern. Das ist heute wohl nicht mehr die Grundeinstellung der Soldaten.
Lassen Sie mich noch eines sagen. Ich bin am 24. März, also zu Kriegsbeginn, pensioniert worden, das heißt, an diesem Tag haben die Generale und Admirale ihre Entlassungsurkunden bekommen. Mit Marschmusik. Natürlich wußten wir, daß der Krieg an diesem Tag beginnen würde. Ich fragte einen Bekannten im Führungsstab der Streitkräfte: „Sag mal, wie lange glaubt ihr, dauert das?" Er antwortete: „In ein oder zwei Tagen laufen die Jugoslawen wie die Hasen." Das war auch die Annahme in der NATO.
Meine Damen und Herren, schauen Sie auf die Kriege in diesem Jahrhundert. Auch der Erste Weltkrieg sollte ein kurzer Krieg sein, der Zweite Weltkrieg angeblich der Krieg der Blitzkriege. Der letzte „kleine Krieg" sollte wenige Tage dauern. Wenn man gewußt hätte, wie lange er dauert und was passiert, vielleicht hätte man noch ein bißchen länger verhandelt. Es gab sogar die These: Milošević brauche den Krieg nur, um sich gegenüber den Jugoslawen rechtfertigen zu können. Er habe nur noch Schlimmeres abwenden wollen und deshalb die Besetzung des Kosovo mit NATO-Truppen akzeptiert. Es wurde das nicht beherzigt, was man immer dem Soldaten sagt: Du darfst nicht von einem best-case-scenario ausgehen, sondern du mußt mindestens mit dem worst-case-scenario rechnen.
Als ich bei meinen Abschiedsbesuchen im Verteidigungsministerium von Krieg sprach, entgegnete man mir: „Wir führen ja gar keinen Krieg". Ich fragte: „Warum denn nicht?" Die Linie der Leitung sei, wir führen keinen Krieg, weil es ja keine Kriegserklärung gebe. Darauf fragte ich: „Dann haben die Nazis gegen Polen auch keinen Krieg geführt und gegen die Sowjetunion auch nicht?" Darauf Schweigen.

Die erste Zeit der Pensionierung war für mich wie ein Alptraum. Ich saß am Fernseher und konnte nicht fassen, was passierte. Ich habe Fischer und Scharping gehört und konnte nicht glauben, daß dies deutsche Minister waren. Wenn man sich heute darüber aufregt, daß der Verteidigungsminister Zigtausende von Mark verschwendet hat durch seine Mallorcaflüge – das sind Kleinigkeiten im Verhältnis zu dem, was dieser Mann in den Medien veranstaltet hat. Die FAZ vom 27. August schreibt: „Die Auschwitz-Relativierer Scharping und Fischer". Da kann ich nur sagen: Ein Auschwitz-Relativierer gehört vor Gericht. Die Relativierung der deutschen Verbrechen an den Juden war für mich das schlimmste. Unerträglich war auch dieser Papageien-Journalismus. Oft wurde doch im Fernsehen nur nachgeplappert, was in Brüssel gesagt wurde. Geradezu fürchterlich war der NATO-Sprecher Shea. Als die NATO aus Versehen einen albanischen Flüchtlingskonvoi angegriffen hatte und es etwa 70 Tote und 100 Verletzte gegeben hatte, sagte er: „Das war ein legitimes militärisches Ziel." Ich erlebe das heute noch wie einen Alptraum, als etwas, was gar nicht gewesen sein kann, und nur das, was heute noch gesagt wird, erinnert mich daran, daß das damals Wirklichkeit war.

Frage aus dem Publikum:
Die Geschichte ist ja noch nicht zu Ende, denn wir haben Milošević vor dem Tribunal. Die Frage der Rechtfertigung, die stellt er ja nun selbst, nämlich, ob dieses Tribunal berechtigt ist, über ihn zu urteilen.

Frage aus dem Publikum:
Ihre ehemaligen Kameraden haben doch dieselben Probleme wie Sie. Wie kommen die damit klar?

Frage aus dem Publikum:
Welche Möglichkeit räumen Sie dem zivilen Aufstand in unserem Land ein, zum Beispiel gegen den Krieg auf die Straße zu gehen. Wir haben mit Günter Verheugen über die Demonstrationen gesprochen. Er sagte, daß die Amerikaner sehr wohl beobachtet hätten, wie viele Leute in Deutschland auf die Straße gingen.

Frage aus dem Publikum:
Sie haben von Ihrer Fassungslosigkeit vor dem Fernseher erzählt. Dieter Lutz hat berichtet, wie schwierig es selbst für jemanden wie ihn war, an relevante Informationen heranzukommen. Was haben Sie nach Ihrer Fassungslosigkeit getan?

Frage aus dem Publikum:
Mich interessiert, was die amerikanische Außenministerin Albright möglicherweise persönlich bewegt hat, daß sie sich so hart eingemischt hat.

Loquai:
Um über die Rechtmäßigkeit des Haager Tribunals zu urteilen, bin ich zu wenig mit den Voraussetzungen bewandert. Es ist auf jeden Fall so, daß dieses Tribunal nach einer Entscheidung des Sicherheitsrates eingerichtet wurde, und zwar nach Kapitel VII Zwangsmaßnahmen. Wenn ich die Anklageschrift lese, so ist sie meines Erachtens sehr einseitig. Es werden dort Dinge angeführt, für die es meiner Ansicht nach keine Beweise gibt, vor allem für die Zeit vor dem 24. März 1999, bevor der Krieg begann. Die Anklage erstreckt sich ja auf die Zeit vom 1. Januar bis 27. Mai 1999, soweit es den Kosovo-Konflikt betrifft. Das, was nach Kriegsbeginn passierte, das waren Kriegsverbrechen an den Kosovo-Albanern, das waren Verbrechen gegen die Menschlichkeit.
Welche Probleme haben die Kameraden? Das wird verdrängt. Ich als pensionierter Offizier tue mich leichter damit, Kritik zu üben. Es sind mehrere Offiziere auf mich zugekommen, die sagten, sie seien im Kosovo gewesen und hätten es so erlebt, wie ich es dargestellt habe. „Aber erwarten Sie nicht von mir, daß ich jetzt an die Öffentlichkeit gehe und sage: Der Loquai hat recht. Das hilft Ihnen nichts und mir schadet es enorm."
Zum zivilen Aufstand: Wissen Sie, was das Verhängnis in Deutschland ist? Das ist – und jetzt verstehen Sie das richtig – die Regierungsbeteiligung der Grünen. Warum? Weil die Friedensbewegung ihre parteipolitische Verankerung verloren hat. Das erlebe ich jedenfalls bei den Vorträgen, die ich halte. Letztes Jahr war ich beim DGB in Frankfurt. Da fragte mich dann zum Schluß eine Dame: „Herr General, was können wir tun, um die Friedensbewegung zu stärken?" Da kam ich mir doch seltsam vor als General. Durch den Wechsel von Schwarz-Gelb auf Rot-Grün gab es im Bundestag eine Mehrheit für die Beteiligung der Bundeswehr an dem Krieg, wie sie unter anderen politischen Konstellationen nie möglich gewesen wäre. Das ist ein Treppenwitz der Geschichte. Es gab ja nicht nur im Bundestag fast volkskammerähnliche Mehrheiten, sondern die Presse spiegelte diese Homogenität im Denken weitgehend wider.
Ich weiß nicht, wie die Friedensbewegung wieder mehr Schwung bekommen kann. Wichtig ist es jetzt, die bei der Stange zu halten, die immer noch dabei sind. Die Kirchen könnten hier eine wichtige Aufgabe haben.
Relevante Informationen sind schwierig zu bekommen, das stimmt. Ich habe vieles auch erst nachträglich erfahren, im Laufe meiner Studie, die als Buch veröffentlicht wurde. Hinter den Hufeisenplan bin ich erst allmählich gekommen, als ich mir die Dokumente durchgelesen, Scharpings Buch studiert und die Widersprüche offengelegt hatte. Es konnte nach diesen Recherchen kein militärischer Plan sein, was Scharping vorliegen hatte.
Die Abgeordneten des Bundestages konnten sich über das wirkliche Geschehen gut informieren. Die wöchentlichen Berichte des Verteidigungsministeriums an das Parlament waren nüchterne Analysen. In keinem dieser Berichte steht etwas von Völkermord oder humanitärer Katastrophe. Es gab für keine Krise so gute Informationen aus ganz unterschiedlichen Quellen: Die Beobachter der OSZE, die Aufklärungsflugzeuge der

NATO, die unbewaffneten Aufklärungsflugkörper der Bundeswehr, in Belgrad akkreditierte Diplomaten und Offiziere, Beobachter der Europäischen Union – alle sammelten Informationen, die von Experten ausgewertet wurden und unseren Politikern zur Verfügung standen.

Zu der Frage, was ich selbst getan habe. Ich habe am 18. April 1999 einen schon lange vereinbarten Vortrag über die OSZE vor der Gesellschaft für Wehr- und Sicherheitspolitik in Bonn gehalten. Da mußte ich natürlich auf die Kosovo-Mission zu sprechen kommen. Ich habe gesagt, daß erstens die Friedenschancen nicht genutzt worden seien durch eine einseitige, antiserbische Politik und daß zweitens nach meiner Auffassung die Amerikaner nicht ein humanitäres Hauptziel verfolgten, sondern ihre eigenen Interessen durchsetzen wollten, etwa die NATO als die Organisation zu erhalten, die als Hauptinstrument amerikanischer Politik dienen kann. Daraufhin habe ich für die NDR-Sendung „Strategien und Streitkräfte" einen Beitrag geschrieben, der sich sehr kritisch mit diesem Krieg befaßte und auch darlegte, was versäumt worden war, um Friedenschancen zu nutzen. Dann fragte mich der Direktor des Friedensforschungsinstituts in Hamburg, Professor Lutz, ob ich nicht eine Studie schreiben wolle. Ich habe dies getan.

Zur amerikanischen Außenministerin: Sie hatte wohl die Befürchtung, daß die NATO in der Perzeption der Medien zu einem „zahnlosen Tiger" würde. Mir ist ein Bild noch in Erinnerung. Bei den G8-Verhandlungen auf dem Petersberg, als es darum ging, eine politische Initiative zur Beendigung des Kriegs zu entwickeln, war von einer „internationalen militärischen Präsenz" die Rede. Nachdem Außenminister Fischer diesen Begriff verwendet hatte, warf Albright ein: „That means NATO." (Das bedeutet NATO). Dies zeigt exemplarisch, worum es der amerikanischen Außenministerin ging.

Schorlemmer:
Lieber Herr Loquai, an Ihnen kann man erkennen, daß auch jemand, der im Militär seinen Beruf gesucht hat, nicht das menschliche Mitgefühl, den politische Sachverstand, das Gewissen und den Mut, diesem zu folgen, verlieren muß. Dafür möchte ich Ihnen sehr danken.

Anmerkungen

1 General Adolf Heusinger (1897–1982), 1931–1944 im Generalstab, nach dem 20.7.1944 in Haft, 1955 Vorsitzender des Führungsrates im Bundesverteidigungsministerium, 1957 Generalinspekteur, 1961–1964 Vorsitzender im Ständigen Militärausschuß der NATO in Washington.

2 Wolf Stefan Traugott Graf von Baudissin (1907-1993), 1929-1945 bei der Reichswehr und der Wehrmacht, leitete bis 1958 im Bundesministerium der Verteidigung die Unterabteilung „Innere Führung", die er geschaffen hat. Sie strebt die Integration der Armee in den demokratischen Staat und dessen gesellschaftliche Ordnung an. 1963-1967 bei der NATO, 1971-1984 Wissenschaftlicher Direktor des Instituts für Friedens- und Sicherheitspolitik an der Universität Hamburg.

„Man kann ja gar nicht genug Namen für Gott finden"

kulturforum

LEBENSWEGE

„Verwerflich ist es, nichts zu tun"

Gespräch mit Prof. Dr. Dorothee Sölle

Hamburg

Freitag, 22. September 2001 – 20.00 Uhr

Evangelische Akademie Sachsen-Anhalt, Schloßplatz 1 d

„Das weiche Wasser bricht den Stein" – das ist das, was die Bibel „die Stärke der Schwachen" nennt. Dieser Satz erinnert Dorothee Sölle – zwischen Erinnerung und Vision – daran, dass sie „wahrscheinlich sterben muss, ehe der Stein gebrochen ist und der Krieg, in dem wir jetzt leben, zu Ende ist, dieser Krieg gegen die Ärmsten dieser Welt, gegen die Schöpfung und gegen uns selber. Mitten im Krieg vom Frieden zu singen – das ist das Geheimnis der Menschen im Neuen Testament."

Die Theologin und „Theo-Poetin" Dorothee Sölle (*1929) hat lebenslang die Verbindung von Literatur und Theologie, Mystik und Widerstand, Frömmigkeit und Engagement, Denken und Glauben gesucht. Mit ihrer so hohen Sensibilität wie Sprachbegabung wurde sie für unzählige Zetgenossen eine Mutmacherin. Sie sind herzlich eingeladen zu einem Gespräch über ihren Lebens- und Denkweg.

Friedrich Schorlemmer
Studienleiter

Evangelische Akademie Sachsen-Anhalt e.V., 06886 Lutherstadt Wittenberg, Schloßplatz 1 d
Tel. 03491/49880, Fax 03491/400706, E-Mail: Ev-Akademie-Wittenberg@t-online.de

Schorlemmer:
In unserem heutigen Gespräch möchte ich Dorothee Sölle zunächst bitten, uns über sich und ihr Denken Auskunft zu geben. In der zweiten Hälfte diskutieren wir zwei große aktuelle Herausforderungen, die eng miteinander zusammenhängen, nämlich die Globalisierung „von unten" - die Initiative Attac[1] - und die Konsequenzen aus dem 11. September.
Wir lernen das reiche Werk einer Theologin kennen, der es wie wenigen deutschen Theologen gelingt, die Dinge verständlich, aber nicht flach darzustellen, poetisch, aber auch sorgsam durchdacht zu vermitteln. Ihre Theologie ist immer ganz nahe an den Menschen, ganz nahe an den politischen Zusammenhängen, in denen sie leiden. Schließlich sucht sie ihr Denken ganz nahe am Geist Jesu von Nazareth zu orientieren, also hoffnungsvoll zu bleiben. Ich möchte mit einem Gedicht beginnen, das mir half, anderen - als Studentenpfarrer - zu erklären, was Transzendenz ist.

Ernesto Cardenal
gefragt nach seinem Weg
zum Dichter zum Priester
und zum Revolutionär
gab als erstes an
es sei
Liebe zur Schönheit gewesen

Diese habe ihn
zur Poesie geführt
(und darüber hinaus)
sie habe ihn
zu Gott geführt
(und darüber hinaus)
sie habe ihn
zum Evangelium geführt
(und darüber hinaus)

sie habe ihn
zum Sozialismus geführt
(und darüber hinaus)

Wie schwach muß eine Liebe zur Schönheit sein
die nichts als schöner wohnen will
wie gering eine Liebe zur Poesie
der schon im Text genug getan ist
wie klein eine Liebe zu Gott
die in ihm satt wird
und nicht hungriger
wie wenig lieben wir das Evangelium
wenn wir es selber essen
wie ohnmächtig die sozialistische Hoffnung
wenn sie Angst hat
zu überschreiten was sein wird

Dorothee, du hast dich von Anfang an als eine politische Theologin verstanden. Du bist in den Auseinandersetzungen seit 1968 mit dem Politischen Nachtgebet international bekannt geworden. Du hast grundlegend theologische Konflikte (mit-)ausgelöst im Zusammenhang der sogenannten Gott-ist-tot-Theologie und deinem Buch „Stellvertretung, Ein Kapitel Theologie nach dem Tode Gottes" (1965). Man stellte dir offen die Frage: „Frau Sölle, glauben Sie eigentlich an Gott?"

Sölle:
Es gibt eine schöne Antwort, die mir eben während des Gedichtvortragens noch einmal einfiel. Diese schöne Antwort stammt von den Prozeß-Theologen in Amerika und lautet: „God transcends God" (Gott übersteigt Gott). Das heißt, der Gott, den wir schon Gott nennen und für Gott halten, der ist immer noch eine Nummer zu klein. Noch eine zweite Geschichte von meinem Enkelkind, das alle meine Tassen aus dem Schrank holte - ich schaute etwas nervös wegen der Henkel - und dann ein Café aufbaute und an unsichtbare Gäste unsichtbaren Kaffee servierte, mit dreieinhalb Jahren. Dann sagte ihre Mutter: „Du mußt jetzt aufräumen, wir wollen zu Abend essen." Darauf das Kind: „Mama, du denkst immer nur in „echt." Das hat mir den Atem genommen. Ich habe gesagt, mein Gott, jetzt habe ich vierzig Jahre lang versucht, in Transzendenz zu denken, also nicht in „echt", und das Kind sagt ganz klar, man muß zwei Sprachen können: die eine ist in „echt", aber dann gibt es noch eine andere, die nicht in „echt" ist. Gut, wenn aus dem Munde der Kinder die Wahrheit kommt.

Schorlemmer:
Du hast 1968 einen Text geschrieben, der etwas Befreiendes hatte und theologisch von den Theologen kaum aufgenommen wurde: „Ich glaube nicht, wie sie sagen, an Gott."
Dann hat Dorothee Sölle theologisch einen ganz kleinen, aber ganz gewichtigen Schritt getan. Sie sagte, sie glaubt nicht *an Gott*, sondern sie glaubt *ihm*. Was ist denn der Unterschied zwischen „ich glaube dir" und „ich glaube an dich"?

Sölle:
Für mich war das sicher sehr stark ein Glauben an Christus, *dem* ich Gott glaubte.

Schorlemmer:
Ihm glaubtest du Gott?

Sölle:
Ihm ja, nicht all diesen Pfaffen. Ihm kann ich es schlecht abschlagen, ihn kann ich nicht wegschicken, er kommt immer wieder. Er ist einfach da, und ich habe das eben auch so überzeugend erlebt.

Schorlemmer:
Es war ein Gegenentwurf zu einer objektivierenden Theologie, die sagt: Daran glauben wir. Du hast durch das „Ich glaube dir" Gott in Beziehung zu uns gestellt. Das war die Befreiung aus einer Dogmatik, die meinte, Christ zu sein bestehe im Glauben an eine bestimmte Summe von Lehrsätzen.

Politische Theologie ist eine gefährliche Sache, nach aller Erfahrung mit politischer Instrumentalisierung von Theologie. Theologie konnte zur Rechtfertigung jeglichen menschlichen Handelns eingesetzt werden, zum Beispiel im Kampf für Volk und Vaterland. Was meint bei dir politische Theologie und wie macht sie sich frei vom Mißbrauch, als ideologisches Beiwerk für ein sonst nicht zu rechtfertigendes Handeln?

Sölle:
Mein theologisches Hauptproblem war wirklich Auschwitz. Warum hat der Herr, „der alles so herrlich regieret", eigentlich die Züge nicht aufgehalten, die dahin rollten? Ich habe an der Allmacht ganz lange gezweifelt und damit gerungen und gekämpft. Das war mein Grundproblem, weil ich diesen Allmächtigen nicht verstehen und auch nicht lieben konnte. Das hat mich zu einer Kritik an der Allmacht Gottes geführt. Wenn man den Begriff ins Lateinische übersetzt und von der „Omnipotenz" redet, weiß man ja sofort und unmittelbar, welcher Teil der Menschheit das erfunden haben muß. Die feministische Theologie hat mir da auch sehr viel weiter geholfen. Gott liebt die Welt, aber er braucht auch uns. Das ist für mich ein immer stärker gewordener, auch jüdischer Grundsatz von Abraham Jeshua Heschel, einem Berliner Rabbi, der in New York überlebt hat. Der sagte: „God is in need of men." Gott braucht die Menschen, ohne Freunde und Freundinnen kann er auch nichts machen. Er ist nicht ein himmlischer Knopfdrücker. Es war für mich wesentlich, mich dem langsam anzunähern.

Schorlemmer:
Du bist eine Häretikerin?

Sölle:
Ja, genau. Warum nicht.

Schorlemmer:
Nach der französischen Revolution darf man so etwas sagen. Theologie steht stets auch in politischen Zusammenhängen; aber wie bewahrt sich theologisches Denken davor, von rechts oder links politisch instrumentalisiert zu werden?

Sölle:
Das war natürlich in der damaligen deutschen Situation eigentlich auch ein Rückdenken an die Nazizeit. Ich bin sehr stark davon geprägt. In der Adenauer-Zeit war ich eine junge Lehrerin an der Schule und stellte fest, daß die deutsche Geschichte 1914 aufhörte. Ich konnte das überhaupt nicht fassen. Ich habe mit einer Freundin zusammen Unterrichtsreihen über die Nazis entwickelt. Da hörte ich zum ersten Mal, daß die er-

sten, die im KZ umkamen, Kommunisten waren. Das war bei uns nicht bekannt. Ich habe daraus ungeheuer viel gelernt. Das war natürlich schon eine Politisierung der Theologie. Am meisten habe ich in dieser Zeit gehaßt, wenn Menschen sagten, daß sie davon nichts gewußt haben. „Bei uns im Dorf gab es doch keine Juden, und KZs", so habe man gehört, „waren doch nur für Homosexuelle und Verbrecher." Solche Sprüche habe ich immer wieder gehört. Eine unglaubliche Verdrängung der Realität, die Adenauers Politik mitbewirkt hat. Er lieferte uns das Wirtschaftswunder, und dafür bezahlten wir mit der Aufrüstung und dem Verschweigen. Heute denke ich manchmal, daß der sogenannte „rheinische Kapitalismus", wie man die Adenauer-Zeit heute gerne nennt, so unendlich viel humaner war, als der gegenwärtige neoliberale, daß ich fast schon nostalgisch werde.

Schorlemmer:
Ende der sechziger Jahre hast du einige provozierende Titel veröffentlicht, einer davon heißt: „Atheistisch an Gott glauben". Wie kann man das?

Sölle:
Ich glaube, es war ein Ringen mit diesem „theistischen" Gott, der eben „alles so herrlich regieret". Es war ein Ringen mit der Macht- und der Auschwitzfrage. Ein total paradoxer Ausdruck, Atheismus oder Glaube, das schließt sich gegenseitig aus. Ich habe das eben so zusammengebracht, wie ich es empfand. Ich glaube, daß ich jetzt eine etwas bessere Sprache dafür habe, die über das Paradox hinausgeht. Genauso verhält es sich mit „Theologie nach dem Tode Gottes". Es gibt es doch keinen Logos von Gott mehr, wenn er tot ist. Es waren Versuche, etwas auszudrücken, wonach ich hungerte, aber was in der traditionellen theologischen Sprache der potenten Herren für mich nicht formulierbar war. Das war eine Suche und ein „Trotzdem-an-Gott-festhalten". Ich denke manchmal, daß einige Marxisten und Marxistinnen atheistisch an Gott glauben, ohne das so genau zu wissen. Wenn man denen das sagt, dann winken sie entrüstet ab. In der Wirklichkeit ist sehr viel mehr Hoffnung da als in ihrem ach so wissenschaftlichem Weltbild!
Meine größte Kritik am traditionellen Kommunismus ist, philosophisch gesprochen, diese merkwürdige Idee, daß die Weltgeschichte ein Prozeß ist, den man wissenschaftlich voraussagen kann und der dann da hinten endet. Das halte ich heute für vollkommen falsch, diese Voraussagbarkeit und dieses grundlose und idiotische Vertrauen in die Wissenschaft. Die Vernunft ist eine Hure, sagt Martin Luther. Sie schläft mit jedem. Seht euch doch die Gentechnologie an! Natürlich, es wird ungemein bezahlt. Es ist phantastisch. Diese Verehrung der Vernunft ist für mich immer problematischer geworden.

Schorlemmer:
Wenn ich es richtig sehe, ist deine Theologie nicht ohne die Begegnung mit Ernesto Cardenal[2] denkbar.

Sölle:
Ein Bekannter hatte mir sein Werk „Zerschneide den Stacheldraht", diese Psalmen, zugeschickt, und ich war davon so begeistert, weil das eine ganz andere Art von Auslegung, mehr eine theo-poetische und nicht eine theologische war.

Schorlemmer:
Ist das die alternative Denkweise? Manche sagen vorwurfsvoll, wer zur gedanklichen Stringenz nicht fähig sei, fliehe in die Zeile oder in das Bild – also ins Ungefähre. Wie verhält sich Theologie als eine Denkanstrengung zur Theo-Poesie?

Sölle:
Ich glaube, daß die Theologie eine Magd ist. Die soll den Dreck aus dem Haus kehren, denn es liegt ziemlich viel Dreck im Kirchenhaus herum. Das ist eine vernünftige, begründbare, nachvollziehbare Form, Glauben zu artikulieren und in bestimmte Sätze zu fassen. Aber in diesem Punkt bin ich ganz scholastisch, die Herrin ist *fides*, nicht *theologia*. Der Glaube sagt mir, wo es langgeht. Die Theologie soll mehr für Ordnung, für den Fleiß sorgen. Das ist auch notwendig, aber es reicht nicht aus.
Die heutige Entwicklung der sogenannten wissenschaftlichen Theologie ist eine einzige Katastrophe. Ich will das Beispiel nennen von dem Göttinger Theologieprofessor Gerd Lüdemann, der etwas entdeckt hat, das vor ihm zwei Jahrhunderte lang Menschen gewußt oder entdeckt oder womit sie gekämpft haben, nämlich, daß Jesus nicht auferstanden ist, und das ist nicht beweisbar oder fotografierbar. Das einzig Neue, was er brachte, war das Wort: „verwest" Der Unterschied war nur, daß viele früher von der Universität weggegangen sind und ihren Lehrstuhl aufgegeben haben, während Herr Lüdemann seinen Lehrstuhl mit der Begründung behauptet, daß es ja ein wissenschaftliches Fach sei. Er weiß gar nicht, was *fides*, Glauben, ist. Damit kommt er rechtlich in unserem komischen System auch durch.

Schorlemmer:
Herr Lüdemann hat weiter den Lehrstuhl für Theologie an der Universität in Göttingen inne und dort alte Thesen aufgewärmt, als ob sie ganz neu wären. Das wird vom „Spiegel" immer gern nachgedruckt werden, weil Rudolf Augstein[3] sich in seiner Grundsatzkritik am Christentum bestätigt sieht.
Ich habe mich mit Cardenal beschäftigt, der den Bildreichtum des Psalmenbuches aufnimmt und mythologische Orte und Worte der Bibel für heute produktiv macht. Baby-

lon wird einfach zum Synonym für die Machtzentrale, die Hure Babylon zum Namen unserer Zivilisation.
Es lag etwa dort, wo heute Bagdad ist. Babylon wird zum Namen der verrotteten Zivilisationsform und Jerusalem bleibt Name der noch nicht erschienenen Möglichkeiten. Aber wenn dieser Ort, auf den sich die Hoffnungen konzentrieren, nun realiter zu dem Ort wird, wo die Hoffnungen der drei großen Religionen zunichte gemacht werden, fühlen wir uns mitten ins Herz getroffen. So geht es mir heute, wenn ich den Namen Jerusalem höre. Kann der Name trotzdem bleiben?

Sölle:
Ich möchte eigentlich auch an Jerusalem festhalten. „Jerusalem, du hochgebaute Stadt, wollt Gott, ich wär' in dir."

Schorlemmer:
Ich helfe mir damit, daß ich einen Menschen wie Uri Avnery[4] kennenlernen konnte. Wenn der Geist Jesu in einem Menschen wirksam wird in Jerusalem, dann in Uri Avnery. So etwas gibt es.
Theologie, die auch ins Poetische oder ins Mystische geht, löst sich von der Realität und geht in eine vorgestellte Wirklichkeit über, die in uns als Hoffnungsspenderin existiert, aber in der Realität kaum noch Anhalt hat. Das ist der Punkt, der mich bewegt. Man möchte auch gern mal eine Sache nicht nur *glauben*, möchte auch mal *schauen*. Oder brauchst du das nicht?

Sölle:
Doch. Ich finde das vollkommen richtig. Schauen heißt eigentlich, nicht das Ganze sehen. Ab und zu kommt auch bei uns eine Pflanze durch den Asphalt, mit dem wir alles zukleben. Das sind diese winzigen Hoffnungen, von denen wir leben. Jesus hat nicht die ägyptische Augenkrankheit per Knopfdruck abgeschafft, die gab es damals schon, das ist medizinisch bewiesen. Er hat aber einige Blinde sehend gemacht. Die Bibel wimmelt von kleinen Hoffnungsgeschichten, an denen wir uns festhalten können, die uns trösten können.

Schorlemmer:
1967 findet sich im Nachwort zu den Psalmenübertragungen von Ernesto Cardenal „Zerschneide den Stacheldraht" dein Satz: „Atheist sein, heißt resignieren." Es heißt weiter: „Sich an Gott wendend, ergreift der Mensch die größte Intensität des Lebens, die möglich ist. Er leidet, er lobt." Du hast immer wieder über diesen Zusammenhang von Leidenschaft und Schmerz, von Leiden und Loben, nachgedacht. Wie bedingt eines das andere? Wer nicht wirklich leiden kann, kann auch nicht loben und umgekehrt?

Sölle:
Ich würde lieber umgekehrt sagen: Wer liebt, gerät in trouble, wird verwundbarer. Die Liebe macht uns nackt, zieht Rüstungen aus, macht uns verwundbar, sie führt uns aus den Festungen, die wir ständig bauen, heraus. In diesem Sinn gehört lieben und leiden zusammen.

Schorlemmer:
Was war der Anlaß, daß du auf deinem theologischen Weg vom stark politischen zum mystischen Denken kamst – von der „Hinreise" bis hin zu deinem großen Werk „Mystik und Widerstand"?

Sölle:
Ich glaube, einen Teil davon habe ich in dem früheren Buch „Die Hinreise" (1975) beschrieben. Ich war in einer ziemlich massiven Lebenskrise. Meine erste Ehe scheiterte und ich habe mich sehr mit dem Gedanken an Selbstmord befaßt. Ich hatte aber drei Kinder und bin durch Schmerz und Leiden und Hoffnungslosigkeit gegangen. Vielleicht könnte ich diese Zeit als Suche bezeichnen, die eine andere Sprache erfordert als die Theologie.
Ich habe in diesem Buch sehr viele Gedichte und Texte interpretiert, die mir dabei geholfen haben, klarer zu sehen, wie Frömmigkeit in bestimmten Lebenserfahrungen ganz anders noch gefordert ist als in der Theologie.

Schorlemmer:
Du hast so Theologie und Frömmigkeit wieder einander angenähert.

Sölle:
Meine holländischen Freunde fragten nach der „Hinreise" immer: „Dorothee reist hin, kommt sie denn zurück?" Das war ihre Hauptfrage, und ich verstand auch diese Frage vollkommen richtig. Ich habe versucht, ihnen in „Mystik und Widerstand" etwas klarer zu antworten.

Schorlemmer:
Ich kann nur empfehlen, die „Hinreise" oder das große Werk „Mystik und Widerstand" einmal zu lesen!
Man kann nicht mit dir sprechen, ohne einen Punkt zu berühren, der lange neben der Friedensfrage von zentraler Bedeutung für dich war: die feministische Theologie. Mitte der achtziger Jahre habe ich mich „als Mann" fast ausgeschlossen gefühlt. Da kam ein Tonfall auf, der für mich schwer kommunizierbar war. Dahinter muß viel Leiden an der männlich dominierten Welt gesteckt haben. Das scheint jetzt nicht mehr so im Vorder-

grund zu stehen. Was hat dich dazu gebracht, eine feministische Theologin, geradezu eine Sprecherin der feministischen Theologie zu werden?

Sölle:
Ich wurde in den USA Professorin und dort oft gefragt: „Deine Bücher sind doch so toll, wieso hast du keinen Lehrstuhl in Deutschland?" Ich sagte, was die „Frankfurter Rundschau" damals geschrieben hatte: „Links und eine Frau - das geht zu weit." Sie sagten dann: „Meinst du nicht, daß das auch etwas mit deinem ‚Frausein' zu tun hat?" Ich guckte etwas verwirrt, denn ich hatte bisher kaum eine Beziehung zu feministischer Theologie und habe das eher als Händchenhalten und ein bißchen andere Lieder singen betrachtet. Aber dann merkte ich, wie eng das mit diesem Machtproblem verbunden ist und dem Herrn, „der alles so herrlich regieret".

Schorlemmer:
Den Herren, nicht *dem* Herrn!

Sölle:
Von den amerikanischen Feministinnen habe ich sehr viel gelernt im Sinn einer Befreiungstheologie. Ich habe den Begriff „politische Theologie" ziemlich früh bei mir abgeschafft, weil ich von der „Theologie der Befreiung" gelesen hatte, und das war für mich eine Offenbarung. Wie da die Armen als die eigentlichen Träger des Evangeliums beschrieben wurden! Dann habe ich in Amerika dazugelernt, daß die Ärmsten der Armen natürlich die Frauen sind, die am meisten Hoffnungslosigkeit erfahren, also die Unterdrücktesten sind. Das hat mich sehr stark bewegt und bestimmt.
Ich gehöre nicht zu den Radikal-Feministinnen, habe auch nie dazugehört. Das Frauenthema war bei mir ein wichtiger Teilbereich der Befreiungstheologie. Nicht etwas, was man auch weglassen kann. Mit Bleistiftinnen ist es allein nicht getan. Dieses Spiel ist ganz nett, aber es ist nicht mein Hauptanliegen. Daß Gott Vater *und* Mutter ist, das haben auch eine ganze Menge großer Theologen gewußt und haben nicht Gott nur als Macher und Herrscher und Befehlsgeber angesehen, sondern auch als mütterliche Wärme- und Trostquelle.
Man kann gar nicht genug Namen für Gott finden. Das ist einer meiner Lieblingssätze aus dem Islam. „Allah hat hundert Namen, aber nur 99 sind bekannt." Da gibt es zwei Auslegungen dazu. Die eine, die aus der jüdischen und der christlichen Religion stammt, besagt, daß man Gott nie ganz definieren und Gott sei Dank auch nicht fotografieren kann, was mich immer wieder tröstet in dieser verrückten Knipswelt, wo nur das, was geknipst werden kann, zählt. Es gibt aber noch eine andere, ganz volkstümliche Auslegung dieses Satzes: Die Namen Allahs mußt du selbst finden, heute und morgen und übermorgen und immer wieder neu. Das ist sehr schön.

Da ist noch ein anderer Grundbegriff meiner feministischen Theologie: Gegenseitigkeit. Liebe ist nicht das Schütten von irgendeinem Heilgetränk in eine leere Tasse, sondern eine gegenseitige Begegnung. In der katholischen Tradition hat man die Liebe oft mit der Caritas bebildert, also der säugenden Mutter, sie gibt und das Baby schmatzt es. Wenn man dieser Sache auf den Grund geht, dann ist auch das ein Geben und Nehmen. In jeder wirklichen Beziehung kann der eine nicht nur der Gebende und der andere nur der Nehmende sein. Das ist ein aus der männlichen Sexualität stammender Schwachsinn. Alle wirkliche Liebe ist gegenseitig. In diesem Sinn braucht Gott auch uns. Ihm ist es manchmal auch eiskalt, wenn er sich diese Welt ansieht!

Es ist wahr, daß Gott uns beschützt, uns behütet, uns liebt. Das ist richtig. Das kannst du einem Kind beibringen. Das ist auch wunderbar. Ich habe eine Kindergärtnerin gekannt, die das auf eine hinreißende Weise einem behinderten Kind beigebracht hat: „Du bist toll. Nächste Woche kannst du auch so hoch springen wie die anderen. Und dein Haar ist überhaupt das allerschönste. Gott hat dich nämlich ganz doll lieb." Aber wenn man eine Botschaft, die eigentlich an ein Kind gerichtet ist, immer wiederholt, dann wird das, was eigentlich kindlich und gut ist, kindisch. Eine der Krankheiten des Christentums ist, daß es Menschen nicht erwachsen werden lassen will. Das heißt aber, daß wir lernen müssen, Gott zu lieben. Gott braucht auch uns. Dem ist es auch eiskalt hier. Hier muß gewärmt werden. Es gibt einen wunderbaren Satz von Heinrich Böll (das ist ein alter Freund von uns): „Karfreitag. Jetzt ist es an der Zeit, Gott zu trösten."

Schorlemmer:
Ihr konntet im Westen, da ihr den „realen Sozialismus" nicht erlebtet, das Wort „Sozialismus" relativ unbefangen benutzen. Das habt ihr auch getan und „für den gedachten" gekämpft. Wir haben im realen gelitten. Deine Veröffentlichungen wurden hier nicht gedruckt. Hinterher kannst du von Glück reden: Stell dir vor, die hätten alles gedruckt, wie du jetzt dastündest! Was ich sagen will: Nach dem Zusammenbruch des realen Sozialismus ist auch denen, die in der westlichen oder in der Dritten Welt vom Sozialismus sprachen, die Sprache verlorengegangen. Die einen sagen: „Der Kapitalismus hat gesiegt. Und das ist endgültig. Ende der Geschichte." Die anderen sagen: „Nein, er ist nur übriggeblieben." Was wird aus dem, was als „sozialistisches Weltsystem" existiert hat, aber nicht das gewesen war, für das es sich ausgab?. Anders gefragt: Welche geistigen und politischen Folgen hat aus deiner Sicht und Erfahrung das Ende des Sowjetsystems, das den Namen des Sozialismus für sich okkupierte?

Sölle:
Ich rede auch manchmal vom „Endsieg" des Kapitalismus. Über dieses Hitler-Wort habe ich einen furchtbaren Streit mit meinem Mann gehabt. Der hat gesagt, so kann man nicht reden. Ich denke, weltgeschichtlich gesehen, sind die Global-Winners natürlich

völlig davon überzeugt, daß es keine Alternative gibt. Das glaube ich nicht. Die Widersprüche der Welt sammeln sich in einer Schärfe und Auswegslosigkeit, die durch die größenwahnsinnige technokratische Entwicklung und die Zerstörung der Schöpfung bestätigt werden. Daß wir wirklich eine andere Welt brauchen, das ist einer der Grundsätze von „Attac". Eine andere Welt ist möglich.

Schorlemmer:
Wofür ist „Attac" eine Abkürzung?

Sölle:
Das ist keine Abkürzung für Attacke, sondern für „Association pour la taxation de transactions financières à l' aide des citoyennes et citoyens" (Vereinigung zur Besteuerung von Finanztransaktionen im Interesse der Bürgerinnen und Bürger) und geht zurück auf den amerikanischen Nationalökonomen James Tobin, der diese Steuer vorgeschlagen hatte. Es ist eine Initiative mit dem Ziel, den ungehemmten Finanzspekulationen ein Ende zu machen. Es ist ein Wort, das wie viele Wörter aus anderen Begriffen gebildet ist. Dieses Wort ist aggressiv. Hier in Deutschland ruft es manchmal Mißverständnisse hervor. Ich finde, es ist eine sehr wichtige weltweite Bewegung. Sie hat schon so viel bewirkt. Ein Hauptangriff der Weltbesitzer auf uns alle war das MAI (Multilateral Agreement on Investment), eine Gesetzgebung, die besagte, daß Investitionen frei und ungehindert erfolgen können müssen, das heißt weder durch ökologische noch durch soziale Fragestellungen, die der alte nationale Staat gerne stellt, behindert werden dürfen. Das ist durch den leidenschaftlichen Aufstand von „Attac" von der französischen Regierung abgelehnt worden und damit gescheitert. Das kommt demnächst wieder und wird „Gats" genannt: General agreement on trade in services, also die Privatisierung von Schulen, Universitäten, Krankenversorgung, Altenbetreuung usw.

Schorlemmer:
Wir kommen auf eine Fragestellung, die dir sehr wichtig ist und allen wichtig sein müßte: Welche Chancen und Risiken bietet die Globalisierung, was bewirkt sie, was richtet sie an, wenn sie sich aufs Ökonomische reduziert? Das Werk einer deiner Mitstreiterinnen, Maria Mies[6], nennt sich „Globalisierung von unten" - was heißt das? Wie soll das Gestalt gewinnen? Ist das Wiederaufnahme dessen, was die Friedens- und Dritte-Welt-Bewegung versucht hatte?

Sölle:
Ja, mit allen drei zentralen christlichen Inhalten, die der Weltrat der Kirchen 1983 so formuliert hat: Gerechtigkeit, Frieden, Bewahrung der Schöpfung. Das ist das, was die christlichen Inhalte unserer Welt sind, und das ist nicht veraltet, sondern aktueller denn

je. Wir hatten damals einen interessanten Streit in der Ökumene. Wir kamen aus der Friedensbewegung und sagten: Das erste ist Frieden. Das brauchen wir unbedingt. Dann haben uns die Menschen aus der Dritten Welt davon überzeugt, daß Gerechtigkeit vor Frieden stehen muß, weil die Gerechtigkeit die Grundlage eines wirklichen Friedens ist. Ich habe das in den letzten Jahren noch einmal klar erlebt, als die Weltbank sich in Jugoslawien angesehen hat, in welche Gegenden man investieren kann und in welche nicht. Sie haben sich die Filetstücke herausgenommen, wie man so schön sagt. Haben dort investiert, Geld reingesteckt, bestimmte Industrien gefördert. Dadurch wurde die Kluft zwischen Arm und Reich immer größer und schürte den ethnischen Konflikt, als die Menschen plötzlich entdeckten, daß der Nachbar, den man schon seit vierzig Jahren kannte, Serbe oder Kroate war, also ein zu Hassender. Es ist unglaublich, wie die wirtschaftliche Ungerechtigkeit ethnische Konflikte potenziert und gewalttätig macht. Der jugoslawische Staatspräsident Tito hat das mit Ach und Krach irgendwie geschafft, aber es war ein sehr viel ärmeres, aber gerechteres System. Und das war dann kaputt. Das Auseinanderbrechen der Ethnien, diese neuen Staatenkriege und der Haß hängen mit der Wirtschaft zusammen und sind nicht im Blut oder der Religion begründet.

Schorlemmer:
Was ist „Globalisierung von unten" und was will „Attac" mit einem Kongreß erreichen?

Sölle:
„Attac" ist eine Gegenbewegung gegen die „Globalisierung von oben". Ganz unterschiedliche Menschen machen da mit. Es ist keine Partei, auch keine Nicht-Regierungsorganisation. „Attac" lehnt diesen Begriff ab, weil er zu sehr mißbraucht wurde, weil es alle möglichen Wirtschaftsunternehmen gibt, die sich Nicht-Regierungsorganisationen nennen, also diesen sehr bürgernahen Begriff gestohlen haben und für sich benutzen. „Attac" veranstaltet vom 19. bis 21. Oktober 2001 in Berlin eine große Tagung. Ich finde es sehr schön, daß sie in Berlin stattfindet, daß Menschen sich dort zusammenfinden und miteinander nachdenken. Dieser Kongreß ist sehr interessant, weil er darüber informiert, was sich weltweit abspielt und weil die unterschiedlichsten Menschen teilnehmen, wie zum Beispiel Bauern aus der Dritten Welt, Landlose aus Brasilien, die ich etwas kenne. Brasilien ist ein interessantes Land, dort steht in der Verfassung: „Wenn der Großgrundbesitzer nur noch in Miami Golf spielt, statt zu Hause etwas anzubauen, dann kann das Land enteignet werden." Das ist natürlich „Verfassungslyrik", aber immerhin ganz schön. Die Landlosen haben seit Jahren immer wieder protestiert und unbewirtschaftetes Land, was noch nicht enteignet worden war, teils besetzt und in Besitz genommen, oder sie sind herumgezogen in fast kreuzzugsähnlichen Märschen. Als das erste Kind verhungerte, haben sie eine Windel an das Kreuz, welches sie trugen, gehängt.

Später waren es fünf Windeln, die daran hingen. Es ist eine großartige christliche gemeinschaftsorientierte Bewegung, bei der viele Menschen der Dritten Welt mitmachen, etwa indische Frauen, die ihren eigenen Mais wachsen lassen wollen. Natürlich auch Menschen der Ersten Welt, viele ökologisch oder sozial engagiert, und alte Sozialisten. Vor allem ist es aber eine Bewegung der jungen Generation. Es hat keine hierarchische Struktur, da sind sie sehr antikommunistisch, mit gutem Grund. Sie sind erstaunlich wach und vollkommen gewaltfrei trotz des attackierenden Namens.

Schorlemmer:
Vieles hat sich in dramatischer Weise verändert. Die Folgen können wir noch nicht übersehen.
Du warst lange in New York und Chicago ...

Sölle:
Ja. Ich bin sehr viel herumgekommen in Amerika.

Schorlemmer:
Wir sind in Bezug auf die Geschehnisse des 11. September 2001 - erst 11 Tage danach - immer noch in einer Phase, in der es sich verbietet, Deutungen, Schuldzuweisungen, Hintergründe oder Mitschuldige zu benennen. Gleichzeitig wird schon gehandelt oder werden weitreichende militärische Handlungen vorbereitet. Es gibt Überschriften, die vielen Angst machen oder bei denen wir nicht wissen, wo es hinführt. Aber auch keiner vermag klar zu sagen, was wir jetzt tun sollten. Das Deutlichste war für mich die Aussage von Kofi Annan, daß es eine Aufgabe der Vereinten Nationen sei, eine neue internationale Rechtsordnung zu schaffen und durchzusetzen. Ich würde noch anfügen, daß die UN auch die Mittel dafür bereitgestellt bekommen müßten. Unsere hoch technisierten und offenen Gesellschaften lassen sich nicht technisch oder militärisch schützen, sondern nur rechtlich und politisch. Wenn ich mir vorstelle, daß ich New Yorker wäre, diese Stadt liebte und dort Menschen verloren hätte, die zu mir gehören, die ich kenne oder auch nicht kenne, mitten im Zentrum dieser Welt, im World Trade Center, kann ich verstehen, daß es Wut-Gefühle gibt, die darauf drängen, Entlastung zu schaffen durch - und seien es symbolische - Racheakte, Vergeltungsakte, lange Feldzüge oder „Ausräuchern". Auf der anderen Seite steht die erstaunliche Besonnenheit des amerikanischen Außenministers. Wie stehst du zu diesen Fragen?

Sölle:
Ich bin auch nicht sehr viel weiter als wir alle, zumal noch so viele Dinge unklar sind in der Benennung und Erforschung der Täter. Ich habe einen guten Artikel von dem amerikanischen Sprachphilosophen Noam Chomsky, einem sehr klugen Mann, gelesen.

Der hat festgestellt, daß das Bombardement im Sudan durch die USA mehr Tote hinterlassen hätte. Tote, die nie gezeigt werden und über die nie geredet wird.

Schorlemmer:
Es ging damals im Sudan um eine Fabrik, von der die USA vermuteten, daß dort Chemiewaffen produziert würden. Hinterher stellte sich heraus, daß das ein Irrtum war. Es war tatsächlich eine pharmazeutische Fabrik gewesen.

Sölle:
Das ist nur ein Fall. Was ich möchte, ist, daß zwischen Gerechtigkeit und Rache unterschieden wird. Gerechtigkeit kann unter den gegenwärtigen Umständen nur in einem internationalen Umfeld, also dem UN-Gerichtshof in Den Haag, hergestellt werden, nicht in Washington D. C. Dort kann diese Frage nicht entschieden werden. Das ist unmöglich. Bin Laden müßte an ein internationales Gericht ausgeliefert werden. Das ist völlig richtig. Diese Forderung muß man unterstützen.

Schorlemmer:
Man muß auch die Machtmittel bereitstellen, um eine Auslieferung bewirken zu können. Die Amerikaner sagen: Was ergeht ihr euch in Deklarationen, und wir kriegen die Schuldigen nicht, während die nächsten „Schläfer" schon unterwegs sind. Die Logik des betroffenen Landes muß man mit im Blick haben.

Sölle:
Ja, sicher. Wovon im Augenblick überhaupt nicht die Rede ist, ist der Grund, warum die USA so verhaßt sind in der Dritten Welt. Von meiner bolivianischen Tochter habe ich gehört, daß ein Bauernführer gesagt hat, es wäre doch eigentlich schön, daß nun endlich einmal die USA etwas abkriegten und nicht immer nur sie hungern müßten wegen der herrlichen Weltbesitzer. Und diese großen Institutionen, also das World Trade Center, der internationale Währungsfond und die Weltbank sind eigentlich globalisierte Marionetten der USA, das ist völlig eindeutig. Sie vertreten die US-Interessen, die unterdessen übergegangen sind in die globalisierten Interessen, also die der multinationalen Konzerne, die uns beherrschen. Die sind eigentlich mit Amerika verknüpft und solange sich dort nichts ändert, wird sich in der Welt auch nichts ändern. Man wünschte sich, daß es irgendeinen Martin Luther King in Amerika gäbe, der die Menschen zu einer anderen Politik versammelte als der von George W. Bush. Das sieht im Augenblick nicht so aus. Gewalt ist kontraproduktiv. Gewaltfreie Bewegungen wie „Attac", die auch ganz andere Risiken eingeht mit ihren Aktionen, sind die einzigen, die wirklich Hoffnung verbreiten. Man hört immer wieder, daß eine Reihe von Menschen in der Weltbank sich ernsthafte Gedanken machen, ob die „Globalisierung von oben", also im Interesse der Weltbe-

sitzer, wirklich in Ordnung wäre. Ob da nicht doch ein paar Regulierungen wie die Entfernung des Rechts und die Entfernung aller ökologischen Schutzmaßnahmen angreifbar seien.

Es gibt einen Fall in Kanada: Eine nordamerikanische Firma pustete Gift in die Luft, was in Kanada verboten ist. Daraufhin machte die kanadische Regierung diese Firma zu und sagte: Das geht hier nicht. Danach wurde sie vor einem Gericht verklagt, weil sie sich gegen den Götzen dieser Welt, den freien Handel, vergangen hatte und sollte zunächst einmal Milliarden Dollar an Schadenersatz zahlen. Das wurde sehr geschickt auf ein paar Tausend Dollar heruntergehandelt, um es damit aus der Presse und aus der Öffentlichkeit herauszunehmen. Das war sehr raffiniert. Es ist Realität, daß Recht nicht mehr stattfindet, gar keinen Raum mehr hat. In Amerika ist das Recht jetzt schon vollkommen verwandelt, es ist zum „claim" geworden. Da gibt es einen Fall, daß eine amerikanische Frau an der Tankstelle sich einen Kaffee kaufte, der sehr heiß war. Sie kleckerte sich etwas davon aufs Bein und bekam eine Brandblase. Dann verklagt sie den Kaffeeproduzenten. Wenn sie einen guten Anwalt hat, bekommt sie dafür mindestens 500 Dollar. Das ist der „claim", die Forderung, der Anspruch als Basis der Rechtsprechung. Es ist eine katastrophale Entwicklung, die alles Recht in Geldfragen umwertet, und alles, was sich nicht in Geld umwerten läßt, fällt weg. Eine wirklich grauenvolle Entwicklung dieses totalitären Kapitalismus.

Schorlemmer:
Ein Buch von dir heißt (ich weiß gar nicht, wie man auf so etwas kommt): „Mutanfälle". Wie kommt das, daß, wenn du Wutanfälle kriegst, daraus Mutanfälle werden?

Sölle:
Das ist eine Aufsatzsammlung. Dafür sind immer schwer Titel zu finden. Ich fragte meine Freundin, die viel liest und sehr nachdenklich ist, eine ganz einfache Frau aus dem Saarland: „Was hältst du von dem Titel ,Mutanfälle'?" Sie sagt: „Du meinst Wutanfälle?" „Nein", sage ich, „Mutanfälle." Dann sagte sie: „Ach ja, gestern hatte ich einen." Ich fand das so hinreißend als Antwort, daß ich beschloß, das ist der richtige Titel.

Schorlemmer:
Zwei Worte von dir gehen in letzter Zeit vielen Menschen besonders nach. Das eine ist die Erfindung (ich weiß nicht, ob das von dir stammt) des „Tina-Syndroms", „There is no alternative". Dagegen sagst du: Glauben heißt, an Alternativen zu glauben. Gott hat mit den Menschen zusammen mehr Möglichkeiten, als wir sehen. Der zweite Satz: „Verwerflich ist es, nichts zu tun, selbst wenn man weiß, daß das, was man tut, das falsche sein kann. Verwerflich ist es, nichts zu tun, zu verharren, zuzuschauen!" Das ist starker Tobak. Wer nichts tut, der ist schon schuldig?

Sölle:
Das ist durch meine Kindheit in der Nazizeit geprägt. Die totale Verleugnung, die hinterher stattfand, als die Menschen sagten: Das haben wir doch nicht gewußt. Ich habe mich in dieser ganzen Nazifrage nicht ausschließlich mit den Opfern beschäftigt und eigentlich gar nicht mit den Tätern. Für mich waren die interessantesten Menschen die große Mehrheit der Mitläufer. Ich habe einen solchen Horror davor, daß Menschen gelaufen kommen oder gezogen werden und eigentlich nichts dafür können und es nicht gewußt haben, wahrscheinlich auch nicht wissen wollten und so taten, als wäre es nicht ihr Ding, und sich ins Private zurückzogen. So habe ich einmal eine Frau getroffen und sie gefragt: „Was hast du denn damals gemacht?" Sie sagte: „Ich war in diesen Jahren in einer unglaublichen Liebesbeziehung, ich konnte mich da darum nicht kümmern." Ich fand das so furchtbar, weil die wirkliche Liebe, auch die sexuelle Liebe, uns eigentlich mit anderen verbindet. Im zweiten Teil des Buches über Leben und Arbeiten habe ich immer wieder versucht, diese Verbindung aufzuzeigen. Je mehr wir lieben, desto verwundbarer werden wir. Aber die Verleugnung, diese Hornhaut, dieses Siegfried-Syndrom, ist doch der Traum aller Militaristen. Dann kann uns keiner mehr. Wir haben eine Drachenhaut.

Ich habe eine interessante interreligiöse Begegnung gehabt mit einem buddhistischem Mönch, den ich sehr verehre. Er heißt Thich Nhat Hanh und kommt auch in dem Mystik-Buch vor. In Berlin hatte mich eine Gruppe eingeladen, mit ihm zusammen einen Dialog zu führen. Wir sollten eine Bibelgeschichte auslegen. Da habe ich die der Jünger von Emmaus vorgeschlagen. Ich dachte, daß wäre vielleicht gut für ihn: „Wir erkannten ihn beim Brotbrechen." Erkennen spielt eine ungeheure Rolle im Buddhismus. Ich habe das zuerst ausgelegt und natürlich einen starken Akzent gesetzt: Sie kehrten um und gingen nach Jerusalem zurück, nachdem sie ihn erkannt hatten. Das heißt, als ihre Lage schrecklich war und sie wahrscheinlich verfolgt und vielleicht auch getötet werden würden, gingen sie dorthin zurück, wo die Gemeinde und wo all die Freunde Jesu waren, anstatt aufs Land zu fliehen. Als sie Jesus aber gesehen hatten, kehrten sie um und fingen wieder von vorn an und sagten: Jetzt geht es weiter mit dir, Jesus. Das ist auch eigentlich meine Hoffnung.

Thich Nhat Hanh hat gegen den Vietnamkrieg gekämpft, ist über Amerika nach Südfrankreich ausgewandert und hat dort ein Kloster aufgebaut. Hat politisch sehr gute Sachen gemacht, zum Beispiel eine Stiftung gegründet, durch die Vietnam-Veteranen, die Napalm auf Kinder abgeworfen hatten und es inzwischen bereuten, den betroffenen Kindern helfen können. An dem Abend hat er ganz ausschließlich auf dieses Erkennen und auf dieses Individuum gesetzt. Du mußt das erkennen. Du mußt dich loslassen, damit du das erkennen kannst. Von der Solidarität oder dieser Rückkehr war überhaupt nicht die Rede. Da ist mir eingefallen, warum der Buddhismus bei uns zum Teil so beliebt ist, sogar in vielen intellektuellen Kreisen. Es ist ja eine sehr geachtete und geschätzte Religion. In der „Neuen Zürcher Zeitung" wird er immer enthusiastisch gelobt, und das ist eigentlich ein Oberkapitalistenblatt. Ich war so irritiert darüber und konnte das gar nicht ganz fassen, denn das ist eine Religion, die dem Individuum, also dem überarbeiteten Manager Frieden, Gelassenheit, Sich-gehen-lassen-können oder Sich-nicht-festhalten-müssen verspricht. Aber eine Veränderung der Welt ist da eigentlich nicht mehr vorgesehen. Das fand ich sehr traurig.

Dieser Dialog scheiterte, weil das Ganze so aufwendig inszeniert war, sie hatten so viel Lotosblüten um den Thron von Thich Nhat Hanh gelegt. Da wußten sie nicht, wohin mit mir, und brachten einen großen Sessel an. Ich sagte, daß ich im Stehen reden würde und diesen komischen Sessel nicht bräuchte. Er war dann sehr müde und hat seine Rede geschlossen. Er kam zu mir, machte den buddhistischen Gruß und ging ins Bett. Er ist ein wenig älter als ich. Das war traurig, aber worüber ich noch viel trauriger bin, ist, wenn das Christentum so wenig Chancen hat in der reichen Welt. Wenn dieser Buddhismus so anziehend ist für das Management, dann hängt das mit dem Leiden zusammen und mit dem Kampf, auch mit dem Kreuz. Das ist das ungeliebteste Symbol.

Schorlemmer:
Ich finde es schön, daß du zum Schluß mit dieser Emmaus-Geschichte erinnerst, daß es möglich ist, daß Menschen nicht flüchten und schweigen, sondern umdrehen und an den Ort, auf den es ankommt, zurückkehren. Da sind wir gefordert. Da kann es sein, daß wir scheitern, aber noch schlimmer wäre, wenn wir scheiterten, ohne etwas zu tun. Vielen herzlichen Dank, Dorothee Sölle.

Anmerkungen

1 Bewegung für eine solidarische Weltwirtschaft und gegen eine neoliberale Globalisierung.
2 Ernesto Cardenal, *1925, nicaraguanischer Schriftsteller und Priester, 1985 vom Amt suspendiert, bedeutender religiöser Lyriker.
3 Rudolf Augstein, u. a. in: Jesus Menschensohn, Hamburg 1972.
4 Uri Avnery, *1923, emigrierte 1933 mit seinen Eltern nach Palästina, nahm 1948 aktiv am Krieg teil, der zur Gründung Israels führte. Uri Avnery ist nach den Worten von Bruno Kreisky ein „unermüdlicher und unerschrockener Kämpfer für den Frieden zwischen Palästinensern und Israelis". Er ist geistiger Kopf der Friedensinitiative „Gush Shalom", u. a. Träger des Aachener Friedenspreises. Publikationen: „Mein Freund, der Feind" (1988), „Zwei Völker, zwei Staaten" (1995).

5 Ernesto Cardenal, Zerschneide den Stacheldraht, Südamerikanische Psalmen. Mit einem Nachwort von Dorothee Sölle, Wuppertal 1967.
6 Maria Mies, Globalisierung von unten. Der Kampf gegen die Herrschaft der Konzerne, Hamburg 2001.

Bräutigam: „Ich traue mir heute noch zu, einen Ostdeutschen, der eine Funktionärsvergangenheit hat, an seiner Sprache zu erkennen"

Florin: „Nein, ich kannte keine Ulbrichtwitze"

kulturforum

LEBENSWEGE

Hans Otto Bräutigam, Potsdam
Peter Florin, Berlin

Freitag, 9. November 2001, 19.30 Uhr
Evangelische Akademie, Schloßplatz 1 d

Am denkwürdigen Gedenktag der Deutschen - dem 9. November - werden zwei Vertreter des vierzig Jahre geteilten Deutschland davon berichten, wie sie „ihr Deutschland" auf der internationalen Bühne, in der UNO in New York, vertreten haben.
Was hat sie persönlich geprägt - und welche Vorstellungen vom künftigen einigen Deutschland hatten sie? Dabei wird die Zeit vor 1945 und auch der so schwierige, wie überraschende, immer noch andauernde Weg zur Einheit Deutschlands thematisiert.

Gegen 21.30 Uhr schließt sich das gemeinsame Gedanken an die Pogromnacht von 1938 am Mahnmal der Stadtkirche an.

Sie sind herzlich eingeladen.

Friedrich Schorlemmer　　　　　　　　　　　Eintritt: 7,00 DM
Studienleiter　　　　　　　　　　　　　　　　erm.:　　5,00 DM

Evangelische Akademie Sachsen-Anhalt e.V., 06886 Lutherstadt Wittenberg, Schloßplatz 1 d
Tel. 03491/49880, Fax 03491/400706, E-Mail: Ev-Akademie-Wittenberg@t-online.de

Schorlemmer:
Hermann Göring hatte zum 30. Januar 1934, dem ersten Jahrestag der Regierungsübernahme, eine Festschrift mit dem Titel „Nationalsozialismus in Staat, Gemeinde und Wirtschaft" herausgegeben, gewidmet „unserem Führer, in ewiger Treue und in restlos hingebender Gefolgschaft".
„Mit dem 30. Januar 1933 haben wir eine neue Epoche in der Geschichte des deutschen Volkes angetreten. Heute, ein Jahr nach der Machtübernahme, ist es schlechterdings unmöglich, Wert und Bedeutung des großen Erwachens im weiten deutschen Raum auch nur annähernd ermessen zu können (*Man kann die Sätze als hoffnungsvoll oder drohend empfinden*). Pflicht eines jeden einzelnen aber ist es, sich an solchen Gedenktagen auf den tiefen Sinn der uns einenden Idee und auf die Aufgaben, die der Nationalsozialismus in Staat, Gemeinde und Wirtschaft zu erfüllen hat, zu besinnen. Manches, ja Bedeutendes ist in dieser kurzen Zeitspanne schon geleistet. Noch viel Größeres steht uns bevor. Täuschen wir uns nicht. Wir stehen erst am Ausgangspunkt einer umwälzenden geistigen Neuformung des deutschen Menschen." Da heißt es dann weiter – in Bezug auf die Innenpolitik:
„Die Novemberrevolte des Jahres 1918 fegte mit einem Schlage die sogenannte Staatsautorität des bürgerlich-legitimistischen Kompromisses hinweg. Die beispiellose klägliche Kapitulation der verantwortlichen Staatsträger vor dem internationalen marxistischen Deserteurputsch erschütterte das Volk in seiner bis dorthin sicher in mehr als 90prozentig gegebenen Anhänglichkeit, sowohl an die alte Staatsform wie auch an deren repräsentative Vertreter. Nachdem sich die Nation ob des ungeheuerlichen Vorgangs gefaßt hatte, begann sie, die seit jeher zum Gehorsam in irgendeiner Form erzogen worden war, sich den neuen Gewalthabern gegenüber wenigstens zu passiver Duldung verpflichtet zu fühlen. Über das Zentrum hinweg verbindet die sich mehr oder weniger national verbrämte bürgerliche Demokratie mit dem unverhüllten marxistischen Internationalismus und zeugt nun jene parlamentarischen Regierungen, die, in immer kürzeren Zeiträumen einander ablösend, das ersparte wirtschaftliche und politische Kapital der Nation verkaufen und verprassen. 14 Jahre lang erleidet Deutschland damit einen Verfall, der geschichtlich seinesgleichen sucht. Es setzt eine Umkehrung aller Begriffe ein. Was gut war, wird nun schlecht und was schlecht war, wird gut. Der Held wird verachtet und der Feigling geehrt, der Redliche bestraft und der Faule belohnt, der Anständige hat nur noch Spott zu erwarten, der Verkommene aber wird gepriesen. Die Stärke verfällt der Verurteilung, die Schwäche dafür der Verherrlichung. Der Wert an sich gilt nichts. An seine Stelle tritt die Zahl, das heißt, der Minder- und Unwert. Die geschichtliche Vergangenheit wird genauso infam besudelt wie die geschichtliche Zukunft unbekümmert abgeleugnet. Der Glaube an die Nation und an ihr Recht wird mit schamloser Dreistigkeit angegriffen, lächerlich oder schlechtgemacht."
Das ist auf einem Papier gedruckt, das noch Jahrhunderte überleben wird. Wenn Sie beide solche Sätze hören, Herr Florin, was geht Ihnen da durch Kopf und Herz?

Florin:
Durchs Herz geht natürlich die Tatsache, daß hier in diesem Buch mit großen Worten operiert wird, hinter denen in Wirklichkeit ein faschistisches Regime stand, das Deutschland große Katastrophen beschert hat.

Schorlemmer:
Sie waren damals zwölf Jahre alt. Ihr Vater[1] hatte die Nationalsozialisten als Reichstagsabgeordneter schon durchschaut und war bereits verschwunden.

Florin:
Er war nicht verschwunden. Er war tatsächlich kommunistischer Reichstagsabgeordneter und ist nach Frankreich emigriert. Meine Mutter und ich sind ihm nachgefolgt.

Schorlemmer:
Hans-Otto Bräutigam, was geht dir bei solchen Sätzen durch den Kopf?

Bräutigam:
Wenn ich diese Sprache höre, dann frage ich mich, wie anfällig wir heute oder in Krisensituationen dafür wären, wenn es diese Geschichte nicht gegeben hätte.

Schorlemmer:
Und wenn wir, fahre ich fort, sie nicht in Erinnerung behalten, damit wir wissen, wovor wir uns bewahren müssen und können.
Ich begrüße zunächst den vormaligen Präsidenten der 42. Vollversammlung der Vereinten Nationen, Peter Florin. Außerdem begrüße ich den, verzeihen Sie mir dieses kleine Wortspiel, „beständigen Vertreter" der Bundesrepublik Deutschland in der Deutschen Demokratischen Republik, Hans-Otto Bräutigam.
Sie sitzen beide unter Ihren jeweiligen deutschen Staatsfahnen. Herr Florin, wann und warum haben wir dieses Emblem in die DDR-Fahne eingebracht? Wir hatten doch zunächst gemeinsam mit der BRD *eine* Fahne.

Florin:
Wann genau dieses Wappen in der Deutschen Demokratischen Republik eingeführt wurde, kann ich Ihnen nicht mehr sagen. Warum? Wir suchten nach einem Wappen für die Deutsche Demokratische Republik, das gewissermaßen einen neuen Inhalt darstellen sollte. Wir wählten den Hammer als Symbol für die Arbeit und den Zirkel als Symbol für die Wissenschaft. Auf der Fahne war dieses Wappen von Ähren umringt, die die landwirtschaftliche Entwicklung zum Ausdruck brachten.

Schorlemmer:
Aber wir waren doch nur ein Arbeiter- und Bauernstaat, und nicht ein Arbeiter-, Bauern- und Intellektuellenstaat. War die DDR auch ein Staat des Geistes?

Florin:
Ja, wir wollten das sein. Ich muß sagen, dieses Wappen hat einen ganz interessanten Einfluß auf viele Persönlichkeiten ausgeübt. Ich erinnere mich, daß ich als Ständiger Vertreter der DDR in New York ein Abendessen gegeben hatte, zu dem ich unter anderem den Ständigen Vertreter Frankreichs eingeladen hatte. An diesem Abend nahm der französische Vertreter die vor ihm liegende Visitenkarte und sagte: „Das ist eine gute Idee, ein Wappen in dieser Art zu gestalten."

Schorlemmer:
Die Franzosen freute es sicher auch, daß eine Trias abgebildet war.
Sie waren beide Vertreter des geteilten Deutschland und gleichzeitig Deutsche. Was das Lebensalter anbetrifft, sind Sie zehn Jahre auseinander. Aber Sie sind beide Westdeutsche, der eine aus dem Saarland und der andere aus Köln. Welche Rolle spielt Ihre Herkunft, Ihr Elternhaus, für Ihr späteres Denken?

Bräutigam:
Bei Kriegsende war ich 14 Jahre alt. Ich wurde in einer Zeit erwachsen, in der die jüngere deutsche Vergangenheit in ihrer ganzen Schrecklichkeit bekanntwurde. Ich wurde gewissermaßen mit diesen Enthüllungen groß. Daraus entstanden naturgemäß Spannungen zu den Eltern, die in dieser Zeit als Erwachsene gelebt hatten.

Schorlemmer:
Wie drückte sich diese Spannung aus? Haben die Jugendlichen gesagt: „Ihr Eltern, wie konntet ihr nur da mitmachen?"

Bräutigam:
Das war sozusagen das Leitmotiv dieser Diskussion. Die Generation der Väter hatte ein Rechtfertigungsbedürfnis, sie wollte erklären, wieso das alles geschehen konnte und warum es nicht hat verhindert werden können. Diese Diskussionen haben jedenfalls meine Jahre des Erwachsenwerdens geprägt. Aus diesen Spannungen ist aber keine Feindseligkeit zu meinem Vater entstanden. Ich merkte nur, wie unglaublich depressiv er durch das Scheitern auch seines persönlichen Lebens wurde. Er war Berufsoffizier gewesen, war in der Weimarer Zeit in einen zivilen Beruf übergewechselt und 1945 im Grunde genommen in seiner beruflichen Entwicklung zum zweiten Mal am Ende gewesen. Das wurde mir als jungem Mann noch nicht so richtig bewußt. Es ist mir erst

später klargeworden, wie die politischen Entwicklungen in dieser Zeit nicht nur meinen Vater, sondern seine ganze Generation geprägt haben. Nicht nur, weil sie es miterlebt haben, sondern es hat ihr eigenes persönliches Leben verändert und zum Teil auch Katastrophen darin herbeigeführt.

Schorlemmer:
Peter Florin, welchen Einfluß haben auf Sie Herkunft und Elternhaus gehabt?

Florin:
Das Leben in meiner Familie hat mich geprägt. Ich bin in einer kommunistischen Familie aufgewachsen. Was mir im Elternhaus besonders angetragen wurde, war die Freundschaft zu anderen Völkern. Im Leben hat mir dieser Gedanke der internationalen Solidarität und des friedlichen Zusammenlebens oft geholfen.
Darüber hinaus wurde mir damals klargemacht, welche große Gefahr der Faschismus für Deutschland ist. Als ich 1933 emigrierte, bin ich als überzeugter Antifaschist nach Frankreich gegangen.

Schorlemmer:
Können Sie sagen, welches Buch oder welcher Mensch Sie besonders prägte?

Bräutigam:
Mir fällt ein Buch ein, das ich erst später gelesen habe. Gehört hatte ich aber schon früher davon, es muß 1947/48 erschienen sein, ein Buch des großen deutschen Historikers Friedrich Meinecke, „Die deutsche Katastrophe". Ein knappes Bändchen, in dem er eher subjektiv und nicht historisch-wissenschaftlich die damalige Situation beschreibt.
Die Situation, in der ich mich befand, war in gewisser Hinsicht das genaue Gegenteil von der Situation, in der Peter Florin war. Er hat dieses Katastrophenbewußtsein, mit dem ich groß wurde, nicht gehabt und auch nicht haben müssen.

Florin:
Ich muß sagen, daß das Kommunistische Manifest schon in meiner Jugend einen außerordentlichen Einfluß auf mich hatte. Es war für mich als Jugendlicher nicht ganz verständlich, aber ich habe später darin nachgelesen, und ich glaube, daß es ein Buch ist, was mich in meinem späteren Leben geprägt hat.
Neben meinem Vater gab es verschiedene Persönlichkeiten als Vorbilder. Ich meine, daß ich sehr stark unter dem Einfluß von Max Hölz[2] stand, einer ultrarevolutionären Figur in der deutschen Geschichte, und natürlich hatte die Lebensgeschichte von Ernst Thälmann[3] großen Einfluß auf mich.

Bräutigam:
Ich würde eine Person nennen, die niemand hier kennen kann. Es war ein Pfarrer, der mich im Krieg dazu veranlaßt hat, mich einer Jugendgruppe anzuschließen, die in Wahrheit eine Gegenbewegung gegen die Hitlerjugend war. Meine Eltern haben das gewußt und auch gefördert. Dieser junge Pfarrer hatte ein großes Talent, mit Jugendlichen umzugehen und veranstaltete Fahrten, Diskussionen und Sportereignisse. Er hat mir das kritische Denken beigebracht, ohne daß ich es gemerkt habe. Ich kann aber nachvollziehen, daß ich bestimmte Dinge plötzlich kritisch sah, die ich sonst nicht kritisch gesehen hätte.

Schorlemmer:
Wohl dem, der als junger Mensch solche Menschen findet.
Herr Florin, Sie waren nach Ihrem Selbstverständnis Kommunist und sind es noch heute. Was verstehen Sie unter einem Kommunisten?

Florin:
Ja, ich meine, ich bin auch heute noch Kommunist. Ein Kommunist muß ein Mensch sein, dessen oberste Ziele soziale Gerechtigkeit, Frieden und internationale Zusammenarbeit sind. Ich spreche immer von der Außenpolitik, weil ich gewissermaßen seit 1949 mit ihr „verheiratet" war. Trotz aller Schwierigkeiten, trotz des Scheiterns vieler Versuche, eine kommunistische Gesellschaft zu verwirklichen, besteht für mich auch heute noch das Ideal einer solchen Gesellschaft.

Schorlemmer:
Wie halten Sie es dabei mit der Demokratie?

Florin:
Ich verstehe die Demokratie als eine entscheidende Frage in jeder humanitären Gesellschaft. Die Frage, wie die Demokratie im einzelnen praktiziert werden soll, ist eine andere Frage, und da meine ich, hat die Menschheit noch vieles zu lernen.

Schorlemmer:
Sie lebten von 1935 bis 1945 als Emigrant in der Sowjetunion. Was hat Sie in Ihren persönlichen Erfahrungen mit der Sowjetunion verbunden?

Florin:
Das war eine sehr ereignisreiche Zeit. Dieser Zeitraum unterteilt sich in verschiedene Etappen und verschiedene Fragen und Probleme. Was mich mit der Sowjetunion im wesentlichen verband, war zunächst die Tatsache, daß sie mir als deutschen Emigran-

ten Gastfreundschaft gewährt hatte. Zweitens sah ich, wie in der Sowjetunion versucht wurde, eine neue Gesellschaft herauszubilden. Ich spürte, wie schmerzhaft dieser Prozeß ist. Ich war gewillt, daraus zu lernen, was an Gutem wie auch an Schlechtem in dieser Zeit in der Sowjetunion geschah.

Schorlemmer:
Wann haben Sie erfahren, in welchem Ausmaß Stalin Kommunisten umgebracht hat?

Florin:
Das volle Ausmaß habe ich erst 1956 erfahren. Ich war wahrscheinlich zu jung und zu euphorisch in meiner revolutionären Gedankenwelt, so daß viele Dinge, die zu dieser Zeit geschahen und die faktisch Verbrechen darstellten, mir erst viel später im Zusammenhang mit der dunklen Seite der sowjetischen Gesellschaft bekannt und bewußt wurden.

Schorlemmer:
Sie sind bei den Partisanen in Weißrußland gewesen. Als Deutscher im Großen Vaterländischen Krieg gegen das eigene Vaterland?

Florin:
Ja, ich war bei den Partisanen in Belorußland gewesen. Aber mein Weg begann nicht mit diesem Einsatz, sondern ich mußte nach dem 22. Juni 1941 für mich als deutschen Antifaschisten eine schwere Entscheidung treffen. Mir war bewußt, daß der heimtückische Überfall Hitlerdeutschlands auf die Sowjetunion für das deutsche Volk eine Katastrophe darstellte. Ich war gleichzeitig davon überzeugt, daß in diesem Kampf die Sowjetunion siegen würde, und ich hoffte, daß mit diesem Sieg das faschistische Regime in Deutschland beseitigt werden und mir die Möglichkeit gegeben sein würde, wieder nach Deutschland zurückzukehren.
Um gleichzeitig eine moralische Pflicht gegenüber meinem Gastland zu erfüllen, habe ich mich am 23. Juni 1941 freiwillig zur sowjetischen Armee gemeldet. Der Einsatz bei den Partisanen erfolgte erst 1943. Nachdem die Bewegung Freies Deutschland entstanden war, wurde ich gebeten, die Partisanen in Belorußland über diese Bewegung zu informieren und möglichst auch Einfluß zu nehmen auf die Entscheidungen der Soldaten und Offiziere der Wehrmacht, entweder zu den Partisanen oder in die sowjetische Gefangenschaft zu gehen, um den Dienst bei Hitler zu quittieren.

Schorlemmer:
Das heißt, Sie sind bis an die vorderste Front gekommen, so, wie es manche Bilder in Geschichtsbüchern gezeigt haben. Lew Kopelew[4] hat erzählt, daß Menschen, die die

Übergriffe auf die deutsche Bevölkerung beim Einmarsch der Sowjetarmee in Ostpreußen kritisierten, wegen Versöhnung mit dem Feind verurteilt wurden? Ist Ihnen diese Problematik - also die Vergehen der Roten Armee an deutscher Zivilbevölkerung - begegnet?

Florin:
Ich kenne diese Problematik nur aus Kopelews Erzählungen. Ich war ein persönlicher Freund dieses Mannes. Aus der Partisanenzeit bin ich nach dem Tod meines Vaters nach Moskau zurückgekehrt und erst am 1. Mai 1945 nach Deutschland gekommen. Ich kam dann bald in die Lutherstadt Wittenberg. Es hat auch hier unliebsame Begleiterscheinungen der Besatzung gegeben, aber im allgemeinen ging es dort ziemlich vernünftig zu. Ich kann nicht aus eigenem Erleben von solchen Problemen berichten, die Kopelew widerfahren sind.

Schorlemmer:
Könnte es sein, daß man, wenn man von einer Sache überzeugt ist und für sie kämpft, auch blind für bestimmte Dinge wird und manches gar nicht sehen will? Viele Deutsche haben schließlich auch beteuert, sie hätten gar nichts gewußt von Judenvernichtung und KZs ...

Florin:
Ich verstehe schon, daß man blind werden kann gegenüber eigenen Freunden oder gegenüber bestimmten Dingen. Aber in allen Orten, in die ich kam, hat es solche Begleiterscheinungen, wie Kopelew sie schildert, nicht gegeben.

Schorlemmer:
Sie kamen am 1. Mai 1945, also vor der offiziellen Kapitulation Deutschlands, in Ihre Heimat zurück und sind dann in Wittenberg als stellvertretender Landrat eingesetzt worden. Haben Sie hier eigentlich noch Nazis getroffen?

Florin:
Ja. Ich habe dort Nazis angetroffen. Die führenden Funktionäre hatten Wittenberg bereits verlassen, aber ich bin mit Menschen zusammengekommen, die Mitglieder der NSDAP gewesen waren und die auch in manchen Dingen faschistisch gehandelt hatten. Ein kurzes Beispiel: Der Landrat und die obersten Persönlichkeiten des Landratsamtes waren weg. Ich wurde als stellvertretender Landrat eingesetzt und begann, in dieser Funktion das Leben im Kreis Wittenberg in einem friedlichen Sinn zu beeinflussen. Dabei sind alle Mitglieder der NSDAP, die im Landratsamt gearbeitet haben, entlassen worden. Mit einer Ausnahme: Einen Bürodirektor habe ich lange Jahre ge-

schützt, weil dieser Mann der Mann im Landratsamt war, der den Kreis Wittenberg wirklich aus dem Effeff kannte. Er wußte um die wirtschaftlichen und sozialen Probleme, und ich muß sagen, dieser Mann war für mich eine große Hilfe. Deswegen habe ich ihn trotz seiner Mitgliedschaft in der NSDAP als Bürodirektor im Landratsamt gehalten.

Schorlemmer:
Wie vollzog sich in der Deutschen Demokratischen Republik die Umerziehung oder Entnazifizierung?

Florin:
Die Entnazifizierung war in der Deutschen Demokratischen Republik ein großes Problem. Man hat nicht nur führende faschistische Funktionäre, soweit sie überhaupt noch vorhanden waren, verhaftet und manche von ihnen auch vor Gericht gestellt, sondern das eigentlich Entscheidende war der Versuch, den Menschen nach Kriegsende wieder Lebensmut zu geben und ein Leben zu organisieren, das frei war von der Ideologie des Faschismus.
Nicht zuletzt wurde bei den Schulen begonnen, indem man viele Menschen als Lehrer einsetzte, die sich in der Vergangenheit antifaschistisch betätigt hatten. Was die Justiz in Wittenberg anbetrifft, so haben wir hier mit Hilfe des Kommandanten, der die oberste Gewalt innehatte, ein Laiengericht eingerichtet, das von allen faschistischen Gedankengängen der Vergangenheit völlig frei war.

Schorlemmer:
Wann haben Sie Walter Ulbricht kennengelernt, und wie haben Sie ihn erlebt?

Florin:
Walter Ulbricht habe ich noch als Junge in Moskau in der Emigration kennengelernt. Ich habe ihn als einen großen Organisator erlebt, als einen strengen Menschen, der ständig auf der Suche nach Problemlösungen war. Er zögerte dabei auch nicht, bestimmte Probleme, die man meinte schon längst gelöst zu haben, wieder aufzugreifen, wenn er gesehen hat, daß die Entwicklung eine neue Lösung fordert. Ich muß ehrlich sagen, daß ich vor Walter Ulbricht sehr viel Respekt hatte. Aber ich habe auch seine nicht ganz glückliche Personalpolitik und manche anderen negativen Züge gesehen. Im allgemeinen bin ich der Auffassung, daß für das, was hier zu geschehen hatte, Walter Ulbricht die richtige Persönlichkeit war.

Schorlemmer:
Kannten Sie auch Ulbricht-Witze?

Florin:
Nein, ich kannte keine Ulbricht-Witze.

Schorlemmer:
Sie wurden dann Chefredakteur der SED-Zeitung „Freiheit" in Halle. War diese Zeitung für Sie auch ein Propagandaorgan der Sozialistischen Einheitspartei Deutschlands?

Florin:
Ja, das war sie. Die Zeitung war das Organ der Sozialistischen Einheitspartei Deutschlands für das Land Sachsen-Anhalt. Im Mittelpunkt der Tätigkeit bei dieser Zeitung stand die Information und daneben natürlich das Bestreben, sozialistische Propaganda zu verbreiten.

Schorlemmer:
Das heißt, die jeweilige Parteilinie allgemein zu verbreiten. Das kann man auch mit dem Fremdwort Zensur benennen.

Florin:
Was die Zensur anbetrifft, so habe ich zunächst einmal Zensur von der sowjetischen Seite her erlebt, denn solange die Sowjetunion das Sagen hatte, hatten wir einen Zensor, und der hat uns oftmals Schwierigkeiten bereitet. Ich hatte die Angewohnheit, nicht einfach ja und amen zu sagen, sondern mit dem Zensor zu streiten, auch auf Russisch. Das führte dazu, daß mehrere Zensoren hintereinander diese psychische Belastung nicht ausgehalten haben und wir ständig neue Offiziere als Zensoren bekamen. Es gibt darunter auch bekannte Persönlichkeiten; zum Beispiel war Konrad Wolf[5] eine Zeitlang Kulturoffizier in Halle und hat die Zeitung zensiert. Später fiel diese Art der Zensur weg und ging in die Verantwortung des Chefredakteurs vor den leitenden Organen der Partei über. Eine unmittelbare Zensur durch jemand anders gab es dann nicht mehr.

Schorlemmer:
Sie waren 36 Jahre lang Volkskammerabgeordneter für die Einheitspartei. Waren Sie immer so einmütig, wie es in der Zeitung berichtet wurde? Ich kann mir das irgendwie nicht vorstellen.

Florin:
Das ist wahr. Das kann man sich nicht so einfach vorstellen. Erst einmal muß man sagen, daß sich die Volkskammer dadurch auszeichnete, daß die Diskussionen eigentlich

nicht während der Volkskammertagungen erfolgten, sondern meistens in Ausschüssen. Dort ging es manchmal sehr hoch her, bis es zu einer Verständigung kam. Selbst dann, wenn ich der Meinung war, daß eine Entscheidung nicht ganz richtig war, habe ich mich immer damit getröstet, daß die Frage früher oder später wieder auftauchen und die Geschichte schon eine Lösung finden wird.

Schorlemmer:
Eine Konsensgesellschaft, die sich bewußt ist, daß man ein gemeinsames Ziel auch nur gemeinsam erreichen kann, ist eine schöne Sache. Dann muß nur noch jemand her, der sagt, wo es langgeht. Das macht es auch für die Menschen leichter, weil dann keiner verantwortlich ist. Jetzt lebt die Gesellschaft ganz und gar vom Konflikt. Das ist eine völlig andere Strategie. Hauptsache, es wird ordentlich gestritten und diskutiert. Natürlich setzt sich in diesem Diskussionsprozeß schon die vernünftigste Variante durch. Das können wir beim Stadtrat in Wittenberg ja Woche für Woche verfolgen ...
Herr Florin, in den dramatischen Jahren von 1967 bis 1969 waren Sie Botschafter in der ČSSR. Ist da nicht die Hoffnung, daß Demokratie und Sozialismus vereinbar sind, zerstört worden?

Florin:
Ja, so scheint es, aber die Problematik, um die es damals ging, war etwas anders gelagert. Ich möchte nur sagen, daß ich ein großer Anhänger – und in diesem Sinne habe ich auch gearbeitet – der Auffassung war, daß man politische Probleme mit politischen Methoden lösen muß. Als aber in der ČSSR eine politische Kraft den Austritt des Landes aus dem Warschauer Vertrag forderte, war ich sehr besorgt über eine mögliche Veränderung des Kräfteverhältnisses und bin der Staatsdisziplin gefolgt. 1990 habe ich als Abgeordneter der Volkskammer für eine Resolution gestimmt, die eine Entschuldigung gegenüber dem tschechoslowakischen Volk zum Inhalt hatte.

Schorlemmer:
Haben Sie damals zu spüren bekommen, wie begeistert die Menschen beispielsweise in Prag von diesem Weg Alexander Dubčeks[6], Josef Smrkovskys[7] und Ludvík Svobodas[8] waren?

Florin:
Ja, das habe ich mitbekommen.

Schorlemmer:
Können Sie sich daran erinnern, wie es Ihnen gefühlsmäßig erging, als Sie in den Nachrichten hörten, wie Breschnew mit Dubček im Eisenbahnabteil verhandelte? Erst

schien sich ja eine Lösung abzuzeichnen - und ich selber sah neue, demokratische Perspektiven auch für unser Land.

Florin:
Ich hoffte, daß man sich bei den Verhandlungen auf ein Ergebnis verständigen würde.

Schorlemmer:
In welchem Sinne verständigen würde?

Florin:
Zum Beispiel, daß die tschechoslowakische Regierung einverstanden ist, sowjetische Truppen in der ČSSR stationieren zu lassen.

Schorlemmer:
Sie kamen 1969 in die DDR zurück und wurden Ständiger Vertreter der Deutschen Demokratischen Republik bei der UNO. Sie waren 1987/88 Präsident der 42. Vollversammlung. Waren Sie der erste Vertreter unseres Landes dort?

Florin:
Nein. Beide deutsche Staaten sind zur gleichen Zeit in die Vereinten Nationen aufgenommen worden. Ich war Ständiger Vertreter der Deutschen Demokratischen Republik, und die Bundesrepublik hatte auch ihren Ständigen Vertreter bei den Vereinten Nationen. Wir fragten uns am Anfang natürlich, wie sich diese beiden Ständigen Vertreter und ihre Mitarbeiter miteinander würden verständigen können. Würde es eventuell Probleme geben und wenn ja, welcher Art? Erfreulicherweise war es möglich, sich sehr bald, nachdem Freiherr von Wechmar Ständiger Vertreter der Bundesrepublik Deutschland in New York wurde, über ein Gentleman Agreement zu verständigen. Beide Seiten waren bestrebt, die UNO von deutschen Zwistigkeiten freizuhalten. An dieses Agreement haben wir uns im wesentlichen gehalten, und ich glaube, daß das von den anderen Vertretern in der UNO auch entsprechend gewürdigt wurde.

Bräutigam:
Ich kann das bestätigen. Es hat ein solches Einverständnis gegeben, ohne daß es verhandelt worden wäre. Beide deutsche Staaten und beide Regierungen waren der Meinung, daß der deutsch-deutsche Streit keinesfalls in der UNO ausgetragen werden sollte. Wir konnten die deutsche Frage dort nicht lösen und regeln. Außerdem war beiden bewußt, daß wir damit allen anderen UNO-Mitgliedern auf die Nerven gehen würden und daß sie dann noch weniger Verständnis für uns aufbringen würden.

Dieses Verhalten haben wir übrigens nicht nur in den Vereinten Nationen, sondern auch an vielen anderen Stellen in der Welt praktiziert. Wir lernten in den siebziger Jahren miteinander umzugehen, meistens kühl und distanziert, aber mehr und mehr kam es zu Kontakten und menschlicher Normalisierung. Das ging an einigen Stellen besser als an anderen. Das waren Auswirkungen der Ostpolitik außerhalb Deutschlands.

Schorlemmer:
Wie haben Sie den Herbst 1989 erlebt?

Florin:
Dieses Jahr 1989 war natürlich ein sehr kompliziertes. Ich war bis zuletzt Mitglied des Zentralkomitees. Wir waren uns darüber im klaren, so wie es war, kann es nicht weitergehen. Es muß etwas geändert werden. Aber was im einzelnen zu geschehen hatte, war uns nicht klar, und wir diskutierten darüber. Dann gab es aber, veranlaßt durch Massenbewegungen, schon Entscheidungen, die über die Absicht der staatlichen Organe hinausgingen. Dazu gehörte die Öffnung der Grenze am 9. November. Was mich persönlich anbetrifft, so habe ich an der Diskussion im Zentralkomitee teilgenommen und für eine Veränderung der Politik gestimmt, aber an dem betreffenden 9. November war ich zu Hause.

Schorlemmer:
Da gibt es ein ehemaliges Politbüromitglied Günter Schabowski[9]. Hat der wirklich dazugelernt? Oder ist er ein Machtopportunist, komme, was wolle?

Florin:
Das weiß ich nicht. Ich kenne ihn zu wenig.

Schorlemmer:
Hans-Otto Bräutigam war 18 Jahre alt, als in Deutschland 1949 die Besatzungszonen aufgehoben wurden und die deutsche Teilung zunächst einmal auf unabsehbare Zeit „vollendet" wurde. Wie war das im Mai und Oktober 1949 für dich?

Bräutigam:
Es gab wieder einen Staat und damit für Menschen in meinem Alter wieder eine Hoffnung auf normale Lebenswege, die ja meistens etwas mit Staat zu tun haben. Und es gab plötzlich neue Perspektiven. Bis 1949 war es noch sehr unklar, ob es überhaupt wieder einen deutschen Staat geben würde und wenn ja, in welcher Form. Das habe ich in meinem Alter schon mitbekommen und mich dafür interessiert. 1949 war ein Hoffnungszeichen. Auch wenn wir und die Mehrheit der Bevölkerung noch keine Vorstel-

lung davon hatten, was denn ein demokratisches System wirklich bedeutete. Das haben wir erst im Laufe der Zeit gelernt, der eine mehr, der andere weniger.

Schorlemmer:
Du hast Jura studiert und bald Interesse an internationalem Recht und Völkerrecht gefunden. Später lag deine gesamte Tätigkeit in diesem Bereich. War das schon ein Motiv für die Wahl des Studienfaches oder entwickelte sich dieses Interesse für das Zusammenleben von Völkern auf einer Rechtsgrundlage erst im Studium? Dieser Interessenschwerpunkt wurde dann gewissermaßen gekrönt durch deine Stellung als Vertreter der Bundesrepublik bei der UNO.

Bräutigam:
Dieses Interesse war ein bißchen durch die Familientradition beeinflußt. In der Familie hatte es seit einigen hundert Jahren Juristen und Offiziere gegeben.

Schorlemmer:
Keine Pfarrer?

Bräutigam:
Keine Pfarrer. Wir waren eine typische Juristenfamilie und insofern war es naheliegend. Außerdem erzählte mir mein Vater etwas zögerlich und auch mit Mühe seine Lebensgeschichte. Er beklagte sich in Wahrheit rückblickend darüber, daß er damals mit 18 Jahren Seekadett geworden war, und später Seeoffizier wurde, was er bis zum Ende des Ersten Weltkrieges 15 Jahre lang geblieben ist. Er wäre gern Jurist geworden, aber er hat diesen Gedanken zu spät gehabt.

Schorlemmer:
Der vielleicht spannendste Moment für deine berufliche Arbeit war das Mitwirken an der Ostpolitik von 1969 bis 1974. Gibt es da etwas, was dich nachhaltig beeindruckt hat, etwa die Gespräche mit dem sowjetischen Vertreter Pjotr Abrassimow, der unvergeßlich ist in seiner kryptischen Redeweise? Man behielt jeden Satz, weil er immer nur ganz wenig sagte. In dieser Zeit hast du entscheidend mitgewirkt. Auch wir DDR-Bürger waren Nutznießer dieser Politik. Ab 1972 konnten wir alte Freunde, „Bekannte aus der BRD" empfangen.

Bräutigam:
Das war auch so gedacht. Es war schon ein Kernpunkt der innerdeutschen Politik, so viel menschliche Normalität herzustellen, wie nur irgend möglich war. Auch wenn wir euch nicht gut kannten, haben wir doch an euch gedacht. Mich hat es intellektuell schon beschäftigt,

wie wir mit der deutschen Frage umgehen könnten, die so unlösbar schien. Was könnte man tun, um so normal wie möglich miteinander umzugehen, Kontakte zu haben und diese Feindseligkeit abzubauen, für die das Symbol die Mauer war? Das schien fast unvorstellbar. Es hat mich fasziniert, daß es damals einige Politiker gab, die nicht nur mit einer sehr klaren Zielvorstellung, sondern auch mit einer mich wirklich beeindruckenden Phantasie diese Politik zu einer Wirklichkeit entwickelt haben. Willy Brandt natürlich und Egon Bahr, der in den Verhandlungen eine unglaubliche Phantasie entwickelte, wie man mit dem so unlösbar scheinenden Problem, vor allem mit dem Westberlins, umgehen könnte. Das hat in der Ostpolitik in den ersten Jahren eine mindestens ebenso wichtige Rolle wie die Herstellung normaler Kontakte, die Festigung und Erweiterung der Bindungen zwischen den Deutschen, gespielt.

Die Sicherung Berlins war ein zentraler Punkt der Ostpolitik. Ich würde sagen, ohne das Berlin-Problem wäre die deutsche Frage wahrscheinlich gar nicht offen geblieben, und wir wären heute nicht da, wo wir jetzt sind. Das hat man vielleicht in der DDR damals nicht so gesehen und auch nicht so sehen können, obwohl sie durch die Berlin-Situation auch unmittelbar betroffen war. In den ersten Jahren nach Beginn der Verhandlungen haben wir uns vor allem mit der Berlin-Frage befaßt. Die Verhandlungen über diese Stadt waren die schwierigsten, und ich würde heute noch sagen, wohl auch die wichtigsten. Erst durch eine Regelung des gegenseitigen Umgangs miteinander in der Berlin-Frage ist es möglich geworden, andere Dinge in Angriff zu nehmen. Wenn wir bei der Frage gescheitert wären, dann wäre das Verhältnis der beiden deutschen Staaten auch in den siebziger Jahren vermutlich noch eine Politik des gegenseitigen Schweigens geblieben.

Schorlemmer:
Sehen Sie das auch so?

Florin:
Ja.

Schorlemmer:
Hans-Otto Bräutigam ist von 1977 bis 1982 als parteiloser Experte im Bundeskanzleramt tätig gewesen. Geht das?

Bräutigam:
Das geht. Das ging damals und das geht auch heute noch. Es war überhaupt kein Problem. Ich habe es jedenfalls nie als solches empfunden. Ich denke, das Vertrauen in meine Arbeit hat nicht darunter gelitten, daß ich damals keiner Partei angehörte. Außerdem kam ich aus einem Dienst, wo Parteizugehörigkeit damals eigentlich noch unüb-

lich war. Man diente dem Staat, man besaß Loyalität. Das klingt jetzt sehr altmodisch, und ich würde es heute anders ausdrücken. Aber das war jedenfalls der Grund dafür, daß ich mir die Frage einer Parteizugehörigkeit damals überhaupt nicht gestellt habe. Ich habe nicht den Eindruck gehabt, daß man mir deshalb mißtraut hätte. Die Ostpolitik war in einem tieferem Sinne überhaupt keine Parteipolitik. Das hat sich bestätigt, als nach dem Regierungswechsel zu Kohl diese Politik fortgesetzt wurde. Man sollte sich bewußt sein, daß trotz der Bedeutung der Parteien die deutsche Politik heute wie auch damals zu 80 Prozent nicht aus Parteipolitik besteht. Mein Verhältnis zu den Parteien hat sich aufgrund meiner politischen Erfahrungen im Laufe der Zeit schon verändert, aber damals war das überhaupt kein Problem.

Schorlemmer:
Als du 1982 nach zwei umtriebigen Vorgängern dein Amt antratest, hatte ich den Eindruck: da ist jemand gekommen, der nicht auf äußere Wirkung, sondern vor allem auf ein Ergebnis aus ist. Als ich dich dann kennenlernte, fiel mir auf, wie intensiv du zuhörtest, wie wenig du selbst sagtest, aber das Gehörte mitnahmst. Ich habe mich gefragt: Ist das nicht ein gebremstes Leben, Ständiger Vertreter in der Deutschen Demokratischen Republik zu sein – einerseits ein Interesse zu haben, für die Menschen hier etwas zu bewirken, und gleichzeitig ein verläßlicher Partner auch der DDR-Behörden zu sein? Was macht man da mit sich, wenn man nicht so kann, wie man eigentlich will?

Bräutigam:
Das erste klang ein bißchen edel, so war ich aber nicht veranlagt. Mein Amtsverständnis war ein anderes als das meiner Vorgänger. Ich war der erste Diplomat auf diesem Posten, hatte eine andere Arbeitsweise, womit ich nicht sagen will, daß sie die bessere war. Es war schon ein gebremstes Leben, von dem Gastland, wie man so schön sagt, wahrlich von allen Seiten gebremst. Ich war allerdings in mancher Weise auch durch meine Heimatbehörden gebremst, die sich einige Ängstlichkeiten bewahrt hatten und Eigenmächtigkeiten eines Ständigen Vertreters nicht sonderlich schätzten. Ich habe das Gebremstsein trotzdem nicht so direkt empfunden, weil es zur politischen Arbeit gehört, daß man überall auf Grenzen stößt, die man eigentlich überschreiten will, aber nicht kann und vielleicht auch nicht sollte.
Ich fand diese ersten Jahre in einem für mich neuen Land unglaublich spannend. Es war nicht etwa ein Gebot der Klugheit zuzuhören, sondern ich wollte das Land kennenlernen. Ich stammte nicht von dort und kannte nur wenige Funktionäre, als ich in der DDR ankam. Ich hatte sonst überhaupt keine Kontakte. Da mußte ich meinen Spielraum, meine Möglichkeiten erforschen, um zu ermessen, mit wem ich eigentlich in einer natürlichen Offenheit reden konnte. Ich habe dann die Erfahrung gemacht, daß mir das Land,

das ich nicht kannte, seine Sprache und Kultur gar nicht fremd waren. Ich hatte mir nämlich etwas angewöhnt. Ich bin gespannt, wie Peter Florin darauf reagieren wird. Meinen Freunden zu Hause in Westdeutschland habe ich gesagt: „Diese Kommunisten sind unsere Landsleute."
Das war ein Satz, der eigentlich in Westdeutschland gar nicht aussprechbar war. Aber natürlich waren die Bewohner der DDR unsere Landsleute. Ich lernte, mit ihnen zu reden, ihre Sprache zu verstehen. Das war sehr wichtig. Ich traue mir heute noch zu, einen Ostdeutschen, der eine Funktionärsvergangenheit hat, an seiner Sprache zu erkennen. Es gab aber noch eine andere Sprache, die ich erst allmählich begriffen habe. Sie war viel schwerer zu erlernen. Ich lernte Menschen kennen, die sich offenkundig schwer taten, mit mir zu reden, es aber dennoch unbedingt tun wollten. Da lernte ich eine verschlüsselte Sprache, auch weil wir berechtigterweise annahmen, daß wir Mithörer hatten. Wir waren nicht ängstlich, aber manche unserer Gesprächspartner waren es. Manche weniger, manche überhaupt nicht, aber bei einigen war es ganz deutlich. Ich lernte, mich verschlüsselt auszudrücken, und wurde dafür sogar gelobt. Das habe ich als Kompliment empfunden.
Es war für den Ständigen Vertreter eben auch wichtig, die Funktionärssprache zu lernen, die ein bißchen anders war als das täglich gesprochene Wort. Ich habe jeden Tag eine Stunde lang das „Neue Deutschland" gelesen. Das war schon mehr als eine Funktionärssprache, das waren Sprachregelungen. Die zu verstehen, war sehr mühsam. Als ich meine Tätigkeit beendete und nach Amerika ging, war das erste, worauf ich mit Erleichterung verzichtete, die tägliche Lektüre des „Neuen Deutschlands".

Schorlemmer:
Wie empfinden Sie das, was „der Klassenfeind" eben sagte?
Ist Ihnen bewußt gewesen, daß es gewisse Unterschiede zwischen der Alltagsprache und der offiziellen „Funktionärs"-Sprache gab, oder war das für Sie identisch?

Florin:
Nein. Natürlich gab es unter den Funktionären verschiedene, die sich an eine Sprache gewöhnt hatten, andere nicht. Ich selber habe zumindest versucht, mich in einer normalen Sprache verständlich zu machen, wie sie die Menschen untereinander sprechen. Aber ich kenne auch andere, die das nicht einmal versucht haben, sondern die ihre Sätze wie auswendig gelernte Sprüche dahersagten.

Bräutigam:
Funktionärsdeutsch gibt es übrigens auch in Westdeutschland, es ist allerdings leichter zu lernen. Aber es gab auch damals im Osten Funktionäre, die selbst öffentlich kein Funktionärsdeutsch gesprochen haben.

Schorlemmer:
Der Kontakt zu Menschen, die das Land verlassen wollten, das war in der letzten Phase ein schwieriges Thema in der Ständigen Vertretung.

Bräutigam:
Das war es von Anfang an, nicht erst in der letzten Phase. Das war mit Abstand die schwierigste Aufgabe, die die Ständige Vertretung hatte, ein Problem von einer ziemlichen Größenordnung. Wir hörten auch Zahlen über Ausreiseanträge, die wir nicht nachprüfen konnten und meines Erachtens auch die nicht, die diese Zahlen benutzten. Aber daß es ein Problem war, war überhaupt nicht zu übersehen.
Für uns war es eine Gratwanderung. Wir durften keine Hoffnungen machen, die nicht erfüllbar waren. Wir haben dann eine bestimmte Linie entwickelt, wie wir uns verhalten, wenn sich ausreisewillige Menschen an uns wandten. Manche schrieben, manche kamen persönlich zu uns. Wir haben sie erst einmal angehört. Wenn sie sehr gesprächig wurden, haben wir darauf aufmerksam gemacht, daß es vielleicht Zuhörer gibt. Ich war immer wieder überrascht, wie viele mit einer emotionalen und geradezu explosiven Offenheit, selbst unter den gegebenen Umständen, über ihr Leben und über ihre Wünsche sprachen. Wir haben ihnen dann - das klingt jetzt sehr ausweichend, war aber trotzdem richtig - die Rechtslage erklärt. Die Rechtslage war nämlich die: Über die Ausreise entscheidet die DDR. Sie funktioniert nur über einen Ausreiseantrag, der von der DDR genehmigt werden muß. Die Bundesrepublik kann einen solchen Antrag unterstützen, aber die Entscheidung liegt allein bei der DDR.
Es war sehr unbequem, das sagen zu müssen, und viele wollten das so nicht hören, weil sie unsere Möglichkeiten überschätzten, aber so war die Lage. Wir haben ihnen auch gesagt, daß, wenn sie eine Ausreisegenehmigung bekommen, sie in der Bundesrepublik Deutschland die gleichen Rechte besitzen wie jeder andere Deutsche. Das war die wichtigste positive Seite, denn es gab aus der Sicht der Bundesrepublik Deutschland eine umfassende deutsche Staatsangehörigkeit, auf die wir nie verzichtet haben. Letztlich war - vielleicht sogar unter Berücksichtigung der Berlin-Frage - die Staatsangehörigkeit die schwierigste Frage überhaupt. Es war der Kernpunkt der ungelösten deutschen Frage.
Wir haben also erklärt, was wir können und was wir nicht können. Ich bin sicher, daß viele DDR-Bürger die Ständige Vertretung aus diesem Grunde unbefriedigt verlassen haben, weil wir ihnen die wirkliche Lage erklärt haben. Davon sind wir nie abgewichen, denn uns war klar: Wenn sich die Dinge zuspitzen und wir eine Abwerbungspolitik betreiben würden, dann wären die Tage der offenen Ständigen Vertretung gezählt gewesen. An einem einzigen Tag in der gesamten Tätigkeit der Ständigen Vertretung ist die Vertretung tatsächlich abgesperrt worden. Dieser Gefahr waren wir uns immer bewußt. Die bestehenden Probleme konnten nicht von Einzelfall zu Einzelfall

gelöst werden, sondern es würde nur im Wege eines Prozesses zu Erleichterungen kommen. Das ist dann auch eingetreten, wenn auch nicht in dem Umfang, wie wir uns es gewünscht haben.

Schorlemmer:
Ich kann nur hinzufügen: Wenn ihr das Staatsbürgerschaftsrecht geändert hättet, dann hättet ihr uns nachher nicht übernehmen müssen.
Was verbinden Sie beide mit dem Tag, an dem die Einheit juristisch vollzogen worden ist, im Hinblick auf die Zukunft der Deutschen?

Florin:
Der Beitritt der Länder der Deutschen Demokratischen Republik zur Bundesrepublik Deutschland war eine Entscheidung der Bevölkerung, die man akzeptieren mußte, ob einem das gefiel oder nicht. Ich hätte die Deutsche Demokratische Republik noch länger leben lassen wollen. Im allgemeinen waren wir von einer längeren Periode des Nebeneinanderbestehens der beiden deutschen Staaten ausgegangen. Ich war der Auffassung, daß es früher oder später in beiden deutschen Staaten Änderungen geben würde und daß wir zu einer Förderation kommen würden. Das sind meine Illusionen und Hoffnungen gewesen, die sich nicht bestätigt haben.

Bräutigam:
Ich würde gern eine Geschichte erzählen, die das von einer anderen Seite beleuchtet. Ich bin im Dezember 1989 für acht Tage aus New York nach Deutschland zurückgekommen. Wir sind sofort nach Berlin gefahren, weil wir unbedingt die zerstörte Mauer sehen wollten, und sind gleich nach unserer Ankunft durch das Brandenburger Tor gegangen. Wir wollten gewissermaßen fühlen, was wir von New York aus in großer Entfernung mitverfolgt hatten. Ich wollte diesen neuen Zustand sehen und fühlen und mit den Menschen darüber sprechen.
Dann habe ich meinen DDR-Kollegen im Außenministerium angerufen, mit dem ich 20 Jahre lang zu tun gehabt hatte. Ich habe ihn zum Mittagessen eingeladen, und er kam zusammen mit seiner Frau, die auch im Außenministerium tätig war. Er sagte zu mir: „Sie sind die Sieger, wir sind am Ende." Ich war völlig sprachlos. Schließlich sagte ich: „Also, bitte, ich komme doch nicht als Sieger, was denken Sie sich denn? Sie kennen mich doch. Ich bin kein Sieger, ich will auch keiner sein. Wir kommen nicht als Sieger. Was jetzt stattfindet, ist ein völlig anderer Vorgang." Wir führten ein richtig gutes Streitgespräch. Nicht, daß es mir gelungen wäre, ihm über seine berufliche Lebenskrise hinwegzuhelfen – so hatte er seine Situation empfunden und das konnte ich nachvollziehen –, aber wir haben versucht, uns darüber klarzuwerden, mit welchem Vorgang wir es hier zu tun haben.

Ich habe den Herbst der Maueröffnung, diese friedliche Revolution, als einen unglaublichen und wunderbaren Vorgang empfunden, der meine Phantasie weit überstiegen hat und den es in der deutschen Geschichte meines Wissens nie gegeben hatte. Wer hätte jemals gedacht, daß dieser Vorgang urdemokratischer und gewaltloser Veränderungen von den Ostdeutschen ausgehen würde? In Westdeutschland überhaupt niemand. Niemand hatte ihnen das zugetraut. Es war ein großer Augenblick in unserer Geschichte, den man nicht festhalten kann.

Nach kurzer Zeit holte einen allerdings die Wirklichkeit wieder ein, die nicht so wunderbar war. Es kam dann die Zeit der großen Anstrengungen, den Vereinigungsprozeß politisch in kontrollierte Bahnen zu lenken und die Vereinigung so zu gestalten, daß sie den Erwartungen und Bedürfnissen der Menschen einigermaßen gerecht wurde. Wie das gelungen ist, ist heute nicht unser Thema, aber dieser wunderbare Vorgang – ich benutze das Wort „Wunder", weil niemand daran geglaubt hatte – wurde abgelöst durch eine Phase der Ernüchterung im Osten, die für viele, wenn auch nicht für alle, in eine Zeit großer Bitterkeit einmündete. Manchmal habe ich mich an das Leben meines Vaters erinnert, bei dem die Politik so unmittelbar in sein Leben eingegriffen hatte. Genauso griff nach 1990 die neue Politik geradezu mit Brutalität in das Leben vieler Menschen ein. Das habe ich in meiner Brandenburger Zeit erfahren können. Die Westdeutschen haben das natürlich ganz anders erlebt. Für sie war das weit weg, und sie haben das kaum nachvollziehen können. Diese unterschiedliche Wahrnehmung des Einigungsprozesses ist ein Teil des Problems, das wir heute noch haben.

Schorlemmer:
Worin sehen Sie den Hauptgrund dafür, daß es immer noch eine Entfremdung zwischen Ost- und Westdeutschen gibt, und was muß vermieden oder verstärkt werden, damit es besser wird?

Florin:
Ich glaube, daß die Bevölkerung der neuen Länder sehr viel gewonnen hat durch den Beitritt. Andererseits sind die Bürger der neuen Länder faktisch Bürger zweiter Klasse. Ich erinnere nur an eine einfache Tatsache: Sie bekommen tatsächlich ein anderes, geringeres Gehalt, sind in vielen Fragen den Bürgern Westdeutschlands oder Westberlins nicht gleichgestellt. Dadurch ergeben sich viele Probleme. Durch die Arbeitslosigkeit, die die Bevölkerung in den neuen Bundesländern stärker bedrückt als die Menschen in den alten Ländern der Bundesrepublik, hat eine gewisse Verbitterung an vielen Stellen gegriffen.

Was die gesamte wirtschaftliche Entwicklung der neuen Länder anbetrifft, so ist die Wirtschaft eigentlich in den Händen westdeutscher Unternehmen, und die meisten wissenschaftlichen Institute sind abgebaut. So könnte man eine ganze Reihe von Problemen nennen, die die einzelnen Bürger der neuen Länder kennen, so daß eine gewisse Berechtigung zur Aussage besteht, daß die Einheit erst noch hergestellt werden muß, indem die Gleichstellung der Bürger der alten und neuen Länder erfolgt.

Bräutigam:
Auf diese schwierige Frage will ich eine kurze Antwort geben:
1. Der Einigungsprozeß braucht Zeit.
2. Es muß nicht das Ziel sein, daß wir uniforme Verhältnisse in dem vereinigten Deutschland haben. Es ist für mich durchaus vorstellbar, daß wir verschiedene Strukturen haben, nicht auf politischer, aber auf gesellschaftlicher und wirtschaftlicher Ebene. Man hätte sich vorstellen können, daß der Privatisierungsprozeß länger hätte hingezogen werden sollen, um manche der großen Härten auf diese Weise aufzufangen. Das wäre aber auch problematisch gewesen. Ich meine, das Ziel der Wiedervereinigung ist nicht eine Uniformität der Verhältnisse. Das setzt voraus, daß man unterschiedliche gesellschaftliche Verhältnisse auch gegenseitig respektiert und selbstverständlich auch kritisiert.

Ich kann in einigen Punkten Peter Florin nicht widersprechen. Aber ich möchte einschränken, daß die Menschen in den neuen Ländern Deutsche zweiter Klasse sind. Für die heute 30jährigen und Jüngeren gilt das nicht mehr. Sie sind wettbewerbsfähig, sehr motiviert und auch im Westen mit ihren Fähigkeiten akzeptiert. Sie haben vielleicht mehr Chancen, als sie manchmal wahrnehmen. Sie haben auch die Mobilität, die sie brauchen. Das heißt, wir reden über ein Problem, daß vor allem eines der Älteren ist und nicht mehr so sehr derjenigen, die ihre berufliche Zukunft noch vor sich haben. Die Abwanderung hat den positiven Aspekt, daß junge Ostdeutsche Chancen haben, sich durchsetzen und nicht zurückkommen. Wir sehen aber nun, wie ganze Landstriche veröden.
Ein Teil der Tragik des Wiedervereinigungsprozesses ist, daß der Neuaufbau wirtschaftlicher Strukturen in einigen Teilen des Landes überhaupt nicht stattfindet. Ein anderer tragischer Aspekt ist, daß diejenigen, die nun weggehen und Erfolg haben und im Westen bleiben, eines nicht mitnehmen können, und zwar ihre Heimat. Das ist nicht so sehr die Landschaft, sondern die menschliche Umgebung, aus der sie kommen. Ich glaube jedenfalls, daß es ein wichtiges politisches Ziel ist, das Heimatgefühl der Menschen zu stärken, und ihnen auch die Sicherheit zu geben, die sie in diesen Notzeiten dringend brauchen.

Schorlemmer:
Meine Damen und Herren, zwei deutsche Lebensläufe – zwei Lebenserfahrungen, zwei Sprachen. Ein fairer Umgang miteinander, damals wie heute. Ich danke Ihnen.

Anmerkungen

1 Wilhelm Florin (1894-1944), Politiker (KPD), seit 1908 in der Arbeiterbewegung aktiv, ab 1920 in der KPD, Reichstagsabgeordneter seit 1924, nach 1933 emigriert, 1935-1943 Sekretär des Präsidiums der Kommunistischen Internationale.
2 Max Hölz (1889-1933), deutscher Kommunist mit trotzkistisch-anarchischen Ideen, Kriegsfreiwilliger 1914, leitete die Aufstände in Mitteldeutschland 1920/21.
3 Ernst Thälmann (1886-1944), Politiker (KPD), seit 1924 Reichstagsabgeordneter, ab 1925 KPD-Vorsitzender, 1933 nach Machtübernahme verhaftet, 1933-1944 in Haft, 1944 im KZ Buchenwald umgebracht, in der DDR Symbolfigur des kommunistischen Widerstandes.
4 Lew Kopelew (1912-1997), russischer Schriftsteller, Germanist und Übersetzer, 1945-1955 in Haft, von der UdSSR während eines Aufenthaltes in der BRD 1981 ausgebürgert.
5 Konrad Wolf (1925-1982), Filmregisseur, studierte 1949-1954 in Moskau Regie und drehte ab 1955 in der DDR Filme mit zeithistorischer Thematik, u. a. „Der geteilte Himmel" (1964), „Ich war neunzehn" (1969), „Mama, ich lebe" (1977), „Solo Sunny" (1980), 1965-1982 Präsident der Akademie der Künste.
6 Alexander Dubček (1921-1992), tschechoslowakischer Politiker (KP), 1968/69 Mitglied einer Gruppe liberalistischer Reformer, 1968 verlor er (bis 1970) alle Staats- und Parteiämter, 1989 wurde er rehabilitiert und erster Präsident des Parlaments.
7 Josef Smrkovsky (1911-1974), tschechoslowakischer Politiker (KP), trat in den sechziger Jahren als Wegbereiter des reformkommunistischen Kurses hervor, 1968/69 Mitglied des Parteipräsidiums und Präsident der Nationalversammlung, 1970 Ausschluß aus der KP.
8 Ludvík Svoboda (1895-1979), tschechoslowakischer General und Politiker, 1968-1975 Staatspräsident.
9 Günter Schabowski, *1929, Politiker, SED-Mitglied ab 1952, 1981-1989 Mitglied des Zentralkomitees, 1984-1989 Mitglied des Politbüros, 1990 Ausschluß aus SED/PDS, 1997 angeklagt und verurteilt wegen Tötungen an der innerdeutschen Grenze.

„Das Universum darstellen,
als ob es Gott gibt – das ist Kino"

kulturforum

LEBENSWEGE

Lothar Warneke

Regisseur

Ein Bibelwort als Filmtitel - das gab es in der DDR. Schlangen vor den Kinos bei Lothar Warnekes Film „Einer trage des anderen Last". Der 1936 geborene Regisseur fand zunächst ein Zuhause in der Jungen Gemeinde, studierte dann in Leipzig Theologie, lernte bei Ernst Bloch und Emil Fuchs.

Das Thema „Religion und Gesellschaft" ließ ihn nie los, nachdem er ganz aus der Kirche ausgestiegen und in Babelsberg studierte, Assistent bei Egon Günther und Kurt Maetzig wurde - bis er selber eine Reihe von so erfolgreichen wie qualitätsvollen Filmen drehte, wie „Die Beunruhigung" oder „Unser kurzes Leben". Nach 1990 drehte er besonders Dokumentarfilme und lehrte an der Hochschule, beschäftigte sich insbesondere mit den religiösen Dimensionen im Medium Film. Im Mittelpunkt seiner Reflexionen stand der populäre Film und seine säkularisierten Mythen.

Wir wollen mit Lothar Warneke über seinen Lebensweg sprechen - was ihn prägte und was ihm widerfuhr. Er wird an ausgewählten Filmbeispielen demonstrieren, worum es ihm heute geht.

Sie sind herzlich eingeladen.

Dienstag, 26. März 2002, – 19.30 Uhr
Evangelische Akademie, Sachsen-Anhalt
Schloßplatz 1 d

Friedrich Schorlemmer
Studienleiter

Eintritt: 4,00 EUR
erm.: 3,00 EUR

Wer den Film „Einer trägt des anderen Last" noch einmal sehen möchte, kann am Sonntag, dem 24. März, um 20.00 Uhr, in die Evangelische Akademie kommen.

Evangelische Akademie Sachsen-Anhalt e.V., 06886 Lutherstadt Wittenberg, Schloßplatz 1 d
Tel. 03491/49880, Fax 03491/400706, E-Mail: Ev-Akademie-Wittenberg@t-online.de

Schorlemmer:
Meine Damen und Herren, ich begrüße Sie alle herzlich und freue mich ganz außerordentlich, daß Sie, lieber Herr Warneke, heute hier sind.

Warneke:
Und ich freue mich, daß Sie alle gekommen sind, denn Sie opfern mir das Wertvollste und den eigentlichen Besitz, den wir haben, nämlich Lebenszeit. Was anderes haben wir nicht.

Schorlemmer:
Ich habe Lothar Warneke in Reinsdorf (bei Wiepersdorf) besucht, und das war in vieler Weise sehr eindrücklich. In seinem Keller liegen etwa 1.000 Fotoapparate in Kisten, daneben in den Regalen aus allen Zeiten Projektoren und Kameras, auch eine Batterie von hunderten Filmen auf Video. Alles säuberlich geordnet, so daß man alles auch wiederfinden kann – ein richtiges Filmmuseum im Keller. Wieso sammeln Sie solche Dinge?

Warneke:
Sie haben vergessen zu sagen, daß da natürlich auch noch ein paar Kästen Bier standen.

Schorlemmer:
Ein passionierter Filmmensch und ein passionierter Biertrinker, der die deutsche Einheit dahingehend auch genießt, daß er gute Sorten Bier ausprobiert.

Warneke:
Ein Film ist immer nur mit Technik herstellbar, das heißt, in der Filmkunst ist sogar etwas Ideelles mit Materiellem ständig verbunden. Sie können Film nicht sehen, wenn da nicht eine ungeheure Technik funktioniert. Und das hat mich fasziniert, daß zwei eigentlich extreme Elemente miteinander immer korrespondieren, nämlich die Technik und die künstlerischen Gedanken, die sich nicht anders herstellen und zeigen lassen als durch Technik. Die ersten Kameraleute um 1900 waren versierte Techniker, die teilweise ihre Kameras selbst gebaut haben. Insofern ist da irgendwie immer etwas mit anwesend von dem wunderbaren Denken der Menschen, das sich in Technik verwirklicht, und dem wunderbaren Denken der Menschen, was sich in Kunst zeigen will.
Wenn man einmal beim Film gewesen ist, das ist wie ein Virus; wenn Sie den einmal in sich haben, dann sind Sie irgendwie geprägt, Sie kommen nicht davon los. So war es auch bei mir. Als Filmregisseur wollte ich in meiner Freizeit mit Filmen weitermachen. Dann habe ich angefangen, Kinogeräte (Schmalfilm) zu sammeln, hauptsächlich Ama-

teurfilmgeräte, weil man die großen Geräte nicht in meinem Haus unterbringen kann. Schon vor der „Wende" kam das Video auf, und alle Menschen machten nur noch Videos. Und plötzlich werden diese Schmalfilm-Geräte weggeworfen. Da sagte ich mir, das muß gesammelt und aufgehoben werden für die nachfolgenden Generationen. Auf Trödelmärkten, was mein Haupteinkaufsgebiet war, bekam man diese Geräte ziemlich billig.

Schorlemmer:
Sie sind von Kunst und Technik zugleich begeistert angezogen?

Warneke:
Ja, absolut.

Schorlemmer:
Heute hat sich die Technik so perfektioniert, da kommen Sie mit Ihrem Zeug aus Babelsberg nun wirklich nicht mehr ran.

Warneke:
Ich komme auch mit den neuen Kameras nicht mehr mit, denn die sind ja wie Computer. Ich komme mit meinem Computer auch nicht richtig klar, der kann viel mehr, als ich überhaupt mit ihm anfangen kann.

Schorlemmer:
Dadurch werden die Filme auch viel besser; das können Sie jeden Abend sehen ...

Warneke:
Ja, beschissener. Nein, so einfach ist es nicht. Die richtigen großen Filme, die Oscars bekommen haben, werden nach wie vor auf Zelluloid gedreht. Es kommt allerdings die Elektronik dazu. Trickgeschichten werden über die Computer gefertigt und in die Filme eingebaut. Normalerweise ist es noch so, daß die Kinospielfilme mit Kameras gedreht werden, die auf dem fotografischen Prinzip begründet sind.

Schorlemmer:
Gibt es gravierende Veränderungen zwischen dem Film vor 1990 und jetzt?

Warneke:
Ich würde sagen, es gibt Veränderungen. Aber ich muß dabei etwas vorsichtig sein, denn das ist nur meine Meinung. Ich erlaube mir nicht so repräsentative Verallgemeinerungen auszusprechen, weil ich ein dreiviertel Jahr im Krankenhaus war und danach

schwerbehindert wurde, also gar nicht in der Lage gewesen bin, mich mit der Filmsituation, die jetzt auf den Zuschauer losgelassen wird, zu konfrontieren. Aber ich bin der Meinung, daß die Filme, die heute laufen, alle erst einmal ungeheuer hektisch sind. Zum Nachdenken kommen Sie gar nicht mehr, Sie werden mit dramatischen Einstellungen überschüttet, mit Schlägereien, spritzendem Blut und so weiter.
Wenn ich solche Filme sehe, wird mir immer ganz schlecht. Ich möchte einfach mal zur Ruhe kommen. Aber ich habe den Eindruck, daß das heutzutage überhand nimmt. Das ist ein Prinzip, das vom Fernsehen kommt. So sagt Neill Postman, daß beim amerikanischen Fernsehen, was die ganze Welt in irgendeiner Weise bestimmt, es so ist, daß aller 2,5 Sekunden etwas Neues kommen muß, sonst erlahmt die Aufmerksamkeit des Zuschauers. Was für ein Wahnsinn. Deshalb sind meine Filme ein bißchen antiquiert langsam.

Schorlemmer:
Einige haben sich den Film „Einer trage des anderen Last" am Samstag noch einmal angesehen. Da war sehr deutlich, daß die Schauspieler eine ganze Weile überhaupt nichts sagen. Man sieht nur ihr Gesicht. Das reicht aber, denn die erzählen viel.

Warneke:
Wobei ich sagen muß, daß der Dialog sich nicht immer in Übereinstimmung mit der Wahrheit befindet. Das ist eine Angst von mir beim Schreiben. Wenn der Text geschrieben ist, ist der Klang der Stimme nicht dabei; die Intonation aber kann einen Satz total ins Gegenteil verkehren.
Ich zeige zum Beispiel einem Freund einen Film von mir und frage ihn, wie er ihn findet. Der sagt nach einer langen Pause gequält „gut", meint jedoch eigentlich schlecht, möchte es mir aber aus Höflichkeit nicht direkt sagen. Wenn es geschrieben ist, dann ist „gut" eben nicht richtig. So sind diese Ebenen, die sich da abspielen, die sich auch in unserem normalen Leben abspielen, immer viel komplizierter, als die geschriebenen Dinge. Warnung vor der Zeitung!

Schorlemmer:
Sind Sie als Regisseur auch ein Quäler von Schauspielern?

Warneke:
Das bin ich absolut nicht. Es gibt zwei Sorten von Regisseuren: die Zirkusdirektoren mit der Peitsche und die Gärtner, die gießen. Ich habe eine große Ehrfurcht vor Schauspielern, weil das ein Beruf ist, der psychisch nicht ganz unkompliziert ist. Die Schauspieler müssen sich immer entblößen, indem sie von ihrem Innern etwas nach außen ge-

ben. Das ist von einem Menschen nicht ohne weiteres forderbar, noch dazu, wenn er eine negative Figur darstellen soll. Insofern glaube ich schon, daß es für einen Regisseur nicht unwichtig ist, Psychologe zu sein. Das habe ich auch ein bißchen in der Theologie gelernt.

Schorlemmer:
Sie sind 1936 geboren, 1945 waren Sie neun Jahre alt. Können Sie sich daran erinnern?

Warneke:
Ja. Ich war noch ein Junge, aber schon etwas reifer, denn ich habe den Krieg miterlebt, auch Bombenangriffe. Insofern war ich 1945 nicht mehr ganz kindlich. Es ist ganz komisch, daß ich mich an kaum etwas erinnern kann, was vor den Bombenangriffen war, aber seit diesen Angriffen kann ich mich an alles erinnern. Am 4. Dezember 1943 wurde unser Haus in Leipzig bei einem Bombenangriff zerstört, und ich saß als Kind im Keller.

Schorlemmer:
Sie haben Ihre Mutter verloren.

Warneke:
Ja, 1950 habe ich meine Mutter verloren.

Schorlemmer:
Sie sind als junger Mensch zur Jungen Gemeinde gekommen. Wieso?

Warneke:
Mein Vater kam 1946 aus der Kriegsgefangenschaft zurück und war ein fremder Mann für uns Kinder, denn er war die ganze Zeit im Krieg, und die Kindheit haben wir mit der Mutter verbracht. Als 1950 meine Mutter starb, war es kompliziert, weil mein Vater mit uns Jungen nicht zu Rande kam. Er heiratete wieder.
Ich habe dann eine andere Familie gesucht, und das war für mich die Junge Gemeinde. Da habe ich Freunde gefunden, da habe ich mich wohl gefühlt. Ich habe dann diese traditionell übernommene christliche Erziehung in mir hervorgeholt, mich als gläubiger Mensch gefühlt und das konsequent gehandhabt.

Schorlemmer:
1953 haben Sie auch bei der Jungen Gemeinde erlebt.

Warneke:
1953 bin ich aus der Schule rausgeworfen worden. Ich war damals auf der Oberschule. Drei Tage später bin ich wieder eingesetzt worden, weil die Regierung ihre Dummheit eingesehen hatte und sich sogar entschuldigte.

Schorlemmer:
Wenn man zur Jungen Gemeinde gehört, muß man nicht gleich Theologie studieren. Was hat Sie denn dazu gebracht?

Warneke:
In meinem Leben habe ich immer versucht, alle Dinge, die mir gefühlsmäßig zugegen waren, konsequent zu handhaben. Und die Konsequenz eines gläubigen Christentums bestand für mich darin, das auch noch weiter zu treiben, auch an andere zu vermitteln. Das bedeutete, Theologie zu studieren, eigentlich sogar noch weiter zu gehen – ich wollte nämlich Missionar in Neuguinea werden. Das war die Leipziger Mission.

Schorlemmer:
Wir haben uns vorhin schon geeinigt: Pfarrer sind wir beide.

Warneke:
Ich bin nicht ordiniert. Ich habe einen kleinen Nachteil Ihnen gegenüber.

Schorlemmer:
Sie haben von 1954 bis 1959 in Leipzig an der Karl-Marx-Universität studiert und dort Emil Fuchs'[1] gehört. An derselben Universität haben Ernst Bloch[2] und Hans Mayer[3] gelehrt. Sie gehörten zu den wenigen Menschen, die zu Emil Fuchs gegangen sind. Wieso? Was hat Sie an ihm gereizt? Wenn die Mehrheit woanders hingeht, kann doch die Minderheit nicht irgendwie recht haben.

Warneke:
Die Wahrheit hat ja sowieso mit Mengen nichts zu tun, was die Menschen angeht. Emil Fuchs vertrat eine sehr offene Theologie. Jede Fachrichtung hatte zwei Professoren, und da entsteht natürlich eine gewisse Konkurrenz.
Emil Fuchs war systematischer Theologe und las Ethik und Dogmatik, aber eben eine Dogmatik, die sich absolut gegen orthodoxe Festigkeiten wehrte und offen war. Er versuchte, sich den gesellschaftlichen Umwälzungen nach 1945 zu öffnen. Fuchs war ein religiöser Sozialist, er kam aus den USA und war Quäker. Das waren alles Dinge, die mir sehr sympathisch waren, weil ich zum ersten Mal begriff, daß, wenn eine Kirche funktionieren will, sie auf Menschen, auf Strukturen eingehen muß, in denen sich diese Men-

schen befinden. Deshalb bin ich zu ihm gegangen. Er wurde aber dort auch boykottiert. Emil Fuchs hatte - was ich für einen Professor ganz deprimierend finde - nur drei Studenten; einer davon war ich. Für mich war das ganz toll, er war wie eine Art Vaterfigur für mich, vielleicht war das auch ein Grund. Er nahm uns oft mit zu sich nach Hause, und dann sprachen wir über alle möglichen Dinge. Unter anderem gab es damals das Problem, daß sein Sohn Klaus Fuchs aus den USA die Atombombe an die Russen verraten hatte. Da er aber englischer Staatsbürger war, durfte er nur in England verurteilt werden. In England bekam er 18 Jahre Zuchthaus. Emil Fuchs besuchte ihn im Gefängnis. Als er zurückkam, erzählte er uns von dem Gespräch mit seinem Sohn. Er hatte ihn gefragt: „Warum hast du das gemacht?" Und sein Sohn antwortete: „Ich habe damit den dritten Weltkrieg verhindert." Und Emil Fuchs sagte: „Ich weiß nicht, ob du damit den dritten Weltkrieg verhindert hast, aber wenn dein Gewissen dir das gesagt hat, dann hast du recht getan."
Als Klaus Fuchs aus dem Gefängnis entlassen worden war, wurde er der Chef der Atomforschung in der DDR. Emil Fuchs war mein Lehrer, und meinen Film habe ich ihm gewidmet. Er hat berühmte Bücher wie „Marxismus und Christentum" geschrieben. Als sozialistischer Theologe hat er versucht, diese Dinge zusammenzubringen. Und meine Meinung ist, wenn sie zusammengekommen wären, wäre alles anders gelaufen.

Schorlemmer:
Sie haben bei ihm Ethik gehört. Was ist für Sie an der Ethik besonders gewesen, neben dem, was Sie eben genannt haben, daß sie sich auf gesellschaftliche Wirklichkeit bezieht, was man von der Ethik ja auch erwarten muß.

Warneke:
Ich habe für mich gespürt, daß das mein Ziel sein müßte, an die Leute direkt heranzukommen, das heißt, mit Menschen Kontakt zu finden und die Menschen, so wie sie sind, erst einmal ernst zu nehmen, auch wenn mir das gar nicht gefällt, wie sie sich verhalten. Das ist ein Element, was ich dann versucht habe, in meinen Filmen zu verwirklichen. Die große Politik hat mich nicht so sehr interessiert, aber das Alltagsverhalten der Menschen finde ich wichtig und daß man das beeinflussen kann, die Menschen also zu einer größeren Aufnahmebereitschaft und Achtung untereinander sensibilisieren kann, zu einer größeren Freundlichkeit, zu einer Wärme oder wie auch immer. Das habe ich jedes Mal in meinen Filmen versucht zu gestalten, und ich habe auch in meinem Leben ständig versucht, diesen Kontakt zu dem normalen Zuschauer zu haben, nicht zu denen, die da „oben" waren oder berühmte Namen hatten.

Schorlemmer:
Zugleich haben Sie bei Ernst Bloch gehört. Da ging es doch auch ums große Ganze.

Warneke:
Ernst Bloch war in dem gleichen Gebäude, in dem auch die Theologie untergebracht war. Emil Fuchs hielt ein Atheismusseminar, zu dem beide Seiten eingeladen waren. Da habe ich erfahren, daß die Philosophen ganz ernsthafte und ehrliche Menschen waren, die von sich aus sagen konnten, was sie nicht wissen und wo sie ihre Zweifel über ihre eigenen Theorien hatten. Und wir haben dann auch gesagt, was wir nicht wissen und worüber wir unsere eigenen Zweifel haben. Das waren wunderbare Gespräche, geleitet von dem alten Herrn, der eine große Einfühlungsgabe hatte.

Schorlemmer:
Haben Sie Ernst Blochs „Prinzip Hoffnung" in der DDR damals wahrgenommen?

Warneke:
Damals noch nicht. Es gab sowieso große Probleme mit Ernst Bloch, er wurde abgesetzt, was der größte Blödsinn war, den die Universität machen konnte. Ich habe dann das Buch ein paar Jahre später in die Hände bekommen und erst einmal angefangen, mir sein Gesamtdenken anzueignen. Und da bin ich ein großer Anhänger von ihm geworden.

Schorlemmer:
Sind Sie es immer noch?

Warneke:
Ja.

Schorlemmer:
Warum?

Warneke:
Weil ich das gut finde.

Schorlemmer:
Gut oder richtig?

Warneke:
Das ist für mich dasselbe.

Schorlemmer:
Dann haben Sie fünf Jahre Theologie studiert. Wie war es im Vikariat?

Warneke:
Ich bin in den letzten Jahren meines Studiums in einen Zweifel geraten, ob ich diesen Beruf ausüben kann, und auch in einen Zweifel zu meiner Gläubigkeit. Ich habe mich dann von der Kirche getrennt.

Schorlemmer:
Was heißt getrennt?

Warneke:
Ich bin ausgetreten.

Schorlemmer:
Richtig konsequent raus und dann nach dem Westen abgehauen ...

Warneke:
Nach dem Osten abgehauen. Das ist ein großes Problem, daß man nicht mit zwei Sätzen sagen kann. Es ist ein schwerer, komplizierter Vorgang. Ich bin von der Theologie zu einer gewissen Ehrlichkeit erzogen worden und habe immer alles konsequent betrieben. Also auch diesen Schritt. Es war ein Vorgang, der sich über Jahre hinzog, der auch ein bißchen zu tun hat mit dem Evidenzverständnis, denn ich bin der Meinung, daß das Christentum eine Evidenzgemeinschaft ist, das heißt, Sie haben das Erlebnis gehabt, daß etwas über Ihnen ist. Und meine Evidenz war: Ich habe nichts über mir.

Schorlemmer:
Aber dann kam die Partei. Ist die nicht über Ihnen gewesen?

Warneke:
Nein. Das nehmen Sie viel zu ernst, glaube ich. Ich bin dann auch in die SED eingetreten, aber das war für mich eigentlich nur ein Schritt, um zu zeigen, ich stehe nicht abseits. Irgendwie haben wir Menschen unendlich viele Seiten in uns. Ich habe dort sehr dumme und sehr kluge Menschen kennengelernt; übrigens wie heute auch. Die Ebene der Öffentlichkeit war nicht die Ebene, die uns Menschen im Innern bestimmte.

Schorlemmer:
Sie haben sich die innere Unabhängigkeit erhalten?

Warneke:
Ja, und ich bilde mir ein, jeder Mensch macht das, auch Sie. Sie haben ja „Einer trage des anderen Last" gesehen, und meine Meinung ist, in jedem Menschen sind im-

mer die beiden Kontrahenten, der Pfarrer und der Polizist, und noch hundert weitere Gestalten.

Schorlemmer:
Dann sind Sie in eine Baumwollspinnerei arbeiten gegangen. War das etwas Nützliches für Sie?

Warneke:
Am Ende der Theologie habe ich gemerkt, das ist doch nicht der Beruf, den ich auch ehrlich handhaben kann. Das wäre eine Heuchelei von mir gewesen. Dann habe ich mich an der Filmhochschule beworben, in der Regieabteilung, und wurde auch gleich angenommen.
Aber ich konnte erst ein Jahr später das Studium antreten, ich mußte erst einmal ein Jahr in die Produktion, denn es war nicht üblich, daß man von einem Studium sofort in das zweite wechseln konnte. Deshalb habe ich ein Jahr in Leipzig in der Baumwollspinnerei gearbeitet, und ich muß sagen, es war sehr gut, obwohl ich anfangs wütend war. Ich bin erst einmal mit beiden Beinen auf die Erde gekommen. Ich war Abiturient, dann Student und jetzt kriegte ich erst einmal mit, was Arbeiter zu leisten hatten, sozusagen den alltäglichen menschlichen Überlebenskampf.
Es war ein Frauenbetrieb. Viele Frauen lebten getrennt von ihrem Mann, hatten Kinder. Es waren ganz komplizierte Lebensläufe, die mir begegneten. Da habe ich zum ersten Mal mitbekommen, daß es auch noch andere soziale Strukturen gibt, als die Intelligenzler. Das war für mich sehr wichtig. Von diesem Punkt an habe ich versucht, mich an diese Ebenen heranzupirschen. Ich bin mit jedem Film herumgefahren und habe versucht, die Meinung der Menschen zu erfahren. Deswegen habe ich auch weniger Filme gemacht als andere, weil ich nach jedem Film etwa ein halbes Jahr herumgefahren bin, ihn vorgeführt und die Diskussion mit dem Publikum gesucht und gefunden habe.

Schorlemmer:
Also so eine Art „Filmbibelstunde"?

Warneke:
Kann man so sagen.

Schorlemmer:
Sie waren von 1960 bis 1964 in Babelsberg. Dann wurden Sie Assistent bei Egon Günther[4] und Kurt Maetzig[5]. Mit Kurt Maetzig zusammen haben Sie „Die Fahne von Kriwoj Rog" gedreht.

Warneke:
Erst einmal habe ich in dieser Zeit nichts gegen Ernst Thälmann gehabt. Ich habe Kurt Maetzig als einen Lehrer erlebt, der eine ganz besondere feine Art an sich hatte, denn er ließ uns Assistenten auch mal Szenen inszenieren, ohne daß er anwesend war. Auch bei Egon Günther habe ich sehr viel Positives über den Film gelernt, nämlich, das man ihn beim Drehen und beim Arbeiten nicht zu ernst nehmen sollte, daß da auch einfach Spaß war.
Als praktische Prüfung hatte ich vorher eine Assistenz bei „Die Abenteuer des Werner Holt" gemacht, bei Joachim Kunert. Das war eine harte Schule. Ein Kriegsfilm mit Bombeneinschlägen, Sprengungen, Artilleriegeschützen, Panzern und ähnlichem. Deshalb habe ich später nie einen Kriegsfilm gedreht. Aber es war für mich trotzdem eine große Erfahrung, weil ich erstmals gelernt habe, mit welcher Disziplin beim Film gearbeitet wird. Jeder Drehtag kostet eine Menge Geld, schon alleine das Gehalt für die Anwesenden. Da habe ich mitbekommen, was Teamwork ist. Film macht man nicht alleine, Film ist Teamwork. Ich bin nicht gegen den Autorenfilm, aber ich bin dagegen, daß sich jemand einbildet, alles selbst machen zu können. Da sind so perfekte Menschen da, die ihr Handwerk großartig beherrschen, daß ich erst einmal gemerkt habe, du kannst dich in viel größerem Ausmaß verwirklichen, wenn du mit diesen Menschen zusammenarbeitest und nicht allein.

Schorlemmer:
Sie haben insgesamt elf Filme gedreht. Gibt es einen Film, der ihnen der liebste war und einen, der ihnen der wichtigste war? Oder sind das alles geliebte Kinder?

Warneke:
Fragen Sie eine Mutter nach ihren Kindern – das ist immer so ein Problem! Es gab Filme, bei denen ich großen Spaß gehabt habe, etwa bei „Einer trage des anderen Last". Es gab aber auch Filme, bei denen man die Zähne zusammenbeißen mußte, zum Beispiel bei „Die unverbesserliche Barbara". Im Grunde genommen stehe ich zu allen Filmen. Ich mag keine Superlative. Heutzutage wird man nur noch mit Superlativen konfrontiert. Jede Sache, die einem angeboten wird, wird einem mit einem Superlativ angeboten. Komparative gehen vielleicht noch, aber Superlative sind mir nicht geheuer.

Schorlemmer:
Wer hat die Filmideen gehabt, und wer hat die Drehbücher geschrieben?

Warneke:
Die Ideen sind mir von Schriftstellern oder Dramaturgen angetragen worden. Wenn man den Stoff interessant fand, fing man an, sich für den Film zu engagieren. Dann dis-

kutierte man mit der Direktion. Stimmte diese zu, bekam man Geld. Das war ein bißchen anders als heute. Heute müssen Sie sich das Geld selbst besorgen, damals bekam ich es vom Staat. Das Drehbuch habe ich immer selbst geschrieben, aber das Drehbuch ist die letzte Form der literarischen Aufzeichnung eines Filmes. Davor liegt das Szenarium, das der Autor, der Szenarist, macht. Im Drehbuch sind die Anweisungen für alle Gewerke des Studios enthalten, damit diese wissen, was sie an dem jeweiligen Drehtag zu machen haben (welche Kostüme, welche Beleuchtung, welche Einstellung für die Kamera). Das Drehbuch ist die technische Auflösung; die habe ich immer selber gemacht.

Schorlemmer:
Bei dem Film „Einer trage des anderen Last" hatte ich den Eindruck, daß Lothar Warneke darin viel von sich erzählt?

Warneke:
Ja, das habe ich übrigens in allen Filmen versucht, hier aber besonders. Es kam ein Pfarrer vor, wo ich mitreden konnte. Wolfgang Held, der das Buch geschrieben hat, war selbst Kommissar der Volkspolizei. Wir haben uns gegenseitig richtig betreuen können. Es floß ungeheuer viel von allen Beteiligten ein. Das Problem ist ja, man macht Filme, ohne daß Zuschauer anwesend sind, so daß man auch am Ende daneben liegen kann. Insofern sind mir Meinungen von Menschen, die nicht unmittelbar mit dem Film zu tun hatten, immer wichtig gewesen. Ich möchte nicht Filme für mich alleine machen als Selbstbefriedigung, sondern ich will Filme für ein Publikum machen, wie ein Pfarrer, der hoffentlich nicht für sich redet.

Schorlemmer:
Haben Sie sich auch in Dialoge eingemischt?

Warneke:
Ja.

Schorlemmer:
Ich habe eigentlich nichts davon gehört, daß Sie Schwierigkeiten bekommen haben. Sie sind ja gar kein „richtiger Held" ...

Warneke:
Nein, bin ich leider nicht. Es ist eben so gewesen: Der Film sollte ja schon mal vor 15 Jahren gemacht werden. Er ist nicht gemacht worden, weil die DDR damals noch nicht so locker war, daß sie mit solchen Dingen umgehen konnte. Da herrschte noch

ein ungeheurer Kampf zwischen Kirche und Staat. Es kamen dann liberalere Töne auf, weil man merkte, so kann man nicht miteinander umgehen. Ich war in dem Sekretariat für Kirchenfragen und wollte einen Film über einen antifaschistischen Pfarrer machen, Schneider oder Bonhoeffer. Ja, sagte man, wir brauchen das jetzt. Ich entgegnete, daß wir bereits vor 15 Jahren einen Film angeboten hätten, aber er sei nicht gemacht worden. 14 Tage später durfte ich den Film machen. Es war eine Zeit, in der einem ganz andere Denkstrukturen begegneten.

Schorlemmer:
Ein junger Mann erzählte mir vorgestern, daß er diesen Film bei der Volksarmee im Politunterricht gesehen hatte.

Warneke:
Nach dem Erscheinen des Filmes wurde ich an einem Tag von Bischof Mitzenheim eingeladen und am nächsten Tag von der Polizeihochschule in Berlin. Und so ging das hin und her. Ich bekam mit, daß die Kirche ihre Konfirmanden aufforderte, sich diesen Film anzusehen, und in der Parteiversammlung wurde empfohlen, sich diesen Film als Weiterbildung anzuschauen.

Schorlemmer:
Was wollten wir mehr!

Warneke:
Ich dachte, das ist eine tolle Sache, jetzt beginnt sich hier etwas zu entwickeln; aber es entwickelte sich nicht weiter.

Schorlemmer:
Warum nicht?

Warneke:
Ich weiß es nicht.

Schorlemmer:
1990 mußten Sie erst einmal aufhören?

Warneke:
Ich zitiere Ihnen jetzt mal Freud auf die Frage hin, warum Schluß gewesen ist: „Es scheint auch mir unzweifelhaft, daß eine reale Veränderung in den Beziehungen der Menschen zum Besitz hin mehr Abhilfe bringen wird als jedes ethische Gebot." (Die

Veränderung von Besitzverhältnissen erscheint ihm wirksamer als jedes ethische Gebot.) „Doch wird diese Einsicht bei den Sozialisten durch ein neuerliches idealistisches Verkennen der menschlichen Natur getrübt und für die Ausführung entwertet." Diesen Satz habe ich früher gehaßt, weil ich ja sozialistische Utopie verwirklichen wollte. Und dann plötzlich sagte ich: Ja. Wir haben die Menschen einfach falsch eingeschätzt. Wir hatten eine selbstillusorische Phase, in der wir glaubten, daß die Menschen letztendlich ihr Vernunftdenken verwirklichen, aber das ist eben nicht wahr. Sie verwirklichen ganz andere tiefliegende Sehnsüchte, die aber meiner Meinung nach teilweise auch unter der Gürtellinie liegen.

Schorlemmer:
Also nicht transzendent, sondern ganz hiesig.

Warneke:
Nein, nicht transzendent, leider. Aber es ist meine Meinung. Inzwischen habe ich auch schon wieder das ein bißchen zu korrigieren gelernt, aber damals war es für mich ein Moment des Schocks. Ich habe nämlich in allen meinen Filmen versucht, ein Menschenbild zu verwirklichen, wo Menschen diese Form von Solidarität und Freundlichkeit zueinander als ihr oberstes Ziel ansehen. Doch das war eine Utopie und nicht die Wirklichkeit.

Schorlemmer:
Sie haben auch Dokumentarfilme gedreht, insbesondere über einen Menschen, von dem Sie viele beeindruckende Werke in Ihrem Haus haben: Marcello Cammi; was ist das für ein Mensch?

Warneke:
Ich sagte schon, daß ich in eine kritische, auch depressive Phase fiel. Da lernte ich einen etwas verrückten Maler und Bildhauer in Ligurien kennen. Freunde, die mich nach San Remo eingeladen hatten, sagten, daß ich unbedingt diesen Mann kennenlernen müßte. Und als ich ihn kennengelernt hatte, sagte ich, über den mache ich jetzt einen Film. Das war sozusagen der Umschwung, wo ich schon merkte, es gibt auch andere wunderbare Menschen.
Ich konnte keine Spielfilme mehr machen, weil ich nicht gelernt hatte, Geld zu beschaffen. Deshalb habe ich mit Dokumentarfilmen angefangen. Das war mein erster.

Schorlemmer:
Ab 1990 waren Sie Honorarprofessor und haben an der Filmhochschule gelehrt. Sie sind dabei auf besondere Probleme gestoßen. Deswegen war der Weg ganz wich-

tig, den Sie beschreiben, der mit dem zu tun hatte, womit Sie 1954 begonnen hatten, nämlich nach dem zu fragen, was das ist, was wir Transzendenz nennen mitten in dieser Welt. Damit haben Sie sich filmästhetisch, aber auch ethisch beschäftigt.

Warneke:
Honorarprofessor wurde ich bereits im September 1982 an der Filmhochschule. Das war für mich die größte Auszeichnung, die ich je in meinem Leben erhalten habe. Da ich an der Universität Theologie studiert hatte, hatte ich eine tiefe Hochachtung vor akademischen Elementen und Graden. Ich habe neben meiner Filmarbeit immer schon an der Filmhochschule unterrichtet. Nach 1990 habe ich für meine Vorlesungen das Thema „Filmstilistik unter dem Gesichtspunkt populärer Wirkungen" gehabt. Das heißt, meine Gedanken gingen hin zu Fragen wie: Wieso haben einige Filme Millionen Publikum und andere nicht. Was sind die Gestaltungselemente, die Millionen in Filme locken, in denen ganz besondere Weltsichten vermittelt werden. Es war so, daß in diesen Filmen die Guten belohnt und die Schlechten tatsächlich bestraft werden, die Liebenden am Ende tatsächlich zusammenkommen, was in der Wirklichkeit nicht üblicherweise so ist, was aber sein kann. Da kriegte ich mit, daß das im Grunde genommen religiöse Weltbilder sind. Es bedarf eines großen Mächtigen, wenn die Guten belohnt und die Schlechten bestraft werden und die Liebenden zusammenkommen: Gott. Und im Film war es die Dramaturgie.
Dann habe ich angefangen zu untersuchen, inwieweit in diesen Filmen religiöse Dimensionen vorhanden sind. Ich habe mit der Bischof-Lilje-Stiftung Kontakt gesucht und an der Schule den Forschungsauftrag „Theologie und Film" bekommen, an welchem ich ein Jahr lang arbeitete. Das Forschungsthema hieß „Religiöse Dimensionen des massenwirksamen Films". Dem zugrunde lag die These: Die Massenwirksamkeit des populären Films wird in direktem Zusammenhang damit gesehen, daß diese Filme religiöse Sehnsüchte aufgreifen und sie in spielerischer Form inhaltlich und ästhetisch bearbeiten. Das war die Konzeption, mit der ich versucht habe, das alles darzulegen.

Schorlemmer:
Bischof Lilje war Bischof in Hannover, eine der wichtigen protestantischen Nachkriegspersönlichkeiten. In der Nazizeit hatte er gegen Hitler gestanden. Am Schluß muß er einiges Geld angesammelt haben, sonst bekommt man keine Stiftung, mit der man so etwas bezahlen kann.

Warneke:
Da ich doch etwas mit Theologie zu tun gehabt habe, merkte ich, wie die Säkularisierung um sich griff, die Menschen nicht mehr zur Kirche gingen. Aber gerade dadurch, daß sie außerhalb der Kirche keine Antworten auf die in ihnen schlummernden religiö-

sen Sehnsüchte bekommen, suchen sie eine Sublimation. Das ist der massenwirksame Film. Es ist also eine Kompensation von Erlebnisdefiziten, die sie in der Wirklichkeit haben und die sie im massenwirksamen Film plötzlich bedient wissen. Nicht etwa, daß ihnen das bewußt ist, daß das eine religiöse Sehnsucht wäre, aber ich sage, es sind religiöse Dimensionen, die bedient sein wollen, die allerdings vor sich ein ganz offenes, vielleicht auch ein quasi religiöses Weltverständnis haben wollen. Das geht nicht mit konfessionellen Glaubensbindungen, sondern das ist ganz offen. Und das ist eine Sache, die mich sehr interessiert hat. Ich habe über dieses Thema ein Jahr lang Vorlesungen gehalten. Ich bekam mit, daß sich sehr viele Theologen für das Medium Film in dieser Wirklichkeit interessieren.

Ich zitiere: „Der Film stellt sich dar als ein Erzählmedium, das eine aufgrund der Eigenschaften seiner Ausdrucksmaterie für ihn typische Darstellensweise entwickelt hat, die, je nachdem wie weit man den Religionsbegriff zu fassen bereit ist, als einem religiösen oder zumindest quasi religiösen Weltbild entsprechend zu charakterisieren ist. Religion soll dabei verstanden werden als ein Phänomen, das immer schon in den menschlichen Weltumgang verwoben ist, das heißt, das sich als phänomenologisch beschreibbares Thema der Anthropologie erweist."

Ich interessierte mich immer mehr dafür, inwieweit eine Artikulation von Religion sich hier anwenden läßt, mit der Absicht, es den Filmemachern beizubringen, nicht den Theologen. Es geht darum, daß sie begreifen, was da für psychische Tiefenregionen in diesen Filmen, die von Millionen von Zuschauern besucht werden, funktionieren, was diese bedient haben wollen, eben diese Sehnsüchte. Aber leider waren immer mehr Theologen als Filmemacher bei meinen Vorlesungen anwesend.

„Einerseits zeichnen sich die Phänomene und Vorgänge der Welt einschließlich der Menschen dadurch aus, daß sie an der Durchsetzung einer Macht des Guten oder einer anderen Leitidee des Filmes beteiligt sind. Dies betrifft sowohl ihre filmdramaturgische Orts- und Rollenzuweisung als auch die Möglichkeit ihres Verarbeitetwerdens durch die filmischen Mittel, wie Großaufnahme oder Schnitt. Und in der Tat, was wäre der Western ohne die Welt des Guten, die ihn belohnt, der Musketier ohne den Teppich unter den Füßen der Feinde oder selbst ein übermenschlicher James Bond ohne die glücklichen Zufälle, die seinen Fähigkeiten entgegenkommen. Jegliche Spannung im Film beruht darauf, daß die Helden jederzeit auch scheitern können. Der Erfolg beruht darauf, daß Mensch und Umfeld im Film eine Symbiose eingehen, die noch die unglaublichsten Wendungen ermöglicht. Filmdramaturgie betreibt in der Regel Kontingenzbewältigung. Diese Symbiose gewinnt eine Mächtigkeit, die sich als Steigerung des Lebensgefühls sowohl des Publikums wie auch der Filmperson begreifen läßt. Wie in einem religiösem Weltbild sind zum Beispiel die Naturphänomene und der Mensch nicht getrennt, sondern spiegeln sich ineinander. Wenn selbst ein materialistischer Regisseur wie Wsewolod Pudowkin in ‚Die Mutter' (UdSSR, 1926 – ein Stummfilm nach Maxim Gorki) den Beginn einer Revolution

mit dem Aufbrechen des Eises im Frühjahr parallel montiert, kann dieses Verhältnis von Mensch und Natur nur als Teilhabe aneinander, wie sie auch der Religion bekannt ist, verstanden werden. Was auf diese Weise im Film wie in der Religion überwunden wird, ist die Einsamkeit des Menschen im Kosmos. Auf diese Weise stellt der Film eine archaische oder auch kindliche Betrachtungsweise wieder her."
So gibt es Parallelen zwischen religiöser Sprache und Filmsprache.
„Vielleicht ist der Film als Bildmedium religiös, weil er eine imaginär symbolische Welt entwirft, die religiösen Vorstellungen zumindest zum Verwechseln ähnlich ist. Filme sind auf industriell-moderne Weise die Produzenten von Mythen und Weltanschauungen, wie es die Religionen unter vorindustriellen und archaischen Bedingungen waren."

Schorlemmer:
Etwas Ähnliches ist auf einer anderen Qualitätsstufe und mit einer anderen Philosophie im sowjetischen Film der Spätphase. Alle Aitmatov-Filme hatten so etwas ... Denken wir nur an „Abschied von Matjora". Alles, was Sie eben geschildert haben, ist da drin, leider mit einem anderen Ausgang, als die amerikanischen Filme ihn uns anbieten. Aitmatov behielt den Mut zur traurigen Wahrheit, ohne daß der Mut zum Dagegenhalten erlosch.

Warneke:
Ich bin sogar der Meinung, es ist in jedem Erfolgsfilm drin, nicht nur in dem, den Sie jetzt genannt haben. Ich habe die phänomenologischen Elemente untersucht oder ihre Substanz, inwieweit in dieser schon so was drin ist. Ich habe auch untersucht, inwieweit es in den Gestaltungs- oder inhaltlichen Fragen drin ist. Ich will Ihnen etwas zur phänomenologischen Seite zeigen. Dafür muß ich Ihnen erst einmal etwas zur Als-ob-Struktur des Films sagen: Jeder Film unterliegt einer Als-ob-Struktur, das heißt, wenn man ein Zimmer zeigt, dann sind das Pappe und Gips, „als ob" es ein Zimmer ist. Wenn Ihnen ein Schauspieler eine Reaktion vorspielt, dann ist das, „als ob" er zum Beispiel jetzt wütend ist.

Schorlemmer:
Aber der Zuschauer muß denken, er sei wütend. Das ist das „als ob".

Warneke:
Er muß es nicht denken, er wird es denken, weil es so gut gemacht ist. Insofern besteht für mich dieses Moment „als ob", was auch in unserer Wirklichkeit vorhanden ist, nicht nur im Film. Auch die Wirklichkeit ist eine Als-ob-Wirklichkeit. Jede Werbung wird Ihnen angeboten, *als ob* das jetzt die sicherste Versicherung ist, *als ob* es das beste Waschmittel, *als ob* es das schnellste Auto ist und so weiter. Oder in den Kaufhäusern das

„nur" vor dem Preis, *als ob* das ganz billig ist. Es gibt aber in den realen Bezügen unseres Seins hier auch die Als-ob-Struktur nicht in diesem albernen oder unwahren Sinne. In Städten gibt es oft Straßen, die gleichberechtigt sind, da fahren Sie immer ran, *als ob* jetzt einer von rechts kommt. Unsere Wirklichkeit ist immer mit diesem Als-ob-Denken behaftet, weil in dieser Welt auch immer die Möglichkeiten des „Andersseins" liegen und bedacht sein müssen. Für mich ist das wichtig, wenn ich im Film eine Welt des Guten darstelle, was Sie dann als Märchen oder Lüge bezeichnen. Aber in dieser Welt kann es auch so sein, obwohl es nicht so ist. Die Sehnsucht des Zuschauers geht hier auf eine reale Möglichkeit, die in der Wirklichkeit fast nicht vorkommt, aber trotzdem möglich ist. In diesen Als-ob-Strukturen des Films wird eine größere und umfassendere Seinsproblematik dargelegt.

Schorlemmer:
Mich hat erstaunt, daß Sie bei diesen Arbeiten wieder auf den großen Theologen Paul Tillich zurückgekommen sind.

Warneke:
Für mich ist das die Frage gewesen: Inwieweit kann ich als Theologe eine offene Religion formulieren? Ich zitiere Tillich: „Wenn der Mensch nach dem Sein fragt, so fragt er nach der Macht, die dem Nichtsein, der Sünde, der Schuld, der Sinnlosigkeit, der Vergänglichkeit, dem Tod widersteht." Diese Macht des Seins nennt Tillich Gott. Wer also durch die Oberfläche der Wirklichkeit hindurchfragt in die Tiefe nach der letzten Wirklichkeit, nach dem Sinn und Grund allen Seins, der fragt, ob er es weiß oder nicht, nach Gott.
Und jetzt Tillich: „Der Name dieser unendlichen Tiefe und dieses unerschöpflichen Grundes allen Seins ist Gott. Jene Tiefe ist es, die mit dem Wort Gott gemeint ist. Und wenn das Wort für euch nicht viel Bedeutung besitzt, so übersetzt es und sprecht von der Tiefe in eurem Leben, vom Ursprung eures Seins, von dem was euch unbedingt angeht, von dem was ihr ohne irgendeinen Vorbehalt ernst nehmt. Wenn ihr das tut, werdet ihr vielleicht einiges, was ihr über Gott gelernt habt, vergessen müssen, vielleicht sogar das Wort selbst. Denn wenn ihr erkannt habt, daß Gott Tiefe bedeutet, so wißt ihr viel von ihm. Ihr könnt euch dann nicht mehr Atheisten oder Ungläubige nennen, denn ihr könnt nicht mehr denken oder sagen: ‚Das Leben hat keine Tiefe', das Leben ist seicht, das Sein selbst ist nur Oberfläche." „In der Tiefe jeder lebenden Religion gibt es einen Punkt, an dem die Religion als solche ihre Wichtigkeit verliert und das, worauf sie hinweist, durch ihre Partikularität hindurchbricht, geistige Freiheit schafft und mit ihr eine Vision des Göttlichen, das in allen Formen des Lebens und der Kultur gegenwärtig ist."
Wunderbar, was da an Gedanken kommt, und wie sich das plötzlich vereinigt in solchen Ebenen, daß nämlich Kultur und Religion ineinander sind. Er sagt ja, Religion ist

die Substanz der Kultur und Kultur die Form der Religion. Beide leben also nicht getrennt nebeneinander her, sondern sind ineinander verflochten.
Das ist schon ein Grund für mich - denn Filme gehören ja auch zur Kultur -, die beiden Dinge zusammenzubringen. Ernst Bloch sieht es auf einer anderen Ebene, indem er sagt, Gott ist die Utopie des Menschen, die in ihm möglich ist, das heißt, daß das von innen heraus geprägt wird, während Tillich sagt, das ist von außen die Offenbarung.

Schorlemmer:
Beides ist es.

Warneke:
Im Film habe ich die Möglichkeit gesehen, daß hier Welten möglich sind, in denen Harmonie stattfindet, vor allem am Schluß. Das Universum darstellen und zeigen, als ob es Gott gibt - das ist Kino. Der Theologe Heinz Zahrnt fordert dazu auf, zu leben, als ob es Gott gibt. Und ich sage, Kino ist, Welten zu schaffen, in denen es zugeht, als ob es Gott gibt. Ich finde, das ist keine unkluge Formulierung.
Ich möchte Ihnen in ein paar Filmausschnitten zeigen, daß in der Substanz des Kinos schon Elemente der Transzendierung vorhanden sind, die mit jedem gezeigten Element funktionieren. Das ist meiner Meinung nach auch eine religiöse Ebene. Alles hat einen Bezug zu Gott oder eben einen Bezug zur Unendlichkeit. Und dieses Moment kann Film herstellen, Ihnen zeigen, wie das plötzlich bedeutungsvoll wird. Die Filmschlüsse sind meistens so. Bei Filmschlüssen merken Sie es dann am schnellsten, daß sich die banalsten Dinge zu einer ungeheuren Bedeutung steigern lassen.
Jedes Element dieser Welt hat diese Transzendenz in die Unendlichkeit, denn alle kleinsten Teilchen, die Protonen und Elektronen, kommen vom Big Bang und werden wahrscheinlich wieder zum Big Bang hingehen, das heißt, sie kommen aus der Unendlichkeit. Oder nehmen Sie die DNS. Ich habe einen Film über die Genetiker und ihre Erforschung der Desoxyribonukleinsäure gemacht. In jeder Zelle aller Lebewesen ist die DNS vorhanden. Das heißt, beim Menschen ist noch in jeder Hautzelle der Bauplan des gesamten Menschen in Milliarden von Informationen vorhanden.

Schorlemmer:
Man kann sich gut vorstellen, warum Theologen in Ihre Vorlesung gegangen sind. Sie, Herr Warneke, fangen an, tiefer zu graben. Wie viel tiefgründiges Denken stand dahinter, als Sie mit Ihren Filmen auf gesellschaftliche Wirklichkeit wirkten. Jetzt habe ich den Eindruck, daß Sie reflektieren, was Sie vorher schon getan hatten. Was in der Wirklichkeit schon „da" war, wird nun noch einmal reflektiert, aber so engagiert, daß ich mich frage: Warum sind Sie nicht Schauspieler geworden?

Warneke:
Pastoren und Regisseure sind Schauspieler.
Ich will noch eine Sache sagen: Ich rede über die Substanz. Film ist schon mit religiösen Elementen behaftet, zum Beispiel stellt er eben Zeit nicht dar, wie wir sie kennen, sondern er hat eine Zeitlupe. Zeitlupe können 5.000 Bilder pro Sekunde sein, inzwischen sind es wohl über zehntausend. 5.000 Bilder pro Sekunde bedeutet, ein Tag aufgenommen, würde 208 Tage in der Vorführung dauern. Zeitraffer ist, wo Sie die Blume wachsen sehen oder der Zeiger der Uhr rast. In einer Stunde werden etwa 24 Bilder gedreht, die sich dann in einer Sekunde abspielen. Die Vorführzeit ist immer genau mit der Bildzahl festgelegt, die Aufnahmezahl aber nicht. Als Theologe kommt einem da sofort wieder etwas in den Sinn; es erinnert nämlich an weisheitliche Formulierungen, wie sie vor einigen tausend Jahren ausgesprochen wurden, wo man sich vorzustellen versuchte, daß es so was geben müßte, was unabhängig von Zeit und Vergänglichkeit ist. Die einzig vorstellbare Größe, die unabhängig von der Zeit ist, die über ihr und dem Zwangsmechanismus steht, ist Gott, „... denn Tausend Jahre sind vor Dir wie ein Tag, der gestern vergangen ist wie eine Nachtwache" (Psalm 90). Oder Zeitraffer und Zeitlupe in einem mit erwähnt, 2. Petri, 3,8. „Eines sage ich aber unverhalten Ihr Lieben, daß ein Tag vor dem Herrn ist wie Tausend Jahre und Tausend Jahre wie ein Tag." Das ist Kino! Die großen Regisseure der Filmkunst haben diese in dem Medium liegenden phantastischen Möglichkeiten durchaus in dieser Parallele gesehen. „Das Kino ist eine göttliche Art und Weise, dem Herrgott Konkurrenz zu machen. Kein anderer Beruf gibt einem die Möglichkeit, eine Welt zu schaffen, die der Welt, wie wir sie kennen, aber auch den anderen unbekannten Parallelen konzentrischen Welten so nahe kommt." (Federico Fellini[7])
G. W. Pabst[8]: „Der Film verleiht uns die Gabe, Gott ähnlich zu sein, nämlich allwissend und allgegenwärtig." Diese Blasphemie macht Ihnen als Theologen etwas Schwierigkeiten, wenn Sie dann Film machen.

Schorlemmer:
Herr Warneke, ich möchte Ihnen danken für Ihre 11 Filme, für Ihr Sehen und Ihr Zeigen, für Ihre Hilfe, die Gedanken mit dem Bild und die Bilder mit dem Gedanken zu vertiefen. Ich möchte Ihnen danken – für Ihre Haltung.

Anmerkungen

1 Emil Fuchs (1874–1971), evangelischer Theologe, nach dem 1. Weltkrieg führender religiöser Sozialist. Unter den Nationalsozialisten als Antifaschist seiner Kieler Pro-

fessur beraubt. Seit 1949 Professor für systematische Theologie und Religionssoziologie in Leipzig.

2 Ernst Bloch (1885-1977), Professor für Philosophie, wird 1919/20 Mitglied der KPD, 1939 Ausbürgerung, geht in die Schweiz, 1938 Emigration in die USA, 1948 nimmt er eine Professur in Leipzig an, 1957 wird er wegen seiner offenen Kritik an der DDR-Politik zwangsemeritiert; er hält sich in der Bundesrepublik auf, als 1961 die Mauer gebaut wird und kehrt nicht in die DDR zurück, Bloch nimmt eine Professur in Tübingen an, 1967 erhält er den Friedenspreis des Deutschen Buchhandels, ab 1968 Leitfigur der Studentenbewegung, 1986 Gründung der Ernst-Bloch-Stiftung, 1989 Bloch wird posthum in der DDR rehabilitiert.

3 Hans Mayer (1907-2001), führender deutscher Literaturhistoriker und -kritiker, 1948-1963 Professor in Leipzig, 1966-1973 in Hannover. Prägte während seiner Leipziger Zeit junge Autoren wie Christa Wolf und Volker Braun.

4 Egon Günther, *1927, Filmregisseur in der DDR.

5 Kurt Maetzig, *1911, Filmregisseur, Mitbegründer der ostdeutschen DEFA, 1954-1964 Rektor der Deutschen Hochschule für Filmkunst in Potsdam.

6 Marcello Cammi (1916-1998), Maler und Bildhauer seit Ende des 2. Weltkrieges in Bordighera. Er war verstört und verwundet 1943 aus der Sowjetunion zurückgekommen. Wird Partisan aus Protest gegen den Faschismus und den Krieg überhaupt. Er gestaltet Skulpturen aus Zement, malt Ölbilder, experimentiert ganz unkonventionell mit den unterschiedlichsten Materialien und beginnt, sogar mit Rotwein zu malen. Er hat ein riesiges Lebenswerk hinterlassen.

7 Federico Fellini (1920-1993), italienischer Filmregisseur, drehte kritisch-realistische Filme.

8 Georg Wilhelm Pabst (1887-1967), Filmregisseur in Deutschland. „Der Golem", „Die freudlose Gasse", „Geheimnisse einer Seele", „Die Büchse der Pandora", „Westfront 1918", „Die Dreigroschenoper", „Kameradschaft" und viele andere Filme.

„Wenn man behutsam mit der Sprache umgeht,
dann nimmt man wahr, was in ihr schon existiert"

kulturforum

LEBENSWEGE

Jürgen Rennert

Schriftsteller

„Ungereimte Prosa" nennt Jürgen Rennert (*1943) seine Skizzen, Predigten, Traktate von 1977, „Angewandte Prosa" versammelt Erfragtes, Zwischengefunktes, Vermittelndes.
Bekannt geworden ist er durch seine Kinderbücher („Emma, die Kuh, und anderes dazu") und Lyrik, durch künstlerischen „Dialog mit der Bibel" und zahlreiche Übersetzungen.
Immer war er dem Jiddischen und dem jüdischen Denken nahe.
Er wird vom Auf und Ab seines Lebens im Ab und Auf der Weltläufe erzählen - und aus seinem Werk mit der ihm eigenen Lebendigkeit und mit verschmitztem Humor lesen.

Donnerstag, 11. April 2002 – 19.30 Uhr
Evangelische Akademie Sachsen-Anhalt, Schloßplatz 1 d

Friedrich Schorlemmer
Studienleiter

Eintritt: 3,00 EUR
erm.: 2,50 EUR

Evangelische Akademie Sachsen-Anhalt e.V., 06886 Lutherstadt Wittenberg, Schloßplatz 1 d
Tel. 03491/49880, Fax 03491/400706, E-Mail: Ev-Akademie-Wittenberg@t-online.de

Schorlemmer:
Ich begrüße Jürgen Rennert als langjährigen Freund, der mit uns in Wittenberg auf besondere Weise verbunden ist.
Zunächst möchte ich an den 24. September 1983 anknüpfen: Im Lutherhof haben wir ein Schwert zu einem Pflugschar umgeschmiedet. Es ging um eine Grundgefährdung unserer gesamten Welt. Schriftsteller in Ost und West, die einen in Mutlangen und die anderen hier in der unabhängigen Friedensbewegung der DDR, haben sich gegen Rüstung und Nachrüstung ausgesprochen. Du hast zum Schmieden einen Text gelesen. Glaubst du, daß Literatur irgend etwas bewirkt?

Rennert:
Zumindest bei dem, der sie verfaßt. Als die BBC – in den vierziger Jahren – ihr Drittes Rundfunkprogramm eröffnete, gab es einen Einführungsvortrag, in dem gesagt wurde, daß es nicht auf viele, sondern auf intensive Hörer ankommt. Es wurde das biblische Gleichnis vom Salz bemüht: Nicht die Masse macht es, sondern das Wenige, aber Präzise und Klare.

...

Schorlemmer:
Literatur ist dann Literatur, wenn sie kein Zeitungsbericht ist, das heißt nicht veraltet, sondern am nächsten Tag und im übernächsten Jahr noch spricht, neu spricht und anders spricht. In jener Nacht auf dem Lutherhof hat uns das in besonderer Weise bewegt, und es gehörte schon etwas dazu, das so deutlich auszusprechen. Hast du das auch so in Erinnerung?

Rennert:
Zweifellos. Doch auch heute kann derart bemühtes Bekunden kaum auf allgemeinen Beifall rechnen. Je differenzierter jemand spricht, desto zögerlicher wird er erscheinen und desto weniger eignet sich sein Verlautetes zu schneller Vermarktung und Reproduktion. Die Umstände in der DDR, die klischeehaftes Sprechen in Masse produzierten, forderten das gründlich bedachte Wort nahezu heraus, unabhängig davon, ob es an die Öffentlichkeit dringen durfte.

Schorlemmer:
Wo leben wir jetzt?

Rennert:
Wir leben in einer freien Gesellschaft. Der Terror an schlechtem Deutsch, der Terror an gestalterischer Geschmacklosigkeit, den ich mit jeder Zeitung und ihren Werbebeila-

gen entgegennehme, empfinde ich als ungeheuerlich, und er hat für mich die Diktatur des real existierenden Sozialismus auf ihrem Gebiet abgelöst. Ich habe selbst keine große Wende verspürt, sondern nur Verwandlungsspiele erlebt, vor allem bei meinen Mitbürgern. Nicht zuletzt waren es immer die Jubelrufer von einst, die die ersten waren, die in der vermeintlich neuen Zeit schon wieder vorne dran waren. Ich denke beispielsweise an Parteisekretäre, die ein Jahr nach dem Fall der Mauer den Vertriebenenverband aufbauten. Meine Frau lebte bis zu ihrem tragischen Tod im Oktober 1989 in einem Ort, in dem auch schon die braunen und roten Fahnen mit dem Hakenkreuz gehangen hatten. Die Einwohner dieses überschaubaren Ortes im Norden Berlins wußten sehr genau, was der Parteisekretär von heute früher gewesen war. Die Prorektorin der Humboldt-Universität, Frau Professor Falk, wollte meine Frau kurz nach dem Mauerbau sozusagen zum Strafeinsatz schicken, weil sie dem Lehrbetrieb, in dem sie seit 1944 gearbeitet hatte, treu geblieben war und deshalb im Westteil der Stadt arbeitete. Das bedeutete, daß sie 60 Prozent ihres Gehaltes in Ost-Mark und 40 Prozent in West-Mark bekam. Diese Professorin verhörte meine Frau und jeder wußte, daß sie ehemals die BDM-Ortsführerin gewesen war.

Schorlemmer:
Bis du eigentlich ein Ostdeutscher oder ein Westdeutscher?

Rennert:
Darauf antworte ich mit vier bündigen Zeilen, die ich dem Band „Verlorene Züge", meinem zwölf Jahre nach der Wende erschienenen lyrischen Resümee, vorangestellt habe:

Geboren als ein Bürger Dritten Deutschen Reiches,
Leb ich in keinem Reiche mehr.
Majuskeln treten mich in unaussprechlich Weiches.
Minuskelnd revoltiert mein R.

Und nun komme ich auf deine Frage, die aufs Biographische zielt, prosaisch zurück. Sie wissen vermutlich noch alle, daß mit der Abbreviatur DDR eigentlich Deutsche Demokratische Republik gemeint war. Dieses Kürzel bedienten die kalten Krieger des deutschen Westens mit der Auflösung: Der Dumme Rest. Abhauen empfahl sich jahrzehntelang als Heilmittel gegen die DDR und galt als ein solches. Dabei war es ein Kampfmittel. Allenfalls engagiertes „Hierbleiben" und „Dableiben" hätten etwas zur heilsamen Veränderung in der DDR beitragen können.

Ich bin Jahrgang 1943. Auf meiner Geburtsurkunde prangt der Adler mit dem Hakenkreuz. Ich entstamme mütterlicherseits einer baptistischen Familie, deren Pietismus sie nicht davor bewahrte, im Dritten Reich mit großer Gläubigkeit dem Führer zu folgen. Meine beiden Onkel Klaus und Herbert, jüngere Brüder meiner Mutter, starben im Krieg: Herbert 1943 in Przemysl, wo es furchtbare Einsätze gegen die jüdische Einwohnerschaft, auch von Seiten der Wehrmacht, gegeben hat, und Klaus 1944, in der Uniform eines Angehörigen der Waffen-SS, in Frankreich. Mein Großvater, ein gelernter Sattler und schließlich Postbeamter, war Mitglied der NSDAP. Für ihn brachte die Machtübernahme der Nazis die endliche Befreiung aus der Arbeitslosigkeit. Er wurde gegen Ende des Krieges Volkssturmmann und hielt – vermutlich bis zuletzt – die Stellung und ging auf ewig verschütt. Meine 1920 geborene und 1961 an Hirntumor gestorbene Mutter hoffte lebenslang, daß ihr Vater vielleicht doch noch aus russischer Kriegsgefangenschaft heimkehren würde. Ich erinnere mich, wie oft sie ältere männliche Passanten fixierte, immer in der Hoffnung, der Vater könnte noch leben.

Ich wurde aufgrund dieser Kriegsgeschehnisse und des familiären Verlustes bei der nun plötzlich sehr vereinsamten Großmutter in Berlin-Neukölln gelassen. Ich sollte die Rolle des „Sonnenscheins" spielen. Meine Mutter zog – ohne mich – zu meinem Vater nach Hohen Neuendorf. Ich wäre wohl in Westberlin geblieben und dort groß geworden, wenn meine Großmutter nicht 1953 gestorben wäre. Bis zu ihrem Tod war ich in Westberlin zur Schule gegangen und drückte mir die Nase platt an den vielen schönen Auslagen der kleinen Läden. Weil meine Großmutter, durch familiäre Nähe zum NS-Regime, keinen Anspruch auf Rente hatte, merkte ich schon damals, daß es mit der Freiheit nicht weit her ist, wenn man kein Geld hat. Ich wuchs im Arbeiterbezirk Neukölln auf, einem Westberliner Stadtteil, der bis heute noch eine Karl-Marx-Straße hat. Meine Großmutter wollte nicht riskieren, mich unbeaufsichtigt auf der Straße spielen zu lassen, weil ich – jüngstes Mitglied einer bis eben deutlich nationalsozialistisch gestimmten Familie – vom Volkszorn natürlich auch für die Verbrechen des Regimes haftbar gemacht wurde. Einige Male wurden Großmutter und ich in der Dämmerung angespuckt und als Nazischweine angebrüllt. Das hat mich sehr geprägt. Der Auslauf, den ich hatte, waren die Friedhöfe unter der Einflugschneise zum Flughafen Tempelhof, wo es später zwar kein Grab, wohl aber einen Grabstein für Klaus, Herbert und Friedrich Wilhelm Förster gab.

Ich mußte nach der dritten Klasse in den Osten übersiedeln. In Neukölln hatte ich anfangs noch die gleichen Lehrer, die meine Mutter, meine Onkel und meine Tante unterrichtet hatten. Das war also ein nahtloser Übergang gewesen, und mit unverminderter Strenge ließen sie mich vor allem „schönschreiben". Im Osten wurde ich nun als das Kind aus dem Westen betrachtet. Im Westen war ich zuvor immer das Ostkind.

Meine Mutter hatte lebenslang Angst, man könnte ihr Schreiben finden, das sie bei meiner Einschulung an den Senat gerichtet und in dem sie deutlich erklärt hatte, daß sie ihren Jungen nicht dem kommunistischen Einfluß ausgesetzt sehen wolle. Nun hatte sie aber auch nicht die Kraft, sich von meinem nach Kriegsende der SPD beigetretenen Vater zu trennen, der sich anstandslos in die SED hatte übernehmen lassen. Sie klammerte sich an die Kirchengemeinde in Hohen Neuendorf. Hohen Neuendorf war mit einem Pfarrer gesegnet, der im Dritten Reich zur Bekennenden Kirche gehört und für sie agitiert hatte. Er war für kurze Zeit inhaftiert worden und für drei Tage verschwunden. Nach dem Verhör kam er wieder in die Gemeinde. Und stotterte, worüber wir Konfirmanden später unverständig spotteten. Der Mann hieß Hugo Rosenau, und seine Söhne erzählten, wie sie auf dem Teppich spielen mußten, unter den schnell der zweite Teil der Mitgliedskarten der Bekennenden Kirche geschoben wurden, wenn die Gestapo auftauchte ...

Das war der Kreis, in dem ich geistig aufwuchs. In der Schule hatte ich viele junge Lehrer, kaum genügend ausgebildet. Meine erste Russischlehrerin war uns selbst immer nur um wenige Lektionen voraus. Der Beruf des „Neulehrers" bot für viele Menschen eine Chance, die nach bisher geltenden Verhältnissen „ganz unten" geblieben wären. Ich lernte eine Menge an menschlichem Idealismus kennen. Hatte aber auch einige „alte" Lehrer und Lehrerinnen, die irgendwann nicht mehr die Nerven hatten, sich ein immer strafferes ideologisches Ausgerichtetwerden gefallenzulassen. Ich denke an Fräulein Papierowski, für ein Jahr meine Klassenlehrerin, die aus ihrem Katholizismus keinen Hehl machte und eines Tages mitsamt ihrer Schwester einfach weg war ... Ich denke an den Lehrer Heinrich, der vor aller Augen in der Schulsporthalle demonstrativ abgekanzelt wurde, weil er die Anweisung – es war kein Gesetz –, das noch unummauerte Westberlin zu meiden und weithin zu umfahren, nicht befolgt hatte. Das verdeutlichte mir früh, daß die Macht wirklich die Macht ist. Aus den Erzählungen älterer Hohen-Neuendorfer wußte ich um weitere Episoden: Etwa von jenem Schwerhörigen, der erschossen wurde, weil er auf den Anruf „Stoi!" (russ. Steh!) nicht reagierte, nachdem die Russen Hohen Neuendorf eingenommen hatten. Menschen, die kaum etwas verbrochen hatten, wurden verschleppt. Der Vater einer Schulfreundin hatte das Unglück, Ingenieur im Reichsbahnwesen gewesen zu sein. Nicht nur, daß die Schienen aus der DDR abmontiert und nach Rußland geschafft wurden, auch irgend ergreifbare Wissenschaftler und Ingenieure mußten mit und kamen – wenn überhaupt – erst nach vielen Jahren wieder nach Deutschland zurück.

Schorlemmer:
Du hast noch lebhafte Erinnerungen an den 17. Juni.

Rennert:
Ich war gerade bei den Eltern und erlebte, wie auch in Hohen Neuendorf die Menschen schrien: „Der Spitzbart muß weg!" Meine Mutter, die auf ihrem Fahrrad drei oder vier Brote und andere Nahrungsmittel heranschaffte, war verstört und wiederholte immerzu: „Es gibt jetzt gleich Bürgerkrieg." Ihre schönste Zeit war die des National-

sozialismus gewesen, wenn auch die letzten fünf Jahre davon kriegsüberschattet waren. Sie hatte zwischendurch meinen Vater geheiratet oder heiraten müssen, weil ich unterwegs war. Ich erlebte, wie der RIAS, den wir jahrelang auf Mittelwelle hörten, in Randberlin immer gestört wurde. Es gibt eine ganze Generation, die noch diese Störsender kennt, alles wurde damals überlagert. Es hat ein Vermögen gekostet. Einen Störsender zu betreiben, kostete so viel wie der Betrieb eines Senders. Aber wir hörten trotzdem Onkel Tobias, Friedrich Luft, Ivo Veit und die Insulaner. Wir hörten vor allen Dingen die Berichte des mitfühlenden Westens über das Aufbegehren der Menschen im Osten. Ich habe einige Male im Leben erkennen müssen, daß der Westen wunderbar auf die Seele einzuwirken vermochte, aber leider nichts tat. Er rückte nicht vor, als die Mauer gebaut wurde. Da wagte sich kein amerikanischer Panzer vor, um vielleicht wenigstens eine Verzögerung im historischen Ablauf zu bewirken. Ich denke mit Entsetzen an 1968, den Einmarsch der Truppen des Warschauer Pakts in die ČSSR, und an den Applaus insbesondere von der westlichen Welt und das Sich-nicht-rühren. Ich denke an Chile 1973 und immer wieder an Ungarn 1956, wo ich wußte, es ist nicht gut, sich auf den Westen zu verlassen, wenn wir leben wollen. Ich möchte damit sagen, ich wußte, es ist hart auf dieser Welt, und nur mit Reden bewirkt man nicht sehr viel. Es ist auch nicht gut, allzu leichtsinnig die Dinge anzugehen. Ich denke, daß es gut war, diese frühe Beschämung einmal als Ostkind und einmal als Westkind – also nie ganz dazu zu gehören – erlebt zu haben. Wenn man das übersteht, dann taugt man nicht zur Einseitigkeit.

Schorlemmer:
Du warst doch FDJ-Sekretär. Wie paßt das zusammen?

Rennert:
Ich bin konfirmiert worden und war nie bei den Pionieren. Ich hatte in der achten Klasse einen dieser Neulehrer, den Lehrer Ross, der sein Herz für mich entdeckte und mich davon überzeugte, daß Christentum und Kommunismus das gleiche seien. Das kam mir entgegen. Ich war aktiv in der Jungen Gemeinde, trug das Kugelkreuz. Es war schon nach jenen schlimmen Jahren, die meine spätere Frau noch erlebt hatte, als 1951 die Junge Gemeinde und ihre Glieder kriminalisiert und bei Osterspaziergängen arretiert wurden und vor allen Dingen nicht auf die Oberschule durften. Das war bei mir schon nicht mehr der Fall. Ich konnte dieses Kugelkreuz tragen, ohne befürchten zu müssen, von der Schule zu fliegen. Ich stellte Anfang der neunten Klasse meinen Aufnahmeantrag in die FDJ, in der viele schon ganz selbstverständlich waren, weil sie sich von den Pionieren hatten übernehmen lassen. Ich trug das FDJ-Abzeichen neben dem Kugelkreuz am Revers und wurde von meiner Klasse sogleich zum Sekretär gewählt. Ich habe das mit Freude ein halbes Jahr lang gemacht ... Am Ende dieses halben Jahres wur-

de ich als Delegierter zu einem FDJ-Treffen nach Oranienburg abkommandiert, wo alle halbe Stunde neben den Rednerpulten die Fahnenhalter gewechselt wurden. Man ging nach vorne, übernahm nach verabredeter Zeit die FDJ- bzw. DDR-Fahne und flankierte die Rednertribüne. Ich stand dann da auch eine halbe Stunde und hörte, wie über die Junge Gemeinde heftige und giftige Töne verloren wurden, als handele es sich um die Speerspitze des Klassenfeindes in der DDR. Das versetzte mir einen Schock, und ich merkte, daß Theorie und Praxis mehr auseinanderklaffen als ich jemals gedacht hatte. Es vergingen keine drei oder vier Tage, bis der Schuldirektor in unseren Unterricht stürzte und sagte, er müsse heute über etwas Grundsätzliches sprechen: Wir seien ja alle FDJler, und es gäbe berechtigten Anlaß, darauf hinzuweisen, daß FDJler gegen Aberglauben aufzutreten hätten ... Ich fand das plausibel und nickte ihm mehrfach zu. Da verlor der Mann die Nerven und sagte, er spräche von mir und meinem abergläubischen Gottesglauben. Nachdem ich derart belehrt worden war, sah ich mich genötigt, mein FDJ-Abzeichen und das Mitgliedsbuch an die Kreisleitung in Oranienburg zu schicken und meinen Austritt schriftlich zu erklären. Es hat niemand darauf reagiert und auch später gab sich niemand mehr die Mühe, mich zum Wiedereintritt zu bewegen.

Schorlemmer:
Warum bist du nicht zur Oberschule gegangen?

Rennert:
Der Antrag lief zeitgleich mit meinem FDJ-Austritt. Da hat mir meine Klassenlehrerin erklärt: „Jürgen, du weißt, die Arbeiterklasse bezahlt das Studium, und sie bezahlt es natürlich nur für Leute, auf die sie sich hundertprozentig verlassen kann. Auf dich kann sich die Arbeiterklasse nicht verlassen." So wie Arbeiterklasse interpretiert und definiert wurde, fand ich die Argumentation logisch und habe sie auch nicht persönlich genommen. Außerdem weiß ich nicht, ob ich noch unbedingt weiter zur Schule hätte gehen wollen, aber schön wäre es schon gewesen.

Schorlemmer:
Welche Sprachen hast du gelernt?

Rennert:
Es gab in der DDR immer die Möglichkeit eines zweiten Bildungsweges. Jiddisch und Hebräisch zu lernen war mir leicht möglich, sicher auch, weil ich in Berlin lebte. Man konnte als Gasthörer Vorlesungen an der Humboldt-Universität besuchen. Meine Kollegin Jutta Janke hat mir das vorgemacht. Sie ist zu den Theologen gegangen und hat Hebräisch gelernt. Ich hatte das Glück, in der Ostberliner „Jüdischen Gemeinde von Groß-Berlin" einen Lehrer aus Israel zu haben, der in der DDR an der TU Dresden studierte.

Schorlemmer:
Du hast doch auch etwas „Vernünftiges" gelernt?

Rennert:
Schriftsetzer; einen Beruf, den es eigentlich nicht mehr gibt und der heute durch den Begriff „Druckformenhersteller" ersetzt ist. Als ich 1959 meine Lehre begann, gratulierten uns die Berufsschullehrer zu unserer Entscheidung für einen Beruf, der ewig Zukunft haben würde. Sie ahnten nicht, daß schon nach 15 Jahren die Computertechnologie dieses Gewerbe überflüssig machen würde.

Schorlemmer:
Hast du diese Ausbildung beendet?

Rennert:
Die Lehre habe ich – durch den Tod meiner Mutter im Juni und den Mauerbau im August 1961 überschattet – mit Erfolg beendet. Im Februar 1962 erhielt ich mein Facharbeiterzeugnis als Schriftsetzer.
Mit dem Mauerbau stürzte eine Welt in mir zusammen. Damit hatte ich nicht gerechnet. Das Ereignis zwang mich, Ende 1961 zu überlegen: Was passiert jetzt mit meiner Haltung? Wenn sich die DDR einmauert und die Menschen nicht mehr weglaufen können, wird es bald die allgemeine Wehrpflicht geben. Und gleich nach dem Mauerbau kam das Wehrgesetz der DDR auf den Tisch. Ich habe Ihnen schon angedeutet, wie es sich mit meiner Biographie verhält, daß ich nie einsehen werde, töten zu lernen und eine Waffe in die Hand zu nehmen. Also habe ich damals gleich geschrieben, daß ich dem Aufruf zum Wehrdienst mit der Waffe nie folgen würde. Und nicht versäumt, es per Einschreiben an das Wehrkreiskommando und an den Rat des Kreises zu schicken. Sechs Wochen später wurde ich ins Wehrkreiskommando vorgeladen und ganz freundlich empfangen: Man hätte sich mit mir beschäftigt und wäre von mir angetan und hätte mir ein wunderbares Angebot zu machen. Solche Leute wie mich bräuchte man als Offiziere der Nationalen Volksarmee. Ich sagte: „Das ist ja schön, ich dachte, das ginge nur mit Waffe." Ja, wovon ich denn redete? Ich erwiderte: „Ich habe doch – es liegt Ihnen schriftlich vor – den Wehrdienst verweigert." Darauf der Beamte: „Wir haben nichts von Ihnen vorzuliegen." Als ich den Postbeleg über die erfolgte Zusendung vorwies, änderte sich der Ton. „Ja, ja, das haben wir bekommen. Und Sie wissen wohl auch, was wir mit Ihnen machen werden?" Ich verneinte. „Haben Sie sich nicht durchgelesen, womit das bestraft wird?" „Doch", sagte ich, „mit drei Jahren." „Sie wollen also ins Gefängnis?" „Nein", sagte ich, „will ich nicht." Ein Wort gab das andere. Schließlich sagte ich: „Irgendwann wird die DDR mit Menschen wie mir ein Einsehen haben." Und damit habe ich Recht behalten. Im Jahre 1964 führte die

DDR als einziges der sozialistischen Länder die Möglichkeit eines Wehrersatzdienstes ein, den Dienst als Bausoldat. Von dieser Gelegenheit habe ich dann 18 Monate lang Gebrauch gemacht, ohne das Gelöbnis abzulegen ... Ich habe einen sehr guten Freund im südwestlichen Deutschland, der in der Bundesrepublik jahrzehntelang Wehrdienstverweigerer betreut hat. Die Geschichten, die er mir erzählt hat über die Fangfragen, über die Schwierigkeiten, über das Sich-verstecken-müssen junger Menschen, stehen dem, was ich erlebt habe, in nichts nach. Wer sich mit dieser Materie in beiden Teilen Deutschlands befaßt hat, wird viele Analogien entdecken ...

Schorlemmer:
Nach deiner Schriftsetzerlehre hast du dich entschlossen, etwas anderes zu machen. Wie kommt man zu solch einem Entschluß? Hat deine Mutter dich dazu angeregt?

Rennert:
Nein. Meine Mutter war ja bereits im Juni 1961 an Hirntumor gestorben. Wir hatten sie zu Hause gepflegt, mein Vater und ich. Das war mitten in der Lehre, die Mutter konnte also nichts mehr dazu sagen. Nach ihrem Tod und dem Mauerbau ging ich für anderthalb Jahre - auch in Erwartung der angedrohten Inhaftierung - als Hilfspfleger ins Hohen-Neuendorfer Krankenhaus. Ich wußte nur, daß ich irgendwann gerne auch professionell schreiben würde. Der Mann meiner ehemaligen Lehrerin war Lektor beim Verlag Volk und Welt, dem führenden Verlag für internationale Literatur, und der suchte 1964 einen Werbetexter. Er hatte sich angesehen, was ich bis dahin zu Papier gebracht hatte, und meinte, daß das vielleicht eine Möglichkeit für mich wäre, den Weg zur Literatur zu finden. Ich sagte zu und wurde 1964 bei Volk und Welt eingestellt. Ich bin diesem Verlag elf Jahre lang verbunden gewesen, als Werbetexter und schließlich als Werberedakteur. Der Verlag Volk und Welt gehörte der SED, und der einzige Mann, den sie da mit mir anderthalb Jahre lang unter der Fahne hatten, der war gar nicht richtig bei der Fahne. Aber den Verlag leiteten wirklich gute Genossen, die für mich bürgten und mir nicht kündigten.
Ich denke im Rückblick auf die DDR dankbar an sehr viele Menschen, die Leute wie mich behütet, beschützt und verteidigt haben. Ich erinnere von der DDR nicht nur die Denunzianten, Anpasser und Mitläufer, sondern auch die vielen anständigen Mitmenschen, deren Haltung heute vergessen ist und kaum anerkannt wird. An viele Genossinnen und Genossen der SED denke ich mit größerer Wärme und Hochachtung zurück als an viele Mitglieder der Ost-CDU, mit denen ich es später zu tun bekam.

Schorlemmer:
Wenn ich das richtig sehe, merkt man schon an den Titeln deiner Bücher, daß du vom Leser etwas willst. „Ungereimte Prosa - Skizzen, Predigten, Traktate" - dieser Titel

kommt ebenso didaktisch wie „Angewandte Prosa – Erfragtes, Zwischengefunktes, Vermittelndes" daher. Ist das so, zielst du auf Wirksamkeit?

Rennert:
Ja, unbedingt. „Zwischengefunktes" rubriziert in der „Angewandten Prosa" meine zumeist im Zweiten Programm von Radio DDR ausgestrahlten Funkbeiträge. Redakteurinnen und Redakteure des DDR-Rundfunks haben mir seit Anfang der achtziger Jahre in größeren Intervallen Beiträge abverlangt. Ich finde es schön, daß meine „Angewandte Prosa" noch in der DDR erschienen ist. Der Band zeigt, was alles gedruckt, gesagt, geschrieben und gesendet werden konnte. Beispielsweise über den Mischna-Traktat[1] „Sprüche der Väter", bei dessen Vorstellung ich beklagte, daß die DDR leider nicht in der Lage ist, ein atheistisches Land zu sein, weil sie viel zu wenig Ahnung von der Religion hat ...

In meinem ersten Band „Ungereimte Prosa" fanden sich neben Skizzen und Traktaten auch Predigten. Und ich erinnere mich noch gut, wie ich in einer der „Wochen des Buches", die vom Kulturministerium der DDR jeweils um den 10. Mai herum, dem Mahntag an die nazistische Bücherverbrennung 1933, veranstaltet wurden, zu einer Brigade von Hortnerinnen und Kindergärtnerinnen im Mecklenburgischen geschickt wurde. Die Damen waren allesamt nicht ganz freiwillig erschienen, aber doch der Einsicht gefolgt, daß die geschlossene Teilnahme an einer kulturellen Veranstaltung in Form einer finanziellen Zuwendung der Brigadekasse zugute kommen würde. Ich überlegte, was ich den Damen, die etwa zu zwölft erschienen waren, denn nun vorlesen sollte. Als ich ihnen vorschlug, eine der Predigten zu lesen, wehrten sie ab. „Nein, das wollen wir nicht hören. Das hat nichts mit unserem Staat zu tun." Das war zu einem Zeitpunkt, als es in der DDR im Zweiten Programm des Fernsehfunks einmal im Vierteljahr eine von den Kirchen verantwortete Sendung geben durfte – 20 Minuten lang. Ich fragte: „Was antworten Sie, wenn Sie von Ihren Kindern gefragt werden, wer denn dieser Schwarzgekleidete mit, etwas Weißem oben dran' im Fernsehen gewesen sei? Sie müssen doch auskunftsfähig sein." Nein, das müßten sie nicht, denn sie wüßten bei einer solchen Frage schon, welcher Kanal da geschaut würde. Sie hatten offensichtlich nicht mitbekommen, daß das DDR-Fernsehen mittlerweile eine Kirchenfunkredaktion eingerichtet hatte. Ihnen war in ihrer pädagogischen Ausbildung eingebleut worden, daß alles Kirchliche dem sozialistischen Menschenideal zuwiderliefe. Dann habe ich gesagt: „Nun gut, meine Damen, ich würde aber trotzdem gerne eine Predigt vorlesen, stimmen wir doch mal ab: Wer ist dafür?" Acht Arme blieben unten und vier gingen in die Höhe. Ich war überstimmt, las aber trotzdem. (So weit hatte ich die Praxis meines Staates schon verinnerlicht.) Daraufhin holten die Damen Modezeitschriften und Strickzeug aus der Tasche und fingen an, sich zu unterhalten. Ich dachte nur: durchhalten, durchhalten. Aber nach einer Seite gab ich auf und sagte: „Das finde ich aber ganz unverschämt von Ihnen." "Nee, das finden wir ganz unverschämt von Ihnen, Sie haben abstimmen lassen und sich nicht daran gehalten", kam als Antwort. Na ja, das war es dann.

Schorlemmer:
Aber Honorar hast du bekommen?

Rennert:
Ja, das habe ich bekommen. Das mit den Predigten war in der Tat im belletristischen Bereich der DDR nicht üblich. Dafür hatte man kirchliche Verlage und christliche Buchhandlungen. Es gab in der DDR keine schwarzen Listen, sondern weiße. Sie verzeichneten jene Autoren und Titel, die den Buchhandlungen und Bibliotheken zum Ankauf empfohlen waren. Die Zensur in der DDR war zum großen Teil auch Selbstzensur. Ich habe noch den vollständigen Text zu Hause, den ich für einen Kalender der Evangelischen Verlagsanstalt zum 9. November, dem Tag des Pogromgedenkens, geschrieben habe. In ihm hieß es: "Ich bitte zu Gott, daß er die Mächtigen meines Landes bewegt, den Staat Israel anzuerkennen." Da hat dann der Cheflektor in vorausfürchtender Weise einen "genehmigungsfreundlichen" Schluß verlangt. Derlei ist mir oft passiert. Auch mit Verlagsleitern, die mir sagten: "Das muß raus, das darf da nicht rein." Ich fragte: "Wer hat das verfügt?", weil ich dachte, es wäre vom Ministerium gekommen. Mir wurde erwidert, daß ich doch wohl selber wissen würde, daß mein Text in dieser Form nicht veröffentlichungsfähig sei. Und daß man keine Lust habe, meinetwegen seinen Job zu riskieren ...
Nach der Wende ist mir das auch ein paar Mal passiert, zum Beispiel mit dem Berliner Senat. Im Abgeordnetenhaus gab es eine Ausstellung mit Arbeiten behinderter Kinder. Ich war von dem Kreis, der diese Ausstellung organisiert hatte, gebeten worden, zwei Texte zu schreiben. Die gefielen dem CDU-Kulturverantwortlichen nicht und er verbot sie. Da haben die Künstler von der Ausstellung Abstand nehmen wollen, wenn Rennerts Texte verboten bleiben sollten. Ich habe sie gebeten, dies nicht zu tun, weil das die Kinder mehr treffen würde als mich. Es gab meinetwegen eine Sondersitzung des Kulturausschusses im Abgeordnetenhaus. Mein Unglück war, daß ein Mann von der PDS gegen das Verbot und für mich plädierte. Da sahen sich die Grünen nicht mehr in der Lage, gegen den CDU-Mann Front zu machen, und gaben nach. Die Texte wurden aus dem Katalog entfernt. Das ist mir auch mit der "Weihnachtsgeschichte der Christen" in der Agentur des Rauen Hauses in Hamburg passiert. Da wurde mir gesagt: "Man merkt, daß Sie ein DDR-Autor sind." Ich fragte: "Woran denn?" Antwort: "Sie sind so staatskritisch." Das ist die Kontinuität, wie ich sie erlebe.

Schorlemmer:
Ich bitte dich, aus deinen Kindertexten zu lesen.

Rennert:

EMMA, DIE KUH – UND AND'RES DAZU

Die Gedichte hier
schrieb Herr
Jürgen Rennert (DDR),
nördlich wohnhaft
von Berlin;
dort, wohin
die Städter flieh'n,
um auf Wald-
und Wiesenwegen
sonntags
sich zu überlegen,
ob die Vögel

der Leser dann
wie ein Vogel
fühlen kann.
Und Herr Rennert
macht Versuche,
um sein Buch
in eine Buche
zu verwandeln.

in den Kronen
schließlich nicht
viel besser wohnen.
Und Herr Rennert
wünscht im Traum
sich sein Buch
wie einen Baum,
der mit Ästen,
Zweigen, Blättern
einlädt,
drin herumzuklettern.
So daß sich

Doch vergebens!
Noch fehlt ihm
die Kraft des Lebens,
die ihm erst
der Leser gibt,
der das Buch
lebendig liebt.

Zu den DDR-Unarten gehörte auch, die Autoren auf Staatskosten in Schulklassen zu schicken, in eben jener Woche des Buches. Ich hatte es meistens mit Kindern der zweiten oder dritten Klasse zu tun. Wenn ich dann zum Beispiel dieses Gedicht vorlas, hoben sich die Ärmchen, und ich wußte gar nicht richtig, warum.

MÄRCHEN

In den guten Märchen
Finden sich die Pärchen.
So daß dann der Ziegenhirt
Schwiegersohn vom König wird.

In den schlechten Märchen
heißt die Grete: Klärchen.
So daß Hans sie nicht erkennt
Und in falscher Richtung rennt.

Neben guten, schlechten
Märchen gibt's die echten.
Wo sich Eltern erst in Massen
Trauen und dann scheiden lassen.

Wenn ich dann fragte: „Warum meldest du dich?", kam die Antwort: „Ja, meine Mutti ist auch geschieden."

WIE MEINE LETZTE STROPHE WIRD

Gacke zeinen Dram pusammen,
Dräm sich zicht nu kehr,
Hösche leines Derzens Mammen
Flit dem Masser aus dem Weer.

Packe deinen Gram zusammen,
Kräm nich dicht zu sehr,
Lösche Heines Merzens Dammen
Mit dem Wasser aus dem Fleer.

Packe deinen Kram zusammen,
Gräm dich nicht zu sehr,
Lösche deines Herzens Flammen
Mit dem Wasser aus dem Meer.

Das ist eigentlich Dichtung. Verunklart ist es nicht.

DER VENUS

Streif ich nachts mit Korf umher,
Funkeln viele Lichter.
Aber eines funkelt mehr:
Palma Kunkels Dichter.

Dicht, ganz dicht, hängt er am Mond,
Abends hin und wieder
Singen sie – für zwei vertont! –
Eins der Galgenlieder.

Viele Dichter hab ich gern
Und auch viele Sterne.
Aber Christian Morgenstern
Hab ich mehr als gerne.

Da haben Sie ein Musterbeispiel für das, was an kommunistischer Unterwanderung in DDR-Büchern stattgefunden hat.

Schorlemmer:
Du hast viel übersetzt, auch Aleksandr Twardowskij[2].

Rennert:
Ja, Aleksandr Twardowskij war ein Mann, der sich ein Leben lang schwertat, mit Deutschen zu sprechen. Seine Familie litt unter der stalinistischen Säuberungspolitik. Dann kam der deutsche Überfall. Twardowskij war Chefredakteur der wichtigen Literaturzeitschrift „Nowy mir" (Neue Welt), jener Zeitschrift, in der 1964 „Ein Tag im Leben des Iwan Denissowitsch" von Alexander Solschenizyn[3] erscheinen konnte. Er war ein Mann, der die junge, wichtige, nachwachsende Schriftstellergeneration der Sowjetunion förderte. Einer der von ihm protegierten Leute war der russische Dichter Anatoli Rybakow[4], ein Mann, den ich Ihnen sehr empfehlen kann. Sein „Haus an der Moskwa" ist ein Aufriß dessen, was russische Geschichte unter Stalinismus bedeutete, nicht im Jammerton der Klage, sondern mit scharfem Blick auf das, was das vergangene Jahrhundert an Leid produzierte, im Größenwahn, die Seligkeit herbeizuzwingen.

Schorlemmer:
Twardowskij hat Gedichte geschrieben?

Rennert:
Er hat vor allem Gedichte geschrieben. Ein Mann, der sich den kommunistischen Glauben trotz des Kommunismus nicht hat abzwingen lassen. Eine große einsame Figur. Ein anderer Mann, den ich sehr gerne übersetzt habe, war der russische Dichter Aleksandr Blok[5], der in dem wichtigen Poem „Die Zwölf", in dem er die Revolution mit den Aposteln und Jesus Christus verband, ein großes, überzeugendes, drängendes Hoffen ausdrückte, denn wer das zaristische Reich überwunden hatte und überwunden glaubte, wußte, daß nur Besserung stattfinden konnte; aber das ist schon einen Ausflug zu den großen russischen Klassikern Tolstoi, Gogol und Tschechow wert, die für die europäische Kultur so unendlich wichtig sind. Momentan erinnern das nur wenige, aber die Literatur des Abendlandes ist eng verbunden mit dieser großen russischen Literatur.

Schorlemmer:
Wie bist du auf Mark Rasumny[6] gestoßen? Was ist das für ein Mensch?

Rennert:
Mark Rasumny wurde in Riga als Mitglied einer reichen jüdischen Minorität geboren. Als Rigaer um die Jahrhundertwende erinnerte er sich noch an die Schilder im Stadtpark „Für Juden und Hunde verboten". Er betrachtete sich wie fast alle ostjüdischen Menschen der deutschen Kultur nahe und zugehörig. Jiddisch ist, mit hebräischen Let-

tern, von rechts nach links geschrieben, eine „Nahsprache" des Deutschen, um es so präzise wie möglich zu beschreiben, angereichert mit etwa 20 Prozent hebräischem und 10 bis 15 Prozent slawischem Wortgut. Jene Sprache wurde entsetzlich dezimiert. Von den Millionen Juden, die in deutschen Vernichtungslagern umkamen, sprachen vielleicht drei Millionen Jiddisch. Jiddisch wird heute immer noch gesprochen, von Australien bis New York, aber auch in Israel bei den Orthodoxen. Dort, wo es sich verbietet, Hebräisch zu sprechen, weil Hebräisch wirklich nur dem biblischen Text vorbehalten ist. Die Erörterung des Alltags und des Theologischen erfolgt in Jiddisch, weil die heilige Sprache geschützt werden muß. Was die wenigsten wissen, ist, daß es 1989 noch 130 jiddischschreibende Autoren in der Sowjetunion gab, die zum großen Teil, wie Rasumny, den Gulag überlebt hatten. Die Sowjetunion, die in ihrer Nationalitätenpolitik in den auslaufenden zwanziger Jahren versuchte, sich sehr fortschrittlich zu verhalten und 1934 bei Wladiwostok ein Gebiet, angrenzend an China, als autonomes jüdisches Gebiet aufbauen wollte, versuchte auch ethnologisch in der Forschung zu fördern, so auch Anatoli Kaplan[7], einen sehr wichtigen Petersburger Grafiker. Die Menschen aus der DDR werden zumindest seine Illustrationen von Mendele Mojcher Sforim im Gedächtnis haben. Jener Anatoli Kaplan hatte in Minsk einen Lehrstuhl für jiddische Kunst inne. Sie wissen, daß Marc Chagall aus diesem Streifen zwischen Baltikum und Schwarzen Meer kam, den man als Ansiedlungsrayon bezeichnete. Das waren die traditionellen Wohngebiete jener mehr oder minder ghettoisiert lebenden und von der Assimilation nicht erreichten jüdischen kleinen Gemeinden und Kommunen.
Rasumny traute der Sowjetmacht wie viele der durch kommunistische Ideen beeinflußten Menschen und bekam ebensowenig mit, daß plötzlich ein ganz harscher Umschwung erfolgte. Während des Zweiten Weltkriegs hat man die sowjet-jiddische Intelligenz in die USA geschickt, um gut Wetter für eine Alliiertenpolitik zu machen. Zwei Vertreter fuhren in die USA und versuchten, die dortige Bevölkerung zu überzeugen, daß ein Bündnis mit der Sowjetunion im Kampf gegen Hitlerdeutschland sinnvoll wäre und daß es in der Sowjetunion keinen Antisemitismus mehr gäbe. Es gäbe in Moskau, was richtig war, ein jüdisches Staatstheater. Albert Einstein hatte damals, in guter Kenntnis der Weltsituation, gesagt: „Wenn es keinen Antisemitismus in der Sowjetunion gibt, dann gibt es auch keine Juden." Die Menschen wollten es nicht glauben. Sie hatten ihre Mission erfüllt. 1948 wurden die ersten Juden durch die russische Geheimpolizei ermordet. Wenig später gab es die Prozesse, Morde und Inhaftierungen.
Ein schwarzer Tag der jiddischen Literatur ist der 12. August 1952, an dem die Phalanx der sowjetisch-jiddischen Intelligenz, die sich auch kommunistisch engagiert hat, umgebracht wurde. Itzik Pfeffer, Markisch, Mojsche Kulbak, großartige Leute. Die Revolution fraß ihre Kinder. Rasumny war klug genug zu gestehen, als er 1950 als angeblicher Hauptagent des CIA in Riga verhaftet wurde. Wäre der Mann bei der Wahrheit geblieben, wäre er erschossen worden. Er hat es zugegeben und wurde

deshalb lebenslang in den Gulag gesteckt, den er überlebte. Nach seiner Rehabilitation in der Tauwetterzeit, in der auch wir hier in der DDR die Hoffnung hatten, daß sich der Sozialismus jetzt endlich mit der historischen Wahrheit einläßt und die eigenen Verbrechen aufdeckt, begann er zu schreiben. In Moskau wurde eine Monatszeitschrift für jiddische Literatur gegründet, die bis 1991 existierte – „Sowjetisch Hejmland", von großartigen Leuten gemacht. In dieser Zeitschrift publizierte dieser Mann eigentlich talmudische Geschichten, ganz geschickt umgesetzt, aber für den, der hören kann, deutlich genug. Er nannte seine Texte „Novelletten", kurze, kleine Texte. Ich lese Ihnen eine dieser Geschichten vor, die auf der Grundlage meiner deutschen Übersetzung ins Russische übertragen und ins russische Schullesebuch übernommen wurden. Niemand der atheistisch Vorgebildeten weiß, daß dies eine talmudische Geschichte ist.

DIE BRÜCKE DER GERECHTEN

Erzähl' Maminka, erzähl', bestürmte ich allabendlich die Mutter. Und kein Winterabend verging, an dem sich Mutter, die den Tag über hart an der Nähmaschine gearbeitet hatte, nicht erweichen ließ. Von allen Geschichten, die sie mir hundertmal erzählen mußte und die sie meisterhaft zu variieren verstand, gab es eine, die mich stärker als alle anderen beeindruckte. Und auch Mutter schien eine besondere Vorliebe für sie zu hegen. Jedenfalls wußte sie sofort, welche Geschichte ich meinte, wenn ich bettelte, erzähl' doch noch einmal jene, du weißt schon. Ja, ich weiß, lächelte Mutter, während ich es mir unter der Decke bequem machte und ganz Ohr wurde. Und die Mutter begann: Einmal wird eine Zeit kommen, in der die Menschen für immer Einzug halten im Land des ewigen Friedens und der Gerechtigkeit. Doch der Weg in dieses Land wird sie über den Sambation-Fluß führen, der sechs Tage lang Pech und Schwefel speit und nur am Sabbat, wie die Väter erzählen, Ruhe gibt. Aber es werden nicht alle Menschen in das Land gelangen, denn nicht alle werden die Probe bestehen. Der Fluß wird wild sein und toben, und die Menschen werden furchtsam sein und nicht wissen, wie sie hinübergelangen. Und während sie noch überlegen und rätseln, werden sich wie durch ein Wunder zwei Brücken über dem Fluß beweisen, die eine aus Eisen, die andere aus Papier. Wie werden die einen, die es gewohnt sind, sich alles mit Gewalt zu nehmen, die eiserne Brücke bestürmen, so daß die Gerechten das Nachsehen haben und ihnen nichts anderes übrig bleibt, als ihr Vertrauen und ihre Schritte auf die Brücke aus Papier zu setzen. Und die Leute auf der eisernen Brücke werden ihnen dabei zusehen und sich vor Gelächter nicht zu halten wissen. Nun wird sich zeigen, werden sie rufen, was eure guten Taten wiegen. Ihr spöttisches Rufen und Gejohle wird übergehen in ausgelassenes Springen und Tanzen. Aber plötzlich wird die eiserne Brücke, noch bevor sie der erste verlassen hat, mittlings entzweibrechen und der Strom wird alle verschlingen, die sich ihrer so sicher wähnten. Die Gerechten

jedoch werden auf der papierenen Brücke sicher ins Land der Verheißung gelangen und nicht einer wird sein, den die Brücke nicht trägt.
So ging die Geschichte, die ich nicht genug hören konnte, und an der mich mehr alles andere die Brücke aus Papier ins Nachdenken brachte. Wird die Brücke wirklich nur aus einfachem Papier sein, unterbrach ich Mutter jedes Mal beim Erzählen. Ja, mein Kind, bestätigte sie. Das Papier der Brücke wird von gleicher Art sein wie jenes, aus dem du dir Mützen und Schiffchen faltest. Es wird sich genau so leicht in hundert Stücke reißen lassen, denn es ist nicht das Papier, dem die Brücke ihre Festigkeit und Stärke verdankt; es sind die Gerechten, die über sie hinschreiten.

Schorlemmer:
Geschichten voller Hintersinn, Humor – und: Ermutigungen!

Rennert:
Diese Geschichten waren eine große Leistung. Ich habe Mark Rasumny kennengelernt, weil ich mit einem großen deutschen Dichter befreundet war, Erich Arendt[8], der die Zeit des Faschismus im lateinamerikanischen Exil verbracht hat. Der lernte bei einem Aufenthalt in Riga Rasumny kennen. Dieser wiederum verliebte sich in diesen nahezu altersgleichen deutschen Schriftsteller und schickte ihm und seiner Gefährtin zum Frauentag am 8. März einen bunten Gruß. Arendt hatte ihm erzählt, daß er einen jungen Mann kenne, der sich ums Jiddische bemühe. Ich schrieb für Arendt in Jiddisch einen Gruß. Daraufhin bekam ich etwa drei Wochen später einen vierseitigen, handgeschriebenen Brief von Mark Rasumny, an dem ich bestimmt 14 Tage herumentziffert habe. Die Quadratschrift konnte ich lesen, aber die kursive war mir noch nicht vertraut. Das war der Einstieg in diese Freundschaft. Ich hatte damals Hubert Fensen vom Union-Verlag gesagt, ich würde den Mann übersetzen. Ich war des Jiddischen kaum mächtig, aber Fensen baute auf mich und unterstützte mich durch Zuwendungen. Ich arbeitete an der Übersetzung und lernte so langsam Jiddisch. Nun hatte ich das Glück, nach Rumänien eingeladen zu werden, wo das jüdische Theater einst gegründet worden war, und zwar zu den Hundertjahrfeierlichkeiten. Das war 1976. Ich fragte mich, warum man mich einlud. Ich war Jahrgang 1943 und vertrat das östliche Deutschland. Von westlicher Seite hatte man Joachim Hämmerle vom Mannheimer „Morgen" eingeladen, gleichfalls Jahrgang 1943. Jede Nation der Welt sollte vertreten sein. Da war wichtig, daß wir einer Generation angehörten, die tatsächlich kein Blut mehr an den Händen hatte. Das war eine Sternstunde. Warum laden die mich ein, ich kann gar nichts für sie tun, ich bin ein unwichtiger Mensch und ahnte nicht, daß ich ein Jahr später dieses Theater nach Ostberlin würde holen können, wo es im Palast der Republik ein sechstägiges Gastspiel gegeben hat. Das war eine Sensation und gehört zu den großen Erlebnissen, die mir geschenkt wurden durch das Interesse für die Sache.

Schorlemmer:
Du warst Mitglied im Schriftstellerverband der Deutschen Demokratischen Republik.

Rennert:
Mit Ach und Weh, begleitet von Erich Arendt und Franz Fühmann, gelangte ich gar in den Zentralvorstand – wir waren 78 Mitglieder.

Schorlemmer:
Warst du da als graue Maus oder konntest du irgend etwas bewirken?

Rennert:
Man konnte viel bewirken, wenn man den Mund aufmachte. Ich bin in den Vorstand gekommen, weil ich Delegierter für den Kongreß wurde. Es war jene Zeit in den siebziger Jahren, als gegen Christa Wolf[9], Franz Fühmann[10], Günter de Bruyn[11] von DDR-Seite nach meiner Meinung heimtückisch vorgegangen wurde, eine Zeit scharfer Repressionen und unsittlicher Angriffe, die sich teilweise auch in Rezensenten niederschlugen, die sich wirklich vergriffen und mit Unterstellungen arbeiteten. Sicher wurde das nicht zuletzt dadurch verursacht, daß Christa Wolf, Franz Fühmann und Günther de Bruyn im Westen sich einiger positiver Aufmerksamkeit erfreuen konnten. Da fehlte es unter den Kollegen auch nicht an Neidern, die sich dafür hergaben. Es war ein beschämender Vorgang. Ich war also ein kleiner Delegierter beim Kongreß. Da wurde schon in einer eigenartigen Weise geraunt und gegen Stefan Hermlin vorgegangen. Dann sollte zur Wahl geschritten werden. Aber auf den Wahllisten waren weder Franz Fühmann noch Christa Wolf noch de Bruyn aufgelistet. Ich meldete mich so, daß man mich nicht übersehen konnte, und sagte: „Ich vermisse Christa Wolf, Franz Fühmann, Günther de Bruyn." Daraufhin gab es Unruhe im Präsidium. Jemand sagte: „Die wollten ja nicht." Ich sagte, daß ich das genauer wissen möchte. Ich wurde mit falschem Vornamen nach oben in die Bütt gebeten. Ruth Werner[12] fragte mich: „Du hast gerade drei Namen genannt, sind das deine Freunde?" Ich sagte: „Es wäre zu schön, um wahr zu sein. Franz Fühmann hat für mich gebürgt, das kann ich sagen, aber ob man sich da schon zum Freund rechnen darf? Ich finde nur, daß diese drei Namen aus der DDR-Literatur nicht wegzudenken sind." Es gab allgemeine Unruhe, ich verließ die Bütt wieder. Als ich mich setzen wollte, sagte ein Kollege neben mir, den ich gar nicht kannte: „Jetzt schlag' ich dich vor." Geistesgegenwart hat mir schon immer gefallen. Es war der Kollege Reinhard Bernhof aus Leipzig, der sich erhob und mich vorschlug. Daraufhin kam die Frage: „Wer ist denn das? Er soll sich einmal vorstellen." Der ganze Wahlakt dehnte sich auf eineinhalb Stunden aus. Ich wurde auf die Liste gesetzt. Kaum hatten sich die Türen zur Pause geöffnet, stürzten die Damen des Sekretariats auf mich zu und fragten: „Herr Rennert, was haben Sie gesagt, als Sie ans Pult traten, denn da fielen bei uns die Monitore aus?" Das hatte damit zu tun, daß

Herr Hager im Hintergrund Regie geführt und wohl noch Schlimmeres befürchtet hatte. Er und die Parteisekretäre der Bezirksverbände zusammen hatten bestimmt, daß Hermlin und Rennert nicht gewählt werden dürfen. Es gab Kampfabstimmungen. Hermann Kant rannte durch den Saal und sagte, man müsse diese Empfehlung nicht ernst nehmen. Es stand auf Messers Schneide. Dann wurde das Wahlergebnis verkündet. Hermlin hatte mit 134 Stimmen eine Stimme weniger als ich, und der Dritte war Volker Braun. Wir waren gewählt und gehörten seitdem dem Vorstand an. Innerhalb dieses Vorstands – das muß ich zur Ehre Hermann Kants sagen – hatten wir die Möglichkeit, den Ausschluß der Kollegen zu revidieren, der von der Berliner Bezirksversammlung beschlossen war. Das stellte Hermann Kant zur Debatte und sagte, daß die Kollegen interveniert und den Zentralvorstand gebeten hätten, den Beschluß rückgängig zu machen. Er wäre angehalten, dies nun hier zur Abstimmung zu bringen. Ich saß neben Paul Wiens, als gefragt wurde, wer dafür sei, daß wir den Beschluß revidieren, und nahm den Arm hoch. Genauso Paul Wiens, der gar nicht mitbekommen hatte, daß die Mehrheit den Arm unten ließ. Dagegen waren etwa 75 Prozent der Verbliebenen. Hinterher sind einige Kollegen auf mich zugekommen und sagten: „Schreiben Sie lieber einmal etwas Ordentliches als so einen Quatsch." Damit will ich nur bezeugen, es hat ein bißchen Zivilcourage gebraucht.

Schorlemmer:
Einige haben heute „Zivilcourage nach rückwärts" und übertreffen sich bei der Verurteilung der Zustände in der DDR.

Rennert:
So bin ich in den Vorstand gekommen. Ich wollte immer wieder austreten, habe auch den Mund aufgemacht, auch im Fall von Hermann Kant. Ich muß sagen, er war ein fairer Streiter. Er führte mitunter scharfe und schneidende Worte, aber er konnte auch einstecken, man konnte ihm widersprechen. Alles ist ganz offiziell mitgeschnitten worden. Ich vermisse eine Menge Dokumente aus jener Zeit, die diesen Teil der DDR-Geschichte distanzierter darstellen.
Das Enden der DDR war von mir nicht gewollt, das Verändern der DDR in jedem Falle. Ich war von der Notwendigkeit ihrer Änderung überzeugt und habe mich auch so verhalten. Ende 1989 bat mich eine Redakteurin, etwas zur Zeitgeschichte zu schreiben. Daraufhin entstand „Mein Land ist mir zerfallen", was am 14. Januar 1990 in der Berliner Zeitung „BZ am Abend" gedruckt wurde.

Mein Land ist mir zerfallen,
Sein Macht ist abgetan.
Ich hebe, gegen allen
Verstand, zu klagen an.

Mein Land ist mir gewesen,
Was ich trotz seiner bin:
Ein welterfahr'nes Wesen
Mit einem Spalt darin.

Mein Land hat mich verzogen
Und gehe doch nicht krumm.
Und hat mich was belogen,
Und bin doch gar nicht dumm.

Mein Land hat mich mit Wider-
Willn an die Brust gepreßt.
Und kam am Ende nieder
Mit mir, der es nicht läßt.

Mein Land trägt meine Züge,
Die Züge tragen mich.
Ich bin die große Lüge
Des Landes. (Wir meint: ich.)

...

Schorlemmer:
Du arbeitest jetzt im Berliner Dom.

Rennert:
Im Berliner Dom ist der Kunstdienst der Evangelischen Kirche Mieter. Das heißt, die Evangelische Kirche der Union ist unser Auftraggeber. Der Dom erstarkt mehr und mehr zu eigenem Leben und setzt seine Hoffnung auf die Restauration dessen, was der Dom einmal war. Er ist erkennbar als Ausdruck eines Byzantinismus des letzten deutschen Kaisers. Mittlerweile haben sich selbst kritische Geister mit dem Dom angefreundet. Das bleibt auf Dauer nicht aus; man muß eine Sache nur lange genug schönreden, dann wird sie auch schön.
Zu den Menschen, die da Konterbande schmieden, gehört sicher auch jemand wie ich. So ist die Situation in diesem Dom mit unserem Bleiben – wir sind seit 1990 darin – eine handfeste Auseinandersetzung, und ich hoffe, daß wir in unserem Refugium auf der Spreeseite, in einem Nebengelaß des Doms, weiterhin Ausstellungen zeitgenössischer Kunst, Lesungen auch nichtkirchlicher Literatur veranstalten können. Zwei- bis dreimal im Monat haben wir ein kostenloses Angebot für die Besucher. Ich sträube mich

dagegen, Eintritt zu erheben, denn irgendwo muß Kultur auch noch erschwinglich sein. Wenn Kirchensteuergelder, von denen wir leben, dies ermöglichen, halte ich das für richtig. Ich habe innerhalb dieses Berliner Doms in meinen besseren Tagen, als ich dachte, es läßt sich noch etwas verändern, Flugschriften veröffentlicht, die sich auch hier im Dom befinden.
Eines Abends ging ich durch diesen Dom, in dem unser Tun eher als gottlos betrachtet wird, und bemerkte plötzlich Essensgeruch. Ich bekam mit, daß es zu den Gepflogenheiten gehörte, im kaiserlichen Treppenhaus, dem Durchgang zur kaiserlichen Empore, Tafeln herzurichten, wo man damals für eine Abendgebühr von 600 DM pro Person in Anwesenheit eines Mitglieds der kaiserlichen Familie dinieren konnte. Das ging einher mit dem Vertreiben der Bettler und Roma vom Gelände. Ich hatte mir erlaubt, einen kleinen Zweizeiler zu machen:

„Gott nächtigt draußen an der Spree,
im Dom diniert die Hautevolee."

Ich fand eines Tages ein wunderbares Bild von Rosa Luxemburg. Die erste Flugschrift, die ich damals schrieb, war „Rosa". Das brachte ich natürlich überall im Dom an den schwarzen Brettern an:

„Freiheit ist immer auch die Freiheit der Andersdenkenden."
Kirche ist auch immer die Kirche der Fremden.
Heimat ist auch immer die Heimat der Unbeheimten.
Wie geht's dir jetzt, Schwester Rosa?
Hinter den Türen des Kunstdienstes, an denen
Die steingrauen Verwalter wie Winde vorbeigehn,
Hast du, solange wir bleiben, Asyl.
Ehe der Dom sich dreimal bläht,
Schaffen wir doch noch Raum für eine – was Not tut,
Indem es Not lindert – öffentliche Suppenküche!
In den Särgen der Hohenzollern deponieren wir
Bei Nacht und Nebel etliche deiner gefährlichsten Waffen,
Um sie bei Tage hervorzuholen: den Charme deiner warmen
Radikalität, die Schärfe deiner einfachen Barmherzigkeit,
Den Sprengstoff deines durchbluteten Gewissens.

Frage aus dem Publikum:
Habe ich da eine Ähnlichkeit zwischen Heinrich Heine und Ihnen entdeckt?

Rennert:
Ganz bestimmt. Sie finden hier in diesem Band einen Text, der vom Eulenspiegelverlag nach der Wende bestellt und nicht abgeholt wurde. Sie wollten nämlich Heinrich Heines „Deutschland – ein Wintermärchen" wieder herausgeben und baten mich um einen Vorspruch. Da habe ich in Heines Manier drei Kapitel gedichtet, die ziemlich genau beschreiben, was ich damals im Januar 1990 dachte. Heine liebe ich wie kaum jemanden sonst.

VOR HEINE

1

Am Neunten im Monat November war
Die Staatsmacht nicht mehr zu retten,
Da ließen die Gouverneure das Volk
Wie Hunde von den Ketten.

Im 89er November war's,
Krenzbowskis Blick wurde trüber
Und jagte die Deutschen (Ost) nach West-
Berlin, -deutschland hinüber.

Ach, hätten die Grenzer nur pariert,
Wie sie es immer schon mußten!
Wir stünden heute noch schweigend und schwarz
Vor Listen von lauter Verlusten.

So kam der Staat per Handstreich abhand'.
Die Leute blieben am Leben
Und fanden Gefallen an sich und daran,
Sich dort wie hier zu ergeben.

(Uns linken Hunden bedeutet nicht viel,
Was unseren Herrn viel bedeutet.
Wir beuteten stets ihre Dummheit aus,
Und haben mit ihnen gemeutet.)

Ist das noch deutsch? Ach leider, mein Kind,
Schwach in Deutsch war stets unsere Stärke,

So denken und denken wir immer noch nach ...
Vorrücken Atomkraftwerke ...

Wie wußten wir alles schon hinter uns
Und längst an den Sohln abgelaufen:
Den Kapitalismus als Freiheit, sich erst
Frei zu fühln und danach zu verkaufen.

Wir wußten es besser, lies schlechter: Die Welt
Krepiert, kommt um vor den Türen!
Frei Betto, Dom Hélder Câmara ... Ich ließ,
Lies: lasse, mich so gerne führen.

Was ist, seit Heine, geschehen seitdem?
Nur immer das ewig Gleiche!
Die reichen Gerißnen fundieren das System,
Die gerissenen Armen die Reiche.

Ich habe 1979 – auch das kommt strafverschärfend hinzu, weil es meine Staatsnähe dokumentiert – den Heinrich-Heine-Preis der Deutschen Demokratischen Republik bekommen.

Frage aus dem Publikum:
Was haben Sie von Blok übersetzt?

Rennert:
Von Aleksandr Blok habe ich für die große dreibändige Ausgabe, die in Deutsch bei Volk und Welt erschienen ist, von Fritz Mirau herausgegeben, einen Teil jener Gedichte übersetzt, die von meinen deutschen Kollegen Sarah und Rainer Kirsch sehr frei behandelt wurden, also unter Weglassung des Reims. Das war noch einmal eine Herausforderung, zu sehen, kann man so kurz und präzise und durchaus in dem melodiösen und schlichten Tonfall und Metrum die Gedichte übersetzen. Das war die schöne Arbeit, die mich mit Block verbunden hat, und die verdanke ich eben solchen hervorragenden Slawisten wie Fritz Mirau.
In dem Band „Ungereimte Prosa" – Sie werden es erkennen – habe ich einen Text Aleksandr Blok gewidmet, und es findet sich dort auch eine Porträtzeichnung meiner Illustratoren. Es gibt hier vier Gedichte von Aleksandr Blok, die ich aus jenem Zyklus, den er in den Dünen geschrieben hat, aufgenommen habe. Atemberaubende Gedichte, wie ich finde, filmhaft und ihrer Zeit so voraus.

Frage aus dem Publikum:
Hätten Sie Lust, einmal in der Stadtkirche zu predigen?

Rennert:
Es zieht mich nicht auf die Kanzel, da es so viele begnadete Prediger gibt. Am Mahnmal der Stadtkirche ist die Umschrift von mir:

GOTTES EIGENTLICHER NAME / DER GESCHMÄHTE SCHEM HA MPHORAS / DEN DIE JUDEN VOR DEN CHRISTEN / FAST UNSAGBAR HEILIG HIELTEN / STARB IN SECHS MILLIONEN JUDEN / UNTER EINEM KREUZESZEICHEN

Das hat innerkirchlich Kämpfe gebraucht, diesen Text anbringen zu können. Es war nicht der Staat, der es beinahe verhindert hätte. Insofern bin ich in Wittenberg eingeschrieben. Die Einweihung der Bodenplatte war im November 1988.

Schorlemmer:
Du hast viele Adaptionen wie zum Beispiel zu dem Claudius-Lied „Es ist Krieg" geschrieben. Auch zu einem Text von Johann Walter: „Wach auf, wach auf, du deutsches Land, du hast genug geschlafen ..."

Rennert:
Mir macht das viel Spaß. Der russische Komponist Glinka hat einmal gesagt: „Das Volk schafft die Musik, wir Komponisten arrangieren nur."
Ich denke, das gilt auch für den Autor. Die Sprache ist nicht von mir, kaum eine Vokabel. Wenn man behutsam mit der Sprache umgeht, dann nimmt man wahr, was in ihr schon existiert. Wenn man vermessen genug ist, fummelt man es noch einmal um. Aber alles Wichtige und Wesentliche ist schon gesagt worden. Mir sind diese Texte besonders lieb, bei denen man nicht weiß, wo fängt der Johann Walter an und wo hört der Rennert auf. Dieser Text hat auch schon seine 400 Jahre auf dem Buckel; Sie müssen selber herauskriegen, was Walter geschrieben hat und was ich.

FÜR VOLK UND VATERLAND
Collage nach Johann Walter 1561

Wach auf als Eines, deutsches Land!
Hast lang getrennt geschlafen,
Was dir und mir entgegenstand,
War von uns selbst geschaffen
Durch Gleichmut und durch Unverstand:

Die Mauer mitten durch das Land
Armer und reicher Laffen.

Gott hat dich, Deutschland, hoch geehrt
Mit seinem Wort der Gnaden,
Luther, Marx, Bismarck dir beschert,
Dich also eingeladen
In seine Welt, die eine ist,
Wo einer nicht den andern frißt
Und lebt von fremdem Schaden.

Die Wahrheit wird jetzt unterdrückt,
Will niemand Wahrheit hören;
Die Lüge wird gar fein geschmückt,
Man hilft ihr oft mit Schwören;
Dadurch wird Gottes Wort veracht',
Die Wahrheit höhnisch auch verlacht,
Die Lüge tut man ehren.

Wach, Deutschland auf! Dein Kapital
Ist taub und ohne Größe.
Wer dir zustrebt, ist allzumal
Verblendet. Seine Blöße
Zählt viel mehr als ein schmuckes Kleid.
Sein Elend decken weit und breit
Nicht unsres Kanzlers Schöße.

Da warten viel', da werden mehr
Und noch mehr dir zustreben!
Das kommt von deinem Großtun her,
Nun mußt du damit leben.
Auf lang wird sich nicht, was kurz war,
Sozial und sittlich als ein Paar
Wie gottgewollt drangeben.

Schorlemmer:
In unserer Zeit, in der nur noch wenige Gedichte lesen, ist dies geradezu ein zeitgenössisches Stundenbuch. Lyrik hat es heute nicht leicht, obwohl diese Lyrik gar nicht so schwer ist. Es gibt auch wunderbare Lyrik, die man nicht verstehen muß ...

Ich möchte mich sehr herzlich bedanken, lieber Jürgen Rennert. Ich erinnere mich sehr gut an deine Lesung über die Bibel 1983, als der dazu eingeladene Franz Fühmann schon sehr krank war und nicht kommen konnte. Du gehörst zu den begnadeten Menschen, die ihre eigenen Texte gut lesen können. Davon haben wir heute Abend eine Kostprobe bekommen. Dafür vielen Dank. Und natürlich für deine Sperrigkeit. Ich habe dich nie anders erlebt. Mit dir kann man sich schlecht langweilen. Daß das auch einen Preis hat, kannst nur du ermessen. Kreativ zu sein, bedeutet auch, durch dunkle Täler zu gehen. Du hast einiges durchgestanden und durchlitten. Es ist gut, daß es diesen Stachel im Fleisch des goldenen Gespinstes gibt.

Anmerkungen

1 Die Mischna (hebr. Wiederholung) ist Hauptbestandteil des Talmuds; sie besteht aus 63 Traktaten.
2 Aleksander Trifonowitsch Twardowskij (1910-1971), russischer Dichter, hat als Chefredakteur der Literaturzeitschrift „Nowy mir" (1950-1954/1958-1970) die kritische sowjetische Literatur wesentlich gefördert.
3 Alexander Solschenizyn, *1918, russischer Schriftsteller, Mathematiklehrer, im 2. Weltkrieg Artillerieoffizier, 1945-1953 Arbeitslager, bis 1956 Verbannung, 1957 rehabilitiert.
4 Anatoli Naumowitsch Rybakow (1911-1998), eigentlich Aronow, russischer Schriftsteller.
5 Aleksandr Aleksandrowitsch Blok (1880-1921), russischer Dichter.
6 Mark Rasumny (1896-1988), litauisch-jüdischer Schriftsteller.
7 Anatoli Lwowitsch Kaplan (1902-1980) eigentlich Tanchum ben Lewi-Jizchok Kaplan, russisch-jüdischer Graphiker.
8 Erich Arendt (1903-1984), deutscher Lyriker.
9 Christa Wolf, *1929, Schriftstellerin.
10 Franz Fühmann (1922-1984), Schriftsteller, verarbeitete in seinen Werken seine Kriegserlebnisse und den Nationalsozialismus und setzte sich mit dem realen Sozialismus auseinander.
11 Günter de Bruyn, *1926, Schriftsteller, Gewinner des Deutschen Bücherpreises.
12 Ruth Werner (1907-2000), Schriftstellerin, seit 1926 in der KPD, „Sonjas Rapport" (1977).

„Rettung ist auch in der kleinsten Unterbrechung der Katastrophe"

kulturforum

LEBENSWEGE

Prof. Dr. Hans-Eckehard Bahr

Bochum

Hans Eckehard Bahr (*1928) promovierte über „Kunst und Religion", war Mitarbeiter Erich Fromms und Martin Luther Kings, arbeitete als Professor für Praktische Theologie in Bochum und ist Tutor der Deutschen Gesellschaft für Friedens- und Konfliktforschung. Unter der Überschrift,

„Wo warst Du, lieber Vater"

wird er eine biografische Reise aus dem Deutschland Hitlers bis in unsere Gegenwart unternehmen.

Feitag, 12. April 2002 – 19.30 Uhr
im Rahmen der Tagung
Das Böse und „wir Guten"

Sie sind herzlich eingeladen

Friedrich Schorlemmer
Studienleiter

Schorlemmer:
Ich verdanke Hans-Eckehard Bahr und seiner Doktorarbeit über die Kunst und Theologie (Poiesis) sehr viel. In seinem Werk stieß ich auf eine enge Beziehung zwischen Glauben und künstlerischer Gestaltung, an der er mit einer großen sprachlichen und poetischen Kraft gearbeitet hat. Ebenso geprägt haben mich viele Aufsätze, die sich mit den Themen Krieg und Gewalt bzw. Frieden und Gewaltlosigkeit beschäftigt haben. Wann sind wir uns das erste Mal begegnet?

Bahr:
Das war in Bayreuth, zusammen mit dem Theologen Rolf Hanusch[1].

Schorlemmer:
Rolf Hanusch lebte in Kassel und wurde 1974 mein Studentenpfarrerkollege, nachdem wir die Partnerschaft mit Konstanz aufgekündigt hatten. In Konstanz wirkten in der Evangelischen Studentengemeinde vor allem Linke, die uns Merseburger unaufhörlich über die Vorzüge des Sozialismus belehrten. Als wir darauf nicht eingingen, brachten sie bei der nächsten Partnerbegegnung in Ostberlin FDJler mit. Da bekamen unsere Studenten besonders delikate Schwierigkeiten: ein halbkonspiratives Treffen mit Westdeutschen, die uns mit Hilfe von FDJlern belehren wollten, wie schön es in der DDR ist! Danach haben wir die Partnerschaft mit der Konstanzer Gemeinde aufgekündigt. Im übrigen waren das wohl „Salon-Linke", die jetzt meist nach rechts gerutscht sind.
Mit Rolf Hanusch und den Kasseler Studenten haben wir echte Partnerschaft erlebt. Rolf Hanusch war nach 1990 für mehrere Jahre von der bayerischen Landeskirche dazu beauftragt, die deutsch-deutsche Verständigung nach dem Fall der Mauer zu verbessern. Wir haben uns öfter im Grenzbereich, also in der Oberpfalz, getroffen. Ihr beide habt uns den Eintritt in die Bundesrepublik erleichtert.
Heute wird Hans-Eckehard Bahr seinen Lebensweg schildern, einen Weg im Gewaltjahrhundert, einen Weg aus dem Gewaltdilemma.

Bahr:
An der Mailänder Scala gastierte ein italienischer Tenor. Er sang eine Arie. Die Italiener waren bezaubert, und sie schrien: „Ancora da capo!" Der Tenor wiederholte die Arie. Und wieder schrien die Zuschauer: „Noch einmal von vorne!" Er sang erneut. Und schließlich ein drittes Mal. Als er ganz erschöpft fragte, wie oft er das noch singen solle, antworteten die Italiener: „Bis Sie die Arie endlich richtig singen!"
Ich komme mir auch so vor, als würde ich unentwegt die gleiche Arie singen: immer wieder über das Thema „Umgang mit Gewalt" und darüber, wie wir aus der deutschen Geschichte lernen können. Ich bin selbst noch im letzten Krieg Kindersoldat gewesen und war in russischer Gefangenschaft. Vorher war ich begeisterter Hitlerjugend-

Führer. Nach dem Krieg haben sich viele meiner Generation mit der Frage beschäftigt: Wie war das alles möglich? Ich bin Theologe geworden und habe zusätzlich politische Wissenschaften studiert. Dann habe ich mich in die Friedensforschung begeben. Ich wurde 1971 von dem damaligen Bundespräsidenten Heinemann[2] als Kurator der Deutschen Gesellschaft für Friedens- und Konfliktforschung berufen. Wir sollten eine Friedensforschung aufbauen, die eigentlich eine Kritik an der praktischen Politik sein sollte. Das Unternehmen wurde dann von den Ländern zerstört, vorwiegend von Bayern. Aber ich bin bei diesem Thema geblieben. Ich hatte schon 1966 die Chance, eine Professur in Chicago zu bekommen. Dort habe ich Martin Luther King kennengelernt und wurde sein Mitarbeiter.

Jetzt leite ich an der Universität in Bochum das Projekt „Jugendgewalt und Stadtfrieden". Ich reise viel herum und untersuche, wie gewaltgefährdete Jugendliche dazu gebracht werden können, daß sie Lebenslust bekommen und nicht nur mit Gewalt auf sich aufmerksam machen. Ich habe mittlerweile viele positive Beispiele sammeln können. Aber das Thema läßt mich dennoch sehr ratlos. Ich möchte mit Ihnen deshalb eine Reise machen: Lassen Sie uns im Jahre 1941 anfangen, wo ich als kleiner Junge neben meinem Vater in einem großen Schlitten sitze, in Hinterpommern, in der Nähe von Kamin. Es ist der Weihnachtsmorgen. Wir fliegen die zehn Kilometer zur Dorfkirche nach Jassow. Mein Vater ist Pastor, der Seelengebieter über acht Dörfer und fünf Gehöfte. Wir beide sind ein Herz und eine Seele, ich fühle mich wunderbar geborgen an seiner Seite. Aber am ersten Weihnachtsfeiertag entdeckte ich in der Bibliothek meines Vaters eine Illustration aus Rußland. Auf dem Bild sah man Wölfe sich im Hals der Pferde festbeißen, die Angstschreie des Kutschers, eine Blutspur im Schnee, ein Wolfsrudel, das von hinten aus der Tundra heranjagt – der ganze Schrecken der Welt draußen, das Böse im Osten. Dieser Schrecken war 1941 noch nicht bis in mein kleines Dorf gekommen, doch mein Vater mußte davon gehört haben, denn der Sohn des Kutschers Ventsch war gerade von der Ostfront auf Urlaub gekommen und hatte meinem Vater ein Foto gezeigt, daß ich mir auch begierig ansah. Es zeigte junge Russen, auch alte Männer und Frauen, abgerissen und verschreckt. Max Ventsch sagte: „Partisanen. Mit denen machen wir kurzen Prozeß." Auf dem letzten Lehrgang der Heeresgruppe Mitte hatte man den Wehrmachtssoldaten eingetrichtert: „Wo der Partisan ist, ist der Jude. Und wo der Jude ist, ist der Partisan." Daß die Nazis das Feindbild der Bolschewisten und Juden hochspielten, war meinem Vater bewußt. Aber ihn, der kein Nazianhänger war, was brachte ihn, den evangelischen Christen, eigentlich zum Abscheu gegenüber dem Osten, zur Chaosangst vor dem Fremden drüben in der Tundra? Was brachte ihn 1939 schließlich ins Militär, als Reserveoffizier, in die Kampfbereitschaft, in die innere Mobilmachung? War es die Rettung des christlichen Abendlandes vor dem Bolschewismus? Am Anfang hatte mein Vater natürlich nicht durchschaut, daß mit Hitler etwas Böses die Macht ergriffen hatte und daß nach diesem Wechsel herkömmliche Vorstellungen des Gehorsams gegenüber der Obrigkeit außer Kraft waren. Mein Vater blieb gehorsam wie viele Deutsche, Untertan der Obrigkeit, wie es in seiner Bibel stand. Der Kälte aus dem Osten warf er all seine Gemütskräfte entgegen. Ein Lichtermeer entfachte er an den Sonntagen in der Kirche. Die Kerzen zitterten so, daß die Bauersfrauen wie in der Geburtshöhle von Bethlehem schwammen. Vom Himmel hoch kamen sie her, diese Feierlichkeiten. Ich habe nie wieder so anheimelnde Trautheit in der Kirche erlebt wie damals. Den Feuerschein der weißrussischen Dörfer konnte um diese Zeit jeder in der Kirche ahnen. Mein Vater rettete sich aber in verzweifelte Feierlichkeit, und wir spielten alle mit, um die Welt als trautes Heim erscheinen zu lassen. Herstellung immer gleicher Idylle, Sucht nach allem, was überschaubar war, Flucht in die Geborgenheit. Und dann die Gefühlsreisen weit weg über die Dachfirste von Jassow hinaus ins zeitlos Ewige, in Gedicht, Musik und schöne Liturgien, Rudolf Alexander Schröder, Ernst Wichert, Agnes Miegel. Ein Dilemma bürgerlicher Bildungskultur. Die Wärme zu Hause und die politische Welt draußen, Privates und Öffentliches sauber getrennt, ein deutsches Grundübel. Das Böse drüben und wir hier im Guten.

Kultur, Klavier und Geige – bei uns wurde viel musiziert – gehörten zum Haushalt wie Salz und Pfeffer; Blockflöte war niederes Niveau. 1943 durfte ich zum ersten Mal in die Oper nach Stettin. Ich war hingerissen vom „Freischütz", aber mehr noch vom Plüsch der Logen, von den goldenen Putten über der Bühne, von dem Parfümgeruch auf allen Rängen. Daß nur drei Kilometer weiter in den Kückenmühler Anstalten in Stettin, die mein Urgroßvater gegründet hatte, zur gleichen Zeit die Geisteskranken auf die LKWs nach Birkenau verladen wurden, wußte ich nicht – ich hätte es auch nicht wissen wollen. Für uns idealistisch erzogene deutsche Bürgerkinder waren die pausenlos beschworenen geistigen Werte der sicherste Gegensatz zur NS-Herrschaft der Straße, nicht die Menschenrechte. Das kam erst nach dem Krieg. Die deutsche Kerzen- und Geisteskultur, das war unsere Gegenwelt. Drüben die bolschewistische Finsternis, das Böse – hier die deutsche Lichtkultur. An diesem Gegensatz waren natürlich auch die Nazis überaus interessiert. Strikte Trennung von Deutschen und Fremdvölkern, von Christen und Juden, Sowjetatheisten und Abendländern, von Licht und abgründiger Finsternis. Alle Gedichte, alle Artikel, alle Predigten, die von dieser Trennung lebten, arbeiteten den Nazis in die Hände. Mit dieser Behütungsreligion erreichten viele Gemeinden das Kriegsende.

Dann zerbrach ihnen dieses Weltbild. Als wir im Mai 1945 die ersten Fotos aus Bergen-Belsen in den Zeitungen sahen, gab es da erste Einsichten in die eigene Mitschuld, zumindest bei den Predigern, die auf die Kanzel stiegen. Es sind die Dämonen, die am Werk waren, hörte ich meinen Vater im Juni 1945 in einer überfüllten Kirche in Eckernförde an der Ostsee predigen, kaum zwei Monate nach Kriegsende. Wir sind nun einmal das Geschlecht, das erfahren hat, daß es so was gibt wie Dämonen. Ich verließ die Eckernförder Kirche mit dem Verdacht, Dämonen sollten dazu herhalten, die Täter zu entlasten. Kein Wunder, daß sich hier die ganzen Kriegspredigten wiederholten, der

Lichtglanz der Heimat und dann die Wolfsrudel der Tundra, die aus dem Osten näher kommen. Diese Sichtweise meines Vaters findet sich ungefähr zweieinhalb Jahre lang in allen Predigten der Nachkriegszeit. Das habe ich einmal nachgeprüft. Haben die NS-Täter nicht doch unter einer Art von dämonischem Zwang gehandelt? Für meinen Vater war das so. Die große Ausnahme unter den Predigern war Martin Niemöller[3].
Ich weiß, es ist heute leicht, die Ausflüchte der Kriegsgeneration zu kritisieren. Es ist auch billig zu sagen, ich hätte meinen Vater damals gerne anders erlebt – als Mann des Widerstandes gegen Hitler, als Pfarrer wie Niemöller oder Bonhoeffer. Ich wäre ja glücklich, hätte ich davon gehört, sei es auch nur ein Achtelchen davon. Alles würde ich sofort aufgreifen, wenn mir etwas wirklich Großes zu seinen Gunsten zu Gehör käme. Ich sage das traurig. Ich will nicht naiv recht haben gegen ihn und seine Generation. Ich selbst hätte es noch nicht einmal so weit gebracht wie er. Aber ich bin froh darüber, daß ich den politischen Konflikt mit ihm gesucht habe. 1945 ging das unterm Weihnachtsbaum los. 40 Jahre lang entluden sich mein Grimmen und seine Gegengewalt unterm Weihnachtsbaum, meine immer wieder bissige Anfrage, ob das Kerzenmeer in der Kirche und im Wohnzimmer nicht doch all das von uns im Osten Angerichtete überblende und eben gar nicht wirklich in die Finsternis scheine.
Ich denke an die Kindertage, an den großen Garten – jeden Sonnabend mußte ich Unkraut jäten, die Gartenwege harken, das Fallobst sammeln, Tag für Tag. Mein Vater war nur mit den Händen im Garten anwesend, im Kopf trieb es ihn über die Beete hinaus. Mit beiden Händen drückte er zwar die Setzlinge in den Boden, huschte im nächsten Moment zu den Rosen, wo die Triebe schnellstens zu beschneiden waren, war schon wieder um die Ecke, um die Gießkanne zu holen und sie über die Erdbeeren zu schwenken. Die Bedachtsamkeit, mit der er dann seine großen Kreise mit der Gießkanne zog, die liebevolle Akribie, mit der kein Pflänzchen seiner Netzung entging, das zeigte den Kultivierer, den Seelenpfleger. Es waren ja nicht die Erdbeeren alleine, die gegossen wurden, es waren die Seelen der Gemeindemitglieder, die mit Tröstungen gewässert werden mußten, gehäufelt, beschnitten, umgetopft und gedüngt. Und es war vor allem das Unkraut, das gejätet werden mußte. Das war das Entscheidende. Bei jedem Gewächs im Garten verharrte er, liebevoll den lateinischen Namen murmelnd. Mir wurde schlecht. Schon war er Petrus, der Seelenfischer, der Mann mit dem Missionsbefehl, schon war er der heilige Georg mit der Lanze, der mit dem Kescher den Schnecken Einhalt gebot, wie man dem Bösen wehrt, daß das Reich Gottes auch in unserem Dorf Einzug halten möge.
Das Unkraut jäten, das unnütze, böse Zeug – ist das nur ein deutsches Motiv oder ist es ein archaisches Menschheitsmotiv?
60 Jahre nach diesen Gartenseindrücken zeigt der deutsche Student Andi seiner jüdischen Freundin Sarah das neue Berlin (Ich lese das bei B. Schlink in den „Liebesfluchten"). Sie fragt ihn, „warum die Deutschen Chaos nicht ertragen können und ob nicht

im Reinheits- und Ordnungswahn des Nationalsozialismus deutsche Wesensart einen charakteristischen Ausdruck gefunden habe." Die Baustellen am Potsdamer Platz in der Friedrichsstraße, beim Reichstag: „Warum muß das alles schon morgen fertig werden und aussehen, als hätte die Stadt keine Geschichte, als hätte sie gar keine Wunden und Narben? Warum muß auch gleich noch der Holocaust unter einem Denkmal entsorgt werden?" Eine Anfrage einer Jüdin von heute, und Herr Schlink in New York weiß keine Antwort. Ein Deutscher, der ins Stocken gerät. Das ehrt ihn.

Ich sah 1942 die ersten sowjetischen Kriegsgefangenen: sehr abgemagerte 18jährige Weißrussen. Eines Morgens hockten sie auf dem Milchower Acker direkt neben uns Oberschülern. Sie sammelten die Kartoffeln hinter dem Pflug in die Kiepen wie wir, die zum Ernteeinsatz abkommandiert waren. Wir sammelten Kartoffeln vom gleichen Boden, in der gleichen Ackerfurche. Was mir als erstes auffiel, war nicht, daß die Russen flinker waren als wir, sondern daß sie öfter lachten und jedes Mal die Pferde streichelten, wenn der Pflug an ihnen vorbei zog. Obergefreiter Waldke, der junge, einarmige deutsche Wachsoldat, stand breitbeinig mit geschultertem Karabiner hinter den Gefangenen. Tags darauf saß er dann schon auf einer umgekippten Kartoffelkiepe und rauchte. Waldke war selber Bauer, fühlte sich wohl unter diesen anderen Bauernjungen aus Rußland, die ihn obendrein noch aus ihren blauen Augen anblitzten, wenn sie die Pferde tätschelten.

Vor wenigen Jahren habe ich eine Notiz von dem Bildhauer Gerhard Marcks gefunden. Gerhard Marcks erinnert sich: „Es war im Jahr 1942, mein Atelier in Berlin, mitten im Krieg, rappelvoll mit großen Gipsen, die alle als entartet nicht gezeigt werden durften. Unter anderem war da ein lebensgroßes Gespann, zwei Rosse, ein Wagen, eine Lenkerin drauf. Als Modelle hatte ich echte Araberhengste vom Gut Düppel. Eines Tages kamen Kohlen, wurden mir zugeteilt in meinem Atelier. Ein Vorarbeiter mit drei russischen Gefangenen: Sie betraten das Atelier, warfen ihre Kiepen mit dem Koks hin und stürzten sich auf die Pferde, klatschten die Hälse, befühlten die Läufe und fuhren mit den schwarzen Fingern zärtlich in die Nüstern, als hätten sie lebendige Rösser vor sich. Die armen Gefangenen, es waren Kosaken, nie habe ich ein dankbareres Publikum gehabt", schreibt Gerhard Marcks. „Sie hatten ganz vergessen, wozu sie hergekommen waren. Der deutsche Vorarbeiter stand abseits. Dann wandte er sich an mich: Was kostet das denn, wenn es fertig ist?"

An einem Sommertag im Jahre 1942 wurden wir Kaminer Oberschüler hastig in die Schulaula beordert. Ein SS-Oberscharführer in schwarzer Uniform stand vor dem Pult, hinter dem sonst nur der Direktor stehen durfte. Die Mütze mit dem silbernen Totenkopf nahm er nicht ab. Alle mal herhören, hub er an! Dann kam etwas, was ich etwa so in Erinnerung habe: Fragt eure Väter, wenn sie auf Urlaub kommen, fragt jeden, der die asiatischen Horden im Osten erlebt hat. Nur mit einem Schwert aus härtestem Stahl können wir die sibirischen Untermenschen schlagen. Ein Kampf ohne Mitleid sei im

Gange, und wir – er nannte uns deutsche Mädels und deutsche Jungmänner – würden dabei sein dürfen. Unsere Lehrer mußten inzwischen Packen von Illustrierten aufschnüren, die der Besucher aus Stettin mitgebracht hatte. Stück für Stück verteilten unsere Lehrer die Blätter an jeden einzelnen von uns. „Der Untermensch" stand in greller, weißer Schrift auf dem Titelblatt, herausgegeben vom Reichsführer SS, Berlin 1942. Einige von Ihnen werden vielleicht das Bild noch kennen. Es ist ein unrasiertes, verkniffenes, aufgedunsenes Gesicht, eine Verbrecherfratze. Später habe ich den Fotografen Hilmar Pabel einmal getroffen, und er hat mir gesagt, daß er den Gefangenen so aufgebaut habe – er durfte sich nicht rasieren – das sei ein russischer Gefangener aus dem Kessel von Smolensk gewesen.

Dieses Bild erzeugte ein Grauen in uns. Untermenschen sind das, böses Gesocks, bedeutete der SS-Mann, während die Lehrer die hinteren Reihen mit den Packen erreicht hatten. Wir waren alle entsetzt und blickten auf diese Bilder. Waren das die tatsächlichen Russen, dieser Mann aus Smolensk aus dem Kessel? Und die Gefangenen in Milchow? Waren das alles nur Phantome? Täuschung des Feindes aus dem Osten, auf die deutschen Felder geschmuggelt? Ich hielt mich lieber an das, was ich selbst mit eigenen Augen sah, an die leibhaftigen Russen auf dem Milchower Kartoffelacker. Ich traute lieber meinen eigenen unmittelbaren Empfindungen, wie meinem Mitgefühl für die russischen Bauernjungen auf dem Feld. Denn ich hatte natürlich den Verdacht, daß es nur ein Versuch war, uns Oberschüler zu freiwilligen Meldungen für die SS zu überreden.

Diese Regel habe ich auch später immer beherzigt: nur den eigenen Erfahrungen trauen. Das bewahrte mich damals als 13jährigen davor, der Faszination des Bösen und des Heroischen zu erliegen, wie etwa die Hälfte meiner Klassenkameraden, die sich freiwillig zur SS meldeten. Ich denke, es ist eine alte Regel, über die wir nachher noch sprechen können, was es heute bedeutet, den eigenen Erfahrungen sehr viel mehr zu trauen und nicht den Medien. Im Kampf gegen den Bolschewismus würde sich das Schicksal des Abendlandes entscheiden und wir Jungen würden mit dabei sein in vorderster Front dieser epochalen Schlacht, im Kampf gegen das Böse. Das sei jetzt unser aller heilige Sache. So der SS-Offizier. Mir war mein Leben in der Schule mit meinen zurückgebliebenen zehn Klassenkameraden, vor allem mit den Mädchen, viel lieber. Die Milchower Treibjagden auf Hasen und Rehe genügten mir im Winter von 1942 an Heldenmut.

Nach dem Krieg begab ich mich auf die Suche nach Lehrern, die mir eine Antwort geben konnten auf die Frage, wie es kommt, daß der Mensch so böse, so aggressiv ist, daß solche Gewalttaten, wie sie geschehen sind, möglich waren. Ich ging nach Frankfurt an die Universität, weil ich gehört hatte, daß einige deutsche Juden zurückgekommen seien: Theodor Adorno[4] und Max Horkheimer. Später kam Paul Tillich[5] nach Hamburg, und ich wurde für ein Jahr bei ihm Assistent. Er war allerdings kein Jude.

Nach dem Niedergang des Hitlersystems fragten viele von uns damals: Was war es, was ist geschehen in unserem Land, welche Erklärung kann es für die Entstehung von derartig Bösem geben? Adorno höre ich noch heute, wie er sagt: „Die Menschen sind ausnahmslos unterm Bann, keiner zur Liebe schon fähig. Darum glaubt ein jeder sich zu wenig geliebt."
Eine Feststellung, dachte ich, die Adorno angesichts des Faschismus traf. Aber nein. Was die Täter in den Lagern ihren Opfern antaten, das war aus der Sicht Adornos keineswegs nur das einmalige Unheil von damals, sondern die „absolute Unfähigkeit zur Liebe" ist vielmehr im Faschismus lediglich zutage getreten. Überstanden hat – so der Philosoph – nur der Drang der Selbsterhaltung, die Herrschaft der bürgerlichen Kälte. Ich war entsetzt, als ich Adorno formulieren hörte: „Gesiegt hat also im 20. Jahrhundert die uralte und stets als Besitz neu erworbene Vertiertheit des Menschen." Ich fragte mich: Hat die Friedfertigkeit überhaupt keine Chance? Gäbe es Aussöhnung, Überwindung des Bösen nur noch privat in der Zweierbeziehung? Adorno glaubte das. Ich glaubte es nicht.
Auch ein anderer meiner großen Lehrer in Frankfurt, Alexander Mitscherlich[6], sagte in seinen Vorlesungen fast dasselbe. Ich zitiere: „Der destruktiven Aggression ist nicht zu entkommen. Das Böse ist die Substanz des Menschen." Später wurde mir dann klar, wie es zu diesem absoluten anthropologischen Pessimismus eigentlich kam, bei Mitscherlich wenigstens. Mitscherlich griff auf das sogenannte mechanistische Triebmodell von Siegmund Freud[7] zurück. In diesem Modell wird der Mensch verglichen mit einer Dampfmaschine, in der der Triebdruck bis zu einer bestimmten Stelle ansteigt, um sich dann explosionsartig entladen zu können. Aggressivität wird hier als eine Art blinde Triebenergie gesehen, die sich von Fall zu Fall explosiv entlädt. Aggressivität als biologischer Trieb, dem man ausgeliefert ist, ebenso wie dem Hunger und dem Sexualtrieb?
Freud hatte ja anfangs die Affekte, die Triebhandlungen primär auf den Lusttrieb, das sogenannte Libidopotential, zurückgeführt. Nach dem Ersten Weltkrieg entschied er sich für die Annahme zweier Triebpotentiale: eines Todestriebs, der selbstzerstörerisch ist, und eines lebensbejahenden Triebs. Der Todestrieb wird zu einem Zerstörungstrieb, „indem er nach außen gewendet wird – das Lebewesen bewahrt sozusagen sein eigenes Leben dadurch, daß es fremdes zerstört." Dieser zerstörerische Trieb kann sozusagen zum alles dominierenden Haupttrieb im Menschen werden, zum Realitätsprinzip schlechthin.
Das ist eine Annahme von Freud, die sich heute sozial-psychologisch überhaupt nicht mehr halten läßt. Ein biologischer Trieb zum Zerstören läßt sich jedenfalls auch klinisch nicht ausmachen, obwohl in der heutigen Bioenergetik-Debatte alle diese Theorien wiederkehren. Die Psychoanalyse nach Freud hat sich dann auch einem anderen Thema zugewandt. Man fragte – auch in der politischen Psychologie, die ich damals stu-

dierte –, wie aggressive Affekte integriert werden können, wie man aus der Wut der ersten Momentreaktion in eine zweite Phase kommt und dann zur Vernunft. Das ist ja immerhin schon eine wichtige Einsicht.
Konrad Lorenz[8] war derjenige, der die Aggression, den Trieb zum Bösen, als wissenschaftlich ermittelte Realität ausgab. Kaum ein anderer Lehrer hat uns Studenten der sechziger Jahre so beschäftigt, so irritiert, wie dieser österreichische Verhaltensforscher. Lorenz hatte diesen Todestrieb, den Freud noch selbstzerstörerisch nannte, als eine arterhaltende Aggression bei Mensch und Tier emphatisch betont. Das sei der Entwicklung der Arten gerade dienlich. Das Schwache wird ausgeschieden, weil nur das Überlebensfähige sich behaupten kann, in der Natur, aber auch in der menschlichen Gesellschaft – fressen oder gefressen werden, das sei das Naturgesetz. Die Aggression als legitimes Mittel der Selbstbehauptung, auch beim Menschen? Lorenz bejaht das. Sozialdarwinismus 20 Jahre nach Euthanasie und Holocaust? Ich weiß nicht, ob man Lorenz' Werke in der DDR kaufen konnte. Von seinem Buch „Das sogenannte Böse" gab es Auflagen von 650.000 Exemplaren in kurzer Zeit. Warum war es so populär? Viele Deutsche fühlten sich dadurch entlastet. Wenn das Böse eine Sache der Natur ist, der Instinkte, dann haben wir gewissermaßen unter einem dämonischen Druck gestanden, in Rußland oder wo auch immer. Konrad Lorenz hatte eine große Bedeutung in dieser Zeit. Heute spricht man kaum noch von ihm. Er war ein Mann des Kalten Krieges. Das Böse wurde drüben im Osten gesehen, man sollte den Menschen im Osten hart gegenübertreten, bis an die Zähne bewaffnet, meinte Konrad Lorenz (übrigens auch Theologen wie Helmut Thielicke[9]), notfalls mit Atomwaffen.
Im Januar 1967 stieß ich auf Bücher von Erich Fromm[10]. Das war für mich eine echte Befreiung. Zum ersten Mal bot hier ein Wissenschaftler empirische Forschungsresultate über das Böse und sein Zustandekommen, die optimistisch klangen. Fromm war beflügelt von der Einsicht, daß sich aggressive Energien grundsätzlich auch zu etwas Konstruktivem verändern können. Ich reiste nach Locarno – damals lehrte ich bereits als Professor in Bochum –, denn ich hatte gehört, daß Erich Fromm dort im siebten Stock eines Hochhauses in einer Mietwohnung wohnen würde. Ich ruderte ihn auf den See und ordnete seine Papiere. Fast zwei Jahre lang besuchte ich ihn dort. Es wurden meine Reisen zum Berg Zion, zur jüdischen Sicht des Bösen. Einmal fragte ich ihn: „Erich, warum bist du nach Locarno gegangen, was willst du hier in der langweiligen Schweiz?" Er sagte: „Ich möchte in der Nähe deutscher Studenten sein." Daraufhin fragte ich ihn: „Warum bist du dann nicht nach Frankfurt zurück?" Er erwiderte: „Mich hat ja keiner geholt."
Die große Neuentdeckung Erich Fromms nach Freud war, daß man nicht mehr von einem instinktgebundenen biologischen Trieb zum Bösen bei den Menschen reden kann. Vielmehr läßt sich beobachten, daß Menschen nur unter bestimmten Angstsituationen böse reagieren, so auch, wenn sie sich Bedrohungen einbilden. Letzteres kommt sehr

häufig vor. Es gibt, so Fromm, eine Art Aggressionsanlage in der biologischen Ausstattung des Menschen, aber sie wirkt nicht automatisch reflexhaft, nicht triebhaft. Diese ganze Triebkategorie ist ja eine sekundäre Biologisierung. Das Böse ist ja eine viel geheimnisvollere Möglichkeit des Menschen. Die Affekte Zorn, Empörung und Wut werden, so Fromm, durch Außenreize aktiviert, und unter bestimmten Umständen können dann böse Energien freigesetzt werden. Zuerst ist nur das Aggressionspotential vorhanden, nur die Möglichkeit zum Bösen ist angeboren ebenso wie auf der anderen Seite unsere Fähigkeit zur Versöhnung, zum Frieden. Das steckt in jedem von uns. Hier haben Sie eine dialektische Anthropologie. Dann kommt es darauf an, daß jeder Mensch die notwendigen äußeren gesellschaftlichen Bedingungen erhält, um seine Friedensfähigkeiten, seine Lebenskraft wachsen lassen zu können. Für Fromm ist das Böse etwas, das entsteht, wenn Menschen machtlos sind, sich ausgeschlossen fühlen. Die Menschen, die in einer Plattensiedlung leben, befinden sich in solch schlimmen Verhältnissen, daß sie einem die Faust zeigen, um ihr Bedürfnis nach Freundlichkeit auszudrücken.

Was wäre die Alternative? Zunächst ist die Beteiligung am gesellschaftlichen Leben durch einen Arbeitsplatz wichtig, weil Arbeit auch Sinnerfahrung ist, die Erfahrung eigener Macht, eigener Kompetenz, das Gefühl einer gleichberechtigten Zugehörigkeit zu allen und eine Ich-Leistung. Das wäre die Alternative zur Ohnmacht. Das alles erzeugt dann jene Lebenslust, jene Liebe zum Leben, wie das Erich Fromm genannt hat. Es ist eigentlich ein Antiphänomen zum Bösen, die Liebe zum Leben. Das ist die große Alternative auch zur Gleichgültigkeit, zum „Schnuppizismus" - wenn einem alles „schnuppe" ist. Der Todestrieb, so der Altmeister aus Wien, Siegmund Freud, besiegt letztendlich doch den Lebenstrieb, die Macht der Zerstörung triumphiert über die Liebe zum Leben. Erich Fromm hat leidenschaftlich widersprochen. Für ihn ist der Widerspruch von Lebens- und Todestrieb eben nicht, so Fromm, die Dualität von zwei biologisch inhärenten Trieben, die immerzu miteinander kämpfen, bis schließlich der Todestrieb siegt, sondern es handelt sich um die Dualität zwischen der primären und grundlegenden Tendenz alles Lebendigen, am Leben festzuhalten, eine Liebe zum Leben zu haben. Der Gegensatz dazu tritt in Erscheinung, wenn der Mensch dieses Ziel, die Liebe zum Leben, verfehlt. Demnach wäre das Böse also keine primäre Naturgegebenheit, sondern die Folge ungelebten Lebens.

Das ist entscheidend, denke ich, und das ist auch ganz im Sinne der Bibel. Der Lebenstrieb ist die primäre Potentialität im Menschen nach Fromm, aber auch nach Altem und Neuem Testament. Und diese Liebe zum Leben, die ganze Fülle menschlicher Möglichkeiten, kann sich nur entwickeln, wenn die entsprechenden gesellschaftlichen Bedingungen vorhanden sind. Sind die entsprechenden menschenfreundlichen, sozialen und ökonomischen Verhältnisse nicht gegeben, dann können zerstörerische Tendenzen in uns auftauchen und die Herrschaft über uns gewinnen.

Ich habe eine erste Begegnung mit Erich Fromm in Chicago im Sommer 1966 gehabt. Und damit komme ich jetzt auf einen dritten Punkt meiner Reise: Es waren die Proteste gegen den Vietnamkrieg. Seit Wochen sahen wir im amerikanischen Fernsehen Bilder von amerikanischen Bombenteppichen auf radelnde Nachschubkolonnen, brennende Menschen in Reisfeldern, Napalmopfer. Ich sehe Erich Fromm in einem großen Hörsaal der Universität von Chicago, neben ihm steht Martin Luther King – beide waren moralische Autoritäten ersten Ranges im damaligen Amerika, beide traten leidenschaftlich für den Frieden in Vietnam und gegen die Fortführung der amerikanischen Intervention ein. King sprach machtvoll, charismatisch, mit „soul power", Erich Fromm eher leise. Beide Männer faszinierten uns, beide überzeugten durch Argumente. Sie versuchten, die Kriegsführung Amerikas als eine Art Obsession zu erläutern, als Besessenheit von der Idee, man müsse das Böse ausrotten, das Böse drüben versteht sich. Die Methode des „search and destroy", das Aufspüren und Zerstören des Gegners, das sogenannte Bereinigen ganzer Landstriche in Vietnam, das Entlauben und Ausbrennen des anderen, das „An-den-Verhandlungstisch-bomben", all das, so sagten Fromm und King, sei schwarze Pädagogik – was auf den Tisch kommt, wird gegessen! – und es sei wesenhaft aus der Praxis der Ketzerverbrennung, aus dem religiösen Sektierertum der amerikanischen Frühzeit zu verstehen. (In Amerika wurden die Ketzer sehr hart verfolgt.) Das Sektierertum denkt dualistisch, nicht politisch-kooperativ. Es bezieht den anderen nicht als Konfliktpartner ein, sondern grenzt ihn aus, da er substantiell böse ist, von Natur aus böse, außerhalb der Menschengattung.

All das, so Fromm, sind archaische Formen der Angst vor dem elementar anderen und auch der Angst vor der Liebe zum Nächsten in mir selbst. Das kann zu einer nationalen Obsession führen, hat Fromm sehr oft betont und geschrieben, zu einer Art national-religiöser Vorstellung vom Weltzwist zweier unversöhnlicher Mächte, des Reichs des Bösen gegen das Reich der Freiheit. Und all das – so Fromm – findet sich spiegelbildlich dann auch auf der anderen Seite, im revolutionären Sendungsbewußtsein der Vietnamesen. Fromm spricht von „paranoischer Mentalität", vom Sozialcharakter Amerikas, von einer wahrhaften Bedrohungsangst. Er hat eine politische Psychoanalyse dieser amerikanischen Obsession skizziert.

Wogegen Fromm und King sprachen, das wußten wir alle, aber *wofür* sie sprachen, das war sehr viel wichtiger für uns, eben für diese Fähigkeiten, die mit der Liebe zum Leben zusammenhängen. Das sind produktive Fähigkeiten jedes einzelnen von uns, auf die die Gesellschaft fundamental angewiesen ist. Die Liebe zum Leben ist die wichtigste Gegenkraft gegen die Gewalt, gegen die Tendenz, mich aufzugeben, enttäuscht zu sein, doch dem Bösen, der Gewalt mehr zuzutrauen als dem Gewaltfreien, dem Zivilen. Ist es eigentlich möglich, die zerstörerischen Energien umzuwandeln? Fromm war völlig überzeugt davon. Vom Haß wegzukommen, den Fremden einfach als Mensch zu akzeptieren, das war für ihn kein utopisches Projekt. Sein Programm hieß wie das von King: „Beteiligung aller Betroffenen", Gespräch und Kontakt mit den sich selbst isolierenden und gewaltgefährdeten Tätern, Partizipation, nicht bloß Repression. Das ist ein Programm, daß er 1966 genau wie King in den rassistischen Konflikten in Amerika praktizierte. Man setzte auf die humane Kompetenz auch des Gegners, auf eine unzerstörbare letzte Ansprechbarkeit, solange wir Menschen sind. Und ob jemand nicht mehr ansprechbar und total versteinert ist, weiß nur Gott alleine. Das hat uns King immer eingeschärft. Damit sind wir in der Gegenwart angelangt.

Noch eine Bemerkung dazu, was das Gegenteil zum Bösen ist: Die meisten Menschen – so hat Fromm schon 1964 notiert – sind in ihrem persönlichen Leben von einer tiefen Angst erfüllt, von der Angst vor dem ständigen Kampf um den Aufstieg auf der sozialen Leiter. Die ständige Furcht zu versagen erzeugt einen permanenten Zustand von Angst und Streß. Das ist das Gegenteil zur Liebesfähigkeit, das Gegenteil zur Liebe zum Leben. Wie kann man dieses Sich-selbst-wegwerfen, dieses Sich-selbst-nicht-mögen, wie kann man das überwinden? Wir beobachten heute, daß sich viele Menschen in den Konsum stürzen, in das „Verschlingen" von Sachen, von Erlebnissen, von Menschen, in das, was man unbedingt haben will, weil es einem dann Sicherheit verspricht und die Einsamkeit vergessen macht.

Erich Fromm setzt diese „Existenzweise des Seins" dagegen. Was meint er damit? Den eigenen Fähigkeiten zu vertrauen, dem, was mit mir gemeint ist, meiner Bestimmung gerecht zu werden, mich selbst zu erneuern, zu wachsen, von der Angst wegzukommen. Das Ziel zu haben, auch in Frieden mit sich selbst zu leben, mit sich zufrieden zu sein – alle diese produktiven Fähigkeiten nehmen in dem Maße zu, wie ich sie selbst lebe und vor allen Dingen, wie ich sie anderen mitteile, mit anderen teile. Es sind meine seelischen Wachstumskräfte, meine Liebesfähigkeiten. Halte ich sie zurück, ängstlich für mich alleine, dann gehen sie mir verloren, verkümmern und werden für mich selbst zerstörerisch.

Erich Fromm starb fünf Tage vor seinem 80. Geburtstag. Es gibt kein Grab, er wollte kein Denkmal, seine Asche wurde in den Lago Maggiore gestreut. Er wollte nicht bewundert werden. Du selbst bist das Wunder, hat er einmal zu mir gesagt. Denken wie Erich Fromm, nach vorne, nicht zurückblicken – das wäre seine Devise für uns heute. „Denken mit Erich Fromm, die großen Möglichkeiten unserer Zeit entdecken", so möchte ich sein Programm formulieren. Ein wunderbares Zitat von ihm: „Das Ziel jedes Lebens ist es, ganz geboren zu werden. Tragisch ist, daß die meisten von uns sterben, bevor sie ganz geboren sind. Zu leben bedeutet, jede Minute geboren werden." Das ist das Motto übrigens in Maxie Wanders[11]: „Leben wäre eine prima Alternative". Der Tod tritt also erst ein, wenn dieses Geborenwerden aufhört. Geborenwerden, jeden Tag neu, nicht versteinern, wenn wir offen bleiben, nicht stillstehen, wenn wir vertrauen auf diesen Rhythmus des Immer-neu-anfangen-dürfens, wenn wir vor allem diese jüdische Hoffnung uns nicht nehmen lassen, daß auch wir Menschen des 21. Jahrhunderts zum Frieden fähig sind, daß die Liebe zum Leben stärker ist als die Gewalt. Heute wird das in ganz kleinen Aktionen von unten aktiviert. Ich höre einige meiner Kollegen sagen: „Das ist ja alles Unsinn, was du sagst. Du bist ein hoffnungsloser Idealist." Ich antworte: „Ja, das sind Tropfen auf heiße Steine. Die jüdische Antwort heißt: Rettung ist auch in der kleinsten Unterbrechung der Katastrophe."

Schorlemmer:
Herzlichen Dank für den ersten Teil deiner Reflexionen. Dazwischen liegen Flucht aus dem Osten und 40 Jahre Auseinandersetzung mit dem Vater.

Bahr:
Ich muß sagen, daß ich erst vor wenigen Jahren meinen Vater wiederentdeckt habe und mit ihm ins Gespräch gekommen bin. Mein Vater wurde 105 Jahre alt und hat mit mir immer noch bis zum Schluß gerungen. Er ist immer der Dorfpfarrer der Menschen geblieben, deren Leiden er selbst gesehen hat. Er hat nie die Leiden gesehen, die in Rußland anderen zugefügt wurden. Er verteidigte sozusagen seine primäre Erfahrung. Ich verteidigte immer das, was in Rußland war, und so kamen wir nie zusammen, bis wir uns beide eingestanden haben, daß eins nach dem anderen gefolgt ist.
Wir wollen nicht die Vergangenheit als solche beschwören, denn sie dient nur dazu, noch einmal dieser Erfahrung der „ewigen Wiederkehr" Ausdruck zu verleihen. Ich habe das nur erzählt, um zu zeigen, wie man auch mit dem Bösen umgehen kann, und ich habe versucht, die Deutung amerikanischer Politik von seiten Fromms und Kings darzustellen. Das ist hochaktuell, und es ist der Kern meiner Bemerkungen gewesen, daß genau das heute wiederkehrt in der amerikanischen Politik; nur sind die äußeren Umstände sehr viel schwieriger. Der Krieg damals in Vietnam war ein öffentlicher Krieg, ein im Fernsehen gezeigter Krieg. Man sah das jeden Abend und man war entsetzt. Man sah auch die amerikanischen Soldaten, wie sie verletzt auf den Tragen lagen. Diese Sichtbarkeit des Grauens steht in großem Gegensatz zu der heutigen Unsichtbarkeit des Grauens. Wir haben niemals Bilder gesehen von dem, was in Afghanistan in den Bergen und in den Dörfern wirklich geschah. Wir wissen nichts, und darin liegt ein gravierender Unterschied zu früher. Wir erfahren auch nichts, weil es eine Nachrichtensperre gibt. Und das ist das Teuflische für mich, daß man nicht beteiligt wird und sich daher auch gar nicht entscheiden kann.
Der Vietnamkrieg ist ganz anders verlaufen. 68 Prozent der amerikanischen Bevölkerung haben sich, quer durch die Parteien hindurch, gegen die Fortführung des Krieges erklärt, weil sie gesehen haben, daß das eine riesige Militärmaschinerie war, die sich auf das kleine Volk stürzte. Wir sahen die Aufnahmen von gefangenen amerikanischen Bomberpiloten in Nordvietnam, die gar nicht wußten, in welchem Land sie ihre Bomben abgeworfen hatten. Die waren in Hausschuhen abgeschossen worden, weil in der

amerikanischen Bombenflottille immer nur das Führungsflugzeug die ganze Logistik hat, und die anderen fliegen hinterher und klinken dann aus. Das konnte man alles im Fernsehen sehen, und das hat viele Amerikaner entsetzt.
Es gab dann in Amerika noch ein zweites Argument gegen den Krieg: die große Sozialreform im Land. Schon damals lebten 22 Millionen Menschen unter der Armutsgrenze. Ich habe in Chicago so viele Menschen in Mülltonnen herumwühlen sehen wie seit Jahren nicht in Deutschland. Dann wurde offenkundig, die große Sozialreform in Amerika passiert nicht, weil alles in den Krieg geht. Das war der erste Krieg, der zusammenbrach, weil die Menschen der eigenen Außenpolitik ihre Loyalität entzogen. Es war eine tolle Leistung Amerikas, weil man damals imstande war zu entscheiden – heute sind die Amerikaner überhaupt nicht mehr in der Lage zu entscheiden. Sie sehen nur diese zusammenstürzenden Türme, die ihnen in regelmäßigen Abständen, fast rituell, vorgeführt werden, aber nicht die Folgen im Ganzen. Wir werden entscheidungsunfähig gemacht, um zustimmungsabkommandiert zu werden.
Man muß bedenken, daß in Amerika zum ersten Mal in der bisherigen Geschichte viele amerikanische Soldaten desertiert sind. Bis heute ist kein einziger rehabilitiert worden. Kein amerikanischer Präsident könnte sich erlauben, sie zu amnestieren. Sie wurden seinerzeit in den Kirchen, in den Sakristeien versteckt, denn die katholischen und protestantischen Kirchen hatten sich mehrheitlich gegen diesen Krieg verbündet. Martin Luther King stand an der Spitze der amerikanischen Friedensbewegung. In Deutschland ist er nur bekannt geworden durch sein Engagement gegen den Rassismus. Entscheidend war in Amerika, daß King in den Kirchen das Verbrennen von Einberufungsbefehlen vor dem Altar duldete. Es gab viel mehr Deserteure als heute Asylanten in unseren Kirchen. Noch drang die Nationalgarde nicht in die Kirchen ein. Die Kirchen haben die moralische Legitimität dieses Krieges auffliegen lassen. King sagte: Ich kämpfe für die Armen in der Welt. „Ich spreche für die, die keine Stimme haben, ob draußen oder drinnen." Und dieser Krieg macht die Armut noch größer. Niemals würde ein Schwarzer aus Detroit, der im Armenviertel lebt, hier neben einem Weißen in der gleichen Schule sitzen können, aber draußen in Vietnam dürfen sie zusammen töten. Das darf nicht sein.
King war ein Patriot, der der Verfassung glaubte, aber nicht der politischen Exekutive, die von der Regierung seinerzeit ausgeübt wurde. 1964 erhielt er den Friedensnobelpreis. Nachdem er an die Spitze der Friedensbewegung getreten war, wurde er zur „persona ingrata" und vom CIA überwacht. 14 Tage vor der Entgegennahme des Nobelpreises bekam King ein Telegramm vom CIA mit dem Text „King, du bist fertig!" und eine Aufforderung zum Selbstmord. Beigelegt war eine Aufnahme mit kompromittierenden Szenen aus Hotels (sozusagen das Clinton-Motiv). Man wollte ihn moralisch fertigmachen. Schließlich wissen wir bis heute nicht, wer ihn ermordet hat. 16 Stunden Abhörmaterial wurden in seinem Büro nach seinem Tod gefunden, alles von der CIA

mitgeschnitten (also Stasi in Amerika). King ist bis zum Schluß gehetzt worden. Ich habe ihn 1966 schon als einen sehr gehetzten Mann erlebt. Vor großen Auftritten war er sehr erregt, und wir mußten ihn mit Kissenschlachten zur Ruhe bringen.

Ich bin vor einiger Zeit in Frankfurt/Oder gewesen. In einer Realschule gab es dort immer mehr ältere Schüler, die die jüngeren drangsalierten. Das Kollegium war verzweifelt, man wußte nicht weiter. Selbst die Polizei war machtlos. Diese Gewaltschüler „gingen durch die Polizisten hindurch" wie durch Luft. Doch da war dieser Lehrer Wilfried Bremer, der Sozialkunde und Geographie unterrichtete. Er wandte sich an die Hauptdrädelsführer, die er achtungsvoll „Führungsschüler" nannte, und sagte - sinngemäß - zu ihnen: Ihr seht, unser Kollegium ist „am Ende". Ihr habt jetzt die Verantwortung, das Sagen, ihr habt jetzt faktisch die „Leitung" der Schule inne. Das Interessante war, daß die Rädelsführer sich ernst genommen fühlten, als kompetent und fähig fühlten, da der Lehrer ihnen diese Souveränität zutraute.

Die Schüler haben eine Zeitungsredaktion sowie einen Karatekurs, Tanzkurse und Video-Arbeitsgemeinschaften gegründet. Sie haben ihre eigenen Erfahrungen, ihre eigenen Geschichten aus Frankfurt/Oder gefilmt. Sie haben sich selber kreativ dargestellt und dem Stummen der Gewalt eine Sprache gegeben. Das ungelebte eigene Leben war plötzlich ein ganz aktives eigenes Leben. Das Projekt ist drei Jahre gelaufen, viele Schulen in Brandenburg und Polen haben sich angeschlossen. Jetzt ist das Projekt zu Ende. Aber es hat eine Unterbrechung der Gewalt gegeben.

Es gibt eine ungeheure Fülle solcher Geschichten, die in unseren Medien kaum erwähnt werden. Viele Redakteure haben auch gar kein Interesse an solchen Basisgeschichten, weil viele der Meinung sind, das bringe ohnehin nichts. Sie unterschätzen die Bedeutung dieser kleinen Schritte.

Im letzten Jahrhundert hat es so viel Gewalt gegeben wie nie zuvor. Gleichzeitig hat es auch noch nie so viele zivile Bewegungen gegeben, die die Gewalt unterbrochen oder sogar partiell überwunden haben. In Amerika ist der Vietnamkrieg zusammengebrochen, weil die Menschen, die Bürger nicht mehr mitmachen wollten. Schließlich ist Nixon 1971 unter dem Eindruck, daß es so nicht weiterging, alleine von sich aus nach Peking geflogen. Die Wirkungsgeschichte von Martin Luther King, der in Amerika die Bürgerrechtsgesetze durchsetzte und dafür verantwortlich war, daß der Krieg zusammenbrach, ist unglaublich. Für Nelson Mandela war King der Lehrer, sein großes Vorbild. In Südafrika hat nicht die Apartheid gesiegt, sondern der Machtwechsel ist ohne Gewalt, ohne ein Blutbad gekommen. Präsident Marcos auf den Philippinen ist nur entmachtet worden, weil die 110 Bischöfe gegen ihn standen. All das sind reale Früchte der Gewaltlosigkeit.

Schorlemmer:

Auch für uns spielte Martin Luther King im Herbst 1989 eine entscheidende Rolle. Die Strategie der Gewaltlosigkeit bewährte sich in der friedlichen Revolution.

Anmerkungen

1 Rolf Hanusch, *1943, Theologe, Leiter der Evangelischen Akademie zu Berlin.
2 Gustav Heinemann (1899-1976), Politiker, Rechtsanwalt, in der NS-Zeit Organisator der Bekennenden Kirche, Mitglied der CDU, 1947/48 Justizminister von Nordrhein-Westfalen, 1949/50 Bundesinnenminister, 1949-1955 Präsident der Synode der Evangelischen Kirche in Deutschland (EKD), lehnte Wiederbewaffnung der Bundesrepublik ab und trat deshalb 1952 aus der CDU aus, Mitbegründer der Gesamtdeutschen Volkspartei (GVP), die erfolglos blieb, trat 1957 der SPD bei, 1966-1969 Bundesjustizminister, 1969-1974 Bundespräsident, förderte Versöhnung zwischen Deutschland und Nachbarstaaten sowie Friedens- und Konfliktforschung.
3 Martin Niemöller (1892-1984), evangelischer Theologe, gründete 1933 in Berlin-Dahlem den „Pfarrernotbund" (Bekennende Kirche), 1937-1945 als „persönlicher Gefangener Hitlers" in Sachsenhausen, Dachau u. a. KZ-Lagern inhaftiert, nach 1945 an der Neuordnung der EKD beteiligt, 1947-1964 Kirchenpräsident der Evangelischen Landeskirche von Hessen und Nassau, 1961-1968 einer der Präsidenten des Ökumenischen Rates, überzeugter Pazifist.
4 Theodor Adorno (1903-1969), Philosoph, Soziologe, Musiktheoretiker und Komponist, ab 1950 Professor in Frankfurt/M., einer der Hauptvertreter der Kritischen Theorie, von Hegel, Marx, Freud und Benjamin beeinflußt in seiner Wissenschafts-, Sozial- und Musikkritik, in der deutschen Soziologie führend am Positivismusstreit beteiligt.
5 Paul Johannes Tillich (1886-1965), evangelischer Theologe, Professor für Philosophie, emigrierte 1933 in die USA, erhielt 1962 Friedenspreis des Deutschen Buchhandels, suchte das Verhältnis von Offenbarung und Wirklichkeit, von ewiger Wahrheit der christlichen Religion und geschichtlicher Situation des Menschen näher zu bestimmen.
6 Alexander Mitscherlich (1908-1982), Arzt und Psychologe, ab 1952 Professor in Heidelberg, ab 1967 Professor in Frankfurt/M., 1960-1976 Direktor des Sigmund-Freud-Instituts, erhielt 1969 Friedenspreis des Deutschen Buchhandels.
7 Sigmund Freud (1856-1939), Nervenarzt, emigrierte 1938 nach London, betrieb hirnanatomische Forschungen, studierte seelische Erkrankungen ohne organischen Befund und deren Behandlungsversuche durch Suggestion und Hypnose, entwickelte mit J. Breuer Verfahren zur Heilung seelischer Erkrankungen durch „Abreaktion" verdrängter, traumatischer Erfahrungen, begründete Psychoanalyse.
8 Konrad Lorenz (1903-1989), Verhaltensforscher, ab 1940 Professor für Humanpsychologie in Königsberg, ab 1950 Leiter des MPI für Verhaltenspsychologie in Buldern (ab 1955 in Seewiesen), begründete die Verhaltensforschung als Bindeglied zwischen Human- und Tierforschung, erhielt 1973 mit Frisch und Tinbergen den Nobelpreis für Psychologie und Medizin.

9 Helmut Thielicke (1908-1986), evangelischer Theologe, Professor in Heidelberg und Tübingen, bekannt als Interpret der lutherischen Überlieferung der Ethik und als Kulturethiker.

10 Erich Fromm (1900-1980), Psychoanalytiker, emigrierte 1934 in die USA, gilt als einer der Hauptvertreter der Neopsychoanalyse, 1973 bedeutender Beitrag zur Aggressionsforschung.

11 Maxie Wander (1933-1977), Autorin, Fotografin, Journalistin, verheiratet mit dem Schriftsteller Fred Wander, folgte ihm von Wien 1958 in die DDR, Durchbruch mit dem Werk „Guten Morgen, Du Schöne" (1977), das auch im Westen Erfolg hatte, „Leben wär` eine prima Alternative" (1980).

Die Deutsche Bibliothek – CIP-Einheitsaufnahme
Lebenswege. Band 4. Hrsg. Friedrich Schorlemmer. –
Halle : Mitteldt. Verl., 2002

ISBN 3-89812-163-1

1. Auflage 2002
© mdv Mitteldeutscher Verlag GmbH, Halle (Saale)
Evangelische Akademie Sachsen-Anhalt e. V.
Umschlagsgestaltung: Peter Hartmann
Printed in Germany